Im Schatten des Marktes

Hajo Holst ist wiss. Mitarbeiter am Lehrstuhl für Arbeits-, Industrie- und Wirtschaftssoziologie der Universität Jena.

Hajo Holst

Im Schatten des Marktes

Arbeit und Arbeitsbeziehungen in Callcentern

Campus Verlag
Frankfurt/New York

Zugl.: Osnabrück, Univ., FB Sozialwissenschaften, Diss., 2010
Referenten: Prof. Dr. Klaus Dörre, Prof. Dr. Helmut Voelzkow

Bibliografische Information der Deutschen Nationalbibliothek:
Die Deutsche Nationalbibliothek verzeichnet diese Publikation in der Deutschen Nationalbibliografie.
Detaillierte bibliografische Daten sind im Internet unter http://dnb.d-nb.de abrufbar.
ISBN 978-3-593-39406-0

Umschlaggestaltung: Campus Verlag GmbH, Frankfurt am Main
Gedruckt auf Papier aus zertifizierten Rohstoffen (FSC/PEFC).
Printed in Germany

Besuchen Sie uns im Internet: www.campus.de

Für Jen

Inhalt

Teil II
Arbeitsbeziehungen in der tariflichen Arena

Teil III
Arbeit und Arbeitsbeziehungen in der betrieblichen Arena

Vorwort

Das vorliegende Buch ist die überarbeitete Fassung meiner Dissertation, die an der Universität Osnabrück eingereicht und verteidigt wurde. Wie immer in solchen Fällen haben eine ganze Reihe von Personen und Institutionen zum Gelingen der Arbeit beigetragen. Der größte Dank gilt natürlich den Interviewpartnern und -partnerinnen, die nicht selten außerhalb der Arbeitszeit meine Fragen mit viel Ausdauer beantwortet haben. Ohne sie wäre dieses Buch nie zustande gekommen! Der Deutschen Forschungsgemeinschaft möchte ich für das Promotionsstipendium danken. Das Österreichische Bundesministerium für Bildung, Wissenschaft und Kultur hat einen Teil der empirischen Forschung finanziert.

Mit Blick auf Einzelpersonen sei zunächst den beiden Gutachtern gedankt: Helmut Voelzkow und Klaus Dörre, die auf ihre jeweils eigene Art und Weise den Fortgang der Dissertation begleitet und ihre inhaltliche Ausgestaltung maßgeblich beeinflusst haben. Bei der redaktionellen Fertigstellung des Buchs haben mich Stefan Fangmeier, Simon Goldenstein, Ulrike Homann und Steffen Niehoff unterstützt. In den verschiedenen Phasen der Arbeit konnte ich zudem von der Zusammenarbeit mit einer ganzen Reihe von Personen profitieren. Zu nennen sind hier insbesondere Andreas Aust, ohne den ich nie auf das Thema »Arbeit in Callcentern« gekommen wäre; Susanne Pernicka, die mir ermöglichte, in einem international vergleichenden Projekt zu arbeiten; Peter Bescherer, Dennis Eversberg, Oliver Nachtwey und Björn Wagner, mit denen zu diskutieren immer wieder eine intellektuelle Herausforderung darstellt; und Ingo Matuschek, dessen unprätentiöse Art, wichtige Kritiken zu formulieren, mir imponiert. All ihnen sei an dieser Stelle gedankt!

Jena, im Dezember 2010

Einleitung

Callcenter und die von ihnen erbrachten Dienste genießen seit einigen Jahren große öffentliche Aufmerksamkeit. Nachdem die Branche lange Zeit als »Jobmotor« gefeiert wurde, hat sich die Berichterstattung in den Medien zuletzt stärker auf die negativen Seiten des Callcenter-Booms konzentriert. Im Fokus der journalistischen Kritik standen dabei die Interessen der Verbraucher in ihrer Rolle als – zum Teil unfreiwillige – Kunden: Von der *Zeit* wurden Callcenter als »Beratungshöllen« bezeichnet (von Becker 2006), vom *Stern* als »Plage der Nation« (Steinhoff 2005) und der *Spiegel* kritisierte die »kriminellen Machenschaften« vieler Akteure (Brandt et al. 2008). Überlange Verweildauern in Warteschleifen, lückenhafte oder falsche Informationen in Beratungsgesprächen und offener Gesetzesbruch beim Handel mit Adressen stehen in deutlichem Kontrast zu dem »Serviceversprechen«, das Callcentern von Unternehmen, Verbänden und Beratern zugeschrieben wird. Soziologisch setzt die aus der Verbraucherperspektive formulierte Kritik an einem Grunddilemma profitorientierter Dienstleistungsproduktion an: Zwischen betriebswirtschaftlicher Effizienz und Servicequalität besteht ein unauflöslicher Widerspruch. Die kritisierten Praktiken der Callcenter verdeutlichen, dass Servicequalität und Kundenfreundlichkeit immer wieder Gefahr laufen, zugunsten kurzfristiger Profitinteressen geopfert zu werden. So berechtigt die journalistische Kritik an der Arbeit *der* Callcenter und die aus den Problemen abgeleitete Forderung nach einer stärkeren politischen Regulierung der Branche auch sein mögen: Ein zentraler Aspekt wird dabei ausgeblendet – und zwar die Arbeit *in* Callcentern. Verbraucher haben es bei ihren Telefonkontakten nicht mit abstrakten Organisationen zu tun, sondern mit der Arbeit von konkreten Menschen. Ein in den Augen des Kunden gelungenes Beratungsgespräch ist genauso das Produkt lebendiger Arbeit wie ein unerwünschter Anruf zu nachtschlafender Zeit oder ein Verkaufsgespräch, in dem relevante Informationen vorenthalten werden. Eine ernsthafte soziologische Auseinandersetzung mit den von und in Callcentern produzierten Dienstleistungen muss somit an einer Analyse der von den Arbeitenden in den Kundenschnittstellen geleisteten Arbeit ansetzen – und damit an den betrieblichen Steuerungspraktiken und an den sozialen Beziehungen, in die die Dienstleistungsarbeit eingebettet ist.

Einen ersten Ausgangspunkt und schlaglichtartigen Einblick in die Arbeit und die Arbeitsbeziehungen in Callcentern liefert eine von Günter Wallraff vorgelegte Sozialreportage. Zwar liegt auch bei Wallraff der Fokus der Kritik auf den Auswirkungen der Arbeit der Callcenter auf die Verbraucher, aber im Nebeneffekt zeichnet er ein eindrucksvolles Bild der betrieblichen Steuerung der Arbeit und der Austauschbeziehungen zwischen Management und Beschäftigten. In einem Interview fasst der Autor die Ergebnisse seiner Sozialreportage folgendermaßen zusammen:

»Die Callcenter-Agenten sind die neuen Arbeitssklaven. Die Abschlüsse sind auf Tafeln vermerkt und wenn der Agent sieht, dass er nicht mehr nachkommt, weil er zu anständig telefoniert, dann legt er natürlich einen Zahn zu. Das Infame ist, dass er letztendlich das volle juristische Risiko trägt, falls es zu einer Klage kommt. Denn die Firmen lassen sich von ihren Mitarbeitern häufig unterschreiben, dass diese sich an Recht und Gesetz halten. Aber wenn sie das tun, machen sie keine Abschlüsse. Es ist ein sich selbst regulierendes Kontrollsystem.« (Wallraff 2007)

In diesem trotz seiner journalistischen Herkunft analytisch gehaltvollen Befund laufen mehrere einflussreiche soziologische Zeitdiagnosen zusammen, die allesamt, wenn auch aus unterschiedlichen Perspektiven, einen erheblichen Bedeutungszuwachs des Markts für die Verteilung von Erwerbs- und Lebenschancen sowie für die Qualität der Arbeit im gegenwärtigen Kapitalismus konstatieren (allgemein: Dörre 2009, Dörre/Röttger 2003, Sennett 2006, Sauer 2005): die Re-Kommodifizierung der Arbeitskraft, die zunehmende Marktsteuerung der Arbeit und die Auflösung von Unternehmensgrenzen. Der Ausdruck »Arbeitssklaven« verweist auf die gestiegene Abhängigkeit der Subjekte vom Verkauf der eigenen Arbeitskraft. Der Rückbau sozialstaatlicher und tarifpolitischer institutioneller Schutzmechanismen und die Deregulierung des Arbeitsmarkts haben eine Re-Kommodifizierung der Arbeitskraft mit sich gebracht. Darüber hinaus reduzieren Trends wie die Erosion der Mitbestimmung und der verschärfte internationale Standortwettbewerb die Partizipationschancen der Arbeitskräfte im Betrieb (Castel 2000, Haipeter/Banyuls 2007, Vogel 2009). Die Tafeln, auf denen im Callcenter für alle einsehbar die »Abschlüsse« verzeichnet werden, sind ein charakteristischer Ausdruck des Wandels der

Steuerungsformen von Arbeit. Immer häufiger wird die Arbeit der Beschäftigten nicht mehr durch hierarchische Anweisungen gesteuert, stattdessen wird den Arbeitskräften die Ergebnisverantwortung übertragen und ihre Arbeitsleistung anhand eines internen Wettbewerbs oder des externen Marktergebnisses bewertet. Welche Mittel die Beschäftigten zum Erreichen der vorgegebenen Ziele einsetzen, bleibt ihnen dabei mehr oder weniger selbst überlassen (Dörre et al. 1993, Kratzer 2003, Marrs 2008, Moldaschl/Sauer 2000). Und die Tatsache, dass den Beschäftigten nicht nur die moralische, sondern qua Vertrag auch die juristische Verantwortung für ihre eigene Arbeit zugeschrieben wird, zeugt von einer Neujustierung von Organisationsstrukturen, die auch als Öffnung der (Außen-)Grenzen zum Markt beschrieben wird. Marktprinzipien werden internalisiert, Betriebs- und Unternehmensgrenzen durchlässig, und starre Firmenbürokratien durch flexible Netzwerkstrukturen ersetzt (Sauer 2005, Kratzer 2003, Brinkmann 2003, Windeler 2001).

Ließen sich die Ergebnisse der Wallraffschen Sozialreportage verallgemeinern, dann hätten wir es bei den Callcentern mit einem Prototyp der Arbeit und der Arbeitsbeziehungen im flexiblen und marktgetriebenen zeitgenössischen Kapitalismus zu tun (ähnlich: D'Alessio/Oberbeck 1999, Kock 2002). Arbeitende, die häufig nicht einmal über einen formalen Arbeitsvertrag verfügen, verrichten in Betrieben, in denen keine transparenten und verlässlichen Mitbestimmungsstrukturen existieren, Dienstleistungsarbeit, die nahezu ausschließlich nach dem Marktergebnis bewertet wird. Angesichts der beschränkten empirischen Basis von zwei Betrieben und der politisch motivierten Herangehensweise des Autors stellt sich jedoch die Frage: Wie verallgemeinerbar sind seine Diagnosen? Welchen Einfluss hat der Markt tatsächlich auf die Arbeit und die Arbeitsbeziehungen in Callcentern? Ein Blick in die arbeits- und industriesoziologische Forschung hilft hier nur wenig weiter. Die Arbeitsbeziehungen stellen faktisch einen weißen Fleck der deutschen Callcenter-Forschung dar (Ausnahme: Kock 2002, Kutzner/Kock 2003). Über die betrieblichen Austauschprozesse zwischen Management und Betriebsrat liegen keine vergleichenden Studien vor, und auch die Tarifauseinandersetzungen zwischen Gewerkschaften und Arbeitgebern wurden nur kursorisch und in einem Teilbereich der Branche behandelt (Doellgast/Greer 2007). Dagegen ist die von den Arbeitenden in den Kundenschnittstellen geleistete Dienstleistungsarbeit zum Gegenstand verschiedener arbeitssoziologischer Analysen geworden (Holtgrewe 2002, Kleemann/Matuschek 2003b, Matuschek et al.

2007). Allerdings richtete sich das Erkenntnisziel dieser vom Anerkennungs- bzw. Subjektivierungsdiskurs inspirierten Studien vorwiegend auf den grundlegenden Charakter der Callcenter-Arbeit. Im Unterschied zur angelsächsischen, organisationssoziologisch beeinflussten Forschung wurden die betrieblichen Steuerungspraktiken dabei allenfalls am Rande thematisiert. Systematische Analysen der Steuerung der Arbeit und der realen Handlungsmöglichkeiten der Beschäftigten im Arbeitsvollzug sind bis heute rar gesät (Holtgrewe 2003: 61, Ausnahme: Matuschek et al. 2007).

Dass insbesondere die Arbeitsbeziehungen, aber auch die betriebliche Steuerung der Arbeit in Callcentern bislang kaum zum Gegenstand arbeits- und industriesoziologischer Studien geworden sind, hat mindestens zwei Ursachen. Erstens sind Callcenter in Deutschland noch ein vergleichsweise junges Phänomen. Die ersten Betriebe wurden Anfang der 1990er Jahre etabliert, noch 1995 arbeiteten weniger als 50.000 Menschen in Callcentern. Erst um die Jahrtausendwende entwickelten sie sich zu einem auch beschäftigungsmäßig bedeutsamen Wirtschaftszweig: Innerhalb weniger Jahre wuchs das Beschäftigungsvolumen auf über 300.000 Arbeitskräfte (DDV 2005, 2006). Und obwohl sich das Beschäftigungswachstum in den letzten Jahren deutlich abgeschwächt hat, stieg der Arbeitskräftebestand in Callcentern bis 2010 auf 500.000 Beschäftigte an (CCF 2010). Zweitens – und wesentlich wichtiger – war es angesichts der Vielfalt an Organisationsformen, in denen Callcenter auftreten, noch Anfang des neuen Jahrtausends sowohl unter Praktikern als auch in der Forschung umstritten, ob es überhaupt sinnvoll sei, von einer Branche im klassischen Sinne zu sprechen (Holtgrewe/Kerst 2002a). Mit Blick auf die Qualität der Arbeit und die Mitbestimmungsmöglichkeiten wurden die Unterschiede zwischen internen Callcentern und Dienstleistungsunternehmen herausgestellt (Holtgrewe/Kerst 2002a, Kleemann/Matuschek 2003b). Während interne Callcenter aufgrund ihrer formaljuristischen Einbindung in das Mutterunternehmen zumindest in der Vergangenheit häufig in den Geltungsbereich eines Tarifvertrags fielen, gehören die externen Callcenter bzw. Dienstleistungsunternehmen bis heute zur weiterhin wachsenden »tariffreien Zone«.

Die Vielfalt an Organisationsformen wurde von den Branchenverbänden auch in Anschlag gebracht, um der virulenten medialen Kritik an der Praxis von Callcentern und den Forderungen nach einer stärkeren politischen Regulierung den Wind aus den Segeln zu nehmen. Die Botschaft der Interessenvertreter war eindeutig: Die absolute Mehrheit der über 5.000 Callcenter in Deutschland arbeite seriös, bei den Betrieben der zitierten

Sozialreportage handele es sich um vereinzelte »schwarze Schafe«, die keineswegs repräsentativ für die Praktiken der Callcenter seien (Stockmann 2007, Juraschek 2007) – und damit möglicherweise auch nicht für die in dieser Branche geleisteten Arbeit. Hier setzt die vorliegende Studie an: Durch eine empirische Untersuchung der Arbeit und der Arbeitsbeziehungen in Callcentern soll eine Lücke der arbeits- und industriesoziologischen Forschung geschlossen werden. Im Zentrum der Untersuchung steht der bereits angesprochene, mutmaßlich besonders stark ausgeprägte Einfluss des Markts. Jenseits der Beschreibung idealtypischer Governance-Formen (Lütz 2003, Williamson 1975) oder der Formulierung abstrakter Paradigmen wie der »Vermarktlichung« (Sauer 2005) und der »Marktgrenzenverschiebung« (Brinkmann 2003) existiert in der Forschung weiterhin ein Mangel an empirischen Analysen der konkreten Wirk- und Transfermechanismen, durch die die realen Marktverhältnisse auf die Aushandlungsprozesse zwischen Kapital und Arbeit und die Arbeit der Beschäftigten in den Betrieben einwirken (Ausnahmen: Dörre 2002, Marrs 2008).

Denn grundsätzlich gilt: Nicht der Markt als abstrakte institutionelle Form nimmt Einfluss auf die Arbeit und die Arbeitsbeziehungen, sondern die real existierenden und damit nur situativ erfassbaren Marktverhältnisse. Damit stellt sich zum einen die Frage, wie die raum- und zeitspezifischen Konkurrenzbeziehungen auf Märkten auf die Aushandlungsprozesse zwischen Gewerkschaften und Arbeitgebern wirken. Durch den Fokus auf die äußere Form der Aushandlungsprozesse hat die institutionalistisch inspirierte Forschung zu den industriellen Beziehungen allerdings weder den Inhalten der Aushandlungsprozesse noch dem Einfluss der konkreten Marktverhältnisse in der Vergangenheit eine prominente Rolle eingeräumt. Im Mittelpunkt des Erkenntnisinteresses stand die Frage von Kontinuität und Wandel institutioneller Strukturen. Zum anderen muss untersucht werden, wie der konkret existierende Marktdruck in den Betrieben organisatorisch kanalisiert, transformiert und intern verarbeitet wird. Auch in der arbeitssoziologischen Forschung hat der Fokus auf die abstrakte Form der Steuerung der Arbeit mitunter den Blick auf die Auswirkungen des Markts auf die Steuerungsinhalte und damit auch auf die Qualität der Arbeit verstellt. Die zentrale Fragestellung dieser Studie lautet folgerichtig: Welchen Einfluss haben die Marktverhältnisse auf die Arbeit und die Arbeitsbeziehungen in Callcentern?

Damit weicht die gewählte Perspektive explizit von Forschungsarbeiten aus dem Bereich der industriellen Beziehungen ab, die sich ausschließlich auf die Form der organisierten Aushandlungsprozesse zwischen Kapital und Arbeit konzentrieren und die dabei die materiellen Inhalte der Aushandlungen – nämlich die Regulierung der Arbeit – aus dem Blick verlieren. Über Arbeitsbeziehungen kann letztlich nur sinnvoll gesprochen werden, wenn auch ihr Gegenstand »Arbeit« in den Blick genommen wird, da es den Akteuren in den Aushandlungsprozessen in der Regel primär um die Verfolgung konkreter arbeitsbezogener Interessen geht. Das institutionelle Terrain, auf dem die Aushandlungsprozesse zwischen Kapital und Arbeit stattfinden, wird von den beiden zentralen Arenen des dualen Systems der Interessenvertretung geprägt: der tariflichen und der betrieblichen Arena. Eine Arena repräsentiert

> »sowohl ein komplexes Institutionensystem, das festlegt, welche Formen, Interessen und Akteure zugelassen sind, als auch ein abgegrenztes Konfliktfeld, das den Akteuren für die Lösung spezifizierter Probleme Handlungsmöglichkeiten – mit definierten Grenzen – einräumt.« (Müller-Jentsch 1997: 80)

Damit öffnet das Konzept der Arena die Analyse der Arbeitsbeziehungen auch für die materiellen Inhalte der Aushandlungsprozesse.

Gleichwohl ist der Stellenwert der beiden Arenen jedoch weder für die organisierten Aushandlungsprozesse zwischen Arbeit und Kapital noch für die Qualität der Arbeit in den Betrieben auf Dauer festgezurrt. An zwei generellen Entwicklungstrends wird deutlich, dass die Arenen des dualen Systems der Interessenvertretung nur eine relative – und damit jeweils historisch zu bestimmende – Autonomie aufweisen (zum Begriff der relativen Autonomie: Bourdieu 1998: 16ff., 2001: 48f.). Einerseits verschiebt sich durch die Erosion des Flächentarifvertrags und die Verbetrieblichung der Tarifpolitik schon seit Jahren die Balance zwischen den beiden Arenen (Müller-Jentsch 2007: 112ff., Bispinck/Schulten 2003). Zum Teil durch die von den Arbeitgebern forcierte Dezentralisierung des Tarifgefüges, zum Teil aber auch aufgrund der »betriebsnahen« Tarifpolitik von Gewerkschaften wächst das Gewicht der betrieblichen Aushandlungen. Andererseits deuten verschiedene Befunde darauf hin, dass die organisierten Aushandlungsprozesse insgesamt – und damit beide institutionalisierten Arenen des dualen Systems der Interessenvertretung – sukzessive an Bedeutung für die Qualität der Arbeit vieler Beschäftigter verlieren (Dörre 2010). Nicht nur das Wachsen einer betriebsratsfreien Zone, auch die Tendenz der Verengung der Tarifpolitik auf den Tausch von Zugeständnissen beim Lohn und der Arbeitszeit gegen befristete Beschäftigungsgarantien (Rehder 2006, Seifert/Massa-Wirth 2004) ist ein deutliches Anzeichen dafür, dass immer mehr arbeitsbezogene Konflikte gar nicht erst den Weg in eine der beiden institutionalisierten Arenen des dualen Systems der Interessenvertretung finden. Offensichtlich verlieren die dekommodifizierend wirkenden Strukturen der Mitbestimmung und die kollektiven Regelungen der organisierten Arbeitsbeziehungen zunehmend an Prägekraft für die Organisation und Verfasstheit von Arbeit.

Aufbau der Untersuchung

Die Untersuchung ist in drei Teile gegliedert. Der erste Teil dient der Vorbereitung der empirischen Analysen. Im Anschluss an die Einleitung wird das empirische Material vorgestellt und das Erhebungs- und Auswertungsverfahren erläutert (Kapitel 1). Es folgt ein Überblick über die soziologische Forschung: Der Charakter der Arbeit, die Beschaffenheit der interaktiven Dienstleistungen und die Position der externen Callcenter in den Wertschöpfungsketten der Auftraggeber werden diskutiert (Kapitel 2). Daran anschließend wird die Entwicklung des Callcenter-Markts skizziert. Mit der Etablierungs-, der Expansions- und der Konsolidierungsphase lassen sich drei Phasen identifizieren, in denen sich die Marktverhältnisse zudem signifikant voneinander unterschieden (Kapitel 3).

Im zweiten Teil wird nach dem Einfluss des Markts auf die organisierten Arbeitsbeziehungen in der tariflichen Arena gefragt. Zunächst werden die theoretisch-konzeptionellen Grundlagen für die empirische Analyse dargelegt. Gewerkschaften stellen strategische Organisationen dar, die ihre Umwelt insbesondere durch die Brille ihrer etablierten Interessenvertretungsstrategien wahrnehmen (Kapitel 5). Untersucht wird der Einfluss der Marktverhältnisse auf die Strategiebildung der Gewerkschaften und die Entwicklung der Tarifvertragssysteme anhand eines zweifachen Vergleichs: In den drei Phasen Branchenformierung werden jeweils Callcenter aus drei unterschiedlichen Segmenten der neuen Branche (Telekommunikation, Versandhandel und Bankgewerbe) unter die Lupe genommen (Kapitel 6, 7 und 8). Abschließend wird der Einfluss des Markts auf die organisierten Arbeitsbeziehungen in der tariflichen Arena bilanziert (Kapitel 9).

Daran anschließend wird im dritten Teil der Einfluss des Markts auf die Arbeit und Arbeitsbeziehungen in der betrieblichen Arena analysiert. In den drei exemplarisch ausgewählten Betriebsfallstudien externer Callcenter wird der Einfluss des Markts auf die Steuerung und die Qualität der Arbeit und die Arbeitsbeziehungen untersucht. Dazu wird anhand der soziologischen Befunde der Callcenter-Forschung das Konzept des betrieblichen »Produktionsmodells« eingeführt, das die Struktur für die Untersuchung der drei Betriebsfallstudien darstellt (Kapitel 11). Die drei Fallbetriebe stehen jeweils für einen spezifischen strategischen Umgang mit der Komplexität und Volatilität der Marktverhältnisse. Nachgezeichnet wird, wie die resultierende Ungewissheit die Arbeitserfahrungen der Beschäftigten und ihre Partizipationschancen strukturiert (Kapitel 12, 13 und 14). Im Anschluss wird anhand des Vergleichs der drei Betriebsfälle der Einfluss des Markts auf die Arbeit und die Arbeitsbeziehungen in der betrieblichen Arena herausgearbeitet (Kapitel 15).

Die Zusammenschau der Ergebnisse der beiden empirischen Analysen ermöglicht es, ein präzises Bild des Einflusses des Markts auf – und damit im Nebeneffekt auch der Bedeutung der Institutionen in den beiden Arenen des dualen Systems für – die Arbeit und die Arbeitsbeziehungen in deutschen Callcentern zu zeichnen. Dabei wird auch deutlich, dass das häufig zitierte Bild eines Dualismus von stabilen Kernen und fragilen Rändern nicht mehr der Realität entspricht. Welche Folgen dies für die Forschung und die Interessenvertretungspraxis hat, ist Gegenstand der abschließenden Reflektion (Kapitel 16).

Teil I
Grundlegungen

1. Methode, Fallauswahl und Forschungsansatz

Kern des in dieser Studie verwendeten empirischen Materials sind 43 halbstandardisierte Interviews von in der Regel ein- bis zweistündiger Länge. Die Tabelle 1 gibt eine detaillierte Übersicht über das Interviewmaterial. Für die Analyse der organisierten Arbeitsbeziehungen in der tariflichen Arena wurden insgesamt 17 Expertengespräche mit haupt- und nebenamtlichen Vertretern und Vertreterinnen der Gewerkschaften Deutsche Postgewerkschaft (DPG), Gewerkschaft Handel, Banken und Versicherungen (HBV), Deutsche Angestelltengewerkschaft (DAG) und der Vereinten Dienstleistungsgewerkschaft (ver.di) geführt. Falls die Interviewten bereits in den Vorgängerorganisationen von ver.di für die Betreuung von Callcentern zuständig waren, ist dies in Klammern vermerkt. Darüber hinaus wurden je ein Vertreter der beiden Branchenverbände Deutscher Direktmarketing Verband (DDV) und Call Center Forum Deutschland (CCF) sowie zwei Experten interviewt, die die Branche seit der Etablierung der ersten Callcenter Ende der 1980er Jahre begleitet haben. Die Analyse der Arbeit und der Arbeitsbeziehungen in der betrieblichen Arena basiert auf drei exemplarisch ausgewählten Betriebsfallstudien, denen insgesamt 22 Interviews mit Geschäftsführungen, Betriebsräten und Beschäftigten zugrunde liegen. In jedem der drei Betriebe wurde ein Interview mit einem Vertreter der Geschäftsführung durchgeführt. In zwei Fällen handelte es sich dabei um den oder einen der Eigentümer, im dritten Fall um den Standortleiter. Dort, wo vorhanden, wurden auch Mitglieder des Betriebsrats interviewt. Mit Beschäftigten wurden 16 Interviews geführt, in zwei Betrieben jeweils fünf, in einem sechs. In Klammern ist die Geschlechterverteilung angegeben (w für weiblich, m für männlich).

Ergänzt wurden das Interviewmaterial mit Dokumentenanalysen, Presseauswertungen und Sekundärliteratur. In der Analyse der überbetrieblichen Arbeitsbeziehungen waren dies vor allem: Mitgliederzeitschriften und Dokumente der Gewerkschaften, Fachzeitschriften, Publikationen der

Branchenverbände sowie verschiedene Forschungsberichte. Anhand dieses Materials gelang es, die Entwicklung der Branche retrospektiv nachzuzeichnen. Für die Analyse der Arbeit und der Arbeitsbeziehungen in der betrieblichen Arena standen hingegen weniger Sekundärquellen zur Verfügung. Interne Dokumente der Betriebe lagen mit Ausnahme von Aus- und Weiterbildungsunterlagen nicht vor. In zwei Fällen erwiesen sich die bereits erwähnten Fachzeitschriften und die Publikationen der Branchenverbände als äußerst hilfreich, da diese Callcenter zu den Marktführern der Branche gehören. Um Hintergrundinformationen über die Betriebe zu erhalten, wurden zudem Pressemitteilungen ausgewertet.

Tab. 1: Übersicht über das Interviewmaterial

Die tarifliche Arena – Interviews			
	Gewerkschaften	Verbände	Experten
	ver.di 1 (FB 13) ver.di 2 (FB 1, DPG) ver.di 3 (FB 13) ver.di 4 (FB 13) ver.di 5 (FB 13, ÖTV) ver.di 6 (FB 1, HBV) ver.di 7 (FB 1, HBV) ver.di 8 (FB 12, HBV) ver.di 9 (FB 9, DPG) ver.di 10 (FB 13, DPG) ver.di 11 (FB 13) ver.di 12 (FB 13) ver.di 13 (FB 9, DPG) VCS 1 (DPG) HBV 1 ÖTV 1 DPG 1	CCF 1 DDV 1	Experte 1 Experte 2
			Gesamt: 21

Die betriebliche Arena – Interviews				
		SatelliteCall	SectorCall	QualityCall
	Geschäftsführung (GF)	1 (m)	1 (m)	1(m)
	Betriebsrat (BR)	–	2 (m)	1 (m)
	Beschäftigte	6 (4m, 2w)	5 (3m, 2w)	5 (4w, 1m)
				Gesamt: 22

Der in der Arbeit verfolgte subjektorientierte Forschungsansatz gewährleistet, dass die interviewten Subjekte nicht in ein vorgefertigtes Kategorienraster gezwungen werden, sondern die Möglichkeit haben, in der ihnen eigenen Sprache diejenigen Themen anzusprechen, die für die eigene Lebensrealität – hier: die eigene Arbeit – zentral sind (Bohnsack 2007: 20). Als ein Indikator für den Erfolg des Forschungsansatzes kann die Bereitwilligkeit gelten, mit der die Beschäftigten Auskunft über die Vor- und Nachteile der Callcenter-Arbeit, die Beziehungen zu den Kollegen und den Vorgesetzten, die eigenen Vorstellungen von »guter« Dienstleistungsarbeit, die mehr oder weniger prekäre Einkommenssituation und die eigenen Handlungsmöglichkeiten in den betrieblichen Hierarchien und im Arbeitsvollzug gaben. Offensichtlich erfüllten die Interviews für viele eine gewisse Entlastungsfunktion. In allen drei Betrieben herrscht – so die Ergebnisse der Interviews – ein hoher Leistungsdruck, die Beschäftigung ist mit einem erheblichen Maß an Unsicherheit verbunden und die Arbeitskräfte verfügen nur über geringe Partizipationschancen. Während sich im Arbeitsalltag kaum jemand für ihre Probleme zu interessieren scheint, boten die Interviews den Beschäftigten die Chance, an einem geschützten Ort anonym über ihre arbeitsbezogenen Probleme zu reden.

Der subjektorientierte Forschungsansatz – Sinnverstehen als »Mehrleistung«

Unabhängig von der Wahl der Methode und des Feldzugangs setzt sozialwissenschaftliche Forschung grundsätzlich eine »Übersetzungsleistung« voraus. Die soziale Praxis der Subjekte, die den Gegenstand der Forschung bildet – hier die Arbeit und die Arbeitsbeziehungen in Callcentern –, muss in Wissen übersetzt werden, dass den wissenschaftsinternen Kriterien der Wissensproduktion genügt. Diese Beobachtung verweist zum einen auf die Eigenlogik bzw. die relative Autonomie des »wissenschaftlichen Feldes« (Bourdieu 1975, Wittrock 1992). Innerhalb der institutionalisierten wissenschaftlichen Disziplinen gelten eigene Spielregeln, nach denen Macht, Anerkennung und Aufstiegschancen verteilt werden (Bourdieu 1998, Wagner 1990: 29ff., Wagner/Wittrock 1991). Die Wissensproduktion unterliegt veränderlichen und umkämpften »epistemischen Kriterien« (Elzinga 1984, 1997), die festlegen, welchen wissenschaftlichen und außerwissenschaftlichen Anforderungen Texte zu genügen haben, wenn sie innerhalb des wissenschaftlichen Diskurses Anerkennung finden wollen. Zum anderen verweist die Notwendigkeit einer Übersetzungsleistung auf die besondere Beziehung der Sozialwissenschaften im Allgemeinen und der Soziologie im Besonderen zu ihrem Gegenstand. Sozialwissenschaftliche Wissensproduktion basiert auf einer Beobachterposition innerhalb der Gesellschaft. Soziologische Zeitdiagnosen stellen Versuche einer gesellschaftlichen

»Selbstreflektion« dar, die trotz der Distanz, die Reflektion grundsätzlich voraussetzt, den Boden der Gesellschaft, die sie zu beschreiben suchen, niemals verlassen können (Wagner 2001: 1ff., Dewey 2001). Damit unterscheidet sich das Verhältnis der Sozialwissenschaften zu ihrem Gegenstand sowohl vom »praktischen Verhältnis« aller menschlichen Subjekte zu ihrer Alltagswelt als auch vom »technologischen Verhältnis« der Naturwissenschaften zu ihrem Gegenstand (Bourdieu 1997a: 779ff., auch: Burawoy 2009, Giddens 1997: 405, Horkheimer 1935: 8f., Wagner 2001).

Von den Positionen der Subjekte, deren soziale Praktiken das Objekt der Forschung konstituieren, unterscheidet sich der gesellschaftliche Standpunkt des Wissenschaftlers vor allem durch »Handlungsentlastetheit«. Reflektion setzt die – im Fall der akademischen Wissenschaften institutionell abgesicherte – Fähigkeit zur Distanznahme voraus, während das praktische Verhältnis zur Welt von situativen Zwängen und Notwendigkeiten geprägt wird (Bourdieu 1997a: 779ff., 1999). Dabei gilt es jedoch zu bedenken, dass die Wissenschaftler und Wissenschaftlerinnen ausschließlich zu ihrem Forschungsgegenstand eine distanzierte Position einnehmen. Zu ihrer eigenen wissenschaftlichen Praxis stehen sie ebenfalls in einem praktischen Verhältnis. Auch im wissenschaftlichen Feld existieren gewisse »doxische« Selbstverständlichkeiten, die von den Akteuren verinnerlicht und habitualisiert werden und in der Regel gar nicht reflektiert werden können. Anders ausgedrückt: Reflektion setzt einen Standpunkt voraus, von dem aus man sehen kann, der aber selbst zumindest im Moment der Reflektion nicht gesehen werden kann. Der besondere gesellschaftliche Standpunkt der Soziologie und die Differenz zwischen dem praktischen und dem reflektierenden Verhältnis zur Welt haben Folgen für die Beschaffenheit der auf diese Weise produzierten wissenschaftlichen Erkenntnisse. Bourdieu (1999: 164) hat zu Recht darauf hingewiesen, »dass die wissenschaftliche Konstruktion die Prinzipien der praktischen Logik nur erfassen kann, indem sie diese ihrem Charakter nach verändert«. Der mit wissenschaftlichen Methoden gedeutete Sinn sozialer Praktiken ist damit grundsätzlich »rekonstruierter« Sinn (Bohnsack 2007). Für den Umgang mit den Ergebnissen der Forschung heißt dies, dass die auf der Basis wissenschaftlicher Reflektion identifizierten Funktionsweisen sozialer Mechanismen keinesfalls identisch mit der Rationalität der Praktiken sein müssen, von denen diese Mechanismen hervorbracht werden (zum Begriff des sozialen Mechanismus: Mayntz 2003). Oder anders herum: Die Praxis setzt »die Beherrschung der Logik, die in ihr zum Ausdruck kommt, nicht voraus« (Bourdieu 1999: 27, ähnlich: nimmt Giddens 1997: 338). Verliert die Wissenschaft ihren eigenen Standpunkt und damit auch die in der Wissensproduktion erbrachte Übersetzungsleistung aus dem Augen, droht ein funktionalistischer Kurzschluss: Allzu leicht werden die mit wissenschaftlichen Methoden konstruierten Mechanismen und Regelmäßigkeiten als soziale Gesetzmäßigkeiten objektiviert (Giddens 1979: 113).

Zugleich bleibt die Fähigkeit der Sozialwissenschaften zur Distanznahme von den zu beschreibenden gesellschaftlichen Phänomenen jedoch notwendig begrenzt. Kein Wissenschaftler kann eine Position außerhalb der menschlichen Gesellschaft einnehmen (Burawoy 2009, Dewey 2001, Wagner 2001). Schon Max Weber hat darauf aufmerksam gemacht, dass das spezielle Verhältnis sozialwissenschaftlicher Forschung zu ihrem Gegenstand eine Bedingung der Wissensproduktion darstellt, deren Folgen es permanent zu reflektieren gilt. Denn einerseits ermöglicht die innere Beobachterposition eine »Mehrleistung« gegenüber den Naturwissenschaften, andererseits schränkt diese Position die Möglichkeiten der Objektivierung der Ergebnisse auch ein:

»Wir sind ja bei ›sozialen Gebilden‹ (im Gegensatz zu ›Organismen‹) in der Lage: über eine bloße Feststellung von funktionellen Zusammenhängen und Regeln (›Gesetzen‹) hinaus etwas aller ›Naturwissenschaft‹ […] Unzulängliches zu leisten: eben das ›Verstehen‹ des Verhaltens der beteiligten Einzelnen, während wir das Verhalten z.B. von Zellen nicht ›verstehen‹, sondern nur funktionell erfassen und dann nach Regeln seines Ablaufs feststellen können. Diese Mehrleistung der deutenden gegenüber der beobachtbaren Erklärung ist freilich durch den wesentlich hypothetischeren und fragmentarischeren Charakter der durch Deutung zu gewinnenden Ergebnisse erkauft. Aber dennoch: sie ist gerade das dem soziologischen Erkennen Spezifische.« (Weber 1980: 7)

Die für die Soziologie charakteristische Beobachterposition innerhalb der Gesellschaft ermöglicht eine wissenschaftliche Deutung des Sinns sozialer Praktiken, setzt aber genau aus diesem Grund eine Übersetzungsleistung voraus (auch: Bohnsack 2007: 21f.).

Problemzentrierte, halbstandardisierte Interviews (Witzel 1982) bieten den Forschenden genauso wie Gruppendiskussionen oder teilnehmende Beobachtungen die Möglichkeit, vergleichsweise nahe an die Alltagspraktiken und die Erfahrungswirklichkeit der Subjekte zu kommen. Der qualitative Forschungsansatz bietet die Möglichkeit, den sozialen Sinn der beobachteten Praktiken zu rekonstruieren (Bohnsack 2007: 20ff.). Zwar stellt grundsätzlich jedes Interview eine artifizielle soziale Situation dar, durch die die Interviewten aus ihrer Alltagspraxis herausgelöst werden; eine reflexive Interviewpraxis, die auch der besonderen (Macht-)Beziehung zwischen Interviewenden und Interviewten Rechnung trägt, ermöglicht jedoch bei allen existierenden Beschränkungen Zugang zu dem Sinn, den die Subjekte ihrer eigenen sozialen Praxis verleihen (Bourdieu 1997a: 780ff., Burawoy 2009). Da die Übersetzungsleistung in den Forschungs- und Erkenntnisprozess internalisiert wird, gewährleistet dieser Zugang ein vergleichsweise hohes Maß an Kontrolle über die Transformation des praktischen Sinns, den die Praxis für die Subjekte selbst hat, in den gedeuteten Sinn wissenschaftlicher Konstruktionen.

Fallauswahl – Vergleich exemplarischer Fallstudien

Die empirischen Untersuchungen in den beiden Arenen des dualen Systems der Interessenvertretung sind explizit vergleichend ausgelegt. Die Analyse des Einflusses des Markts auf die organisierten Arbeitsbeziehungen in der tariflichen Arena basiert auf einem doppelten Vergleich: Fundament der Untersuchung ist ein inter-temporaler Vergleich der gewerkschaftlichen Reaktionsmuster sowie der Aushandlungsprozesse zwischen Arbeitgebern und Gewerkschaften in den drei skizzierten Phasen der Formierung der neuen Branche: der Etablierungsphase (1990–1995), der Expansionsphase (1996–2001) und der Konsolidierungsphase (seit 2002). Neben dem inter-temporalen Vergleich ermöglicht das innovative Untersuchungsdesign auch noch einen inter-sektoralen Vergleich. In den drei Phasen werden die Entwicklung der Tarifstandards, die gewerkschaftlichen Reaktionen und der Einfluss des Markts auf die Aushandlungsprozesse zwischen Gewerkschaften und Arbeitgebern jeweils in drei Segmenten vergleichend untersucht: der Telekommunikation, dem Versandhandel und dem Bankgewerbe. Zum einen haben Callcenter aus diesen Segmenten eine Schlüsselrolle für die Entwicklung der Callcenter zu einem eigenen Wirtschaftszweig gespielt. Zum anderen unterscheiden sich die Telekommunikation, der Versandhandel und das Bankgewerbe als Organisationsbereiche deutlich voneinander. Der Telekommunikationssektor wandelte sich im Untersuchungszeitraum von einem Hoheitsbereich der öffentlichen Verwaltung in einen hochgradig liberalisierten Sektor, in dem profitorientierte Unternehmen um Marktanteile ringen. Der Versandhandel ist Bestandteil des wesentlich größeren Organisationsbereichs Einzelhandel, in dem zudem um die Jahrtausendwende die Tradition der Allgemeinverbindlichkeitserklärung (AVE) der Flächentarifverträge auslief. Dagegen stellt das Bankgewerbe einen weitgehend »normalen« Organisationsbereich ohne institutionelle Besonderheiten dar. Die Unterschiede zwischen den Segmenten hinsichtlich ihrer Einbettung in wiederum institutionell höchst unterschiedlich verfasste etablierte Organisationsbereiche erhöht die Generalisierbarkeit der Rückschlüsse, die aus dem Vergleich gezogen werden können (Landman 2004).

Auch die Analyse der Arbeit und Arbeitsbeziehungen in der betrieblichen Arena erfolgt vergleichend. Anhand von drei Betriebsfallstudien aus dem Segment der externen Callcenter wird dem Einfluss der Marktverhältnisse auf die Arbeit und die Partizipationschancen der Beschäftigten nachgegangen. Die drei Betriebsfallstudien wurden gezielt ausgewählt. Die Betriebsfälle stehen exemplarisch für unterschiedliche strategische Umgangsweisen mit der großen Ungewissheit, die den Markt für die externen Callcenter auszeichnet. Die Fallbetriebe sind anonymisiert, die fiktiven Namen SatelliteCall, SectorCall und QualityCall beziehen sich jeweils auf den spezifischen Umgang mit der Volatilität und der Komplexität der Marktverhältnisse in der konsolidierten Callcenter-Branche. Wie schon in den früheren Untersuchungen hat sich auch in dieser Studie der Feldzugang als äußerst schwierig erwiesen. Aus den Problemen sollte jedoch nicht der Schluss gezogen werden, dass es sich bei den drei Untersuchungsbetrieben um »schwarze Schafe« unter den externen Callcentern handelt. Im Gegenteil: Alle drei Fallbetriebe arbeiten für renommierte Auftraggeber, keines der Callcenter verkauft Lotterielose wie die Betriebe der Wallraffschen Sozialreportage. Zwei der Fallbetriebe gehören sogar zu den »Flaggschiffen« der Branche, die unter Experten als Positivbeispiele auch für die Arbeit und die Arbeitsbeziehungen gelten.

2. Interaktive Dienstleistungsarbeit in Callcentern

Callcenter sind Organisationseinheiten, die einem spezifischen Organisationszweck dienen, nämlich der Rationalisierung der Produktion von telefonischen Kundenkommunikationsdienstleistungen (Gundtoft/Holtgrewe 2000: 174, Holtgrewe 2005b). Das technische Fundament eines Callcenters besteht aus der Integration von Telekommunikations- und Datenverarbeitungstechnik durch die ACD-Anlage und die CTI-Schnittstelle (*Automatic Call Distribution* und *Computer Telephony Integration*) (Taylor/Bain 1999: 102). Zwar hat sich die Technik seit der Etablierung der ersten Callcenter Ende der 1990er Jahre erheblich weiterentwickelt, eine ACD-Anlage zur automatisierten Anrufverteilung innerhalb der Organisationseinheit bildet jedoch immer noch die technische Basis eines jeden Callcenters. Callcenter treten in drei unterschiedlichen Organisationsformen auf: als interne, als ausgegliederte und als externe Einheiten. Die klassische Form ist das »interne Callcenter«, das als interne Abteilung Dienstleistungen für die Kunden eines Unternehmens erbringt. Während interne Callcenter vollständig in die Organisation des Mutterunternehmens integriert sind, stellen »ausgegliederte Callcenter« rechtlich eigenständige Organisationseinheiten dar. Zwar formal eigenständig, produzieren sie in der Regel ausschließlich Dienstleistungen für das Mutterunternehmen. Die dritte Organisationsform ist das »externe Callcenter«. Als Dienstleistungsunternehmen stellt es eine profitorientierte Wirtschaftsorganisation dar, die für verschiedene Auftraggeber Dienstleistungen an deren Kunden erbringt (Biehler/Vogl 1999, Scholten/Holtgrewe 2006, Matuschek et al. 2007: 32). Im Verlauf der Formierung des Wirtschaftszweigs haben sich die Gewichte zwischen den Typen zwar verschoben (Kapitel 3), trotzdem existieren auch in der konsolidierten Branche noch alle drei Formen nebeneinander.

Im Folgenden werden die Befunde der soziologischen Forschung anhand von drei Themen diskutiert, die für die anschließenden empirischen Analysen von besonderer Bedeutung sind: Zunächst geht es um die

Merkmale der in Callcentern erzeugten Dienstleistungen als »Produkte«, deren Standardisierungspotenzial notwendigerweise begrenzt ist. Im zweiten Schritt geht es vor dem Hintergrund des »Rationalisierungsdilemmas« der Dienstleistungsproduktion um den Charakter der in den Callcentern geleisteten »Arbeit«. Abschließend wird mit Fokus auf die im dritten Teil der Arbeit untersuchten externen Callcenter deren »Position« in den Wertschöpfungsketten der Auftraggeber ausgeleuchtet. Die Position »struktureller Unsichtbarkeit« erzeugt eine erhebliche Machtasymmetrie in den vertikalen Beziehungen und bildet den Boden für den konkurrenzzentrierten Steuerungsmodus, der in den letzten Jahren von vielen Auftraggebern durchgesetzt wurde.

2.1. Das Produkt – Telefonische Kunden-Kommunikations-Dienstleistungen

In der soziologischen Forschung werden Dienstleistungen als Produkte in der Regel negativ bestimmt: Im Gegensatz zu materiellen Gütern gelten Dienstleistungen als immateriell, als nicht dauerhaft und als nicht lagerfähig (Littek 1991: 265, Holtgrewe 2005b, Jacobsen/Voswinkel 2005). Allerdings überdeckt die Abgrenzung von materiellen Gütern die bestehenden Unterschiede innerhalb des Feldes der Dienstleistungen: In Unternehmensberatungen, in Banken und Versicherungen, in Friseurstudios, in Krankenhäusern, im Einzelhandel, in Transportbetrieben, in Gaststätten und auch in Hochschulen werden höchst unterschiedliche Dienstleistungen produziert. Bei den in Callcentern erbrachten Dienstleistungen handelt es sich um telefonische »Kunden-Kommunikations-Dienstleistungen«. Als »Kommunikationsdienstleistungen« bestehen diese grundsätzlich aus Kommunikationsinteraktionen zwischen den Arbeitskräften des Callcenters und den Kunden. Der hohe Stellenwert lebendiger Arbeit beschränkt das Automatisierungspotenzial der Dienstleistungsproduktion in Callcentern. Denn es ist letztendlich die menschliche Stimme, mit der die Dienstleistungen erbracht werden. Dies hat auch Folgen für die typischen Belastungen, die mit der Arbeit in Callcentern einhergehen: Stimmprobleme, die zudem noch durch die häufig trockene Raumluft in mit Klimaanlagen ausgestatteten Bürokomplexen verstärkt werden, gehören zu den häufigsten physischen Beeinträchtigungen, unter denen die Arbeitenden zu leiden haben

(Dormann et al. 2002, Holman 2002). Als »Kundendienstleistungen« erbringen die Beschäftigten von Callcentern Dienstleistungen an Kunden. Dadurch ist der Kunde mit seiner prinzipiell nicht berechen- und planbaren Subjektivität unweigerlich Teil des Produktionsprozesses, er nimmt die Rolle des »Ko-Produzenten« ein (Bolton/Houlihan 2005: 691, Frenkel 2006: 361ff., Jacobsen 2005, Voswinkel 2005a). Als »telefonische Dienstleistungen« werden die in Callcentern produzierten Dienstleistungen mit Hilfe moderner Telekommunikationstechnik erbracht. Dies hat zum einen Folgen für die Bedeutung der Produktionstechnik in Callcentern, zum anderen aber auch für die räumliche (Un-)Gebundenheit der Produktion: Produktion und Konsum der Dienstleistungen sind räumlich unabhängig. Callcenter können faktisch überall angesiedelt werden, die moderne Telekommunikations- und Informationstechnik macht es möglich, auch große Entfernungen zu überbrücken.

Die Unbestimmtheit interaktiver Dienstleistungen

Aufgrund der Interaktivität der Arbeit und der Produktionsprozesse werden die in Callcentern erbrachten Dienstleistungen von einer spezifischen »Unbestimmtheit« (Holtgrewe 2005b) charakterisiert. Die genaue Gestalt der Dienstleistungen lässt sich nicht im Voraus planen, sie ergibt sich erst im Produktionsprozess selbst. Da in diesem die Subjektivität des Kunden eine wichtige Rolle spielt (Batt 2000: 543), entzieht sich der kommunikative Kern der Dienstleistungen in letzter Instanz einer umfassenden direkten Steuerung (Gundtoft/Holtgrewe 2000: 193, Matuschek et al. 2007). Die Arbeitenden müssen in den Kundeninteraktionen über ein Mindestmaß an Gestaltungsspielraum verfügen, da ohne »Freiräume in der Gesprächsführung« interaktive Dienstleistungsarbeit schlechterdings nicht möglich ist (Kleemann/Matuschek 2003b: 129f., Eichmann et al. 2006: 195f.). Insgesamt folgt aus diesen Erkenntnissen der arbeitssoziologischen Forschung, dass das Standardisierungspotenzial interaktiver Dienstleistungen begrenzt ist. Durch die eingeschränkten Möglichkeiten, die Dienstleistungen zu vereinheitlichen, sind auch einer Übertragung tayloristischer Rationalisierungskonzepte gewisse Grenzen gesetzt (Kerst/Holtgrewe 2003: 86f.). Daraus folgt jedoch nicht, dass tayloristische Formen der Arbeitsorganisation und der Steuerung der Arbeit in Callcentern keine Rolle spielen (Bittner 1999, Matuschek et al. 2007).

Klassifizierung der Dienstleistungen – Komplexität, nicht Qualität!

Grundsätzlich existieren zwei Grundtypen von Kundenkommunikationsdienstleistungen, die Inbound- und die Outbound-Dienstleistungen. Bei Inbound-Dienstleistungen geht der Telefonkontakt vom Kunden aus, bei Outbound-Dienstleistungen startet die Arbeitskraft des Callcenters den Anruf. Quer zur Unterscheidung zwischen Inbound- und Outbound-Dienstleistungen liegt der Komplexitätsgrad (Frenkel et al. 1999: 38ff.). Die Komplexität einer Dienstleistung ist sowohl von den Anforderungen an das spezifische Produktwissen der Arbeitskräfte als auch von der Art und der Anzahl der Handlungsoptionen abhängig, zwischen denen die Arbeitenden in den Kundeninteraktionen zu wählen haben. Zum einen ist die Komplexität einer Dienstleistung umso höher, je spezifischer die Anforderungen der Dienstleistungen an das Produktwissen der Arbeitskräfte sind. In einigen Bereichen der Dienstleistungsproduktion gehören spezialisiertes Produktwissen (technische Hotlines) oder sogar formale berufsfachliche Qualifikationen (Pharmaberatung) zu den Voraussetzungen der Arbeit. Zum anderen haben die von der Organisationsseite vorgegebenen Wahl- und Beratungsmöglichkeiten der Arbeitskräfte in der Kundeninteraktion Einfluss auf die Komplexität der Dienstleistung. Je umfangreicher die von den Arbeitenden zu beachtenden Inhalte der Dienstleistungen (Produkt- und Servicedetails) sind, desto größer ist deren Komplexität. Ein Indikator für die Komplexität einer Dienstleistung ist die prozessspezifische Anlernzeit. Je kürzer die Anlernzeit, desto geringer ist in der Regel die Komplexität der Dienstleistung.

Die Klassifizierung der Dienstleistungen nach der Komplexität ist nicht zu verwechseln mit ihrer Qualität. Zwar hat sich in angelsächsischen Forschung in den letzten Jahren eine idealtypische Gegenüberstellung von quantitätsorientierten und qualitätsorientierten Dienstleistungen als Orientierungspunkt durchgesetzt (Batt 2000, Batt/Moynihan 2002, Frenkel 2006: 359ff., Hutchinson et al. 2000: 66, Taylor/Bain 2001: 44ff., Taylor et al. 2002). Diese binäre Gegenüberstellung vermischt jedoch Merkmale der Dienstleistungen (Komplexität) mit der Organisation der Produktion (Standardisierung) und den Folgen für die Arbeit (Autonomie). Einfache, routinisierte Dienstleistungen, die auf weitgehend standardisierten Kommunikationsprozessen beruhen, gelten als quantitätsorientierte Dienstleistungen. Die betriebliche Kontrolle ist umfassend, so dass die Beschäftigten nur über geringe Freiheiten in der Gestaltung der Kommunikationsprozesse verfügen. Qualitätsorientierte Dienstleistungen werden hingegen als komplexe Dienstleistungen konzipiert, bei deren Produktion die Beschäftigten stärker auf die Wünsche und Bedürfnisse der Kunden eingehen müssen. Die Gestaltungsspielräume der Beschäftigten gelten als größer und die Intensität der stärker qualitätsorientierten Kontrolle als geringer. Zusammengefasst: Die »low road« der Dienstleistungsproduktion in Callcentern wird durch geringe Komplexität, hohe Standardisierung und geringe Autonomie charakterisiert, die »high road« hingegen von hoher Komplexität, geringer Standardisierung und hoher Autonomie (auch: Matuschek et al. 2007: 36f.). Die vorliegende Untersuchung geht hingegen davon aus, dass die Frage nach dem Zusammenhang zwischen der Komplexität der erzeugten Dienstleistungen einerseits und der betrieblichen Organisation der Produktion (Standardisierung) und der Arbeit (Autonomie) andererseits nur empirisch zu beantworten ist.

2.2. Die Arbeit – Interaktive Dienstleistungsarbeit in den Kundenschnittstellen

Aus der Interaktivität der Produktionsprozesse ergibt sich, dass Callcenter-Arbeit interaktive Dienstleistungsarbeit ist. Als solche ist sie »Gefühlsarbeit« (Hochschild 1983, Korczynski 2003) und damit hochgradig »subjektivierte« Arbeit (Moldaschl/Voß 2002). Ein Mindestmaß an Autonomie in der Kundeninteraktion ist Voraussetzung erfolgreicher Dienstleistungsarbeit in Callcentern, sind doch die Kontrolle und die Steuerung der eigenen Subjektivität integrale Bestandteile der Arbeit (Wickham/Collins 2004: 3f.). In der Managementliteratur ist das »Lächeln in der Stimme« längst zu einem geflügelten Wort und zu einem Synonym für die Anforderungen an die Selbst-Kontrolle der Arbeitskräfte geworden. Die Kundenkontakte dauern oft nur wenige Sekunden, die Beschäftigten müssen sich schnell auf die Bedürfnisse und die Stimmungslage der Kunden einstellen. Aufgrund des interaktiven Charakters der Callcenter-Arbeit werden die Arbeitskräfte unweigerlich zu Subjekten der betrieblichen Rationalisierung (Matuschek et al. 2007). Art und Umfang der Anforderungen an die Selbstorganisation der Beschäftigten sind jedoch stark von der betrieblichen Organisation der Produktionsprozesse und der Steuerung der Arbeit abhängig (Fernie 2004, Sturdy/Fineman 2001, Kratzer/Sauer 2003).

Vermittlungsarbeit im »Rationalisierungsdilemma«

Als interaktive Dienstleistungsarbeit ist Callcenter-Arbeit nicht nur subjektivierte Arbeit, sondern zugleich auch Vermittlungsarbeit in der »Kundenschnittstelle« (Frenkel et al. 1999, Holtgrewe/Kerst 2002b). Als Produzenten interaktiver Dienstleistungen sehen sich die Beschäftigten in ihrer Arbeit permanent mit multiplen, potenziell widersprüchlichen Erwartungen an ihre Arbeit konfrontiert (Armistead et al. 2002: 251, Holtgrewe/Voswinkel 2002: 99ff., Jacobsen 2005). Erstens haben die Kunden spezifische Erwartungen an die Dienstleistung (Bolton/Houlihan 2005, Korczynski 2003), zweitens existieren innerhalb des Betriebs Erwartungen der Vorgesetzten und des Managements an die Leistung der Arbeitskräfte (Bain et al. 2002, Taylor et al. 2002), und drittens haben auch die Beschäftigten eigene Vorstellungen von »guter« Dienstleistungsarbeit, die sie in ihrer Arbeit zu verwirklichen suchen (Alferoff/Knights 2002, Matuschek/Kleemann 2003: 132). In den externen Callcentern kommen noch viertens die Erwartungen der Auftraggeber an die Dienstleistungsproduktion hinzu. Im Umgang mit den potenziell widersprüchlichen Erwartungsbündeln stehen den Beschäftigten grundsätzlich mehrere Möglichkeiten zur Verfügung: Sie können diese ausbalancieren, gegeneinander ausspielen oder sich kreativ aneignen (Voswinkel 2005b: 42). Der reale Handlungsspielraum, der den Arbeitenden für den Umgang mit den widersprüchlichen Erwartungen zur Verfügung steht, ist von mehreren Faktoren abhängig: von den Freiheitsgraden der Arbeitskräfte in der Arbeitsgestaltung, von der Art und Intensität der betrieblichen Leistungsbewertung, von der individuellen Ausstattung der Arbeitskräfte mit kulturellem und sozialem Kapital (Holtgrewe 2002: 205) und von ihrer Position auf dem externen Arbeitsmarkt.

Die potenzielle Widersprüchlichkeit der Erwartungen der verschiedenen Akteure an die Dienstleistung ist vor allem eine Folge des »Rationalisierungsdilemmas« profitorientierter Dienstleistungsproduktion (klassisch: Berger/Offe 1981, Gundtoft/Holtgrewe 2000, Weinkopf 2002a: 3). Die betriebswirtschaftliche Literatur verspricht sich von internen wie von externen Callcentern die Quadratur eines Kreises: Callcenter seien in der Lage, »den Kundenservice deutlich zu steigern – und dabei auch noch Kosten zu sparen« (Thieme/Steffen 1999: 12, Wiencke/Kroke 1999: 24). Dass die beiden parallel verfolgten Rationalisierungsziele Servicequalität und Kosteneffizienz in einem letztlich unauflöslichen Widerspruch zueinander stehen, wird dabei jedoch kaum reflektiert (Korczynski 2002: 64).

Unter bestimmten Bedingungen ermöglicht die Rationalisierung der Kundenkommunikation in Callcentern zwar eine gleichzeitige Steigerung der Servicequalität und der betriebswirtschaftlichen Effizienz, grundsätzlich unterliegen beide Ziele jedoch gegensätzlichen Rationalisierungslogiken (Shire et al. 2002, Berger/Offe 1981). Die Servicequalität ist das Resultat einer effektivitätsorientierten Rationalisierungslogik, während die Produktionskosten Gegenstand effizienzorientierter Strategien sind.

Die »schizophrenia of alternating priorities between customer service quality and cost reduction« (Taylor et al. 2005: 24) prägt die Gestaltung der betrieblichen Produktionsprozesse und die Steuerung und Kontrolle der interaktiven Dienstleistungsarbeit. In der betrieblichen Praxis müssen zwischen den beiden widersprüchlichen Logiken permanent Kompromisse geschlossen werden (Frenkel 2006: 361ff.). Auch wenn einiges dafür spricht, dass der rhetorische Verweis auf die Servicequalität nicht selten nur der Rechtfertigung von Kostensenkungsstrategien dient (Taylor/Bain 2005: 263, D'Alessio/Oberbeck 1997: 35), bleibt das »Serviceversprechen« nicht ohne Rückwirkungen auf die Produktion von Dienstleistungen und die Arbeit in den Kundenschnittstellen (Jacobsen 2005: 16). Die meisten Unternehmen – im Fall der externen Callcenter: die Auftraggeber – versprechen ihren Kunden, dass mit der Einrichtung von Callcentern eine spürbare Verbesserung des Service einhergeht (Korczynski 2002: 178). Auch wenn es sich bei dem »Serviceversprechen« der Callcenter demnach wohl eher um eine Variante des kapitalistischen »Mythos der Kundensouveränität« (Voswinkel 2005b: 66) handelt, bleibt es nicht ohne Wirkung auf die Arbeit in Callcentern: Die Beschäftigten werden in jeder Sekunde ihrer Arbeit mit ihm konfrontiert – und zwar in Gestalt der Erwartungen der Kunden an ihre Arbeit.

2.3. Die Position externer Callcenter – Fremdvergabe in hierarchisch gesteuerten Wertschöpfungsketten

Mit Blick auf die im dritten Teil untersuchten externen Callcenter muss neben der Beschaffenheit der Dienstleistungen als Produkte und dem grundlegenden Charakter der Arbeit noch ein dritter Einflussfaktor angeführt werden, der die Aushandlungsprozesse in der betrieblichen Arena und die Arbeit der Beschäftigten beeinflusst: die Form der vertikalen Beziehungen

(Sauer/Altmann 1989). Zwar sind die Beziehungen eines externen Callcenters zu seinen Auftraggebern grundsätzlich das Resultat strategischer Interaktionen, in denen die beteiligten Akteure zumindest partiell widerstreitende Interessen verfolgen. Beide Seiten versuchen, sich einen möglichst großen Teil der Effizienz- und Rationalisierungsgewinne anzueignen, die durch die Verlagerung der Dienstleistungsproduktion entstehen. Allerdings basiert die Beziehung auf einer strukturell bedingten Machtasymmetrie: In den Wertschöpfungsketten der Auftraggeber nehmen die externen Callcenter eine Position »struktureller Unsichtbarkeit« ein, die aus der Perspektive der Auftraggeber eine hohe Substituierbarkeit der Dienstleister gewährleistet. Die Position der Unsichtbarkeit bildet das Fundament sowohl für den Formwandel von der rein kapazitäts- und zeitabhängigen hin zur aufgabenbezogenen Verlagerung als auch für die Durchsetzung des neuen konkurrenzzentrierten Steuerungsmodus durch die Auftraggeber.

Die Position »struktureller Unsichtbarkeit«

Die vertikalen Beziehungen zwischen Auftraggebern und externen Callcentern ähneln hierarchischen Zulieferbeziehungen, wie sie auch aus anderen Branchen bekannt sind. Der Auftraggeber »reguliert, überwacht, kontrolliert und steuert« die hierarchisch strukturierte Beziehung (Windeler 2001: 44). Die industriesoziologische Forschung hat gezeigt, dass der auf den Betrieben lastende Kosten- und Flexibilitätsdruck zunimmt, je weiter man sich entlang der Wertschöpfungsketten von den fokalen Unternehmen entfernt. Die fokalen Unternehmen nutzen die bestehenden Machtasymmetrien aus, um die durch die zwischenbetriebliche Kooperation erzielten Effizienzgewinne abzuschöpfen (Sauer 1992: 59, Schrayhussen 1992). Empirisch wurde eine derartige Entwicklung der vertikalen Beziehungen in einer ganzen Reihe von Branchen nachgewiesen, beispielsweise in der Automobilindustrie (Bieber 1992, Doleschal 1989, Jürgens/Reutter 1998), der Möbelindustrie (Deiß 1989, Döhl 1989) und der Elektroindustrie (Pohlmann et al. 1992: 202ff.). Zudem wurde gezeigt, dass die Betriebe den auf ihnen lastenden Kosten- und Flexibilitätsdruck in der Regel an ihre Beschäftigten weiterreichen: Die Arbeits- und Entlohnungsbedingungen sowie die Arbeitsbeziehungen insbesondere in den nachgeordneten Betrieben unterscheiden sich häufig qualitativ von der Situation in den fokalen Unternehmen. Die Entlohnung ist geringer, die Beschäftigungsunsicherheit höher und in den paternalistisch geführten Kleinbetrieben mangelt es nicht selten an funktionierenden Betriebsratsstrukturen (Artus 2008).

Externe Callcenter erbringen Dienstleistungen an den Kunden der Auftraggeber – und dies offiziell im Namen der Auftraggeber. Die Kunden, an denen die Dienstleistung erbracht wird und die als »Ko-Produzenten« in die betrieblichen Produktionsprozesse eingebunden sind, gehen jedoch in der Regel davon aus, dass sie es mit einem Mitarbeiter des Auftraggeberunternehmens zu tun haben. Die Arbeitenden sind in vielen Betrieben dazu angehalten, sich als Mitarbeiter des Auftraggebers auszugeben. Dadurch sind die Kunden sich nicht bewusst, dass sie es mit einer Arbeitskraft eines Dienstleistungsunternehmens zu tun haben und nicht mit einem Beschäftigten des Unternehmens, als dessen Kunden sie Teil der Dienstleistungsproduktion sind. Als eigenständige Betriebe bleiben die externen Callcenter in der Dienstleistungsproduktion somit weitgehend unsichtbar. Dies ist mit der Position »struktureller Unsichtbarkeit« gemeint. Für die Auftraggeber bedingt die Unsichtbarkeit der externen Callcenter ein hohes Maß an Substituierbarkeit. Die Zusammenarbeit mit jedem einzelnen Betrieb kann geräuschlos, d.h. unbemerkt von den eigenen Kunden, beendet werden. Proteste und Widerstand sind allein aus diesem Grund nicht zu erwarten. Besondere Wirkungsmacht entwickelt die Position der Unsichtbarkeit aufgrund der hohen technisch und organisatorisch bedingten Substituierbarkeit der Dienstleister. Die eingesetzte Telekommunikations- und Informationstechnik ermöglicht ein friktionsloses Umleiten auch großer Anrufvolumen (Int. Experte 1).

Formen der Verlagerung – Zwischen selektivem und umfassendem Outsourcing

Mit der Verlagerung der Dienstleistungsproduktion verfolgen Auftraggeber unterschiedliche Ziele. Zwei Grundtypen der Fremdvergabe lassen sich unterscheiden: die selektive und die umfassende Fremdvergabe (zum Folgenden: Wiencke/Kroke 1999: 35ff.). Zum Typus der selektiven Fremdvergabe zählen die kapazitätsorientierte, die zeitabhängige und die aufgabenabhängige Verlagerung. Bei der »kapazitätsbezogenen Verlagerung« werden Anrufspitzen, der sogenannte »Überlauf«, an ein oder mehrere Dienstleistungsunternehmen weitergeleitet. Dadurch gelingt es dem Auftraggeber, auch kurzfristige Steigerungen des Anrufvolumens abwickeln zu können, die mit der regulären Belegschaft des internen Callcenters nicht zu bearbeiten wären. Eine weitere Form der selektiven Fremdvergabe stellt die »zeitabhängige Verlagerung« dar. Von den Auftraggebern wird diese Form der Zusammenarbeit genutzt, um die Betriebszeiten der Callcenter über die Arbeitszeiten der eigenen Belegschaft hinaus auszuweiten. Für die externen Callcenter besteht die Herausforderung, auch zu diesen flexiblen Zeiten ausreichend Arbeitskräfte vorzuhalten. Eher neueren Datums, aber immer noch der selektiven Fremdvergabe zuzurechnen, ist die »aufgabenbezogene Verlagerung«, bei der die Produktion einzelner Dienstleistungen an ein oder mehrere externe Callcenter ausgelagert wird. Die Produktion der Dienstleistung kann im Rahmen einer Kampagne zeitlich befristet oder ein dauerhafter Bestandteil der Kundenkommunikation des Auftraggebers sein. Für die externen Callcenter stellt diese Form der Verlagerung die geringste planerische Herausforderung dar: Die Mitarbeiter können auf ihre Aufgabe hin geschult und der Arbeitskräftebedarf im Voraus geplant werden. Von den drei Formen der selektiven Fremdvergabe ist die »umfassende Verlagerung« zu unterscheiden, bei dem Unternehmen die gesamte Kundenkommunikation dauerhaft an einen Dienstleister vergeben. Allerdings stellt dies noch einen Sonderfall dar. Nur wenige Auftraggeber begeben sich in die Abhängigkeit von einzelnen Dienstleistern.

Neuer Steuerungsmodus – Organisatorisch verstetigte Konkurrenz

Die realen Beziehungen zwischen Auftraggebern und externen Callcentern werden nicht nur von der »strukturellen Unsichtbarkeit« der externen Callcenter und der konkreten Form der Verlagerung geprägt, auch die von den Auftraggebern etablierten Modi der Steuerung spielen eine wichtige Rolle für die Beschaffenheit der vertikalen Beziehungen – und damit auch für die Arbeit und die Arbeitsbeziehungen in den Callcentern. Auffällig ist, dass vor allem große Auftraggeber in den letzten Jahren einen neuen Modus der Steuerung durchgesetzt haben, der auf der Basis technischer Vernetzung marktzentrierte Steuerungselemente (Dörre 2003) mit hierarchischer Kontrolle kombiniert. Vor allem große Auftraggeberunternehmen arbeiten immer häufiger längerfristig mit einem relativ festen Stamm von Dienstleistungsunternehmen zusammen – ohne dass sich dabei allerdings die formalen Vertragslaufzeiten erhöht hätten (Int. Experte 1, 2, Int. Quality-Call GF). Die externen Callcenter erbringen für sie verschiedene Dienstleistungen – allerdings mit wechselnden Umfängen und Inhalten (für eine analoge Entwicklung im verarbeitenden Gewerbe: Herrigel/Wittke 2005, Helper et al. 2000). Da jede Dienstleistung grundsätzlich von mehreren

Anbietern zugleich erbracht wird und da jederzeit weitere Callcenter aus dem Stamm der Kooperationspartner bereit stehen, den Auftrag zu übernehmen, ist die Substituierbarkeit jedes einzelnen Betriebs hoch. Die Unsicherheit der Auftraggeberbeziehung treibt die Organisationen zu permanenten Höchstleistungen – nicht selten am Rande ihrer Leistungsfähigkeit. Die hohe Transparenz als Folge der datentechnischen Integration ermöglicht dem fokalen Unternehmen, permanent die Leistung der externen Callcenter und der eigenen internen Einheiten miteinander zu vergleichen (Int. Experte 2, Int. SatelliteCall GF, Int. QualityCall GF). Im Extremfall lässt die Technik sogar eine Echtzeit-Überwachung nahezu aller Facetten der Arbeit in den beauftragten externen Callcentern durch die Auftraggeber zu (Int. Experte 1, Int. SectorCall BR). Durch die kurzen Vertragslaufzeiten (ein bis sechs Monate, nur in wenigen Ausnahmefällen bis zu zwölf Monaten) und den Standardisierungsgrad der Schnittstellen können »leistungsschwache« Callcenter, die im Benchmark zurückfallen, kurzfristig durch andere Betriebe ersetzt werden.

3. Die Branche – Formierung eines neuen Wirtschaftszweigs

Der Begriff der »Branche« wird nicht nur in der politischen Sprache häufig undifferenziert verwendet, auch in der soziologischen Forschung fehlt es an einer einschlägigen Definition. In keinem der gängigen Nachschlagewerke findet sich ein Eintrag. Materielle Basis des in dieser Studie verwendeten Branchenbegriffs ist Kitschelts (1991: 460) Definition eines Sektors als ein »technological system within a particular market segment«. Unabhängig vom konkreten Organisationstypus kommt in allen Callcentern eine gemeinsame Grundausstattung an Produktionstechnik zum Einsatz (Taylor/Bain 1999: 102) – mit dem ebenfalls gemeinsamen Ziel, die Produktion von telefonischen Kundenkommunikationsdienstleistungen zu rationalisieren. Gleichwohl lässt sich eine Branche nicht allein auf objektive Merkmale wie den Technikeinsatz, den Organisationszweck oder die Marktverhältnisse reduzieren. Im Unterschied zum angelsächsischen Begriff des Sektors basiert die Bezeichnung »Branche« immer auch auf einem sozialkonstruktivistischen Prozess, in dem Akteure mit Selbstbeschreibungen und Fremdzuschreibungen hantieren. Branchen werden von Akteuren »gemacht«. Nicht zuletzt als Reaktion auf die immer dichteren Kooperations- und Konkurrenzbeziehungen verwenden zentrale Akteure, Unternehmen wie Verbände, seit einigen Jahren vermehrt die Selbstbeschreibung »Callcenter-Branche« (Stockmann 2005).

Die folgende Darstellung der Entwicklung der Callcenter dient einem zweifachen Ziel. Erstens wird ein Überblick über eine noch junge Branche geliefert, deren Entwicklung in der soziologischen Literatur bislang kaum ausführlich dargestellt worden ist. Die Branchengenese lässt sich retrospektiv in drei Phasen einteilen, die jeweils von einer spezifischen Dynamik geprägt wurden: die Etablierungsphase (1990–1995), die Expansionsphase (1996–2001) und die Konsolidierungsphase (seit 2003). In der ersten Hälfte der 1990er Jahre relativ unabhängig voneinander in verschiedenen Branchen etabliert, wuchsen die verschiedenen Segmente in den beiden anderen

Phasen schrittweise zusammen. Damit folgte die Herausbildung der Callcenter-Branche im Grunde einem verbreiteten Muster der Entstehung neuer Branchen: Durch die Einführung neuer Techniken und die Durchsetzung neuer Geschäftsstrategien lösen sich einzelne Betriebe und Unternehmen aus bestehenden Wirtschaftszweigen heraus, wachsen sukzessive zusammen und bilden damit letztendlich eine neue eigenständige Branche (Ellguth et al. 1995).[1] Im Fall der Callcenter bildete sich zunächst ein branchenübergreifend tätiges Segment nicht tarifgebundener externer Callcenter heraus (Expansionsphase), bevor nicht zuletzt durch die Konkurrenz mit den Dienstleistern viele interne Callcenter ausgegliedert und aus ihren Herkunftsbranchen herausgelöst wurden (Konsolidierungsphase).

Zweitens wird in dem vorliegenden Kapitel die Grundlage für die empirischen Analysen gelegt. Jede der drei Phasen der Branchengenese wurde nicht nur von einer spezifischen Entwicklungsdynamik geprägt, sondern auch von einer besonderen Verfasstheit des Markts. Die im Folgenden beschriebenen phasenspezifischen Marktverhältnisse stellen die Folie dar, vor deren Hintergrund der Einfluss des Markts auf die organisierten Arbeitsbeziehungen in der tariflichen Arena analysiert wird. Im Einklang mit neueren wirtschaftssoziologischen Arbeiten wird der Markt, auf dem die Callcenter agieren, als sozial konstituiert verstanden (Bourdieu 2005, Burt 2004, Beckert et al. 2007, Dobbin 2004, Fligstein 1996, 2001, White 1981). Zwischen den Marktverhältnissen und den Strategien, mit denen die Akteure ihre Interessen verfolgen, besteht ein rekursives Verhältnis: Einerseits sind die Strukturen auf real existierenden Märkten das Ergebnis von Akteurshandeln, andererseits wirken die Marktverhältnisse auch selektiv auf die Fähigkeiten der Akteure zurück, ihre Strategien zu verfolgen (allgemein zur Rekursivität sozialer Praxis: Bourdieu 1997, 1999; Giddens 1997: 77f.). Die konkrete situative Ausformung des Markts als institutionelle Struktur wird in dieser Studie mit dem Begriff der Marktverhältnisse eingefangen. Die raum- und zeitspezifischen Konkurrenzbeziehungen zwischen den einzelnen Marktteilnehmern unterscheiden sich insbesondere in der Reichweite, der Intensität und den Inhalten. Je größer die Reichweite

1 Da Callcenter in der offiziellen Wirtschaftsstatistik keinen eigenständigen Wirtschaftszweig bilden, ist die Datenlage relativ beschränkt. Die folgende Darstellung basiert neben der Auswertung des eigenen empirischen Materials auf zwei regionalen Studien (Baumeister 2001, Körs et al. 2002), auf Informationen der Branchenverbände (DDV 2005, DDV 2006, CCF 2008) und auf den Ergebnisse des deutschen Teils des Global Callcenter Industry Projects (GCCIP) (Holtgrewe 2005a, Scholten/Holtgrewe 2006).

der Konkurrenzbeziehungen, desto größer ist der Kreis der Akteure, die in die Marktverhältnisse eingebunden sind. Die Intensität der Konkurrenz bezieht sich vor allem auf das Verhältnis zwischen der Anzahl der Marktteilnehmer und dem Marktvolumen. Zudem variieren die wichtigsten Parameter der Konkurrenz (Qualität, Preis, Service usw.). Zu den relevanten Akteuren, die mit ihren Strategien den Callcenter-Markt »produzieren«, gehören jedoch nicht nur die Marktteilnehmer im engeren Sinne (Auftraggeber und die verschiedenen Callcenter-Typen), sondern auch Gewerkschaften und Branchenverbände sowie staatliche Institutionen, verschiedene Interessenverbände und Unternehmensberatungen.

Geleitet wird die Analyse des Callcenter-Markts von der Unterscheidung zwischen zwei Dimensionen der Marktverhältnisse: der vertikalen und der horizontalen Dimension. Beide Dimensionen beziehen sich jeweils auf einen spezifischen Ausschnitt der sozialen Beziehungen, die den Markt konstituieren (ähnlich als »Preiskampf« und »Konkurrenzkampf«: Weber 1980: 36). Die vertikale Dimension umfasst die Beziehungen zwischen Auftraggeberunternehmen und externen Callcentern. In dieser Dimension drückt sich der Interessengegensatz zwischen Nachfrage- und Angebotsseite aus. Während die Auftraggeber ein Interesse an möglichst niedrigen Kosten haben, versuchen die Dienstleistungsunternehmen möglichst hohe Preise für die von ihnen produzierten Dienstleistungen zu erzielen. Eine Besonderheit der Callcenter-Branche liegt darin, dass die vertikale Dimension der Marktverhältnisse auch die internen Callcenter der Auftraggeber einschließt. Viele interne Abteilungen werden von den eigenen Konzern- oder Unternehmensleitungen in ein Konkurrenzverhältnis mit externen Anbietern gestellt. Dagegen umfasst die horizontale Dimension die Beziehungen zwischen den externen Callcentern, die untereinander um Aufträge und potenzielle Auftraggeber konkurrieren. In der Praxis bestehen zwischen der vertikalen und der horizontalen Dimension starke Wechselwirkungen. Allerdings ermöglicht die analytische Unterscheidung zwischen beiden eine phasenspezifische Klassifikation der Marktverhältnisse – und damit auch eine präzisere Bestimmung der Herausforderung, welche die Marktverhältnisse für die gewerkschaftliche Durchsetzungsfähigkeit jeweils dargestellt haben.

3.1. Die Etablierungsphase (1990 bis 1995) – Rationalisierung der Sachbearbeitung

Die ersten Callcenter entstanden in Deutschland Ende der 1980er Jahre im Hoheitsbereich der Deutschen Bundespost (Menzler-Trott 2002). Mit Hilfe der aus Nordamerika stammenden ACD-Technik wurden die Auskunfts- und Entstörungsstellen in interne Callcenter umgerüstet (Kutzner/ Pantel 1993: 124, Falbisoner et al. 1985). Auch im Versandhandel wurde die neue Technik eingesetzt. Die großen Versandhandelsunternehmen wie Neckermann und der Otto-Versand richteten Callcenter ein, um ihre telefonischen Bestellannahmen zu rationalisieren. Die dezentralen Bestellzentren wurden aufgelöst, und die Arbeitsplätze in internen Callcentern zusammengefasst. Im Bankgewerbe nutzten die wenigen Anfang der 1990er Jahre existierenden Direktbanken, wie die Bank für Sparanlagen und Vermögensbildung (BSV) oder die Quelle-Bank, die neue Technik, um dem Telefonbanking zum Durchbruch zu verhelfen und sich in reguläre Geschäftsbanken zu transformieren (Swoboda 2000b: 29). Als letztes Segment müssen die zahlenmäßig jedoch sehr unbedeutenden Telemarketingunternehmen erwähnt werden. Diese hatten bereits in den 1980er Jahren das Telefon als Vertriebskanal entdeckt. Aufgrund der hohen Telefonkosten waren sie jedoch ausschließlich für Unternehmen aus Branchen mit einem hohen Wertschöpfungspotenzial, wie z.B. der Pharmabranche, tätig (Int. Experte 1). Erst die ACD-Technologie setzte Rationalisierungspotenziale frei, die es den Unternehmen ermöglichten, auch in Branchen aktiv zu werden, die wie der IT-Handel unter einem starken Preisdruck standen.

Insgesamt blieb das Beschäftigungsvolumen der Callcenter in der ersten Hälfte der 1990er Jahre gering. Selbst am Ausgang der Etablierungsphase 1995 waren in ihnen nicht einmal 45.000 Menschen beschäftigt (DDV 2005). Über die Anzahl der Betriebe liegen keine verlässlichen Daten vor. Von der sozialwissenschaftlichen Forschung und der Öffentlichkeit wurden die Callcenter erst in der zweiten Hälfte der 1990er Jahre entdeckt. Die meisten in der Etablierungsphase der Branche eingerichteten Callcenter waren interne Einheiten. Großunternehmen nutzten die neue Technik, um neue Formen der Arbeitsorganisation einzuführen. Nur wenige Unternehmen arbeiteten mit Dienstleistern zusammen. Eine dieser Ausnahmen war der Versandhandel. Um die Betriebszeiten der Bestellannahmen auszuweiten, kooperierten einige große Versandhandelsunternehmen wie Quelle und der Heine-Versand bereits in den frühen 1990er mit Dienstleistern.

Branchenübergreifend existierte jedoch nur eine kleine Anzahl an externen Callcentern. Darüber hinaus konzentrierten diese ihre Aktivitäten – im Unterschied zu späteren Phasen – auf einzelne Wirtschaftszweige.

Wie ein früher Begleiter der Branche rückblickend feststellt, muss die Einrichtung der ersten Callcenter Anfang der 1990er Jahre im Zusammenhang mit dem allgemeinen Trend der Rationalisierung der Büroarbeit gesehen werden (allgemein: Baethge/Oberbeck 1986, Malsch 1987):

»Die Sachbearbeiterstrukturen lösen sich im Grunde dadurch auf, dass das Know-How, das bislang in den Köpfen der Sachbearbeiter war, sich in die EDV verlagert, in Wissensdatenbanken oder in andere Systeme hinein. Die Maschinen nehmen dem Sachbearbeiter, der ja nur wichtig war, weil er das Know-How im Kopf hatte, dieses Know-How immer weiter ab, und damit hat er nur noch, in Anführungsstrichen, eine kommunikative Funktion. Das Wissen kann er sich von der Maschine holen.« (Int. Experte 1)

Im Mittelpunkt der Unternehmensstrategien standen Rationalisierungsgewinne durch den Einsatz der neuen Technik und die neue Form der Arbeitsorganisation. Mögliche Effizienzsteigerungen durch die Fremdvergabe der Dienstleistungsproduktion sollten erst ab Mitte der 1990er Jahre die Entwicklung der Branche prägen.

Im Hinblick auf die für die empirischen Analysen zentralen Marktverhältnisse der Callcenter-Branche lassen sich die Entwicklungen in der ersten Hälfte der 1990er Jahre wie folgt zusammenfassen: Aufgrund der Dominanz interner Callcenter und dem versprengten Modus der Etablierung in verschiedenen Branchen bildete sich in keiner der beiden Dimensionen der Marktverhältnisse in der Etablierungsphase ein nennenswertes Konkurrenzmoment heraus. Noch konnte im Fall der Callcenter von einer eigenständigen Branche keine Rede sein. Zwischen den völlig unabhängig voneinander eingerichteten Callcentern bestanden in der ersten Hälfte der 1990er Jahre kaum Berührungspunkte. Zwar konkurrierten einzelne externe Callcenter um Aufträge und um Auftraggeber, aber aufgrund der geringen Anzahl von Dienstleistungsunternehmen und ihrer Konzentration auf ausgewählte Auftraggeberbranchen blieb die Konkurrenz in der horizontalen Dimension der Marktverhältnisse gering. Ähnlich verhielt es sich auch in der vertikalen Dimension: Allenfalls im Versandhandel arbeiteten einige Unternehmen bereits mit externen Callcentern zusammen.

3.2. Die Expansionsphase (1996 bis 2001) – Neue Betriebe und schnelles Marktwachstum

Mitte der 1990er Jahre nahm die Entwicklung der Callcenter-Branche in Deutschland Fahrt auf: Im Telekommunikationssektor bauten nicht nur die Deutsche Telekom und ihre Tochterunternehmen, sondern auch die neuen Anbieter wie Mannesmann, E-Plus oder O2 umfangreiche eigene Callcenter-Kapazitäten auf, um in dem schnell wachsenden Markt Kunden zu binden. Anders als noch in der Etablierungsphase arbeiteten die Telekommunikationsunternehmen zudem auch intensiv mit externen Anbietern zusammen: 2001 produzierten 70 Prozent aller externen Callcenter Dienstleistungen für Auftraggeber aus der Telekommunikationsbranche. Die zweitwichtigste Auftraggeberbranche für das rasant wachsende Segment war der Versandhandel: Immerhin 40 Prozent der Dienstleister waren für Auftraggeber aus dieser Teilbranche tätig (Jahnke/Spielhagen 2001: 28). Ihre eigenen Kapazitäten weiteten die Versandhandelsunternehmen hingegen nur langsam aus. Nach Schätzungen der Gewerkschaft arbeiteten 1999 nur rund 5.000 Beschäftigte in den internen Callcentern der Versandhandelshäuser (Meier 1999). Auch im Bankgewerbe expandierten die Callcenter: Zwischen 1994 und 1995 gründeten die meisten deutschen Geschäftsbanken eigene Direktbanken. Insbesondere der Börsenboom Ende der 1990er Jahre ließ die Anrufzahlen in den Direktbanken explodieren (Fojut 2000: 13f.). Aufgrund der Dominanz des Telefonbanking waren die Direktbanken mit Blick auf die Betriebsstrukturen und die Arbeitsorganisation faktisch ausgegliederte Callcenter. Als solche stellten sie ein organisatorisches Novum in der deutschen Callcenter-Branche dar, denn ansonsten blieb der Anteil der ausgegliederten Betriebe an der Gesamtheit aller Callcenter gering (Körs et al. 2002: 33).

Deutlichster Ausdruck der Expansion der Callcenter-Branche in der zweiten Hälfte der 1990er Jahre war das starke Beschäftigungswachstum. Allein in den Jahren zwischen 1995 und 1998 verdreifachte sich das Beschäftigungsvolumen auf über 150.000 Menschen. Und auch in den folgenden Jahren setzte sich das Wachstum fort: Bis zum Ende der Expansionsphase 2002 stieg die Zahl der Beschäftigten auf über 300.000. Hinter dem Anstieg der Beschäftigtenzahlen stand ein »Gründungsboom«: Zwischen 1998 und 2002 wuchs die Anzahl der Callcenter in Deutschland von 1.600 auf über 3.700 (DDV 2005, Scholten/Holtgrewe 2006: 12). Auch die Zusammensetzung des Samples des deutschen Teilprojekts des GCCIP bestätigt diese These: Über 50 Prozent der befragten Betriebe wurden zwischen 1999 und 2000 gegründet (Holtgrewe 2005a: 7). Besonders stark gewachsen sind in der Expansionsphase die Dienstleister: Allein zwischen 1998 und 2001 stieg ihr Anteil an der Gesamtheit aller Callcenter von 35 auf 44 Prozent (Jahnke/Spielhagen 2001: 29, Körs et al 2002: 26). Vor allem in den ostdeutschen Bundesländern, aber auch in den besonders vom Strukturwandel betroffenen westdeutschen Regionen wurde die Ansiedlung von Callcentern mit Investitionszuschüssen und arbeitsmarktpolitischen Zuschüssen gefördert (Baumeister 2001: 7ff., Dieckhoff et al. 2001: 30f., Matuschek et al. 2007: 15f.).

Grundlage des starken Wachstums der externen Callcenter war die deutlich gestiegene Bedeutung von Outbound-Dienstleistungen. Wurde die Entwicklung der Callcenter in der Etablierungsphase der Branche noch weitgehend von der Produktion von Inbound-Dienstleistungen (Bestellannahmen, Hotlines) geprägt, standen in der zweiten Hälfte der 1990er Jahre zunehmend Outbound-Dienstleistungen (Verkaufs- oder Kundenbindungskampagnen) im Mittelpunkt der Branchendynamik. Insbesondere in den beiden wichtigsten Wachstumsbereichen Telekommunikation und Versandhandel stieg der Umfang von Outbound-Dienstleistungen von geringer Komplexität stark an. Zwei Faktoren lagen der Verschiebung hin zum Outbound-Geschäft zugrunde. Zum einen wurden Mitte der 1990er Jahre durch die Einführung der CTI-Technologie (*Computer Telephony Integration*) gerade für Outbound-Dienstleistungen neue Rationalisierungspotenziale freigesetzt (Lynch 1995, Mindermann et al. 1999: 185ff.). Während die Rationalisierungseffekte der ACD-Technologie, deren Einführung Anfang der 1990er Jahre den Startschuss für die Etablierungsphase der Callcenter-Branche gegeben hatte, vor allem auf die Verarbeitung eingehender Anrufe zielten, schuf die Vernetzung von Telekommunikations- und Informationstechnik durch standardisierte CTI-Schnittstellen die Voraussetzung für eine (teil-)automatisierte Produktion von Outbound-Dienstleistungen (Taylor/Bain 1999: 102). Zum anderen sanken durch die Liberalisierung der »letzten Meile« des Telekommunikationsmarkts 1998 die Telefonpreise: Innerhalb kürzester Zeit verringerten sich die für Callcenter besonders relevanten Kosten für Ferngespräche im nationalen Festnetz um fast 70 Prozent (Dewenter/Haucap 2004: 16f.).

Die Verschiebung hin zu Outbound-Dienstleistungen bereitete wiederum den Boden für einen Funktionswandel des Outsourcing von der rein zeit- und kapazitätsabhängigen zur aufgabenabhängigen Verlagerung. In der Expansionsphase bearbeiteten externe Callcenter für die Auftraggeber nicht mehr nur den »Überlauf« zu Spitzen-, Nacht- oder Wochenendzeiten, sondern übernahmen vor allem im kampagnen- und verkaufsorientierten Outbound-Bereich ganze Produktionsprozesse. Der Verschiebung hin zur aufgabenabhängigen Fremdvergabe lag eine Erweiterung der Motive der Auftraggeber zugrunde. Ein mit der Entwicklung der Branche vertrauter Experte weist darauf hin, dass die Auftraggeber die Machtasymmetrie in den vertikalen Beziehungen systematisch nutzen:

»Wenn heute T-Mobile, die Lotterie, Burda, Springer oder die Krankenkasse Outbound-Geschäfte betreiben, dann machen sie das sehr häufig mit Dienstleistern. Outbound, nicht Inbound. Das hat viele Gründe. Sie ziehen sich damit ein bisschen aus der Verantwortung. Sie können immer sagen: ›Das sind aber gar nicht wir, das sind Dienstleister, die da beim Verbraucher angerufen und am Sonntag gestört haben.‹ Das ist ja ein beliebtes Spiel, das auf die Dienstleister zu schieben. Aber die Auftraggeber sind eigentlich die Verantwortlichen.« (Int. Experte 1)

Durch die Zusammenarbeit mit den Dienstleistungsunternehmen externalisieren die Auftraggeber nicht nur das Kapazitätsrisiko. Auch die Verantwortung für die Servicequalität und damit indirekt auch für die Arbeitsbedingungen der Beschäftigten der externen Callcenter wird weitergereicht.

Die geschilderten Entwicklungen drückten sich auch in den Marktverhältnissen aus. Durch die rasche Expansion der nicht tarifgebundenen externen Callcenter wuchs die Branche schrittweise zusammen. Mehrere der großen Dienstleistungsunternehmen arbeiteten nämlich für Auftraggeber aus verschiedenen Wirtschaftszweigen. In der Expansionsphase bildete sich in der vertikalen Dimension der Marktverhältnisse sukzessive ein Konkurrenzmoment heraus. Insbesondere Großunternehmen kooperierten mit externen Callcentern. Vor allem im Segment der Dienstleistungen von geringer bis mittlerer Komplexität, deren Produktion keine formalen Qualifikationsanforderungen an die Arbeitskräfte stellt, wurde der Preis zum wichtigsten Wettbewerbsparameter. Aufgrund des starken Marktwachstums konzentrierte sich die Verlagerung in den meisten Fällen jedoch auf das zusätzlich anfallende Anrufvolumen und die Produktion einfacher verkaufsorientierter Dienstleistungen. Dagegen hielt sich die Intensität der Konkurrenz in der horizontalen Dimension zunächst in Grenzen. In der Regel wurde nur die Produktion von zusätzlichen Dienstleistungen fremdvergeben.

3.3. Die Konsolidierungsphase (seit 2003) – Übernahmen und Branchenkonstitution

Anfang des neuen Jahrtausends geriet der Callcenter-Markt in eine schwere Krise. Das Beschäftigungswachstum flaute ab, vor allem die Umsätze der externen Callcenter sanken. Nachdem das Beschäftigungsvolumen der Branche seit Mitte der 1990er Jahre kontinuierlich gestiegen war, stagnierte es zwischen 2002 und 2004 auf einem Niveau von rund 320.000 Arbeitskräften (DDV 2005, DDV 2006). Besonders stark von der Krise betroffen waren die Dienstleistungsunternehmen und die Direktbanken. In den im Rahmen des GCCIP befragten externen Callcentern wurden zwischen 2002 und 2004 ein Viertel aller unbefristeten Beschäftigungsverhältnisse abgebaut (Scholten/Holtgrewe 2006: 13, Kersting 2004: 6). Selbst unter den großen Unternehmen kam es zu mehreren spektakulären Pleiten und Standortschließungen. Ebenso wie die Direktbanken vom Börsenboom der späten 1990er Jahre profitiert hatten, litten sie nun unter der Krise der Aktienmärkte: Standorte wurden geschlossen und Belegschaften verkleinert. Die Ursachen der Krise fasst ein Vertreter des Branchenverbandes CCF rückblickend folgendermaßen zusammen:

»2002, 2003 hing mit der allgemeinen Wirtschaftsflaute auch die Branche durch, es gab immer stärker das Thema Preisdruck. […] Es hat im Prinzip schon Ende der 90er Jahre angefangen, hat aber dann so 2002 eklatante Wirkungen im Markt gezeigt. Das heißt, die Subventionspolitik in unseren Bundesländern bei der Ansiedelung von neuen Betriebsstätten – egal, ob jetzt Callcenter, auch bei anderen – dort wurden subventionierte Arbeitsplätze geschaffen mit hohen Zuschüssen für die ersten drei Jahre. Teilweise waren die Business-Pläne mehr als abenteuerlich. Man hat mit den subventionierten Arbeitsplätzen eine entsprechende Preisgestaltung in den deutschen Markt getragen. Die etablierten Callcenter, die eine vernünftige Geschäftsplanung hatten, aber auf keine Fördergelder zugreifen konnten, waren auf einmal nicht mehr konkurrenzfähig. Was dazu führte, dass teilweise Arbeitsplätze im Westen abgebaut wurden, während im Osten kurzfristig welche geschaffen worden sind.« (Int. CCF)

Die auch mit Hilfe staatlicher Subventionen in der Expansionsphase aufgebauten Überkapazitäten spielten mit Sicherheit eine wichtige Rolle für die Krise, ebenso die allgemeine Wirtschaftslage, die in vielen Branchen für einen Rückgang der Nachfrage nach Callcenter-Dienstleistungen sorgte. Zugleich traten in dieser Marktkrise jedoch auch die strukturellen Probleme der externen Callcenter zu Tage. Von den Auftraggebern wurde die Machtasymmetrie in den vertikalen Beziehungen nicht zuletzt genutzt, um insbesondere im Segment der Dienstleistungen von geringer Komplexität Teile des Kosten- und Flexibilitätsdruck sowie der Verantwortung zu externalisieren (Haunschild/Koch 1999). Die wenigen Dienstleistungen, die für die Auftraggeberunternehmen strategische Bedeutung hatten, wurden hingegen – und werden auch heute noch – überwiegend intern produziert. Dass die allgemeine Wirtschaftskrise Anfang des neuen Jahrtausends mit besonderer Härte auf die externen Callcenter durchschlug, war folgerichtig eine direkte Folge der Funktion, die die Fremdvergabe für die Auftraggeber hatte.

Im Anschluss an die Krise trat die Callcenter-Branche in eine neue Phase ihrer Entwicklung. Charakteristika der Konsolidierungsphase sind zwar stabile, aber im Vergleich mit der Expansionsphase abgeschwächte Wachstumszahlen, die Vergrößerung der durchschnittlichen Betriebsgröße der Callcenter sowie Übernahmen und Zusammenschlüsse im Segment der externen Callcenter. Das Beschäftigungsvolumen steigt erneut – bis auf über 500.000 Anfang 2010 (CCF 2010). Anders als noch in der zweiten Hälfte der 1990er Jahre ist das Beschäftigungswachstum kaum mit einem Anstieg der Zahl der Callcenter verbunden (CCF 2008), entsprechend steigt die durchschnittliche Betriebsgröße. Besonders stark gewachsen sind die externen Callcenter, deren Anteil an den deutschen Callcentern schon 2006 über 50 Prozent lag (Scholten/Holtgrewe 2006: 6f.). Auffällig ist zudem die Zunahme ausgegliederter Callcenter. Mehrere Großunternehmen und Konzerne wie die Deutsche Telekom, der Quelle-Versand, Neckermann oder auch die Deutsche Bahn haben in den letzten Jahren ihre Callcenter in eigenständige Dienstleistungsgesellschaften ausgegliedert. Kaum einer der in den letzten Jahren »neu« gegründeten Betriebe ist eine wirkliche Neugründung. Bei der überwiegenden Mehrheit handelt es sich um Ausgliederungen ehemaliger interner Callcenter (Kersting 2004: 6).

Die Impulse für das aktuelle Wachstum der Callcenter entstammen überwiegend »neuen« Branchen. Während in Wirtschaftszweigen wie dem Versandhandel oder der Telekommunikation, die sich für die expansive Entwicklung der Branche in der zweiten Hälfte der 1990er Jahre verantwortlich gezeichnet hatten, eine gewisse »Sättigung« eingetreten zu sein scheint, werden im liberalisierten Energiesektor, der Pharma- und Medizinbranche sowie im Bereich der Krankenkassen Callcenter-Arbeitsplätze aufgebaut. Die stagnierende Entwicklung in den traditionellen Wachstumsbereichen der Callcenter-Branche hat Rückwirkungen sowohl auf die Dienstleistungsunternehmen als auch auf die internen Callcenter. Unter

Ersteren hat sich gerade in Bereichen wie dem Versandhandel oder der Telekommunikation ein vornehmlich preisorientierter Verteilungskampf um das sinkende Verlagerungsvolumen entwickelt. Verstärkt wird der Preisdruck noch durch den Siegeszug des Internets, das in vielen Bereichen das Telefon als wichtigsten Kundenkontaktkanal abgelöst hat. Die stagnierende Entwicklung bleibt auch für die internen Callcenter nicht ohne Folgen. Zentraler Bestandteil des konkurrenzzentrierten Steuerungsmodus, der in den letzten Jahren von den Auftraggebern verstärkt durchgesetzt wird, ist die latente – in einigen Fällen sogar manifeste – Ausgliederungs- bzw. Verlagerungsdrohung. Einzig die Callcenter in den neuen Wachstumsbranchen wie der Pharmabranche oder dem Energiesektor stehen nicht permanent unter einem harten Preisdruck (Int. Experte 1).

Das Segment der externen Callcenter wird in der Konsolidierungsphase von erheblichen Konzentrationsprozessen geprägt. Durch Übernahmen spezialisierter Nischenanbieter und ehemaliger interner Callcenter versuchen die großen Anbieter, ihre Aktivitäten auch auf die neuen Wachstumsbereiche wie die Pharmabranche und die Energiewirtschaft auszuweiten. Zugleich sind die Übernahmen aber auch Ausdruck der harten Verdrängungskonkurrenz unter den externen Callcentern. Die Marktführer vergrößern durch die Aufkäufe ihre Marktanteile und versuchen auf diese Weise, ihre Position zu stärken. Beispiele für diese Entwicklung sind die Übernahmen ehemaliger Standorte der Deutschen Telekom durch die Walter-Gruppe und die Bertelsmann-Tochter arvato services in den Jahren 2007 und 2008 (Int. ver.di 9). Aus der Sicht eines Vertreters des Interessenverbandes ist ein Ende der Konzentrationsprozesse noch nicht in Sicht:

»Wir werden in den nächsten Monaten noch große Deals sehen, da bin ich ganz sicher. Es ist ja auch gar nicht ausreichend Platz auf dem Markt für zehn große Anbieter. So groß ist der Markt nicht. Der Kuchen ist halt nur bedingt groß. Es gibt eine bedingt hohe Anzahl von Auftraggebern. Und deswegen wird die Konsolidierung weiter gehen. Jeder will kaufen, andere wollen verkaufen.« (Int. DDV)

Im Ergebnis haben sich die Beschäftigtenzahlen der großen Marktführer unter den externen Callcentern deutlich erhöht. Besonders stark gewachsen sind die Bertelsmann Tochter arvato services und die Walter-Gruppe, die mit 10.000 bzw. 7.000 Beschäftigten inzwischen die größten Arbeitgeber unter den Dienstleistungsunternehmen darstellen.

Zusammenfassend kann festgehalten werden, dass sich die Marktverhältnisse in der Konsolidierungsphase erneut verschoben haben. In der vertikalen Dimension hat die stagnierende Marktentwicklung und die

Durchsetzung des neuen Steuerungsmodus eine deutliche Verschärfung des Konkurrenzmoments zwischen den internen und den externen Callcentern mit sich gebracht. Gerade im Bereich der Produktion von Dienstleistungen von geringer Komplexität hat sich eine rigide Kostenorientierung durchgesetzt. Der konkurrenzzentrierte Steuerungsmodus und der harte Verdrängungswettbewerb unter den Dienstleistungsunternehmen machen für die Auftraggeber einen kurzfristigen Austausch der externen Callcenter möglich. Und auch in der horizontalen Dimension der Marktverhältnisse zeigt sich die veränderte Branchendynamik der Konsolidierungsphase. Vor allem in den klassischen Auftraggeberbranchen, die sich in der zweiten Hälfte der 1990er Jahre noch für das Wachstum der Callcenter-Branche verantwortlich gezeigt hatten, existiert heute eine intensiv geführte Preiskonkurrenz um das stagnierende und zum Teil sogar rückläufige Fremdvergabevolumen. Dem Kostendruck können sich selbst die großen Marktführer nicht entziehen. Auch aufgrund der Konzentrationsprozesse hat sich unter den Dienstleistern ein vorwiegend über den Preis – und damit auch über die Arbeitskosten – geführter Verdrängungswettbewerb herausgebildet.

Teil II
Arbeitsbeziehungen in der tariflichen Arena

4. Überbetriebliche Arbeitsbeziehungen im dualen System

Die tarifliche Arena nimmt im »dualen« System der Interessenvertretung eine Schlüsselrolle ein. In ihr handeln die Gewerkschaften als Interessenvertretungen der Beschäftigten mit den Arbeitgeberverbänden die grundlegenden »Einkaufsbedingungen« des Faktors Arbeit (Entgelt, Arbeitszeit) aus. Die gesetzlich verankerte Tarifautonomie stellt sicher, dass Tarifverträge ohne direkten staatlichen Einfluss von den Gewerkschaften und der Arbeitgeberseite ausgehandelt werden. Die zentrale Fragestellung für die empirische Untersuchung der überbetrieblichen Arbeitsbeziehungen in der tariflichen Arena lautet: Welchen Einfluss haben die Marktverhältnisse auf die organisierten Arbeitsbeziehungen in der Callcenter-Branche? Die Analyse der überbetrieblichen Arbeitsbeziehungen erfolgt vergleichend. Die institutionelle Form und die materiellen Ergebnisse der Aushandlungsprozesse zwischen Gewerkschaften und Arbeitgeberseite werden nacheinander in den drei Phasen der Branchenformierung (Etablierungs-, Expansions-, Konsolidierungsphase) untersucht, um den Einfluss der Marktverhältnisse auf die Arbeitsbeziehungen herausarbeiten zu können. Darüber hinaus werden die Arbeitsbeziehungen während jeder dieser Phasen in drei Segmenten der sich formierenden Callcenter-Branche (Telekommunikation, Versandhandel, Bankgewerbe) unabhängig voneinander untersucht. Dieses Forschungsdesign lässt Erkenntnisse über gewerkschaftliche Reaktionsmuster auf die Entwicklungen in der Callcenter-Branche und den Einfluss des Markts auf Form und Inhalt der Aushandlungsprozesse erwarten.

Die doppelte Bedeutung der tariflichen Arena –
»Ort institutionalisierter Problemlösung« und »Ort materieller Konfliktaustragung«

Wichtigstes Regelungsinstrument der Arbeitsbeziehungen in der tariflichen Arena ist traditionell der Flächentarifvertrag, der im Idealfall eines hohen Deckungsgrads in einem räumlich eingegrenzten Tarifbezirk Entgelt und

Arbeitszeit für die Beschäftigten aller Unternehmen einer Branche festlegt. Noch Anfang der 1990er Jahre galt der Flächentarifvertrag als ein Grundpfeiler des auch international viel beachteten Modells Deutschland (Markowitz 1986, Streeck 1991). Im Kontext der Debatte um die diversifizierte Qualitätsproduktion wurde dem Flächentarifvertrag die Funktion einer »Produktivitätspeitsche« zugeschrieben (Sorge/Streeck 1988). Der Flächentarifvertrag, so die Argumentation, habe eine regulierende Funktion auf den Produktmärkten inne, da die grundlegenden »Einkaufsbedingungen« der Arbeitskraft für alle Unternehmen einer Branche verbindlich geregelt werden. Rein auf Lohnkostensenkungen ausgerichtete Marktstrategien werden somit ausgeschlossen. Flächentarifverträge zwingen Unternehmen faktisch, qualitätsorientierte Marktstrategien zu verfolgen und in Produkt- und Prozessinnovationen sowie in die Qualifikationen ihrer Mitarbeiter zu investieren (Streeck 1991).

Heute weiß man jedoch, dass die den Flächentarifverträgen zugeschriebenen Funktionen von besonderen Voraussetzungen abhängig waren: vor allem von einem umfassenden tarifvertraglichen Deckungsgrad, aber auch von hohen gewerkschaftlichen Organisationsgraden, der erfolgreichen Durchsetzung des Prinzips der Tarifeinheit und nicht zuletzt der Regulierungsmacht der Nationalstaaten. Deutlich wird dies an dem schleichenden Erosionsprozess, der sich seit Mitte der 1990er Jahre unterhalb einer stabilen institutionellen Oberfläche vollzieht (Doellgast/Greer 2007). Ohne dass die institutionellen Strukturen der tariflichen Arena in signifikanter Weise reformiert worden wären, verlieren die Flächentarifverträge in vielen Wirtschaftszweigen an Bedeutung und selbst dort, wo noch Flächentarifverträge existieren, büßen diese zunehmend ihre regulierende Funktion auf den Produktmärkten ein (Artus 2001). Zu Recht wird eine Erosion des Flächentarifvertrags und eine Verbetrieblichung der Tarifpolitik konstatiert (Müller-Jentsch 2007: 12ff). Zu diesem Trend zählen auch die immer häufiger abgeschlossenen »betrieblichen Bündnisse« bzw. Beschäftigungspakte (Rehder 2003, Seifert/Massa-Wirth 2004). Diese Entwicklungen haben mindestens drei Gründe.

Erstens wächst spätestens seit Mitte der 1990er Jahre das Segment der nicht tarifgebundenen Unternehmen (Artus et al. 2006, Ellguth 2006, Schmidt et al. 2003). Nachdem lange Zeit mehr als 80 Prozent aller Unternehmen in den Geltungsbereich von Tarifverträgen fielen, liegt der kollektivvertragliche Deckungsgrad heute nur noch bei gut 60 Prozent (OECD 2004: 145). Hinter dieser Entwicklung steht zuallererst eine Erosion der

Verbandsmitgliedschaft auf der Arbeitgeberseite. Da nur noch wenige Tarifverträge für allgemeinverbindlich erklärt werden (Kirsch 2003), gilt das Gros der Regelwerke nur für Mitgliedsunternehmen der Arbeitgeberverbände. Vor allem neu gegründete kleine und mittlere Unternehmen treten immer häufiger gar nicht erst in die entsprechenden Verbände ein, so dass nicht tarifgebundene Unternehmen in vielen »neuen« Branchen inzwischen den Normalfall darstellen (Boes/Baukrowitz 2002). Zweitens hebelt die zunehmende Fragmentierung der Wertschöpfungsketten das Prinzip der Tarifeinheit aus. Nicht nur weltmarktorientierte Großunternehmen gliedern vormals interne Funktionsbereiche aus, um diese einem permanenten Markttest zu unterziehen und bestehende Tarifverträge zu umgehen. Die formalrechtlich eigenständigen Unternehmen treten entweder keinem Arbeitgeberverband oder einem anderen als das Mutterunternehmen bei, um in einen kostengünstigeren Tarifvertrag wechseln zu können. Beispiele für diese Praktiken finden sich inzwischen in fast allen Branchen, besonders gut dokumentiert ist diese Entwicklung im Einzelhandel (Wirth 1994, 2000), in der Automobilindustrie (Jürgens et al. 2006: 20ff., Haipeter/Banyuls 2007) und der IT- und Telekommunikationsindustrie (Boes/Baukrowitz 2002, Brandt/Schulten 2008a, Jürgens et al. 2006: 31ff.). Und drittens wird die Funktion der Flächentarifverträge auch durch die zunehmende Internationalisierung der Produktmärkte und die Globalisierung der Wertschöpfungsketten beeinträchtigt. In dem Maße, in dem deutsche Unternehmen mit ausländischen Unternehmen konkurrieren, verlieren die Flächentarifverträge ihre marktregulierende Funktion, schließlich muss der Einfluss deutscher Tarifverträge auf die Marktstrategien asiatischer, mittel- und osteuropäischer oder amerikanischer Unternehmen zwangsläufig gering bleiben. Zudem verschieben sich die Machtverhältnisse durch die Globalisierung der Wertschöpfungsketten und den zunehmenden Standortwettbewerb auch innerhalb deutscher Unternehmen und Konzerne (Haipeter/Banyuls 2007). Immer häufiger werden im Kontext von Produktions- und Investitionsentscheidungen mehrere Betriebsstätten gegeneinander ausgespielt.

Von der stark vom *New Institutionalism* inspirierten Forschung zu den industriellen Beziehungen ist die sich ändernde Funktion der Tarifverträge im deutschen System der industriellen Beziehungen bislang kaum zur Kenntnis genommen worden (Ausnahmen: Doellgast/Greer 2007, Dörre 2010). Stattdessen dominiert das Bild institutioneller Stabilität die wissenschaftliche Debatte (Jackson 2005, Hassel/Rehder 2001). Und in der Tat:

Die im Tarifvertragsgesetz und Betriebsverfassungsgesetz verankerten formalen institutionellen Rahmenbedingungen weisen trotz regelmäßig wiederkehrender Kritik aus wirtschaftsliberalen Kreisen bislang eine bemerkenswerte Stabilität auf. Allerdings zeigen sich an der Dominanz der Stabilitätsdiagnosen im wissenschaftlichen Feld die Probleme einer Forschung, die der Form der Aushandlungsprozesse Vorrang vor deren Inhalten einräumt und somit einseitig auf die institutionelle Logik der Aushandlungsprozesse in der tariflichen Arena fixiert ist. Im Extremfall, wie bei den frühen Arbeiten der Varieties of Capitalism-Debatte, werden die Strategien der Akteure direkt auf die institutionellen Strukturen des Systems industrieller Beziehungen zurückgeführt (»strategy follows structure«, Hall/Soskice 2001: 15). Die Gleichzeitigkeit von institutioneller Stabilität und von funktionellem Wandel lässt sich analytisch jedoch nur greifen, wenn man die beiden zentralen Arenen des dualen Systems der Interessenvertretung in ihrem Doppelcharakter untersucht – und zwar jeweils als »›Ort‹ geregelter Konfliktaustragung« und als »›Kampfplatz‹ widerstreitende[r] Interessen« (Müller-Jentsch 1997: 80).

In den konkreten Aushandlungsprozessen zwischen Arbeitgebern und Gewerkschaften überschneiden sich zwei Logiken: die institutionelle Logik des Systems der industriellen Beziehungen und die materielle Logik der kapitalistischen Markt- und Produktionsverhältnisse. Die institutionellen Strukturen statten die Akteure mit Handlungsoptionen aus und fungieren in diesem Sinne als Filter für ihre materiellen Interessen. In den Aushandlungsprozessen in der tariflichen Arena verfolgen die Gewerkschaften als Interessenvertretungsorganisationen der Beschäftigten und die Arbeitgeberseite antagonistische Interessen, die auf die jeweiligen Positionen in den Marktbeziehungen und den Produktionsstrukturen zurückzuführen sind. Zwar können die institutionellen Strukturen als Filter durchaus einen aktiven Einfluss auf die Strategiewahl der Akteure nehmen (Hyman 1994: 177f.), aber sie determinieren nicht deren Handlungsweisen und Strategien. Im Gegenteil: In bestimmten historischen Situationen werden die institutionellen Strukturen selbst zum Gegenstand der Auseinandersetzungen in der tariflichen Arena. Die Akteure versuchen dann, die institutionellen Strukturen in ihrem Sinne zu beeinflussen (Adams 1995: 181).

5. Gewerkschaften als strategische Organisationen

Die Analyse der strategischen Reaktionen der deutschen Gewerkschaften auf die Formierung der Callcenter-Branche seit den späten 1980er Jahren wird von dem Konzept der »strategischen Organisation« angeleitet, das Einsichten der vergleichenden politischen Ökonomie und der industriellen Beziehungen mit organisationssoziologischen Überlegungen kombiniert. Als »strategische Akteure« nehmen die Gewerkschaften insofern Einfluss auf ihre Umwelt, als sie gegenüber Arbeitgebern und Staat die materiellen Interessen ihrer Klientel vertreten. Die Aushandlungsprozesse finden unter konkreten ökonomischen und politisch-institutionellen Bedingungen statt, die strukturierend auf die Akteursstrategien und ihre Durchsetzungschancen einwirken (Müller-Jentsch 1997: 82, Golden/Pontussen 1992). Für die Analyse der gewerkschaftlichen Reaktionsmuster auf die Etablierung der ersten Callcenter und die anschließende Herausbildung einer eigenständigen Branche heißt dies, dass die Gewerkschaftsstrategien als unter jeweils spezifischen institutionellen Bedingungen formulierte Reaktionen auf die Strategien der Unternehmen und Arbeitgeberverbände analysiert werden müssen. Gewerkschaften sind jedoch nicht nur strategische Akteure, sie sind auch »bürokratische Organisationen« (Child 1973). Als solche nehmen sie ihre Umwelt überwiegend durch die Brille etablierter Interessenvertretungsstrategien wahr. Sie reagieren nicht auf alle Entwicklungen in ihrer Umwelt gleichermaßen, sondern nur auf solche, die ihre Durchsetzungsfähigkeit als Interessenvertretungsorganisationen beeinträchtigen. Für die empirische Analyse heißt dies wiederum, dass der gewerkschaftliche Umgang mit den Callcentern jeweils vor dem Hintergrund der Rückwirkungen der phasenspezifischen Entwicklungen der Callcenter-Branche auf die Fähigkeit der Gewerkschaften betrachtet werden muss, ihre zentralen Strategien zu verfolgen. Ein solches Vorgehen öffnet den Blick für die Unterschiede zwischen verschiedenen Organisationsbereichen – eine Perspektive, die in der Forschung zu den industriellen Beziehungen häufig vernachlässigt wird.

Gewerkschaften als strategische Akteure – Institutionen, Machtressourcen und Interessen

In einem Einführungswerk zu den industriellen Beziehungen findet sich folgende Feststellung zu den Determinanten gewerkschaftlicher Durchsetzungsfähigkeit: »Gewerkschaftliche Macht ist Organisationsmacht, die auf Mitgliederzahlen und Mobilisierungszahlen beruht.« (Müller-Jentsch 1997: 119) Die vom Organisationsgrad und der »Produktionsmacht« der Mitglieder abhängige »Organisationsmacht« ist die mit Abstand wichtigste Quelle gewerkschaftlicher Macht (zur Unterscheidung zwischen Produktions- und Organisationsmacht: Silver 2003: 13, ursprünglich: Wright 2000: 962). Produktionsmacht ist abhängig von der Stellung der Arbeitskräfte in den Produktionsprozessen, sie kann differenziert werden in »Arbeitsmarktmacht«, die sich aus ihrer Substituierbarkeit durch Arbeitskräfte vom externen Arbeitsmarkt ergibt, und in »Arbeitsplatzmacht« die von der Blockademacht der Arbeitenden in den betrieblichen Prozessen abhängig ist (ähnlich: Jürgens 1984). Organisationsmacht entsteht durch den freiwilligen Zusammenschluss von Arbeitskräften beispielsweise in Form der hier untersuchten Gewerkschaften, ist aber direkt an die Produktionsmacht der Arbeitskräfte gekoppelt. Unter spezifischen Bedingungen ist die gewerkschaftliche Durchsetzungsfähigkeit jedoch auch von der Verfügung über andere Ressourcen abhängig. Die Institutionen des Systems der industriellen Beziehungen statten die Gewerkschaften wie auch die Arbeitgeberverbände und andere Akteure mit Handlungsoptionen aus (Crouch 2005: 73). Die institutionell verankerten Handlungsoptionen verringern zwar die Abhängigkeit der gewerkschaftlichen Handlungs- und Durchsetzungsfähigkeit von den konkreten Organisationsmachtbeständen, bringen aber zugleich neue Abhängigkeiten mit sich. Auch institutionelle Macht (Dörre 2008, Brinkmann 2008: 24ff.) wird den Gewerkschaften nicht einfach verliehen, sondern ist abhängig von der Fähigkeit der Organisationen, die erforderlichen Ressourcen zu mobilisieren. Welche Ressourcen jeweils relevant sind, bestimmt sich über konkrete institutionellen Strukturen sowie Interessenkonstellationen und Machtverhältnisse innerhalb des Arbeitgeberlagers.

Thematisiert wurde der Zusammenhang zwischen den institutionellen Strukturen der Systeme industrieller Beziehungen und den Determinanten gewerkschaftlicher Durchsetzungsfähigkeit bereits im Zuge der Korporatismusdebatte der 1970er und 1980er Jahre (Schmitter/Lehmbruch 1979, Voelzkow 2000). Insbesondere in den kontinental- und den nordeuropäischen Ländern sah es angesichts der umfassenden Einbindung der Interessenvertretungen in die staatlichen Entscheidungsprozesse so aus, als sei die gewerkschaftliche Durchsetzungsfähigkeit ein Stück weit unabhängig von ihrer konkreten Organisationsmacht. Die deutschen Gewerkschaften verfügten einerseits über erheblichen Einfluss auf die Gesetzgebungsprozesse, andererseits gelang es ihnen auch in Branchen, in denen sie wie im Bau- oder Gaststättengewerbe über keine nennenswerte Mitgliederbasis verfügten, Tarifverträge abzuschließen (Voswinkel et al. 1996). Zumindest für einige Zeit verringerte sich die direkte Abhängigkeit der Gewerkschaften von ihrer konkreten Organisationsmacht. Bei der Bestimmung der Determinanten der gewerkschaftlichen Einflusschancen konzentrierte sich die international vergleichende Korporatismusforschung insbesondere auf zwei organisationsstrukturelle Faktoren, nämlich auf den Zentralisierungsgrad der Organisationsapparate und den Fragmentierungsgrad der organisierten Arbeiterbewegung (Bean 1985, Schmitter/Lehmbruch 1979, rückblickend: Thelen 1992: 218).

Vor allem nach dem Prinzip der Einheitsgewerkschaft organisierte Gewerkschaftsbewegungen mit hochgradig zentralisierten Organisationsapparaten wie der ÖGB (Österreichische Gewerkschaftsbund) in Österreich und der LO (Landsorganisationen) in Schweden waren in der Lage, die Interessen der Mitglieder effektiv zu bündeln und in zentralisierten Aushandlungsprozessen zu vertreten. Noch wichtiger war jedoch die Fähigkeit der Organisationen, die gesamte und nicht nur die organisierte Arbeiterschaft auf die von den Organisationseliten ausgehandelten Kompromisse zu verpflichten (Flecker/Schulten 1999: 84). Die »Verpflichtungsfähigkeit« (Traxler 2001) der Organisationen bildete eine Ressource, ohne welche die Gewerkschaften die in den korporatistischen Strukturen institutionell verankerten Handlungsoptionen auf Dauer nicht einlösen konnten. Wie wichtig die Kontrolle über die (potenzielle) Mitgliederbasis wurde, lässt sich an zwei Beispielen aus dem Organisationsbereich der IG Metall verdeutlichen. Das erste Beispiel bezieht sich auf die »Septemberstreiks« 1969. Mit den Tarifabschlüssen unzufrieden, legten Arbeiter von Hoesch in Dortmund spontan die Arbeit nieder. Um gegenüber den korporatistischen Verhandlungspartnern die Glaubwürdigkeit der »Verpflichtungsfähigkeit« der Organisation nicht zu gefährden, kehrte die Gewerkschaftsführung an den Verhandlungstisch zurück und wich vom in den Vorjahren dominanten Prinzip der Lohnzurückhaltung ab (Markovits 1986: 208ff.). Als zweites Beispiel kann das Ausschlussverfahren als internes Disziplinierungsinstrument gelten. Vor allem im Anschluss an die Betriebsratswahlen 1975 griffen die Organisationsspitzen vermehrt auf dieses Instrument zurück, um oppositionelle Gewerkschafter auszuschließen und die Basis zu disziplinieren (Deppe et al. 1977: 460). Insgesamt entkoppelte sich die gewerkschaftliche Durchsetzungsfähigkeit in den 1960er und 1970er Jahren zwar partiell von der konkreten Organisationsmacht, zugleich stieg jedoch die Bedeutung innergewerkschaftlicher Disziplin (am Beispiel der britischen Gewerkschaften: Panitch 1977). Neben der Lohnzurückhaltung wurde die »Verpflichtungsfähigkeit« der Organisationen zu einer wichtigen Voraussetzung gewerkschaftlicher Durchsetzungsfähigkeit.

Wie sich in den 1980er und 1990er Jahren zeigen sollte, hatte die korporatistische Forschung jedoch eine zentrale Blindstelle: Die Interessen der Arbeitgeber wurden einfach vorausgesetzt und die ausgehandelten Kompromisse mehr oder weniger direkt vom Ausmaß der Gewerkschaftsmacht abgeleitet. Angesichts der politischen und ökonomischen Umbrüche der 1980er und 1990er Jahre zeigte sich jedoch, dass eine solche Perspektive zu kurz griff. Die Gewerkschaften befanden sich in nahezu allen westlichen Ländern in einer Defensivposition (Leisink et al. 1996, Martin/Ross 1999, Ferner/Hyman 1998). Selbst in Schweden, dem korporatistischen Vorzeigeland Westeuropas, stellten zahlreiche Arbeitgeber aus den exportorientierten Sektoren das System der zentralisierten Lohnverhandlungen in Frage (Swenson/Pontusson 2000). Angesichts der Arbeitgeberforderungen nach mehr Flexibilität und der ebenso verbreiteten Kritik an den zentralisierten korporatistischen Aushandlungsprozessen verlor die Ressource »Verpflichtungsfähigkeit« relativ schnell an Bedeutung. Die Forschung reagierte auf diese Umbrüche mit einer Verschiebung des Analysefokus: Unter dem Motto »bringing capital back in« (Swenson 1991) wendete sie sich in der Folgezeit stärker den Arbeitgebern und ihren Strategien sowie den strategischen Interaktionen zwischen Gewerkschaften, Arbeitgebern und Staat zu (Locke et al. 1995, Swenson/Pontusson 2000, Iversen et al. 2000, Thelen 2000). Rückblickend wurde festgestellt, dass die korporatistischen Aushandlungskompromisse immer auch den Interessen des dominanten Teils des Arbeitgeberlagers dienten (Swenson 1991, Swenson/Pontusson 2000).

Während diese Arbeiten sowohl die Form als auch die Inhalte der Aushandlungsprozesse beleuchteten, beschränkten sich die institutionalistisch orientierten Untersuchungen, die inspiriert vom Siegeszug des *New Institutionalism* in den Sozialwissenschaften (March/Olsen 2005) nach der Jahrtausendwende auch die Forschung zu den industriellen Beziehungen zu dominieren begannen, weitgehend auf die äußere Form der Aushandlungsprozesse. Die materiellen Interessen der Akteure und damit der kapitalistische Charakter der sozialen Auseinandersetzungen wurden zusehends aus dem Forschungsprozess externalisiert:

»While employers' ›search for flexibility‹ […] may be a general phenomenon emanating from the international pressures that are common to all advanced industrial nations, different institutional arrangements filter these common pressures differently so that the valence of particular issues and changes in practices are quite varied in different national contexts.« (Locke/Kochan 1995: 365)

Vor allem die international vergleichend arbeitende Forschung fokussierte auf den Zusammenhang zwischen den institutionellen Strukturen der Systeme industrieller Beziehungen und der institutionalisierten Form der Aushandlungsprozesse zwischen Arbeitgebern und Gewerkschaften (Locke/Thelen 1995: 344). Im Zentrum des Erkenntnisinteresses standen Pfadabhängigkeiten und institutionell fixierte nationale Besonderheiten (Hall/Soskice 2001, Thelen 2004, Streeck/Thelen 2005).

Zwar bezeichneten auch die institutionalistischen Beiträge Gewerkschaften wie Arbeitgeberverbände als strategische Akteure, die strategische Qualität der Akteure wurde jedoch durch die institutionalistischen Grundannahmen faktisch stillgestellt: »strategy follows structure« (Hall/Soskice 2001: 15).[2] Indem die Akteursstrategien direkt von den institutionellen Strukturen abgeleitet wurden, negierten die Beiträge konzeptionell die

2 Das heißt jedoch nicht, dass die Handlungen von sozialen Akteuren in konkreten Situationen nicht doch determiniert sein können. Mit Bourdieu (1993: 25) kann zwischen »methodologischem Determinismus« und »sozialer Determiniertheit« unterschieden werden. Während der »methodologische Determinismus« im Stile der institutionalistischen Grundannahmen die Handlungsfähigkeit der Akteure auf der Ebene der methodischen, theoretischen oder konzeptionellen Grundlagen einer Untersuchung eliminiert, zielt eine Analyse sozialer Determiniertheit auf eine empirische Bestimmung der Grenzen raum- und zeitspezifischer Handlungsfähigkeit ab (Potter 2000, ähnlich: Welskopp 2001: 109). Die Freiheit der Akteure ist immer eine »konditionierte und bedingte Freiheit« (Bourdieu 1999: 103).

Möglichkeiten einer »strategischen Wahl« (Kochan et al. 1984, Visser 1994:84). Im Einklang mit der aktuellen Revitalisierungsforschung (Brinkmann et al. 2008, Huzzard et al. 2004, Turner et al. 2001) geht die vorliegende Studie hingegen davon aus, dass Gewerkschaften – wie alle Akteure – Wahlmöglichkeiten besitzen. Zwischen Organisationen und ihrer Umwelt besteht kein Determinations-, sondern ein wechselseitiges Bedingungsverhältnis: Die Institutionen des Systems industrieller Beziehungen wirken ebenso strukturierend auf die gewerkschaftliche Durchsetzungsfähigkeit ein wie die Strategien der Arbeitgeber, zugleich sind die Gewerkschaften als strategische Akteure jedoch in der Lage, ihre Umwelt und damit auch ihre zukünftige Durchsetzungs- und Handlungsfähigkeit gezielt zu beeinflussen.

Gewerkschaften als strategische Organisationen – Interessenvertretung in etablierten Organisationsbereichen

Die Umwelt- und Handlungsbedingungen der Gewerkschaften befinden sich permanent im Fluss. Nicht nur die Durchsetzungsbedingungen in den Arenen der industriellen Beziehungen wandeln sich, auch das Vertretungssubjekt der Gewerkschaften wird immer wieder neu »zusammengesetzt« (Silver 2003). Als Organisationen sind Gewerkschaften jedoch grundsätzlich träge. Wollen sie ihren Zusammenhalt nicht gefährden, können sie gar nicht auf alle Veränderungen in ihrer komplexen, volatilen und vor allem mehrdeutigen Umwelt reagieren (March/Olsen 1994). Die in Zeiten radikalen Strukturwandels oft beklagte »Trägheit« von Organisationen ist jedoch alles andere als ein rein negativer Faktor: Der grundsätzlich konservative Charakter von Organisationen (Hall 1982: 19) ist eine unabdingbare Voraussetzung des Rationalitätsgewinns, der bürokratischen Organisationen innewohnt. Letztendlich ermöglicht erst eine gezielte Nicht-Anpassung an Veränderungen in der Umwelt die Verstetigung und Professionalisierung der Praktiken von Organisationen (Deutschmann 2002: 115, allgemein: Weber 1980). Dies gilt natürlich auch für Gewerkschaftsorganisationen. Um, wie Michels (1925: 24) schrieb, die »Waffe der Schwachen im Kampfe mit den Starken« zu sein, wurden Anfang des 20. Jahrhunderts innerhalb der Arbeiterbewegung hauptamtliche Organisationsapparate etabliert. Die Interessenvertretungspraktiken der als Selbsthilfevereine gegründeten Gewerkschaften wurden verstetigt und ihre Durchführung rationalisiert (Brunner 1992: 33ff, Schönhoven 1980: 380f, Bacharach et al.

2001). Erst bürokratische Organisationsstrukturen und ein hauptamtlicher Verwaltungsapparat ermöglichten vor dem Hintergrund der äußerst hohen Fluktuation der Arbeitskräfte vor allem in den frühen Industriebetrieben eine Verstetigung der Interessenvertretung.

Um zu entscheiden, auf welche externen Entwicklungen reagiert werden sollten und auf welche nicht, evaluieren Organisationen fortlaufend den Erfolg oder Misserfolg ihrer eigenen Praktiken (Argyris/Schön 1978, Hedberg 1981: 3). Luhmann (1988: 173) hat die Entscheidungsprozesse in Organisationen aus der Perspektive der Systemtheorie folgendermaßen skizziert: Entwicklungen in der Umwelt werden von Organisationen solange als struktur- und bedeutungsloses »Rauschen« behandelt, solange sie nicht »auf die Entscheidungszusammenhänge des Systems bezogen werden« können. Demnach reagieren Organisationen nur auf jene Veränderungsprozesse in ihrer Umwelt, die Einfluss auf die eigene Leistungsfähigkeit haben. Empirisch bestätigt wird diese Annahme von Befunden der international vergleichenden Gewerkschaftsforschung. Auf vermeintlich gleiche Herausforderungen haben die Gewerkschaften in verschiedenen Ländern höchst unterschiedlich reagiert (Locke/Thelen 1995, Clegg 1976, Martin/Ross 1999, Turner 1991). Entwicklungen wie die Arbeitszeitflexibilisierung oder neue Formen der Arbeitsorganisation, die in einem Land weitgehend ignoriert werden, lösen in anderen Ländern hektische Aktivitäten aus, da dort die strategische Durchsetzungsfähigkeit der betroffenen Organisationen beeinträchtigt wird (Golden 1997, Holst 2008). Diese Beobachtung lässt sich jedoch nicht nur in internationalen Vergleichen machen, auch innerhalb eines nationalen Systems industrieller Beziehungen existieren erhebliche Unterschiede zwischen verschiedenen Gewerkschaftsorganisationen und ihren Organisationsbereichen. Die Unterschiede hinsichtlich der Traditionen der Interessenvertretung, der ökonomischen Rahmenbedingungen und der Machtverhältnisse sowohl innerhalb des Arbeitgeberlagers als auch zwischen Kapital und Arbeit führen dazu, dass Gewerkschaften höchst unterschiedlich auf allgemeine, d.h. organisationsübergreifende Entwicklungen reagieren. Allerdings: Obwohl die Unterschiede in der Regulierung der Arbeitsbeziehungen innerhalb einzelner Länder wahrscheinlich mindestens so ausgeprägt sind wie die Unterschiede zwischen verschiedenen Ländern (Hanckè 1993: 606, Locke 1990: 372), fehlt es in der Gewerkschaftsforschung bislang an systematischen Vergleichen der Arbeitsbeziehungen in verschiedenen Branchen oder Regionen (Ausnahme: Geiling et al. 2008).

Diese organisationssoziologischen Überlegungen werden in der folgenden empirischen Analyse durch den Fokus auf die etablierten gewerkschaftlichen Strategien der Interessenvertretung operationalisiert. Folgende Annahme wird zugrunde gelegt: Als strategische Organisationen werden Gewerkschaften umso stärker auf politische, ökonomische oder technische Veränderungsprozesse reagieren, je stärker diese auf die eigene Durchsetzungsfähigkeit zurückwirken. Die betriebs- und tarifpolitischen Interessenvertretungsstrategien haben auch deswegen eine große Bedeutung für die Gewerkschaften, weil sie die Instrumente darstellen, mit denen die Organisationen ihren Repräsentationsanspruch umzusetzen versuchen. Im Fall der deutschen Gewerkschaften handelt es sich um einen umfassenden, am Prinzip der Klassensolidarität orientierten Repräsentationsanspruch. Die Gewerkschaften erheben »den Anspruch, die Interessen sämtlicher Arbeitnehmergruppen einer Industrie zu einer gemeinsamen Politik zusammenzufassen und gegenüber allen Arbeitgebern des betreffenden Wirtschaftsbereichs gleichermaßen zur Geltung zu bringen.« (Streeck 1979: 241)

Wenn es darum geht, die Rückwirkungen von externen Veränderungsprozessen auf die Fähigkeit der Gewerkschaftsorganisationen zu bemessen, ihre in den Strukturen der Organisationen verankerten Strategien der Interessenvertretung durchzusetzen, dann muss vor allem die Reichweite der etablierten gewerkschaftlichen Strategien berücksichtigt werden. Seit den 1950er Jahren fast durchgängig nach dem Branchen- bzw. Industrieverbandsprinzip organisiert, teilen die deutschen Gewerkschaften die Arbeitswelt in mehr oder weniger klar voneinander abgegrenzte Organisationsbereiche ein: Metall- und Elektroindustrie, Chemieindustrie, Handel, Kfz-Handwerk, öffentlicher Dienst usw. Die Dominanz des Branchenprinzips ist keineswegs die Folge eines naturgeschichtlichen Prozesses, sondern das Ergebnis politischer Auseinandersetzungen. Noch in den Nachkriegsjahren existierte neben den großen Industrieverbänden im verarbeitenden Gewerbe eine Vielzahl von Berufsverbänden. Erst nach einer »organisatorischen Flurbereinigung« (Schönhoven 1987: 207) im Vorfeld der Gründung des Deutschen Gewerkschaftsbundes (DGB) 1949 setzte sich das Branchenprinzip endgültig durch (Schneider 2000: 263ff). Zwar gab es auch in den folgenden Jahrzehnten einzelne Ausnahmen wie die Deutsche Angestelltengewerkschaft (DAG) oder die Deutsche Postgewerkschaft (DPG), aber auch aufgrund der Organisationserfolge der großen Industrieverbände in den Exportindustrien galten das Konstruktionsprinzip der Branchenorganisation wie auch der Flächentarifvertrag als zentrale Bestandteile des erfolgreichen Modells (Hoffmann 2001: 174, Streeck 1979: 241). Allerdings folgen die Grenzen zwischen den Organisationsbereichen keinem logischen Prinzip, sondern sind in der Regel das Produkt eines historischen »pragmatischen ›Durchwursteln[s]‹« (Gergs et al. 1992: 155). Eine Schlüsselrolle für die Definition der gewerkschaftlichen Organisationsbereiche haben die Interessenvertretungsstrategien in der tariflichen Arena inne: Die (potenzielle) Reichweite des Flächentarifvertrags als dem zentralen Regulierungsinstrument der »Einkaufsbedingungen« der Arbeitskraft definiert in der Regel die Grenzen eines Organisationsbereichs. Das Prinzip »ein Betrieb ein Tarifvertrag« sorgt dafür, dass – zumindest prinzipiell – Organisationskonkurrenzen ausgeschlossen sind. Gerade im Fall neu entstehender Branchen treten diese aber immer wieder auf, geht es doch um zukünftige Organisationschancen (ebd.: 152f). Durch neue Unternehmensstrategien, Technikinnovationen und veränderte Nachfragestrukturen sind auch die Grenzen traditioneller Branchen permanent in Bewegung (Ellguth 1995).

Aufgrund des grundsätzlich organisationsbereichsübergreifenden Charakters der neuen Branche und der sie konstituierenden Markt- und Konkurrenzbeziehungen müssen die Rückwirkungen der Entwicklungen in der Callcenter-Branche auf die gewerkschaftliche Durchsetzungsfähigkeit im Kontext der historisch gewachsenen Organisationsbereiche untersucht werden. Faktisch kann die Einrichtung der ersten Callcenter und ihre Zusammenwachsen zu einem relativ eigenständigen Wirtschaftszweig in verschiedenen Organisationsbereichen höchst unterschiedliche Auswirkungen auf die Fähigkeit der Gewerkschaftsorganisationen haben, ihre etablierten betriebs- und tarifpolitischen Strategien erfolgreich zu verfolgen. Aus diesem Grund werden in der folgenden empirischen Analyse der Entwicklung des Tarifvertragssystem und der strategischen Reaktionen der Gewerkschaften in den drei Phasen der Branchenformierung jeweils zunächst die allgemeinen Entwicklungen in drei betroffenen Organisationsbereichen diskutiert: Wie sind die von den Arbeitgebern hinsichtlich der Callcenter verfolgten Strategien in die allgemeinen Entwicklungen in den Organisationsbereichen eingebettet? Welche Rolle spielen die Konkurrenzbeziehungen zwischen den internen Callcentern und den Dienstleistern für die Dynamik in den jeweiligen Branchen?

6. Die Etablierungsphase – Das System der Flächentarifverträge

Die Etablierung der ersten Callcenter in den frühen 1990er Jahren stellte keine nennenswerte Herausforderung für das deutsche System der Flächentarifverträge dar. Fast alle neu geschaffenen Arbeitsplätze entstanden in internen Callcentern von Großunternehmen und damit innerhalb des Geltungsbereichs des jeweiligen Flächentarifvertrags. Nur im Versandhandel und im Bankgewerbe fanden sich in einige wenige Arbeitsplätze ohne Tarifbindung. Da die internen Callcenter den Flächentarifverträgen verschiedener Branchen unterlagen, waren die Entlohnungsdifferenzen in den Callcentern beträchtlich: Während etwa bei der Bundespost die Angestelltentarifverträge der Behörde zur Anwendung kamen, galten in den Versandhandelsunternehmen die wesentlich schlechter dotierten Flächentarifverträge des Einzelhandels. Die umfassende Integration der Callcenter in die Branchentarifvertragsstrukturen entsprach dem allgemeinen Bild der überbetrieblichen Arbeitsbeziehungen in Deutschland in den frühen 1990er Jahren. Trotz erheblicher Herausforderungen durch die deutsche Wiedervereinigung und der schwersten Rezession der Nachkriegszeit wies das Tarifvertragssystem eine bemerkenswerte institutionelle Stabilität auf. In Westdeutschland lag die Tarifbindung der Beschäftigten konstant über 75 Prozent, in Ostdeutschland immerhin noch über 60 Prozent. Der Flächentarifvertrag stellte nicht nur die mit Abstand wichtigste Form des Tarifvertrags dar, unter wissenschaftlichen Beobachtern galt er zudem weiterhin als Grundpfeiler des »Modells Deutschland« (Streeck 1991).

Die Unternehmen verfolgten mit der Einrichtung von Callcentern das Ziel, die vorwiegend interne Produktion von Kundenkommunikationsdienstleistungen zu rationalisieren. Die Einführung der ACD-Technik und der neuen Formen der Arbeitsorganisation steigerte die Effizienz der Abwicklung der bestehenden Kundenkommunikation. Im Unterschied zu den späteren Phasen der Branchenformierung entstanden in der Etablierungsphase fast alle neuen Arbeitsplätze in internen Callcentern und damit innerhalb der Branchenregulierungen der Mutterunternehmen. Nur der Versandhandel bildete eine Ausnahme. Einzelne Großunternehmen arbeiteten bereits zu dieser Zeit mit externen Callcentern zusammen, um insbesondere die Wochenend- und Spätzuschläge der für allgemeinverbindlich erklärten Tarifverträge des Einzelhandels zu umgehen. Insgesamt blieb die Bedeutung der externen und der ausgegliederten Callcenter in der ersten Hälfte der 1990er Jahre jedoch äußerst gering. Zusammen mit dem versprengten Charakter der Etablierung der ersten Callcenter unter dem Dach verschiedener Flächentarifverträge schlug sich der geringe Marktanteil der Dienstleister in den Marktverhältnissen nieder. Aufgrund des geringen Volumens der Fremdvergabe blieb vorerst auch die Bedeutung der vertikalen Dimension der Marktverhältnisse gering: In der Telekommunikation und im Bankgewerbe spielten externe Anbieter gar keine Rolle, im Versandhandel arbeiteten einige Großunternehmen zwar mit Dienstleistungsunternehmen zusammen, aufgrund der Allgemeinverbindlichkeitserklärung (AVE) blieben diese Umgehungspraktiken jedoch ohne größere Auswirkungen auf die Prägekraft der Einzelhandelstarifverträge.

Da die Etablierung der Callcenter überwiegend die Form von betrieblichen Rationalisierungsprojekten annahm und die Anwendung der Flächentarifverträge in der Regel nicht hinterfragt wurden, stellten die neuen Callcenter in der ersten Hälfte der 1990er Jahre für die Gewerkschaften keine besondere strategische Herausforderung dar. DPG, HBV und DAG betreuten die überwiegend internen Callcenter und ihre Beschäftigten einfach im Rahmen ihrer regulären betriebs- und tarifpolitischen Aktivitäten in den betroffenen Organisationsereichen mit. In der Telekommunikation nahm die DPG die internen Callcenter der Deutschen Bundespost als technisches und organisatorisches Rationalisierungsproblem und damit als sozialpartnerschaftliche Gestaltungsaufgabe wahr. Aufgrund ihrer besonderen Position als Behördengewerkschaft der Bundespost gelang es der DPG, die arbeits- und leistungspolitischen Folgen der Einführung der ACD-Technik mit Mitteln der Betriebs- und Tarifpolitik zu gestalten. Traditionell verfügten HBV und DAG in den beiden anderen Organisationsbereichen über keinen vergleichbaren Einfluss auf die betriebliche Arbeitsorganisation. Sowohl im Bankgewerbe als auch im Einzelhandel kann die gewerkschaftliche Reaktion durchaus als Ignoranz beschrieben werden. In keinem der beiden Organisationsbereiche wurden die arbeits- und leistungspolitischen Folgen der Rationalisierungsprojekte zu einem gewerkschaftspolitischen Thema von besonderer Relevanz. Die Einrichtung von

Callcentern in Direktbanken und Versandhandelsunternehmen wurden von den beiden Gewerkschaften eher passiv begleitet. Im Organisationsbereich Einzelhandel ignorierten die Gewerkschaften sogar die Umgehungspraktiken der großen Versandhandelshäuser. Die AVE der Flächentarifverträge entkoppelte die tarifliche Arena des Einzelhandels ein Stück weit von den betrieblichen Entwicklungen.

In der großen Heterogenität des gewerkschaftlichen Umgangs mit den Callcentern in der Etablierungsphase spiegelt sich auch die interne Struktur des neuen Wirtschaftszweigs. Die in der ersten Hälfte der 1990er Jahre neu etablierten Callcenter waren fast ausnahmslos fest in die Strukturen ihrer Ursprungsbranchen eingebunden. Von einer eigenständigen Branche konnte bei den Callcentern somit noch nicht die Rede sein. Folgerichtig wurde der Umgang der Gewerkschaften mit der Etablierung von Callcentern von den spezifischen Interessenvertretungstraditionen und den aktuellen Entwicklungen in den jeweiligen Organisationsbereichen geprägt. Weder hinsichtlich der Betreuung der Beschäftigten und der Betriebsräte noch in Bezug auf den Umgang mit der neuen Technik und den neuen Formen der Arbeitsorganisation verfolgten die deutschen Gewerkschaften einen einheitlichen Ansatz – trotz der branchenübergreifenden Gemeinsamkeiten hinsichtlich der eingesetzten Technik, der Arbeitsorganisation und der in den Callcentern geleisteten interaktiven Dienstleistungsarbeit.

6.1. Telekommunikation – Arbeitsorganisation als sozialpartnerschaftliche Gestaltungsaufgabe

Im Grunde nahm die Geschichte der Callcenter in Deutschland ihren Ausgang in der Telefonauskunft und in den Entstörungsstellen der Deutschen Bundespost. Seit vielen Jahrzehnten ein fester Bestandteil der »bundesnahen Verwaltung«, entwickelten sich die Auskunftsstellen Ende der 1980er Jahre zu Callcentern im Sinne der in dieser Arbeit verwendeten technisch-organisatorischen Definition. Die Transformation zuerst der Auskunftsstellen und später der Entstörungsstellen in interne Callcenter war Bestandteil eines zweistufigen Rationalisierungsprogramms, das die Leitung der Bundespost in den 1980er und 1990er Jahren im Geschäftsbereich »Fernmeldedienst« durchführte. Durch den Einsatz moderner Informationsverarbeitungstechnik und neuer Formen der Arbeitsorganisation sollte in den nicht-technischen Organisationseinheiten sowohl die wirtschaftliche Effizienz als auch die Servicequalität gesteigert werden (Kutzner/Pantel 1993: 123ff., Möhlmann 1985: 209ff.). Nachdem die Fernmeldeämter bereits im Laufe der 1980er Jahre mit moderner Informationsverarbeitungstechnik ausgestattet worden waren, begann die Bundespost 1990 mit der flächendeckenden Einführung von ACD-Anlagen (Kutzner/Pantel 1993: 45, Falbisoner et al. 1985).

Der Organisationsbereich Telekommunikation – Vom behördlichen Fernmeldedienst zur Deutschen Telekom

Über die gesamte Nachkriegszeit gehörte die Telekommunikation fast vollständig zum Hoheitsgebiet der Deutschen Bundespost. Gesteuert wurde die Arbeit in den Betriebsstätten der »bundesnahen Verwaltung« überwiegend mit Hilfe von zentral formulierten Dienstanweisungen. Allerdings geriet der Telekommunikationssektor parallel zur Etablierung der ersten Callcenter Ende der 1980er und Anfang der 1990er Jahre in Bewegung. Die Postreformen I (1989) und II (1994) legten den Grundstein für die Transformation in einen liberalisierten Telekommunikationssektor, in dem die Deutsche Telekom als eines der Folgeunternehmen der Bundespost mit anderen Anbietern um Marktanteile konkurrierte (zum Privatisierungsverlauf in international vergleichender Perspektive: Ehni et al. 2004, Katz 1997). Der Charakter des Telekommunikationssektors wurde dadurch in einem doppelten Sinne verändert (Schwemmle/Sattler 1995, Wehner 2005: 9ff): Zum einen hielt durch die Veränderung des institutionellen Rahmens des Telekommunikationssektors das Konkurrenzprinzip Einzug in den Organisationsbereich (für eine Analyse der parallelen Entwicklung im Postsektor: Brandt/Schulten 2008a, Brandt et al. 2007). Zuerst im Segment der Mobilfunkkommunikation, später dann aber auch im Bereich der Festnetzkommunikation und der Datenübertragung sah sich die Deutsche Telekom zunehmend mit Konkurrenten konfrontiert, die ihr die Marktanteile streitig machten. Zum anderen veränderte sich auch der Charakter der Bundespost-Folgeunternehmen. Die Deutsche Telekom entwickelte sich schrittweise von einer bürokratisch organisierten und zentral gesteuerten Behörde in einen profitorientierten Konzern mit ausgeprägt marktorientierten Strukturen (Blutner et al. 2000, Knieps et al. 2007, Sako/Jackson 2006). Die Wechselwirkungen zwischen dem Umbau des institutionellen Rahmens und dem Wandel der Konzernführung der Deutschen Telekom prägen bis heute die Branchendynamik in der Telekommunikation und damit auch die Handlungsbedingungen der Interessenvertretungen.

Die Organisation – Die DPG in der »Identitätskrise«

Die Transformation des Telekommunikationssektors blieb nicht ohne Folgen für die Deutsche Postgewerkschaft, die als »Behördengewerkschaft« über die gesamte Nachkriegszeit eine Anomalie unter den ansonsten nach dem Branchen bzw. Industrieverbandsprinzip organisierten deutschen Gewerkschaften dargestellt hatte. Faktisch kam der DPG in der ersten Hälfte der 1990er Jahre der Organisationsbereich abhanden, mit dem sie seit ihrer Gründung 1949 auf nahezu symbiotische Art und Weise verbunden war. Die Gewerkschaft wurde durch die Liberalisierung des Telekommunikationssektors in eine schwere »Identitätskrise« gestürzt. Angesichts der herannahenden Umbrüche war die Identität als Behördengewerkschaft nicht mehr aufrecht zu halten. Ausdruck des erschütterten Selbstverständnisses waren die hektischen Organisationsreformen im Anschluss an den Privatisierungsbeschluss der Bundesregierung. Allein zwischen 1989 und 1996 wurden nicht weniger als vier (sic!) Gewerkschaftskongresse veranstaltet. Erklärtes Ziel der DPG war es, trotz der dramatischen Umbrüche in ihrem Organisationsbereich die Kontinuität der aus der Behördenzeit stammenden traditionellen Interessenvertretung zu wahren. Entsprechend ihrer sozialpartnerschaftlichen Vergangenheit wollte die Postgewerkschaft die zukünftige Entwicklung der privatisierten Bundespost aktiv mitgestalten (van Haaren 1993: 13). Michael Sommer, zum damaligen Zeitpunkt Mitglied des Hauptvorstandes der Postgewerkschaft, fasste die Aufgabe, die der DPG aus den Umbrüchen im Telekommunikationssektor erwuchs, mit folgenden Worten zusammen:

> »Es gilt, diese Ansätze zu verbreitern, damit die DPG das bleibt, was sie früher unter anderen Bedingungen schon war: Eine eigenständige, moderne, mitgliedernahe, fachkompetente und durchsetzungsfähige Kommunikationsgewerkschaft im Deutschen Gewerkschaftsbund.« (Sommer 1995: 3)

Durch die Reorganisation ihres Organisationsbereichs war die DPG im Grunde gezwungen, sich neu zu erfinden: Aus der Behördengewerkschaft der Deutschen Bundespost sollte eine Branchengewerkschaft des liberalisierten Telekommunikationssektors werden.

Während in der zweiten Hälfte der 1990er Jahre die Ausweitung des eigenen Organisationsbereichs auf die neuen Konkurrenzunternehmen und die Anpassung der Interessenvertretungspraktiken an die post-behördliche Phase im Mittelpunkt der Organisationsreformen standen, konzentrierte sich die DPG in den frühen 1990er Jahren auf die Emanzipation des Organisationsapparats von den Konzernstrukturen der Deutschen Bundespost (DPG 1994: 23). Aufgrund der außerordentlichen Stabilität und der internen Geschlossenheit ihres Organisationsbereichs hatten sich die Strukturen der Deutschen Postgewerkschaft in der Nachkriegszeit nahezu symbiotisch zu denen der Bundespost entwickelt: Die lokale Ebene entsprach den Betriebseinheiten der Bundespost, die Betreuungsarbeit vor Ort wurde ehrenamtlich von den Personalräten durchgeführt. Als Behördengewerkschaft der Bundespost gewährleistete die personelle Verzahnung der betrieblichen Interessenvertretung und des gewerkschaftlichen Apparats Mitgliedernähe und Durchsetzungsfähigkeit vor Ort. Um als Branchengewerkschaft des liberalisierten Telekommunikationssektors jedoch auch die Beschäftigten der neu gegründeten Unternehmen gewerkschaftlich organisieren und ihre Interessen vertreten zu können, war die DPG auf eine von den Strukturen der Bundespost unabhängige hauptamtliche Präsenz in der Fläche angewiesen. Aus diesem Grund richetet die DPG bis 1996 schrittweise eine Regionalebene ein, die vollständig unabhängig von den Oberpostdirektionen der Bundespost war (Schommer 2001: 31ff).

Callcenter als »Rationalisierungsproblem« – Tarifpolitischer Kampf gegen Arbeitsverdichtung und Leistungsintensivierung

Die Etablierung der ersten Callcenter Anfang der 1990er Jahre nahm im Bereich der Telekommunikation die Form der technisch-organisatorischen Umrüstung der Auskunfts- und später auch der Entstörungsstellen an. Diese Transformation war Bestandteil eines umfassenden technischen und organisatorischen Rationalisierungsprozesses, mit dem das Postministerium in den 1980er und 1990er Jahren die betriebswirtschaftliche Effizienz und die Servicequalität im Geschäftsbereich »Fernmeldedienst« erhöhen wollte. Bis zu 30.000 Arbeitsplätze sollten nach Schätzungen des Ministeriums eingespart werden (Möhlmann 1985). Der Rationalisierungsprozess bestand aus zwei eng miteinander verbundenen Programmen. In den frühen 1980er Jahren begann die Bundespost mit der Implementierung des sogenannten KONTES-Programms (»kundenorientierte Neugestaltung der Teilnehmerdienste durch den Einsatz von Datenverarbeitungssystemen«), dessen Kern die Einführung neuer Informationstechnologien bildete.

Nachdem schon in den 1980er Jahren an einzelnen Arbeitsplätzen die Funktionalität der neuen Technik erprobt worden war, führte die Bundespost diese im Laufe der 1990er Jahre flächendeckend in den Auskunftsstellen ein. Im Vergleich mit dem herkömmlichen Verfahren bot die »rechnergestützte Auskunft« ein erhebliches Rationalisierungspotenzial, mussten die Beschäftigten doch nicht mehr auf die unhandlichen Mikrokarten und Mikrofilmlesegeräte zurückgreifen, sondern konnten die geforderten Informationen direkt den Datenbanksystemen entnehmen. Das zweite Rationalisierungsprogramm, durch das die Auskunfts- und Entstörungsstellen endgültig in interne Callcenter transformiert wurden, bestand aus der flächendeckenden Einführung der ACD-Technik. Zwar bereits in den 1980er Jahren geplant und in der betrieblichen Praxis erprobt (Falbisoner et al. 1985), begann die Einführung der ACD-Technik, auch aufgrund des Widerstandes der DPG gegen die umfassenden Kontrollmöglichkeiten der neuen Technik, erst nach 1990. Unter dem Projekttitel »PLA« (»Platzansteuerung«) wurde das neue System schrittweise in die nicht-technischen Abteilungen eingeführt. Das Postministerium versprach sich weitere Effizienzsteigerungen und Kosteneinsparungen durch die Optimierung der »Verkehrs- und Betriebssteuerung« sowie umfangreiche Kontrollmöglichkeiten, da die neue Technik eine detaillierte statistische Erfassung der Arbeitsleistung aller Arbeitskräfte ermöglichte (Droege 1989).

Für die DPG stellte die Etablierung der internen Callcenter durch die Umrüstung der Auskunfts- und Entstörungsstellen keine größere strategische Herausforderung dar. Dienstleistungsunternehmen wurden von der Bundespost und dem Folgeunternehmen Telekom in dieser Phase noch nicht beauftragt. Damit vollzog sich die Etablierung der Callcenter nahezu vollständig innerhalb des Hoheitsbereichs der Bundespost und des direkten Einflussbereichs der Postgewerkschaft. Die Arbeit in der Telefonauskunft war als Anlernarbeit dem mittleren nicht-technischen Fernmeldedienst zugeordnet, unter den überwiegend weiblichen Beschäftigten hielten sich Beamten- und Angestelltenverhältnisse in etwa die Waage. Zwar waren die Arbeitsplätze aufgrund der geringen technischen Anforderungen kaum in die Aufstiegsleitern der Bundespost eingebunden, trotzdem waren die Arbeitsverhältnisse vollständig in das Dienstrecht (Beamte) und in die Tarifverträge (Angestellte) der Bundespost integriert. Eine spezifische Organisierungsstrategie verfolgte die DPG in den Auskunftsstellen nicht, die Personal- bzw. Betriebsräte übernahmen die gewerkschaftliche Rekrutierungsarbeit. Der Organisationsgrad in den Auskunftsstellen war zwar traditionell etwas geringer als in den meisten anderen Einheiten der Bundespost, aber mit 70 Prozent immer noch vergleichsweise hoch (Paulsen 1985). Fast zwangsläufig nahm die DPG die Einführung der internen Callcenter darum vor allem als »Rationalisierungsproblem« wahr. Die Postgewerkschaft versuchte durch ihren Einfluss auf die auch nach der Aufspaltung der Bundespost immer noch zentral formulierten Dienstvorschriften und durch die starke Stellung der gewerkschaftlich organisierten Personalräte vor Ort sicherzustellen, dass die Einführung der neuen Systeme und damit der Wandel der Auskunftsstellen in interne Callcenter »sozialverträglich« vonstatten ging und keine negativen Auswirkungen auf die Beschäftigten und deren Arbeitsbedingungen hatte. Vor allem galt es aus der Sicht der Gewerkschaft zu verhindern, dass die Rationalisierung der interaktiven Arbeit mit einer qualifikatorischen Entwertung der Arbeitsplätze einherging (Falbisoner et al. 1985).

Allerdings zeigte sich in den Verhandlungen mit der Behördenspitze und dem Postministerium, dass sich die Durchsetzungsbedingungen der sozialpartnerschaftlichen Interessenvertretungspolitik der DPG schon seit den 1980er Jahren verschlechtert hatten. Seit dem Antritt der Kohlregierung büßte die Postgewerkschaft sukzessive ihren politischen Einfluss auf die Entscheidungen der Behörde ein – und damit auch auf jene Entscheidungen, die die betriebliche Arbeitsorganisation betrafen. Davon betroffen waren auch die beiden Rationalisierungsprogramme, die Ende der 1980er Jahre in die Umrüstung der Auskunftsstellen in Callcenter mündeten. Weder auf die Einführung der neuen Datenbanksysteme (KONTES) und der ACD-Anlagen (PLA) noch auf den betrieblichen Einsatz der neuen Technik konnte die DPG nennenswerten politischen Einfluss ausüben. Die Bundespost nutzte die Rationalisierungseffekte, um die Leistungsnormen zu erhöhen und einen Arbeitsplatzabbau anzukündigen (Möhlmann 1985, Kutzner/Pantel 1993: 141). Um die höheren Belastungen durch die Arbeitsverdichtung und die zunehmende Monotonie der Arbeit aufzufangen, wurden die täglichen Arbeitszeiten begrenzt und gerade in den Auskunftsstellen immer häufiger Teilzeitarbeitskräfte eingesetzt (ebda.). In nur wenigen Jahren stieg der Anteil der Teilzeitarbeitskräfte an der Belegschaft der Auskunftsstellen auf 40 Prozent, keine andere Einheit des Fernmeldedienstes wies einen ähnlich hohen Anteil auf (Kutzner/Pantel 1993: 129, Falbisoner et al. 1985: 172f). Zudem konnte der Arbeitskräftebestand durch die verkürzten Schichtzeiten flexibler an das im Tagesverlauf stark schwankende Anrufvolumen angepasst werden. Für die Beschäftigten resultierte die Reorganisation der Arbeit in einer Arbeitsverdichtung und einer Leistungsintensivierung. Die durchschnittliche Bearbeitungszeit pro Anruf wurde nahezu halbiert und die Leerlaufzeiten zwischen den Anrufen erheblich reduziert (Kutzner/Pantel 1993: 124ff.).

Ihren schwindenden politischen Einfluss auf die betriebliche Arbeitsorganisation versuchte die DPG mit einer Intensivierung tarifpolitischer Anstrengungen zu kompensieren. Bereits Mitte der 1980er Jahre hatte die Gewerkschaft den Arbeitgeber zu Verhandlungen über einen Tarifvertrag aufgefordert, der die Leistungsbemessung zum Gegenstand hatte. Zentrale gewerkschaftliche Forderungen waren die Festlegung individueller Erhol- und Verteilzeiten, mit denen die technisch und organisatorisch bedingte Arbeitsverdichtung kompensiert werden sollte, und die Verankerung eines Mitspracherechts der Interessenvertretungen bei der Festlegung der Leistungsnormen. Allerdings weigerte sich das Postministerium, mit der Gewerkschaft Tarifverhandlungen über qualitative Themen im Allgemeinen und die Leistungsbemessung im Besonderen aufzunehmen. Erst als ein Arbeitsgericht die Leistungsnormen für tariffähig erklärt hatte, nahm die Führung der Bundespost 1988 Verhandlungen über den Tarifvertrag »Bemessungsgrundlage« auf. Nach harten Auseinandersetzungen mit intensiven Warnstreiks gelang im Mai 1989 der Abschluss eines Tarifvertrags. Inhaltlich stellte der Abschluss einen Kompromiss dar: Zwar gelang es der DPG, in den Aushandlungsprozessen durchzusetzen, dass individuelle Erholzeiten (4,19 Min./Arbeitsstunde) und persönliche Verteilzeiten (2,17 Min./Arbeitsstunde) sowie Zeitzuschläge für besonders belastende Tätigkeiten tarifvertraglich festgeschrieben wurden, die Forderung nach einem gewerkschaftlichen Mitspracherecht bei der Definition der betrieblichen Leistungsnormen wurde von der Arbeitgeberseite jedoch zurückgewiesen (Bispinck 1991: 144f). Insbesondere der letzte Aspekt verdeutlicht, dass der betriebspolitische Einfluss der Postgewerkschaft bereits im Vorfeld der Privatisierung der Bundespost zurückging.

6.2. Versandhandel – Gewerkschaftliches »Ausklammerungshandeln«

Ähnlich wie die Telekommunikation gehörte auch der Versandhandel zu den ersten Feldern, in denen in Deutschland Callcenter etabliert wurden.

Ausgelöst durch den Rückgang der Telefongebühren im Kontext der Digitalisierung des Telefonnetzes begann Anfang der 1990er Jahre der Siegeszug der telefonischen Bestellannahme und damit der Callcenter. Neckermann war 1991 das erste große Versandhandelsunternehmen, das seinen Kunden eine 24/7-Bestellannahme anbot, der Otto-Versand zog 1993 nach. In den Folgejahren wuchs der Anteil der Kunden stetig, die das Telefon nutzten, um Bestellungen aufzugeben, Informationen zu erfragen oder Reklamationen zu tätigen. Aus Sicht der Versandhandelsunternehmen leisteten die neue Technik und die veränderte Arbeitsorganisation einen erheblichen Beitrag zur Rationalisierung der Produktion von interaktiven Dienstleistungen in den Bestellannahmen und den Informationshotlines. Leerlaufzeiten wurden reduziert und die ACD-Anlagen ermöglichten eine deutschlandweite Vernetzung der einzelnen Betriebsstätten. Anders als in der Telekommunikation und im Bankgewerbe spielten externe Callcenter im Versandhandel bereits in der Etablierungsphase eine wichtige Rolle: Die Versandhandelsunternehmen arbeiteten mit Dienstleistungsunternehmen zusammen, um Anrufspitzen abzudecken und die Betriebszeiten der Bestellannahmen auszuweiten, ohne die in den Flächentarifverträgen des Einzelhandels verankerten Zuschläge für Spät-, Nacht- und Wochenendarbeit zahlen zu müssen.

Der Organisationsbereich Einzelhandel – Tarifpolitik im Schatten der Allgemeinverbindlichkeitserklärung (AVE)

Traditionell zählt der Versandhandel zum Organisationsbereich Einzelhandel. Die tarifpolitische Einbettung ist vor allem aufgrund der Größenverhältnisse bedeutsam: Die wirtschaftliche Bedeutung des Versandhandels für die Gesamtbranche Einzelhandel war – und ist es bis heute – gering: Nur rund 5 Prozent des Gesamtumsatzes der Branche wurden in den 1990er Jahren von den Versandhandelsunternehmen erwirtschaftet (Glaubitz 1996: 27, RKW 2000: 8). Die Randständigkeit des Versandhandels innerhalb des Einzelhandels hatte auch Folgen für die Position der Versandhandelsunternehmen im Arbeitgeberverband. Die regionalen Gliederungen des Hauptverbandes des Deutschen Einzelhandels (HDE), die auf Länderebene die Flächentarifverträge der Branche aushandelten, wurden zumindest bis zur Jahrtausendwende von den großen Warenhauskonzernen Metro und Karstadt dominiert, die Versandhandelsunternehmen verfügten hingegen nur über einen geringen verbandspolitischen Einfluss.

Aufgrund der Einbettung in die wesentlich größere Einzelhandelsbranche hatten die Marktverhältnisse im Versandhandel in den frühen 1990er Jahren nur geringe Auswirkungen auf die tarifliche Arena des Einzelhandels. Die gewerkschaftliche Durchsetzungsfähigkeit wurde vor allem von Entwicklungen beeinflusst, die den stationären Einzelhandel betrafen.

Der zweite wichtige Faktor für eine Vermessung der Auswirkungen der Entwicklungen in den Callcentern des Versandhandels auf die strategische Durchsetzungsfähigkeit der HBV und der DAG ist die besondere institutionelle Tradition der Aushandlungsprozesse im Einzelhandel. Die miteinander konkurrierenden Organisationen Gewerkschaft Handel, Banken und Versicherungen und die Deutsche Angestellten-Gewerkschaft verfügten zusammen nur über eine geringe Organisationsmacht unter den Beschäftigten. Obwohl es gerade unter den Warenhäusern einige Organisationshochburgen mit Organisationsgraden von über 90 Prozent gab, war im gesamten Einzelhandel nur jeder zehnte Beschäftigte gewerkschaftlich organisiert (Schwegler 1989: 127). Zudem verfügten die vorwiegend weiblichen Beschäftigten des Einzelhandels nur über eine geringe Produktionsmacht. Trotz der schwachen gewerkschaftlichen Organisationsmacht wurden die Mantel- und Entgelttarifverträge traditionell für allgemeinverbindlich erklärt – und zwar auf Antrag der Arbeitgeber. Durch die Allgemeinverbindlichkeitserklärung (AVE) besaßen die Tarifverträge im Einzelhandel formal einen umfassenden Deckungsgrad, galten die Tarifbedingungen doch unabhängig von der Mitgliedschaft im Arbeitgeberverband für alle Unternehmen. Aufgrund der Zugehörigkeit zum Einzelhandel galt die AVE auch für den Versandhandel.

Am Beispiel der Allgemeinverbindlichkeit im der Tarifverträge im Einzelhandel wird das eingangs diskutierte Wechselspiel zwischen der »materiellen Logik der Konfliktaustragung« und der »institutionellen Logik der Problemlösung« in der tariflichen Arena deutlich. Zwar gehört die AVE zu den im deutschen System der industriellen Beziehungen institutionell verankerten Handlungsoptionen, aber selbst in den Hochzeiten ihres politischen und ökonomischen Einflusses in den 1960er und 1970er Jahren waren die Gewerkschaften längst nicht in allen Organisationsbereichen in der Lage, eine AVE der wichtigsten Tarifverträge durchzusetzen (Kirsch 2003). Angesichts der eher geringen gewerkschaftlichen Organisationsmacht wurde die AVE im Einzelhandel vor allem durch die Interessenkonstellationen und die Machtverhältnisse im Arbeitgeberlager ermöglicht. Die großen Warenhauskonzerne, die zugleich die gewerkschaftlichen Organisationshochburgen im ansonsten schwach organisierten Einzelhandel bildeten, nutzten ihre starke Stellung im Arbeitgeberverband, um die tariflichen Arbeits- und Entgeltbedingungen auch auf die gewerkschaftlich kaum organisierte Konkurrenz im stationären Einzelhandel auszuweiten – und zugleich die Gewerkschaften zu (Lohn-)Zurückhaltung zu verpflichten. Trotz der formal umfassenden Reichweite der Tarifnormen zählte der Einzelhandel während der gesamten Nachkriegszeit zu den absoluten Niedriglohnsektoren (Glaubitz et al. 1992). Die Drohung der Arbeitgeberseite, die AVE aufzuheben, wirkte angesichts der geringen Organisationsmacht immer auch disziplinierend auf die Interessenvertretungsstrategien der HBV und der DAG (Bispinck 1993: 515f, Bispinck 1994: 148).

Die Organisationen – Die Existenzkrise der HBV

Die Durchsetzungsfähigkeit der HBV und der DAG im Einzelhandel und damit auch im Versandhandel wurde nicht nur von den geringen Organisationsgraden beeinträchtigt, auch die »dreifache« Krise (Holst et al. 2008, Ebbinghaus 2003) der deutschen Gewerkschaften schlug in der ersten Hälfte der 1990er Jahre voll auf die gewerkschaftliche Handlungsfähigkeit im Einzelhandel durch. Die HBV als die wesentlich größere der beiden Gewerkschaften gehörte zu jenen Organisationen, die am härtesten von den Problemen betroffen waren. Der massive Beschäftigungsabbau im ostdeutschen Handel nach 1992 zog eine schwere Mitgliederkrise nach sich. Allein 1992 verlor die HBV 100.000 ihrer 700.000 Mitglieder (HBV 1993: 6, DGB 1999). Vor dem Hintergrund der besonderen finanziellen Belastungen durch den Aufbau eines flächendeckenden Vertretungsnetzes in Ostdeutschland resultierten die Mitgliederverluste nahezu unmittelbar in finanziellen Problemen (HBV 1993: 6). Die sinkenden Beitragseinnahmen führten zu erheblichen Löchern im Haushalt der Gewerkschaft – allein 1992 fehlten kurzfristig 13 Mio. DM (Daniels 1995: 21) –, die nur durch Rückgriff auf das allerdings nicht sehr umfangreiche Vermögen ausgeglichen werden konnten. Die HBV-Führung reagierte auf die existenzgefährdenden Probleme der Organisation mit einem »Notfallprogramm«. Durch eine massive Reduktion der Personalkosten, deren Anteil an den Gesamtausgaben der Gewerkschaft durch den Mitgliedereinbruch und den Rückgang der Beitragseinnahmen stark angestiegen war (HBV 1993: 6), sollte die Zahlungsfähigkeit der Organisation wiederhergestellt werden. In den Folgejahren baute die HBV massiv Personal ab, allein zwischen 1992 und 1995 reduzierte die Gewerkschaft ihre Belegschaft um 25 Prozent, von den ehemals über 1.000 Beschäftigten blieben nur noch rund 750 übrig (Daniels 1995: 21). Keine andere DGB-Gewerkschaft vollzog in den 1990er Jahren einen ähnlich rigiden Beschäftigungsabbau. Das Sparprogramm verfehlte seine Ziele nicht: Bereits 1995 konnte auf dem Bremer Gewerkschaftskongress erneut ein ausgeglichener Haushalt präsentiert werden. Zwar wurde die Lösung der Mitgliederkrise von der Führung zur Schicksalsfrage der Organisation erklärt (Mönig-Raane 1994: 5), in der ersten Hälfte der 1990er Jahre konzentrierte sich die Gewerkschaft als Organisation jedoch vor allem auf sich selbst und die Wiederherstellung der eigenen Handlungsfähigkeit. Versuche, die Mitgliederbasis zu erweitern und auch bisher kaum gewerkschaftlich organisierte Beschäftigtengruppen wie die Beschäftigten der schnell wachsenden Discounter oder der Callcenter des Versandhandels zu organisieren, standen erst in der zweiten Hälfte der 1990er Jahre prominent auf der Agenda der HBV.

Callcenter im Versandhandel – Gewerkschaftliches »Ausklammerungshandeln« ohne Einfluss auf die betriebliche Arbeitsorganisation

Vor dem Hintergrund der besonderen Konstellation der Interessenvertretung im Einzelhandel und der schweren Organisationskrise der HBV in den frühen 1990er Jahren wird verständlich, dass die Gewerkschaft in der Etablierungsphase der Callcenter-Branche weder den internen Callcentern der Versandhandelsunternehmen noch den für diese Unternehmen tätigen Dienstleistungsunternehmen besondere Aufmerksamkeit widmete. Und auch die DAG, die nur in einigen wenigen Versandhandelsunternehmen präsent war, beschäftigte sich nicht mit den neuen Formen der Arbeitsorganisation. Traditionell verfügten beide Gewerkschaften – auch aufgrund ihrer geringen Organisationsmacht – über keinen nennenswerten Einfluss auf die betriebliche Arbeitsorganisation. Im Vergleich mit der DPG, die vermittelt über die Personalräte und die sozialpartnerschaftlichen Beziehungen zur Leitungsebene einen gewissen Einfluss auf die Arbeitsorganisation in den Fernmeldeämtern ausüben konnte, war der Gestaltungsspielraum der HBV und der DPG bei der Einführung der ACD-Technik und neuer Software sowie der Umgestaltung der Arbeitsabläufe in den Versandhandelsunternehmen gering. Selbst in ihren Organisationshochburgen wie dem Otto-Versand beschränkte sich der Einfluss der gewerkschaftlich organisierten Betriebsräte auf eine Kontrolle der Einhaltung der wichtigsten gesetzlichen Arbeitsschutzbestimmungen (Int. ver.di 5).

Auch die im Vergleich mit den beiden anderen Organisationsbereichen umfangreiche Zusammenarbeit der großen Versandhandelsunternehmen mit externen Callcentern wurde von den Gewerkschaften mehr oder weniger stillschweigend akzeptiert. Um die Betriebszeiten der Bestellannahmen auszuweiten, arbeiteten bereits Mitte der 1990er Jahre fast alle Versandhandelsunternehmen mit Dienstleistungsunternehmen zusammen. Anders als die in den Geltungsbereich der Einzelhandelstarifverträge fallenden internen Callcenter galten für die externen Callcenter keine tariflichen Beschränkungen der Arbeitszeiten, sondern nur die allgemeinen Bestimmungen des Arbeitszeitgesetzes (ArbZG). Angesichts des rapiden Anstiegs des Anrufvolumens wurde das vorwiegend zeitabhängige Outsourcing weder von den betrieblichen noch von den überbetrieblichen Interessenvertretern als Problem wahrgenommen: Zum einen wurden in den internen Callcentern trotz der Verlagerung weitere Arbeitsplätze aufgebaut, zum anderen hielt die Zusammenarbeit mit den externen Callcentern den Stammbelegschaften den Rücken frei von den ungeliebten Nacht- und Wochenendschichten (Holtgrewe/Kerst 2002: 195). Dass in den externen Callcentern der Anteil nicht-standardisierter Beschäftigungsverhältnisse mit einem erhöhten Prekaritätsrisiko relativ hoch war, wurde in der ersten Hälfte der 1990er Jahre weder von der HBV noch von der DPG problematisiert. Rückblickend stellt eine ehemalige HBV-Sekretärin fest:

»Es gab zu Anfang so eine Haltung, ähnlich wie bei den Leiharbeitsfirmen: ›Das ist zu schmutzig, das packen wir nicht an!‹ In dem Sinne: ›Wir ignorieren das, weil wir das nicht haben wollen.‹ Bis wir dann gesehen haben, dass der Bereich so groß wird, dass wir die Beschäftigten in dem Bereich schützen und ihnen Unterstützung geben müssen.« (Int. ver.di 5)

Die HBV und die DAG verzichteten auf Versuche, die nicht tarifgebundenen Dienstleister, die für Auftraggeber aus dem Versandhandel Aufträge abwickelten, in das Tarifsystem des Einzelhandels zu integrieren.

Insgesamt dominierte in der Etablierungsphase zwar noch die zeitabhängige Verlagerung der Dienstleistungsproduktion, in Einzelfällen kam es jedoch bereits zu einer umfassenden Verlagerung der gesamten Kundenkommunikation eines Unternehmens. Obwohl in der Regel mit einer deutlichen Verschlechterung der Beschäftigungsqualität verbunden, standen die Organisationen auch diesen Verlagerungsprozessen eher passiv gegenüber. Ein anschauliches Beispiel für die gewerkschaftliche Passivität ist die Auslagerung der gesamten Bestellannahme des Heine-Versands, einem hundertprozentigen Tochterunternehmen des zu den gewerkschaftlichen Hochburgen im Versandhandel zählenden Otto-Versands. 1993 gründete Heine zusammen mit einem Dienstleistungsunternehmen, das heute im Übrigen zu den Marktführern unter den externen Callcentern zählt, ein gemeinsames Unternehmen, an das die komplette Bestellannahme des Versandhauses übergeben wurde. Als Tochterunternehmen eines großen Dienstleistungsunternehmens fiel die TS TeleMarketing Service nicht in den Geltungsbereich der für allgemeinverbindlich erklärten Einzelhandelstarifverträge (Int. HBV). Während im Versandhaus reguläre, sozialversicherungspflichtige und tarifgebundene Arbeitsverhältnisse abgebaut wurden, griff das externe Callcenter in der Tradition des Mutterkonzerns fast ausschließlich auf freie Mitarbeiter zurück und setzte Anlernkräfte ein. Als formal Selbständige trugen die Arbeitskräfte ein hohes unternehmerisches Risiko – und arbeiteten jenseits der regulären Arbeitsschutz- und Arbeitszeitbestimmungen (Schumann 1997: 100ff.).

Die HBV begleitete trotz der Verdrängung regulärer Beschäftigungsverhältnisse die Auslagerung weitgehend passiv. Rückblickend stellt der für den Betrieb zuständige HBV-Sekretär fest:

»Innerhalb der Organisation war das Thema nicht durchzusetzen. Da waren andere Fragen wichtiger. Ich bin extra nach ganz oben gegangen, aber bewirkt hat das nichts.« (Int. HBV)

Nicht zuletzt aufgrund der finanziellen Probleme im Zusammenhang mit der schweren Organisationskrise war innerhalb der HBV ein Ressourceneinsatz für eine Ausweitung des gewerkschaftlichen Organisationsbereichs auf die zahlenmäßig noch wenig bedeutsamen Dienstleistungsunternehmen nicht durchsetzbar. Anfang der 1990er Jahre beschäftigte sich die HBV vor allem mit der Wiederherstellung der eigenen Handlungsfähigkeit. Darüber hinaus ist noch auf einen zweiten, wahrscheinlich sogar bedeutsameren, Aspekt hinzuweisen. Die Passivität der HBV im Umgang mit den externen Callcentern und ihren Beschäftigten weist deutliche Parallelen zum Umgang der Organisation mit dem Wachstum geringfügiger Beschäftigung im Einzelhandel auf. Für mehrere Arbeitgeber im Versandhandel bildete die Zusammenarbeit mit Dienstleistungsunternehmen ein funktionales Äquivalent zu den Umgehungspraktiken in den Betrieben des stationären Einzelhandels und in den Warenhäusern, die durch den Rückgriff auf geringfügige Beschäftigung und die Ausgliederung von Unternehmensteilen die für allgemeinverbindlich erklärten Tarifnormen umgingen – ohne jedoch formal die Allgemeinverbindlichkeitserklärung der Einzelhandelstarifverträge in Frage zu stellen (Bosch 2001: 87, Wirth 1994). Aufgrund der partiellen institutionellen Entkoppelung der tariflichen Arena des Einzelhandels von den betrieblichen Entwicklungen und aufgrund der geringen wirtschaftlichen Bedeutung des Versandhandels für die Gesamtbranche Einzelhandel, blieb die Verlagerung der Arbeitsplätze zu den externen Callcentern weitgehend ohne Auswirkungen auf die gewerkschaftliche Durchsetzungsfähigkeit in der tariflichen Arena.

6.3. Bankgewerbe – Direktbanken als Nischenphänomen

Die Entwicklung der Direktbanken zu ausgegliederten Callcentern des Bankgewerbes weist Parallelen zur Entwicklung der Callcenter im Versandhandel auf (zu den Direktbanken: Swoboda 2000a). Zwar existierte bereits seit Mitte der 1960er Jahre eine kleine Anzahl von Direktbanken ohne Filialnetz – die Größte unter ihnen war die gewerkschaftseigene Bank für Sparanlagen und Vermögensbildung (BSV) –, bis Anfang der 1990er Jahre bildeten die Direktbanken jedoch nur ein Nischensegment. Von den 360.000 Beschäftigten des Bankgewerbes arbeiteten nicht einmal 1.000 in den Direktbanken. Aufgrund der hohen Telefonkosten konzentrierte sich die Kundenkommunikation der Direktbanken bis Ende der 1980er Jahre überwiegend auf den Briefverkehr. Ähnlich wie im Versandhandel änderte sich dies Anfang der 1990er Jahre: Durch die Digitalisierung des Telefonnetzes und die Einführung deutschlandweiter Sonderrufnummern sanken die Telefonkosten und in der Folge gewann das Telefonbanking an Popularität. Das Marktwachstum bewegte mit den Direktbank-Töchtern der amerikanischen Citibank (Citifinanzberatung) und des Quelle-Versands (Quelle-Bank) neue Akteure zum Markteintritt. Die Citibank hatte bereits in den USA Erfahrungen mit dem Telefonbanking gesammelt, Quelle nutzte seine Erfahrungen mit der telefonischen Bestellannahme, um seinen Kunden auch Bankdienstleistungen anzubieten. Der Durchbruch des Telefonbanking ging mit einer strategischen Neuausrichtung der Direktbanken einher. Sie wandelten sich sukzessive zu vollwertigen Geschäftsbanken, die mit den großen Privat- und Genossenschaftsbanken sowie mit den Sparkassen um Marktanteile und Kunden konkurrierten (Swoboda 2000b: 29).

Der Organisationsbereich Bankgewerbe – Interessenvertretung in einer stark verberuflichten Branche

Im Vergleich mit der Telekommunikation und dem Einzelhandel stellt das Bankgewerbe einen Organisationsbereich ohne größere institutionelle Besonderheiten dar. Weder wurden die Tarifverträge für allgemeinverbindlich erklärt, noch gehörte das Bankgewerbe zum Bereich öffentlicher Daseinsvorsorge. Der Organisationsgrad war mit 12 Prozent eher niedrig (Stützel 1992: 663, Bosch 2001: 84), trotzdem war die Prägekraft der Flächentarifverträge lange Zeit relativ hoch. Das Gros der Universalbanken trat den Arbeitgeberverbänden bei und wendete die entsprechenden Tarifverträge an. Tarifpolitisch wurde das Bankgewerbe von einer Dreiteilung geprägt: Neben dem Flächentarifvertrag für das private Bankgewerbe gab es eigenständige Tarifverträge für die Sparkassen und die Genossenschaftsbanken. Während der Tarifvertrag der Sparkassen traditionell von der ÖTV verhandelt wurde Gergs et al. 1992: 150f.), fielen die Genossenschaftsbanken in den Zuständigkeitsbereich der HBV. Allerdings orientierten sich die Tarifabschlüsse für die Spar- und Genossenschaftsbanken traditionell an den Abschlüssen im privaten Bankgewerbe, die von der HBV und der DAG ausgehandelt wurden. Ähnlich wie im Einzelhandel waren HBV und DAG auch im Bankgewerbe in den Betrieben kaum verankert (Glaubitz et al. 1992: 664), so dass es den Gewerkschaften selbst in ihren Hochburgen an Einfluss auf die betriebliche Arbeitsorganisation fehlte. Eines der auffälligsten Merkmale des Organisationsbereichs Bankgewerbes ist die große Bedeutung der beruflichen Bildung im Bankgewerbe: Mit über 90 Prozent war – und ist noch heute – der Anteil der Arbeitskräfte mit bankspezifischer Ausbildung ausgesprochen hoch (Bosch et al. 2001: 22ff.).

Direktbanken als ausgegliederte Callcenter – Etablierung innerhalb des Tarifgefüges des Bankgewerbes

Da im Bankgewerbe dieselben Gewerkschaften aktiv waren wie im Versandhandel, wurde die Gewerkschaftsarbeit in den Direktbanken während der Etablierungsphase der Callcenter von den gleichen organisationspolitischen Rahmenbedingungen beeinflusst wie die Arbeit im Versandhandel: Angesichts der schweren Organisationskrise versuchte die HBV, durch ein rigides Sparprogramm und einen massiven Beschäftigungsabbau als Organisation wieder handlungsfähig zu werden. Während der Befund, dass die Gewerkschaften in der Etablierungsphase die Callcenter und ihre Beschäftigten weitgehend ignorierten, im Versandhandel aufgrund der besonderen Dynamik und der häufig schlechten Beschäftigungsqualität in den externen Callcenter auf den ersten Blick verwundert, mutet der gleiche Befund für das Bankgewerbe angesichts der geringen quantitativen Bedeutung der Direktbanken und der finanziellen Probleme der HBV als der bedeutendsten Gewerkschaft im Bankgewerbe wenig überraschend an. Bis Mitte der 1990er Jahre gab es in Deutschland nur eine Handvoll Direktbanken, auf die nicht einmal 1 Prozent der Beschäftigten des Bankgewerbes entfielen. Zudem wandelten sich die Direktbanken nur langsam zu vollwertigen Universalbanken. Insgesamt hatte die Etablierung von Callcentern in den wenigen Direktbanken keinen nennenswerten Einfluss auf die Interessenvertretungsstrategien der HBV und der DAG. Bis Mitte der 1990er Jahre setzten sich die Gewerkschaften folgerichtig nicht gezielt mit den Direktbanken auseinander.

Ein genauerer Blick in die drei größten Direktbanken offenbart jedoch, dass die Tendenzen, die die spätere Entwicklung der Direktbanken im Organisationsbereich des Bankgewerbes prägen sollten, auch schon in der Etablierungsphase angelegt waren: die Fragmentierung des Tarifsystems und die Aushöhlung des »dualen« Systems beruflicher Bildung. Als relativ unproblematisch stellte sich aus der Perspektive der Interessenvertretung die Transformation der gewerkschaftseigenen Bank für Spareinlagen und Vermögensbildung (BSV) in die Allgemeine Deutsche Direktbank dar. Die Bank wendete den Flächentarifvertrag des privaten Bankgewerbes an und setzte im erweiterten internen Callcenter überwiegend ausgebildete Bankkaufleute ein (Freitag 1994). Zwar kündigte die Arbeitgeberseite den Haustarifvertrag, den die BSV mit der HBV geschlossen hatte und der den Beschäftigten übertarifliche Gehälter und günstigere Urlaubsregelungen garantierte (Int. ver.di 7), die Wirksamkeit des Flächentarifvertrags wurde aber bis zur endgültigen Übernahme der Bank durch die ING DiBa 2002 nicht in Frage gestellt. Auch die Quelle-Bank wendete nach ihrer Gründung 1990 den von der HBV und der DAG in einer Tarifgemeinschaft verhandelten Flächentarifvertrag des privaten Bankgewerbes an. Anders als die Deutsche Direktbank setzte die Quelle-Bank in ihrem Callcenter jedoch keine ausgebildeten Bankkaufleute ein, sondern rekrutierte Arbeitskräfte ohne bankspezifische Ausbildung (Kuntz 1998). Die 1989 von der amerikanischen Citibank gegründete deutsche Direktbank-Tochter Citifinanzberatung ging sogar noch einen Schritt weiter: Sie setzte nicht nur Arbeitskräfte ohne bankspezifische Ausbildung ein, sondern trat gar nicht erst dem Arbeitgeberverband bei, um so den Flächentarifvertrag des Bankgewerbes zu umgehen. Die Stundenlöhne der Beschäftigten lagen mehr als 3 DM unter den tariflichen Entgelten, zudem gab es weder Spät- oder Wochenendzuschläge noch Weihnachts- oder Urlaubsgeld. Fast 95 Prozent der 200 Beschäftigten am Bochumer Standort verfügten über Arbeitsverträge mit einer Wochenarbeitszeit von 12 Stunden, so dass die Beschäftigten unter die Geringfügigkeitsgrenze fielen (Reepen 1992: 8). Insgesamt hatten die Direktbanken aufgrund ihrer geringen quantitativen Bedeutung und ihres spezifischen Charakters als Nischenanbieter jedoch keinen Einfluss auf die Marktverhältnisse der Bankenbranche und damit auch keine negativen Auswirkungen auf die Arbeits- und Entgeltbedingungen in den tarifgebundenen Geschäfts- und Genossenschaftsbanken. Auch wenn das Entgelt- und das Schutzniveau in der Direktbank-Tochter der Citibank erheblich unter den Tarifstandards des Bankgewerbes lag, ging von den schlechteren Bedingungen in der Direktbank bis Mitte der 1990er Jahre noch kein Druck auf die Flächentarifverträge des Bankgewerbes und die Arbeitsbedingungen der Bankkaufleute in den Filialbanken aus.

7. Die Expansionsphase – Spaltung der Tarifvertragssysteme

Während sich die Etablierung der ersten Callcenter-Arbeitsplätze vorwiegend auf die internen Callcenter von Großunternehmen konzentriert hatte, entfielen die in der zweiten Hälfte der 1990er Jahre in großer Zahl neu entstehenden Arbeitsplätze vor allem auf externe und ausgegliederte Callcenter ohne Tarifbindung. Mit Blick auf die Callcenter bildete sich in den untersuchten Organisationsbereichen Telekommunikation, Einzelhandel und Bankgewerbe jeweils eine tiefe Spaltung des Tarifvertragssystems heraus. Dem stagnierenden oder nur langsam wachsenden Kern von Arbeitsplätzen, die dem jeweiligen Flächentarifvertrag unterlagen, stand ein schnell wachsender Rand von nicht tarifgebundenen Arbeitsplätzen gegenüber. Dadurch nahmen im Vergleich mit der Etablierungsphase die Entlohnungsdifferenzen innerhalb der einzelnen Organisationsbereiche zu. Allerdings wirkten die zum Teil erheblich schlechteren Standards in den nicht tarifgebundenen externen und ausgegliederten Callcentern (noch) nicht auf die Arbeits- und Entgeltbedingungen in den Kernbereichen zurück. In den gewerkschaftlichen Hochburgen im Telekommunikationssektor, im Versandhandel und im Bankgewerbe wurde der Flächentarifvertrag – auch aufgrund des schnellen Marktwachstums – nicht in Frage gestellt. Ähnlich wie schon in der Etablierungsphase entwickelten sich die überbetrieblichen Arbeitsbeziehungen in den Callcentern auch in der Expansionsphase parallel zur allgemeinen Entwicklung der Tarifpolitik in Deutschland. Mitte der 1990er Jahre starteten die Arbeitgeber in vielen Branchen eine »tarifpolitische Offensive« (Dribbusch 2007: 282ff.), die auf eine Dezentralisierung und Differenzierung des Tarifgefüges zielte. Der Erfolg der Arbeitgeberseite zeigte sich vor allem in der sinkenden Tarifbindung an den Rändern des Tarifvertragssystems. Während in den Kernbereichen der Metall- und Elektroindustrie der Flächentarifvertrag eine bemerkenswerte Stabilität aufwies (Thelen 2000, Behrens/Jacoby 2004), erodierte dessen Prägekraft in vielen vorwiegend klein- und mittelbetrieblich geprägten Wirtschaftszweigen (Artus et al. 2006, Ellguth 2006, Schmidt et al. 2003).

Hintergrund der veränderten tarifpolitischen Dynamik war eine Verschiebung der Ziele, die Unternehmen in und mit Callcentern verfolgten. Nicht mehr die effiziente Abwicklung der bestehenden Kundenkommunikation stand im Zentrum der Unternehmensstrategien, sondern die flexible und vor allem kostengünstige Bewältigung des in der zweiten Hälfte der 1990er Jahre steigenden Kommunikationsvolumens. Im Unterschied zur Etablierungsphase stellte das externe Callcenter die dominante Organisationsform dar. In allen drei Organisationsbereichen führte das starke Wachstum der nicht tarifgebundenen externen und ausgegliederten Betriebe dazu, dass sich hinsichtlich der Callcenter eine tiefe Spaltung der Tarifstandards und ein beträchtliches Gefälle in den wichtigsten Arbeits- und Entgeltbedingungen auftaten. Durch die veränderten Arbeitgeberstrategien verschoben sich im Vergleich mit der Etablierungsphase die Marktverhältnisse der expandierenden Callcenter-Branche. Entlang der vertikalen Dimension bildete sich ein Konkurrenzmoment heraus. Zwar bezogen sich die Verlagerungsentscheidungen der meisten Großunternehmen auf die Produktion neuer Dienstleistungen oder zusätzliches Anrufvolumen, trotzdem nutzten die Auftraggeber die Make-or-Buy-Entscheidungen, um Druck auf die eigenen internen Callcenter auszuüben. Besonders ausgeprägt war diese Entwicklung im Bankgewerbe: Von einer ganzen Reihe von Großbanken wurden schon Mitte der 1990er Jahre eigene Direktbanken ohne Tarifbindung ausgegründet, um mit den eigenen Filialbanken um Marktanteile konkurrieren zu können und Druck auf die Tarifstandards im gesamten Bankgewerbe auszuüben. Entlang der horizontalen Dimension der Marktverhältnisse blieb die Intensität der Konkurrenz aufgrund des in vielen Branchen schnell wachsenden Verlagerungsvolumens jedoch zunächst gering. Zwar erweiterten viele Dienstleister ihre Kapazitäten, aber erst als das Marktwachstum nach der Jahrtausendwende zum Erliegen kam, stellte sich unter den externen Callcentern ein gewisser Verdrängungswettbewerb ein.

Durch die veränderten Unternehmensstrategien und die resultierenden Marktverhältnisse entwickelte sich die Callcenter-Branche im Verlauf der Expansionsphase zunehmend zu einer strategischen Herausforderung für die deutschen Gewerkschaften – und zwar jeweils innerhalb der betroffenen Organisationsbereiche. Im Bankgewerbe und in der Telekommunikation versuchten die Gewerkschaften, das wachsende tariffreie Segment zu organisieren und in das Tarifsystem des Organisationsbereichs zu integrieren. Die von den Großbanken gezielt herbeigeführte Konkurrenz zwischen Filial- und Direktbanken unterminierte die strategische Durchsetzungsfähigkeit von HBV und DAG in der tariflichen Arena des Bankgewerbes. Die externen Callcenter, die für Auftraggeber aus der Telekommunikation arbeiteten, wurden von der DPG im Rahmen der Versuche, sich von der Behördengewerkschaft der Bundespost zur Branchengewerkschaft des liberalisierten Telekommunikationssektor zu wandeln und den eigenen Einflussbereich auf die neu gegründeten Konkurrenzunternehmen auszuweiten, als gewerkschaftspolitisches Handlungsfeld entdeckt. Hingegen knüpften im Einzelhandel HBV und DAG direkt an das »Ausklammerungshandeln« der frühen 1990er Jahre an. Das wachsende Segment der nicht tarifgebundenen externen Callcenter wurde von der Organisation ignoriert. Hintergrund waren die institutionellen Besonderheiten der tariflichen Arena des Einzelhandels. Die Allgemeinverbindlichkeitserklärung der Tarifverträge entkoppelte die tarifliche Arena zumindest partiell von den betrieblichen Entwicklungen.

Im Ergebnis nahm in der zweiten Hälfte der 1990er Jahre die für die Etablierungsphase der Branche diagnostizierte Heterogenität des gewerkschaftlichen Umgangs mit den Callcentern ab – allerdings ohne dass sich dahinter ein koordinierter Ansatz verbarg. Mit der Herausbildung eines branchenübergreifend tätigen Segments nicht tarifgebundener Callcenter verringerte sich auch die Durchsetzungsfähigkeit in den eigenen Hochburgen. Die DPG verlor ihren starken Einfluss auf die betriebliche Arbeitsorganisation der internen Callcenter der Deutschen Telekom, so dass sich die betriebs- und tarifpolitischen Aktivitäten der Postgewerkschaft sukzessive dem passiven und defensiven Umgang der HBV und der DAG mit den internen Callcentern und ihren Beschäftigten im Bankgewerbe und im Versandhandel annäherten. Zugleich gelang den Gewerkschaften in keinem der drei Fälle, das branchenübergreifend tätige wachsende Segment nicht tarifgebundener, ausgegliederter und externer Callcenter in das Tarifvertragssystem des jeweiligen Organisationsbereichs zu integrieren.

Die Restrukturierung der Gewerkschaftslandschaft – Der Verbundprozess als organisationspolitisches »Möglichkeitsfenster«

Bevor die Entwicklungen der Tarifvertragssysteme und die gewerkschaftlichen Reaktionsmuster auf die Expansion des Callcenter in der zweiten

Hälfte der 1990er Jahre einer genaueren Analyse unterzogen werden, muss eine zentrale organisationspolitische Rahmenbedingung der Gewerkschaftsarbeit nicht nur in der Callcenter-Branche diskutiert werden: die Neuordnung der Interessenvertretung im Dienstleistungssektor, die im Zusammenschluss der fünf DGB-Gewerkschaften DPG, DAG, HBV, ÖTV und IG Medien zur Vereinten Dienstleistungsgewerkschaft ver.di ihren vorläufigen Endpunkt fand (Keller 2004: 39ff, Dörre et al. 1999). Maßgeblich initiiert wurde der Annäherungsprozess Mitte der 1990er Jahre von der Deutschen Postgewerkschaft (Sommer 2001: 11, Schommer 2001). Nach einer ersten Phase informeller Kooperation war der im November 1997 von DPG, HBV und IG Medien geschlossene Verbundvertrag der erste institutionelle Ausdruck des Annäherungsprozesses. Die Verbundlösung repräsentierte eine organisationspolitische Antwort der Gewerkschaften auf ihre »dreifache« Krise aus Mitgliederrückgang, Legitimitätsverfall und finanziellen Problemen (Holst et al. 2008, auch: HBV 1997: 1). Dem Dreierverbund war jedoch keine lange Lebenszeit beschieden. Einmal in Gang gesetzt, war die Kooperationsdynamik aufgrund der auf den Organisationen lastenden Probleme nicht mehr zu stoppen. Nur wenige Monate nach Unterzeichnung des Verbundvertrags traten mit der DAG, der ÖTV und der GEW drei weitere Gewerkschaften in den Kooperationsprozess ein und verabredeten mit den drei Verbundgewerkschaften die Etablierung der »politischen Plattform« (DAG et al. 1998, DAG et al. 1999). Mit Ausnahme der GEW fusionierten die beteiligten Organisationen im Frühjahr 2001 zur Multibranchengewerkschaft ver.di, die zumindest für kurze Zeit mit ihren 2,9 Mio. Mitgliedern zur größten deutschen Gewerkschaft wurde.

Der eigentliche Zusammenschluss der fünf Gewerkschaften, unter ihnen mit der HBV, der DAG und der DPG auch die drei Organisationen, die in ihren Organisationsbereichen am stärksten mit Callcentern konfrontiert waren, fand zwar erst 2001 und damit in der Konsolidierungsphase der Callcenter-Branche statt, aber schon durch den Annäherungsprozess im Vorfeld der Fusion wurden die Bedingungen der Interessenvertretung in den expandierenden Callcentern erheblich modifiziert. Rückblickend repräsentierte der Verbundprozess eine Art organisationspolitisches »Möglichkeitsfenster« für die Auseinandersetzung mit den bislang nicht tarifgebundenen und auch gewerkschaftlich kaum organisierten Segmenten der Callcenter-Branche. Mit dem Verbundvertrag von 1997 wurde die Arbeitsform der Branchenprojekte etabliert, die in den nächsten Jahren die gewerkschaftlichen Organisationsanstrengungen in den Callcentern dominieren sollten. Mit den Branchenprojekten versuchten die Verbundgewerkschaften zum einen auf die Auflösung etablierter Organisationsbereiche und auf die Neuzusammensetzung von Wirtschaftszweigen zu reagieren. Durch die zwischengewerkschaftliche Kooperation sollten Organisationskonkurrenzen in neuen Branchen überwunden und das Prinzip »eine Branche, eine Gewerkschaft« dort wiederhergestellt werden, wo sich die »herkömmlichen Branchengrenzen [auf]lösen« (HBV 1997: 1). Zum anderen dienten die Branchenprojekte aber auch dem organisationspolitischen Ziel, die »Identitätsbildung des Verbands [zu] verbessern« (ebd.: 4). Zwei der Branchenprojekte konzentrierten sich explizit auf die Gewerkschaftsarbeit in bislang nicht organisierten Betrieben. Unter der Federführung der HBV wurde 1998 ein Projekt (»Neue Vertriebswege im Finanzdienstleistungssektor/Direktbanken«) etabliert, das sich mit den Direktbanken als ausgegliederten Callcentern des Bankgewerbes auseinandersetzte (DAG et al. 1998, Meier 1999: 18). Die DPG leitete das Projekt »T.I.M.« (»Telekommunikation, Information und Medien«), in dem auch die neu gegründeten internen Callcenter der Telekom-Konkurrenzunternehmen und die in der Telekommunikation aktiven Dienstleistungsunternehmen gewerkschaftlich organisiert werden sollten. Durch die Arbeitsform der Branchenprojekte standen in diesen Bereichen personelle und finanzielle Ressourcen für die Organisierungsarbeit zur Verfügung, um jenseits des betriebs- und tarifpolitischen Tagesgeschäfts Interessenvertretungsstrukturen aufzubauen.

7.1. Telekommunikation – Interessenvertretung in einem segmentierten Organisationsbereich

Die Expansion der Callcenter ab Mitte der 1990er Jahre war eng mit der Liberalisierung des Telekommunikationsmarkts verbunden: Sowohl die Deutsche Telekom als auch die neuen Konkurrenzunternehmen bauten ihre internen Kapazitäten aus, um im vor allem nach der endgültigen Liberalisierung 1998 stark expandierenden Markt Kunden zu binden. Innerhalb des Telekom-Konzerns konzentrierte sich der Beschäftigungsaufbau vor allem auf die wachsenden Tochterunternehmen T-Mobile und T-Online, unter den Konkurrenten waren es vor allem Mobilfunkunternehmen wie E-Plus und Mannesmann (Vodafone), die eigene Callcenter aufbauten.

Zeitgleich stieg auch das Verlagerungsvolumen im Telekommunikationssektor an: Angesichts der unsicheren Marktentwicklung verzichteten viele der neuen Anbieter zunächst auf den Aufbau eigener Callcenter, während die alteingesessenen Unternehmen zugleich immer größere Teile ihrer Kundenkommunikation an externe Callcenter auslagerten (Doellgast/Greer 2007: 62f.). Insbesondere nach ihrer endgültigen Liberalisierung 1998 stieg die Bedeutung der Telekommunikation für die Dienstleistungsunternehmen rapide an: Produzierten 1998 nur knapp 30 Prozent der externen Callcenter Dienstleistungen für Auftraggeber aus dem Telekommunikationsbereich (ECMC 1998), war der Anteil bis 2001 bereits auf 70 Prozent angestiegen (Jahnke/Spielhagen 2001: 28) – obwohl im gleichen Zeitraum auch die Anzahl der Dienstleister absolut gewachsen war.

Der Organisationsbereich Telekommunikation – Liberalisierung und Transformation der Deutschen Telekom zum nationalen Champion

In der Expansionsphase der Callcenter-Branche setzte sich der Anfang der 1990er Jahre begonnene Umbruch des Telekommunikationssektors fort. Durch die Liberalisierung des Sektors und das enorme Marktwachstum in der zweiten Hälfte der 1990er Jahre verschärften sich die bereits in der Vergangenheit angelegten Spaltungstendenzen des Organisationsbereichs: Der gewerkschaftlich gut organisierte und noch weitestgehend tarifgebundene Bereich des Telekom-Konzerns und seiner Tochterunternehmen (T-Com, T-Mobile und T-Online) stand dem stark expandierenden, kaum gewerkschaftlich organisierten und zudem tariffreien Bereich der neu gegründeten Unternehmen gegenüber. Zwischen beiden Bereichen bestand ein erhebliches Gefälle sowohl in den Arbeits- und Entgeltbedingungen als auch hinsichtlich der gewerkschaftlichen Verankerung und der betrieblichen Mitbestimmungsmöglichkeiten. Die Spaltung des Telekommunikationssektors war das Resultat der Wechselwirkungen zwischen den beiden Veränderungsprozessen, die aus der Perspektive der DPG bereits in der Expansionsphase die Entwicklung des Telekommunikationssektors geprägt hatten: dem Umbau des institutionellen Rahmens der Telekommunikation und dem Wandel der Konzernführung der Deutschen Telekom.

In der zweiten Hälfte der 1990er Jahre beschleunigte sich der mit den beiden Postreformen von 1989 und 1993 angestoßene Wandel des institutionellen Rahmens des Telekommunikationssektors von einem Geschäftsbereich der »bundesnahen Verwaltung« Bundespost in einen liberalisierten

Sektor, in dem der politisch geschaffene Markt im Zentrum stand. Einen vorläufigen Schlusspunkt der Entwicklung markierte 1998 die endgültige Liberalisierung des wertschöpfungsintensiven Bereichs der Festnetzkommunikation. Seitdem steht die Deutsche Telekom auf allen Teilmärkten in Konkurrenz mit anderen, in der Regel ebenfalls international operierenden Anbietern. Trotz des Marktzutritts mehrerer Unternehmen bildete sich in den ersten Jahren nach der politischen Marktschaffung keine intensive Konkurrenz um Marktanteile heraus. Aufgrund des anhaltend starken Wachstums des Telekommunikationsmarkts wiesen sowohl die Deutsche Telekom als auch die neuen Konkurrenzunternehmen bis Anfang des neuen Jahrtausends steigende Umsätze und Gewinne auf (Knieps et al. 2007: 164). Erst nachdem der Markt nach der Jahrtausendwende in eine Stagnationsphase trat, führte die durch den Wandel des institutionellen Rahmens geschaffene Konkurrenzsituation zu einem intensiven Preiskampf um Marktanteile. Während der hier untersuchten Expansionsphase neutralisierte das starke Wachstum hingegen das politisch-institutionell geschaffene Konkurrenzmoment.

Zugleich setzte sich auch die ebenfalls mit den Postreformen initiierte Transformation der Deutschen Telekom vom Geschäftsbereich »Fernmeldedienst« der Bundespost zu einem an den internationalen Finanzmärkten orientierten und anhand von kurzfristigen Renditezielen gesteuerten Konzern fort (Blutner et al. 2000, Wehner 2005). Parallel zum Ende der Etablierungsphase der Callcenter Mitte der 1990er Jahre war die erste Phase des Umbaus abgeschlossen: Aus dem Geschäftsbereich einer zentral und vorwiegend politisch gesteuerten Behörde war ein öffentliches Unternehmen geworden. Danach konzentrierten sich die Restrukturierungsmaßnahmen darauf, de immer noch von der Behördenstruktur geprägten und stark zentralisierten Unternehmen in einen marktförmigen Konzern zu verwandeln, der als nationaler Champion auf dem globalen Telekommunikationsmarkt agieren sollte (Klinkhammer 2002b: 3f., Knieps et al. 2007). Faktisch behielt die Deutsche Telekom auch nach der Teilprivatisierung und den anschließenden Börsengängen ihren »öffentlichen« Charakter. Der Bund blieb bis zum Einstieg der Beteiligungsgesellschaft Blackstone 2006 der einzige Großaktionär, der Rest der sogenannten »Volks-Aktien« befand sich in weitem Streubesitz. Die sozialpartnerschaftlichen Arbeitsbeziehungen blieben innerhalb des Konzerns zumindest formal auch nach der Liberalisierung des Sektors intakt (Int. Ver.di 9, Schulze 2002). Das behördliche Erbe der Deutschen Bundespost wirkte als institutionelle Machtressource der Postgewerkschaft. Ohne Zustimmung der DPG war der Umbau des Telekom-Konzerns von einer zentral gesteuerten und bürokratisch aufgebauten Behörde, in der Statusregeln (das Laufbahnprinzip) den Aufstieg und die Entlohnung bestimmten, in einen marktorientierten Konzern nicht durchführbar (beispielhaft: Klinkhammer 2002b).

Die Organisation – Der Wandel der DPG von der Behördengewerkschaft zur Branchengewerkschaft des Telekommunikationssektors

Der Anfang der 1990er Jahre in Gang gesetzte Transformationsprozess der DPG von der Behördengewerkschaft der Bundespost zur Branchengewerkschaft des liberalisierten Telekommunikationssektors wurde auch in der zweiten Hälfte der 1990er Jahre vorangetrieben. Mit der endgültigen Privatisierung der Bundespost 1996 veränderte sich die Stoßrichtung der Organisationsreformen. Die Emanzipation des Organisationsapparats von den Strukturen der Bundespost war spätestens mit dem Magdeburger Gewerkschaftskongress (1996) abgeschlossen, in den folgenden Jahren richteten sich die Reformen der DPG stärker nach außen. Dabei standen die beiden zentralen Triebkräfte des Wandels des Telekommunikationssektors im Vordergrund.

Langfristig konnte die Postgewerkschaft nur zur Branchengewerkschaft des Telekommunikationssektors werden, wenn sie ihren Einflussbereich auch auf die neuen Telekom-Töchter und vor allem auf die neuen Anbieter ausweiten würde. Solange das Tarifvertragssystem des Organisationsbereichs gespalten war und die Arbeitsverhältnisse in den Konkurrenzunternehmen außerhalb des Tarifvertragssystems blieben, drohte die Marktkonkurrenz die Handlungsfähigkeit der DPG auch in ihren Hochburgen zu unterminieren. Schon im Zukunftsprogramm der Gewerkschaft von 1993 (Handlungslinien der DPG in den 1990er Jahren) nahm die Ausweitung des Einflussbereichs auf die Tochter- und die Konkurrenzunternehmen deshalb eine Schlüsselstellung ein:

> »Ein hoher Organisationsgrad ist eine Grundlage für gewerkschaftliche Bemühungen, ein wechselseitiges Unterbieten von sozialen Bedingungen zu verhindern. Die DPG-Mitglieder in den DBP-Unternehmen haben deswegen ein ureigenes Interesse daran, die Beschäftigten in den Tochterunternehmen und im Hoheitsbereich der DPG zu organisieren. Der Aufbau gewerkschaftlicher Strukturen, die Mitgliederwerbung und -betreuung sowie die umfassende Betreuung von Betriebs- und Personalräten in Tochterunternehmen und im Hoheitsbereich wird von allen Organisationseinheiten der DPG nach Kräften unterstützt.« (DPG 1995: 23)

Programmatisches Ziel der Postgewerkschaft war es, den aus dem Angestelltentarifvertrag der Bundespost hervorgegangenen Konzerntarifvertrag der Deutschen Telekom in einen Flächentarifvertrag für die Unternehmen des Telekommunikationssektors zu verwandeln. Während es der DPG in den Telekom-Tochterunternehmen in den meisten Fällen zumindest gelang, Tarifvertragsstrukturen aufzubauen, blieben ihre tarifpolitischen Bemühungen in den Konkurrenzunternehmen weitgehend erfolglos (Int. ver.di 9). Die niedrigeren Arbeitskosten wurden von diesen Unternehmen genutzt, um der Telekom Marktanteile abzuringen (Brandt/Schulten 2008b). Da die DPG anders als die meisten DGB-Gewerkschaften keine Finanzierungsprobleme hatte, wurden in diesen Projekten auch innovative Ansätze der Interessenvertretung erprobt. Aufgrund der besonderen Ausgangslage in der Telekommunikation hatte die Mitgliederrekrutierung bereits Mitte der 1990er Jahre eine hohe Priorität.

Eine weitere Herausforderung für die tradierte Interessenvertretungspraxis der DPG bestand in der Transformation der Mitbestimmungsstrukturen der ehemaligen Behörde. Durch die Privatisierung und die anschließende Dezentralisierung des Telekom-Konzerns veränderten sich der Aufgabenbereich und die Einflussmöglichkeiten der betrieblichen Interessenvertreter. Lag ihre Hauptaufgabe vor der Privatisierung vorwiegend in der Kontrolle von zentral formulierten Regelungen, waren die neu gewählten Betriebsräte in stärkerem Maße direkt in die Entscheidungsprozesse eingebunden. Die Auflösung der traditionellen Verzahnung der betrieblichen Interessenvertretung mit dem gewerkschaftlichen Apparat im Zusammenspiel mit der Dezentralisierung bzw. »Verbetrieblichung« der Entscheidungsprozesse zwang die DPG, nach neuen Einflusskanälen auf die Gestaltung der betrieblichen Arbeitsorganisation zu suchen. Neben der Ausweitung der tarifpolitischen Agenda auch auf qualitative Themen der Arbeitsgestaltung intensivierte die DPG in der zweiten Hälfte der 1990er Jahre auch die Beratung der Betriebs- und Personalräte.

Interne Callcenter unter dem Dach des Telekom-Konzerns – Kontinuität der Sozialpartnerschaft unter veränderten Vorzeichen

Auch die Interessenvertretungsarbeit in den internen Callcentern der Telekom wurde von dem Versuch der DPG geprägt, an die sozialpartnerschaftliche Tradition der Arbeitsbeziehungen in der Bundespost anzuknüpfen. Die DPG widersetzte sich dem marktorientierten Konzernumbau der

Telekom nicht, sondern versuchte diesen »sozialverträglich« als Beschäftigungsumbau zu gestalten. Besonders deutlich zu Tage trat diese Haltung an der Position der Gewerkschaft zur Auslagerung der Telefonauskunft. Die Deutsche Telekom begann 1998, die Telefonauskunft scheibchenweise fremdzuvergeben (Doellgast/Greer 2007: 63f). Nach nur wenigen Jahren existierten unter dem Dach des Konzerns nur noch wenige der traditionellen Auskunftsarbeitsplätze, mit denen Anfang der 1990er Jahre die Geschichte der Callcenter in Deutschland begonnen hatte. Hintergrund der Entscheidung des Telekom-Vorstandes war der harte Preiskampf, der sich nach der Liberalisierung des Telekommunikationsmarkts auf dem Markt für Auskunftsdienstleistungen herausgebildet hatte. Während die Arbeitsverhältnisse in den Auskunftsstellen der Telekom vollständig in die Mantel- und Entgelttarifverträge des ehemaligen Monopolisten eingebunden waren, unterlagen die alternativen Auskunftsanbieter keinem Tarifvertrag. Die DPG und die betroffenen Betriebsräte stimmten den Plänen des Vorstandes letztlich zu, um die Forderung der Arbeitgeberseite abzuwehren, in das Tarifsystem der Telekom eine zweite, abgesenkte Lohnebene einzuziehen (Doellgast/Greer 2007: 64). Das geringe Konfliktniveau stand in engem Zusammenhang mit dem starken Wachstum des Telekommunikationsmarkts. Parallel zur Auslagerung der Telefonauskunft wurden die Callcenter-Kapazitäten in den neuen Töchtern T-Mobile und T-Online ausgebaut. Innerhalb weniger Monate wurden fast 2.000 Arbeitskräfte geschult und in diese Unternehmen versetzt (Klinkhammer 2002b: 5f). Die Verlagerung der Telefonauskunft resultierte folgerichtig nicht in einem Personalabbau, sondern konnte nicht zuletzt durch die Beteiligung der DPG als Beschäftigungsumbau gestaltet werden (allgemein: Sauerland et al. 2004).

Im Umgang mit den internen Callcentern des Telekom-Konzerns sah sich die DPG zudem mit dem Problem konfrontiert, ihre betrieblichen Interessenvertretungspraktiken an die nach-behördliche Zeit anzupassen. Den schwindenden Einfluss auf die betriebliche Arbeitsorganisation versuchte sie durch eine intensivere Beratung der gewerkschaftlich organisierten Betriebsräte zu kompensieren. Zu diesem Zweck erarbeitete das 1998 als Verbundprojekt unter der Federführung der DPG etablierte Kooperationsbüro Multimedia + Arbeit »Leitbilder für die Arbeit im Callcenter« (DPG: 1999: 18f). Inhaltlich umfassten die Leitbilder sechs Handlungsfelder: (1) stabile Arbeitsverhältnisse, (2) kollektiv geregelte Arbeitszeiten, (3) ergonomische Arbeitsplätze, (4) qualitative Bewertung der Arbeit, (5) Qualifizierung der Beschäftigten sowie (6) Mitbestimmungsrechte und gewerkschaftliche Interessenvertretung. Die Leitbilder sollten die Betriebsräte in die Lage versetzen, Einfluss auf die Einführung der Technik und neuer Formen der Arbeitsorganisation zu nehmen, um negative Folgen für die Arbeit und die Beschäftigten abzuwehren bzw. zu minimieren. An der defizitären Umsetzung der Leitbilder zeigten sich jedoch sehr deutlich die Schwierigkeiten der DPG, ihren traditionell starken Einfluss auf die betriebliche Arbeitsorganisation weiterhin aufrechtzuerhalten. Zwar wendeten sich die Leitbilder formal an Betriebsräte und Beschäftigte aller Callcenter im Organisationsbereich Telekommunikation. In der Praxis blieb die Anwendung jedoch auf die internen Callcenter der Deutschen Telekom beschränkt. In den Callcentern außerhalb des Telekom-Konzerns fehlte es in der Regel an durchsetzungsfähigen Interessenvertretungen. Und selbst in den Einheiten des Konzerns gelang es den Betriebsräten nur bedingt, Einfluss auf die betriebliche Arbeitsorganisation zu nehmen und die von der DPG formulierten Leitbilder in die Praxis umzusetzen. Vor allem in den Callcentern der Tochterunternehmen T-Mobile und T-Online fehlte es der Gewerkschaft an Organisationsmacht (zur Verankerung der DPG in den Tochterunternehmen: Doellgast/Greer 2007). Allenfalls in den Callcentern des Festnetzsparte, die zum großen Teil aus den ehemaligen Auskunfts- und Fernmeldestellen hervorgegangen waren, verfügte die Postgewerkschaft über einen hohen Organisationsgrad. Allerdings reduzierte sich der Einfluss durch die verschärfte Konkurrenzsituation auf dem Telekommunikationsmarkt zunehmend. Die von der Arbeitgeberseite regelmäßig erneuerte Verlagerungsdrohung fungierte als wirkmächtiger Disziplinierungshebel, mit dem die Interessenvertretungen zu Zugeständnissen in Fragen des Technikeinsatzes, der Arbeitszeiten und der Kontrollpraktiken gezwungen wurden (Int. DPG).

Ausweitung des Organisationsbereichs der DPG – »Entdeckung« nicht tarifgebundener Callcenter als gewerkschaftspolitisches Handlungsfeld

Die Probleme, die das rapide Wachstum der nicht tarifgebundenen Betriebe der Deutschen Postgewerkschaft im liberalisierten Telekommunikationssektor bereitete, traten auch in der Auseinandersetzung der Gewerkschaft mit den internen Callcentern der neuen Anbieter und den für Auftraggeber aus der Telekommunikation tätigen Dienstleistungsunternehmen zu Tage. Ziel der Gewerkschaft war es, in diesen Callcentern Interessenvertretungsstrukturen aufzubauen, um das Tarifgefüge der Deutschen

Telekom langfristig auch auf diese Betriebe auszuweiten. Allerdings bildeten sich in den neuen Unternehmen schnell Organisationskonkurrenzen mit der IG Metall und der IG BCE heraus, die bis heute eine einheitliche Interessenvertretung aller Beschäftigten blockieren (Int. ver.di 9). Während die DPG das Organisationsrecht aufgrund der Zugehörigkeit zum Telekommunikationsmarkt für sich reklamierte, leiteten die IG Metall und auch die IG BCE ihren Anspruch aus der Herkunft der Unternehmen und aus den Eigentumsverhältnissen ab. Aufgrund des hohen Kapitalbedarfs waren die neuen Anbieter fast ausnahmslos Tochterunternehmen etablierter Großkonzerne aus der Industrie oder der Energiewirtschaft (Mannesmann, Thyssen, RWE, VIAG, VEBA) (Ellguth et al. 1995: 182).

Rückblickend sorgte die besondere Dynamik des Annäherungsprozesses zwischen den Gewerkschaften des Dienstleistungssektors dafür, dass sich Ende der 1990er Jahre die Strukturen der Gewerkschaftsarbeit in den nicht tarifgebundenen Callcentern erneut veränderten. Als Reaktion auf die Verschiebung von Branchengrenzen und um den Verbundprozess organisationspolitisch voranzutreiben, etablierten HBV, DPG und IG Medien 1999 ein Branchenprojekt, in dem die Aktivitäten der Gewerkschaften in der Telekommunikations-, der Informationstechnik- und der Medienbranche gebündelt wurden (Doellgast/Greer 2007: 63f). In das Projekt »T.I.M«. (»Telekommunikation, Informationstechnologie und Medien«) brachte die DPG auch das Projekt »PZT« ein. Vor dem Hintergrund einiger Rekrutierungserfolge beschloss die Postgewerkschaft, die Organisierungsaktivitäten in den Callcentern aus dem Verbundprojekt auszugliedern und in einem eigenständigen Projekt weiterzuführen (Int. DPG). Das Projekt »CallCenter« war insofern bemerkenswert, als es zumindest für kurze Zeit den Anspruch der DPG, den eigenen Einflussbereich auf die neuen Konkurrenzunternehmen auszuweiten, auch über den eigentlichen Kernbereich des liberalisierten Telekommunikationssektors hinaus verlängerte – die externen Callcenter, die durch die Projektarbeit gewerkschaftlich organisiert werden sollten, arbeiteten schließlich nicht nur für Auftraggeber in der Telekommunikation, sondern auch für Unternehmen aus anderen Branchen wie dem Versandhandel oder der Energiewirtschaft (Int. HBV, Int. DPG). In der Praxis konzentrierte sich die Organisierungsarbeit des DPG-Projekts sogar auf die externen Callcenter. Denn aufgrund der angesprochenen Organisationskonkurrenzen mit der IG Metall und der IG BCE stellte die DPG die Versuche ein, die Callcenter der Telekom-Konkurrenzunternehmen gewerkschaftlich zu organisieren.

In den externen Callcentern verfolgte das Projekt einen Dreistufenplan: Im ersten Schritt sollten Betriebsräte etabliert und durch den Abschluss von Betriebsvereinbarungen Einfluss auf die betrieblichen Arbeitsbedingungen ausgeübt werden. Anschließend wollte die DPG im zweiten Schritt mit den zwei Marktführern der Branche, die viele freie Mitarbeiter beschäftigten und besonders niedrige Löhne zahlten, Haustarifverträge schließen (Holtgrewe/Kerst 2002: 197). In einem dritten Schritt sollten diese »Pilotabschlüsse« in Form eines Flächentarifvertrags für die Dienstleistungsunternehmen verallgemeinert werden. Langfristiges Ziel der DPG war es, das Entgeltniveau in den externen Callcentern an das Niveau des Konzerntarifvertrags der Telekom heranzuführen (Int. DPG 1). Für die aus der Tradition der Sozialpartnerschaft kommende DPG stellte die Gewerkschaftsarbeit in den externen Callcentern ein ungewohntes Feld dar. Die Arbeitgeber lehnten die Etablierung von Betriebsratsstrukturen genauso strikt ab wie Tarifverträge: »Die denken, die Welt geht unter, wenn ihre Beschäftigten einen Betriebsrat wollen. Dass sich Callcenter-Manager kooperativ verhalten, ist eher die Ausnahme«, so der Leiter des Pojekts »Call-Center« (Berliner Morgenpost, 5.3.2001). Zwar gelang es der Postgewerkschaft mit erheblichem Ressourceneinsatz, in zwei der größten Dienstleistungsunternehmen Betriebsratsstrukturen zu etablieren, Rekrutierungserfolge unter den Beschäftigten blieben jedoch weitgehend aus (Int. DPG). Ohne eine entsprechende Mitgliederbasis in den Betrieben fehlte es der Gewerkschaft an Machtressourcen, um die Arbeitgeber an den Verhandlungstisch zu zwingen. Faktisch existierte nicht einmal ein tarifpolitisches Gegenüber, den die die DPG zu Verhandlungen hätte auffordern können. Zwar gab es seit 1996 mit dem Call Center Forum Deutschland (CCF) einen Branchenverband, der die Interessen der internen und der externen Callcenter gegenüber der Politik vertrat, über ein tarifpolitisches Mandat verfügte der der Verband jedoch nicht. Das Scheitern der tarifpolitischen Bemühungen in den externen Callcentern resultierte letztendlich in einer tiefen Spaltung der Tarifbedingungen in den Callcentern des Telekommunikationssektors: Der wachsenden Gruppe nicht tarifgebundener Betriebe, zu denen neben den externen auch noch die internen Callcenter der Konkurrenzunternehmen zählten, stand die zumindest bis zur Jahrtausendwende noch relativ stabile Gruppe der internen Callcenter der Deutschen Telekom gegenüber, die dem Konzerntarifvertrag der ehemaligen Behörde unterlagen.

Die Frage, warum die DPG Ende der 1990er Jahre die externen Callcenter als spezifisches Handlungsfeld für sich entdeckte und bis heute als einzige Gewerkschaft organisationsbereichsübergreifend aktiv war, kann nur vor dem Hintergrund der veränderten Arbeitgeberstrategien innerhalb des Telekom-Konzern und der »Identitätskrise« der Organisation beantwortet werden. Einerseits begann die Deutsche Telekom Ende der 1990er Jahre immer größere Teile ihrer Kundenkommunikation an Dienstleistungsunternehmen auszulagern. Der Telekom-Vorstand nutzte die Verlagerungsdrohung nicht nur, um die Arbeitskosten zu reduzieren, sondern auch, um Druck auf die betrieblichen Standards in den eigenen internen Callcentern auszuüben. Der Einfluss der Interessenvertretungen auf die betriebliche Arbeitsorganisation, beispielsweise in Form der Leitlinien des Kooperationsbüros, war angesichts der Konkurrenz mit externen Anbietern kaum noch geltend zu machen. Der Leiter des DPG-Projekts »Call-Center« brachte die zunehmende Konkurrenz auf den Punkt:

»Mit Niedrigstpreisen, erkauft durch gnadenloses Sozial- und Lohndumping, setzen sie [externe Callcenter, HH] den traditionellen Anbieter und damit die tarifvertraglich abgesicherten Arbeitsbedingungen unter Druck.« (Dürotin 1999: 13)

Allerdings blieb der Druck auf die Durchsetzungsfähigkeit der Interessenvertretung in den Callcentern der Telekom zunächst auf qualitative Fragen der Arbeitsgestaltung beschränkt. Das starke Marktwachstum und die Abhängigkeit der Arbeitgeberseite von der Zustimmung der Gewerkschaft beim Konzernumbau verhinderten, dass die verschärfte Konkurrenz direkt auf die Tarifstandards in den internen Callcentern durchschlug. Zudem stellten die Callcenter nur einen kleinen Teil der Arbeitsplätze innerhalb des Telekommunikationssektors dar. Andererseits spielte die tiefe »Identitätskrise«, in der sich die Organisation nach der Privatisierung der Bundespost befand, eine wichtige Rolle. Gerade im Vorfeld der ver.di-Gründung suchte die DPG nach einem Betätigungsfeld, das ihr im Prozess des Zusammenschlusses der fünf Einzelgewerkschaften ein eigenständiges Profil verleihen konnte (Int. ver.di 9, Int. DPG 1). Die Callcenter boten der Gewerkschaft für kurze Zeit diese Möglichkeit. Hinzu kommt, dass die DPG als eine der wenigen DGB-Gewerkschaften in den 1990er Jahren nicht unter einer Finanzkrise litt. Aufgrund ihres verhältnismäßig kleinen Funktionärsapparats – die gewerkschaftlich organisierten Personalräte der Bundespost bildeten bis zur Aufspaltung der Behörde die lokale Ebene der Organisation – und des hohen Organisationsgrads unter den Postbediensteten verfügte die DPG über ein stattliches Vermögen (Schommer 2001).

7.2. Versandhandel – Kontinuität des »Ausklammerungshandelns«

In den Callcentern des Versandhandels setzte sich das bereits in der ersten Hälfte der 1990er Jahre begonnene Wachstum auch in der Expansionsphase der Branche fort. Als Folge der Liberalisierung der Festnetzkommunikation 1998 sanken die Telefonkosten und die Gebühren für deutschlandweite Sonderrufnummern, die von den Versandhandelsunternehmen für die telefonischen Bestellannahmen und Informationshotlines eingesetzt wurden. Faktisch verdrängte das Telefon in der zweiten Hälfte der 1990er Jahre endgültig den Schriftverkehr als Kommunikationsmedium. Nur noch wenige Kunden nutzten den postalischen Kontakt, um ihre Bestellungen aufzugeben. Allerdings blieb das Beschäftigungsvolumen der internen Callcenter gering: Der HBV zufolge arbeiteten auf dem Höhepunkt der Expansionsphase 1999 nicht mehr als 5.000 Menschen in den internen Callcentern des Versandhandels (Meier 1999: 17). Ein erheblicher Anteil des Anrufvolumens wurde schon zum damaligen Zeitpunkt von Dienstleistungsunternehmen bearbeitet. Neben der Telekommunikation gehörte der Versandhandel zu den wichtigsten Betätigungsfeldern der Dienstleister. Mit dem Wachstum des Outsourcing in der zweiten Hälfte der 1990er Jahre veränderte sich auch dessen Form: Weiteten die Unternehmen die Betriebszeiten ihrer Bestellannahmen und Hotlines in der Etablierungsphase durch kapazitäts- und vor allem zeitabhängiges Outsourcing aus, wuchs in der Expansionsphase der Callcenter-Branche die Bedeutung der aufgabenspezifischen Verlagerung. Die externen Callcenter wickelten nicht nur zeitlich befristete Kampagnen ab, sondern übernahmen immer häufiger auch feste Bestandteile der Kundenkommunikation der Auftraggeber.

Der Organisationsbereich Einzelhandel – Kampf um die AVE

Wie zuvor, blieb auch in der Expansionsphase der Callcenter-Branche der Versandhandel tarifpolitisch ein Bestandteil des wesentlich größeren Organisationsbereichs Einzelhandel. Im Vergleich mit der Telekommunikation wies der Einzelhandel in der zweiten Hälfte der 1990er Jahre ein hohes Maß an institutioneller Stabilität auf. Die Aushandlungsprozesse zwischen Gewerkschaften und Arbeitgebern wurden weiterhin von der Tradition der Allgemeinverbindlichkeitserklärung der Mantel- und Entgelttarifverträge geprägt. Allerdings blieb vor dem Hintergrund der schwachen Mitgliederbasis die Wirkung der AVE auf die gewerkschaftliche Strategiebildung weiterhin ambivalent. Einerseits stellte die AVE gerade vor dem Hintergrund niedriger Organisationsgrade eine institutionelle Machtressource der Gewerkschaften dar. Andererseits wirkte die AVE aufgrund der Abhängigkeit von der Zustimmung der Arbeitgeberseite auch disziplinierend auf die Interessenvertretungen zurück (Bosch 2001: 85). Deutlich zutage trat die disziplinierende Wirkung der AVE an zwei zentralen Konfliktthemen: Zum einen scheiterten HBV und DAG mit ihren Bemühungen, in der 1996er Tarifrunde die gesetzlich liberalisierten Ladenöffnungszeiten tarifvertraglich einzuschränken. Nach langen Auseinandersetzungen drohte die Arbeitgeberseite, der Allgemeinverbindlichkeitserklärung des Tarifvertrags nicht zuzustimmen, falls die Gewerkschaften nicht von ihrer Forderung abrückten. Zum anderen gelang es den Gewerkschaften auch nicht, den im Einzelhandel verbreiteten Rückgriff auf geringfügige Beschäftigungsformen als Instrument zur Umgehung der für allgemeinverbindlich erklärten Tarifverträge und zur Aushebelung arbeitsrechtlicher Standards wie der Lohnfortzahlung im Krankheitsfall und dem Anspruch auf bezahlten Urlaub einzudämmen (Voss-Dahm 2007: 254f.; 2009: 92).

Callcenter im Versandhandel – Passive Interessenvertretung

Hinsichtlich der Callcenter im Versandhandel knüpften die Gewerkschaften HBV und DAG in der zweiten Hälfte der 1990er Jahre nahtlos an ihre Interessenvertretungspraxis aus der Etablierungsphase an. In den internen Callcentern der weiterhin dem Flächentarifvertrag des Einzelhandels unterliegenden Versandhandelsunternehmen verfolgten die Organisationen einen passiven Ansatz. Im Rahmen der regulären Betriebs- und Tarifpolitik wurden die Beschäftigten der Callcenter mit betreut, gezielte Versuche, in diesen die Mitgliederbasis zu erhöhen, gab es jedoch nicht. Weder die HBV noch die DAG räumten den externen Callcentern innergewerkschaftlich eine hohe Priorität ein – und das obwohl auch im Versandhandel Arbeitsprozesse an Betriebe fremdvergeben wurden, in denen prekäre Arbeitsverhältnisse mit zum Teil geringer Beschäftigungsqualität (niedrige Löhne, keine Lohnfortzahlung im Krankheitsfall, Scheinselbständigkeit) vorherrschten (Hamann 1998). Dass ein erheblicher Teil der Arbeitsplätze bereits in Dienstleistungsunternehmen verlagert worden war und dass der Versandhandel trotz seiner vergleichsweise geringen Größe zu den wichtigsten Auftraggeberbranchen der Dienstleister gehörte, wurde weder von der

HBV noch von der DAG thematisiert. Im Ergebnis muss die Interessenvertretung der HBV und der DAG in den Callcentern des Versandhandels als eine Kombination aus einer »passiven Interessenvertretung« (interne Callcenter) und einem »Ausklammerungshandeln« (externe Callcenter) charakterisiert werden.

Ein Grund für diese rein defensive Ausrichtung war der äußerst geringe Einfluss, den die Expansion der Callcenter auf die gewerkschaftliche Durchsetzungsfähigkeit in der tariflichen Arena des Einzelhandels hatte. Aufgrund der geringen Bedeutung des Versandhandels für die Gesamtbranche – auch in der zweiten Hälfte der 1990er Jahre wurden nur 5 Prozent des Einzelhandelsumsatzes im Versandhandelssegment erwirtschaftet (RKW 2000: 8) – und der Tatsache, dass in den anderen Segmenten des Einzelhandels kaum Callcenter etabliert wurden, hatten die vergleichsweise schlechten Arbeits- und Entgeltbedingungen in den externen Callcentern keine Auswirkungen auf die strategische Durchsetzungsfähigkeit der Gewerkschaften im Einzelhandel. Zudem wurde die tarifliche Arena im Einzelhandel durch die Allgemeinverbindlichkeitserklärung institutionell von den Marktverhältnissen entkoppelt. Bezeichnenderweise konnte die HBV trotz des hohen Fremdvergabeniveaus noch 1999 vermelden, dass

»die Anwendung der Einzelhandels-Tarifverträge [...] überwiegend (noch) sichergestellt« war (Meier 1999: 17).

Aufgrund der AVE fielen die Arbeitsplätze in den internen Callcenter formal in die Geltungsbereiche der Flächentarifverträge. Solange von den Verlagerungsstrategien der Arbeitgeber kein Druck auf die Strategien in der Gesamtbranche ausging, ignorierte die Gewerkschaft das Wachstum der nicht tarifgebundenen Arbeitsplätze in den im Versandhandel tätigen externen Callcentern. Andere Entwicklungen, wie das starke Wachstum der Discounter (Bosch 2001: 84), hatten in der zweiten Hälfte der 1990er Jahre weitaus stärkere Auswirkungen auf die Handlungsfähigkeit der Gewerkschaften im Einzelhandel und spielten folgerichtig auch für die Strategiebildung eine wichtigere Rolle.

7.3. Bankgewerbe – »Entdeckung« der nicht tarifgebundenen Direktbanken als gewerkschaftliches Handlungsfeld

Im Bankgewerbe wurde die Expansionsphase der Callcenter von einem Funktionswandel der Direktbanken geprägt. Die Direktbanken entwickelten sich von Nischenanbietern zu Universalbanken, die mit den etablierten Privat-, Spar- und Genossenschaftsbanken um Marktanteile konkurrierten. Neben die wenigen schon seit den frühen 1990er Jahren existierenden Direktbanken, die sich nach Durchbruch des Telefonbanking zu regulären Geschäftsbanken gewandelt hatten, traten in der zweiten Hälfte des Jahrzehnts eine Vielzahl neuer Direktbanken (Swoboda 2000a). Diese wurden von den großen Privatbanken explizit mit dem Ziel ausgegründet, die Flächentarifverträge des Bankgewerbes zu unterlaufen. Allein zwischen 1994 und 1995 gründeten die Hypo-Vereinsbank, die Dresdner Bank, die Deutsche Bank und die Commerzbank eigene Direktbank-Töchter, in denen Bankkunden rund um die Uhr telefonisch ihre Bankgeschäfte erledigen konnten. Strukturell unterschieden sich die Direktbanken deutlich von den etablierten Bankinstituten. Sie verfügten über kein Filialnetz, zudem entsprachen sowohl die Belegschaftsstrukturen als auch die Hierarchien in den meisten Betrieben eher den typischen Callcentern anderer Branchen als den klassischen Universalbanken.

Der Organisationsbereich Bankgewerbe – Stabilität und »Lean Banking«

Im Vergleich mit den beiden anderen untersuchten gewerkschaftlichen Organisationsbereichen wurde das Bankgewerbe über den gesamten Untersuchungszeitraum von einer außerordentlichen institutionellen Stabilität gekennzeichnet. Während sich in der Telekommunikation durch die Privatisierung der Bundespost und die anschließende Liberalisierung des Telekommunikationssektors die Bedingungen gewerkschaftlicher Interessenvertretung in den drei Phasen der Branchenformierung erheblich voneinander unterschieden und es im Einzelhandel um die Jahrtausendwende zu einem Bruch mit der Tradition der Allgemeinverbindlichkeitserklärung (AVE) kam, blieb der institutionelle Rahmen der Interessenvertretung im Bankgewerbe über die gesamte Zeit stabil. Die Auseinandersetzungen in der tariflichen Arena des Bankgewerbes wurden auch in der zweiten Hälfte der 1990er Jahre vor allem von den Rationalisierungs- und Geschäftsstrategien der Unternehmen geprägt, in diesem Fall von der Einführung neuer technischer Systeme und neuer Formen der Arbeitsorganisation. Im Zentrum der Restrukturierungsinitiativen stand das sogenannte »Lean Banking«, mit dem die Banken eine Stärkung der Kunden- und Wertschöpfungsorientierung ihrer Geschäfte anstrebten (Haipeter 2006, Haipeter/Pernod-Lemattre 2005). Durch eine stärkere Automatisierung der Dienstleistungsproduktion, die Ausdünnung des Filialnetzes, die Entwicklung neuer Vertriebswege, eine Stärkung des Vertriebsaspekts und die Divisionalisierung der Bankorganisationen sollte sowohl die Effizienz als auch die Kundenfreundlichkeit gesteigert werden (D'Alessio/Oberbeck 1994, Brötz et al. 2006: 12ff., Fröhlich/Huffschmid 2004: 33).

Das Branchenprojekt »Direktbanken« – Intensivierung der Organisierungsarbeit

Am Beispiel der strategischen Reaktionen der HBV und der DAG auf die Expansion der Direktbanken in der zweiten Hälfte der 1990er Jahre wird die Bedeutung der Marktverhältnisse für die Strategiebildung in den Gewerkschaften deutlich. Als Reaktion auf die veränderten Strategien der Universalbanken »entdeckten« die deutschen Gewerkschaften auch die Direktbanken als Handlungsfeld. Durch ein gemeinsames Organisierungsprojekt (Projekt »Direktbanken«) versuchte die besonders betroffene HBV, das rapide wachsende Segment der tarifvertrags- und mitbestimmungsfreien Direktbanken zusammen mit der DPG und ÖTV gewerkschaftlich zu organisieren. Die drei Organisationen stellten je einen hauptamtlichen Sekretär ab und investierten erhebliche finanzielle Mittel, um jenseits der regulären Betriebs- und Tarifpolitik im Bankgewerbe gewerkschaftliche Strukturen in den Direktbanken aufzubauen (Int. ver.di 2). Langfristiges Ziel des Projekts war der Abschluss eines Teilbranchentarifvertrags, der die Arbeits- und Entgeltbedingungen in den Direktbanken angleichen und vor allem den Druck von den Flächentarifverträgen des Bankgewerbes nehmen sollte (DAG et al. 1998).

Hintergrund der Intensivierung der gewerkschaftlichen Organisierungsarbeit in den Direktbanken war die Bedeutung, die diese für die Branchendynamik im Bankgewerbe hatten. Die Arbeitgeberseite nutzte das Entlohnungsgefälle zwischen den in die Flächentarifverträge des Bankgewerbes integrierten Filialbanken (Privat- und Genossenschaftsbanken sowie Sparkassen) und den vorwiegend tariffreien Direktbanken, um auch in den Filialbanken ihre Rationalisierungsinitiativen voranzutreiben und die HBV und die DAG in den zweijährlichen Tarifverhandlungen für die 360.000

Beschäftigten zu Zugeständnissen zu bewegen. Trotz einer überaus positiven Ertragslage des Bankgewerbes gelang es der Tarifgemeinschaft aus HBV und DAG nicht, überdurchschnittliche Entgeltsteigerungen für die Beschäftigten auszuhandeln. Zudem geriet gegen Ende der 1990er Jahre die traditionelle 5-Tage-Woche zunehmend unter Druck. Die Arbeitgeber forderten eine Ausweitung der Regelarbeitszeit auf Samstag, wie es in den Direktbanken üblich war. In der 1999er Tarifrunde sahen sich die Gewerkschaften gezwungen, der Forderung der Arbeitgeberseite nachzugeben, um überhaupt zu einem Tarifabschluss zu kommen (Riexinger 2000). Zunächst probeweise für einen Zeitraum von zwei Jahren eingeführt, gilt im Bankensektor seitdem die 6-Tage-Woche. Die Entwicklungen verdeutlichen, dass durch die zunehmende Konkurrenz zwischen Direkt- und Filialbanken nicht nur die gewerkschaftliche Durchsetzungsfähigkeit in den Callcentern des Bankgewerbes beeinträchtigt wurde, sondern im gesamten Organisationsbereich. Die Handlungsfähigkeit der HBV und der DAG in den Tarifverhandlungen des privaten Bankgewerbes geriet unter massiven Druck.

Aus Sicht der HBV repräsentierte das Wachstum der Direktbanken eine spezifische Form der »Tarifflucht«, durch die die Arbeits- und Entgeltbedingungen in der gesamten Branche unter Druck gesetzt wurden. Folgerichtig galt es, durch eine Einbindung der Direktbanken in das Tarifvertragssystem sicherzustellen, dass der

> »Wettbewerb zwischen Filial- und Direktbanken nicht auf dem Rücken der Beschäftigten ausgetragen wird.« (Meier 1999: 17f)

Auch der Charakter der weitgehend gewerkschaftsfreien Direktbanken als Laboratorium für die um das Konzept des »Lean Banking« oszillierenden Rationalisierungsstrategien im gesamten Finanzdienstleistungssektor wurde von den Gewerkschaften reflektiert: In den Augen der HBV stellten die Direktbanken einen »Versuch der Industrialisierung der Arbeit im Finanzdienstleistungssektor« dar (HBV 1997: 5). Die Verschiebung zwischen den traditionellen Filial- und den neuen Direktbanken erwies sich für die HBV und die DAG als besonders problematisch, war mit ihr doch eine Verdrängung der klassischen Klientel der Gewerkschaften verbunden, nämlich der qualifizierten Fachkräfte mit bankspezifischer Ausbildung. In den Direktbanken wurden überwiegend Wieder- und Quereinsteiger sowie Studierende beschäftigt, die über keine berufsfachliche Identität verfügten und die Beschäftigung in einer Direktbank häufig nur als vorübergehende Durchgangsstation betrachteten (Vitols 2003, Int. ver.di 2).

Strategisch basierte das Branchenprojekt »Direktbanken« wie auch schon das DPG-Projekt »Call-Center« in der Telekommunikation auf einer Übertragung der etablierten Strategien deutscher Gewerkschaften auf die Teilbranche der Direktbanken. Nach der Wahl von Betriebsräten wollten sie mit den Branchenführern Haustarifverträge abschließen, die das Fundament für einen Teilbranchentarifvertrag für die Direktbanken bilden sollten. Auf diese Weise sollte die Entlohnung in den Direktbanken schrittweise an das Niveau der drei Flächentarifverträge des Bankgewerbes angeglichen werden (DAG et al. 1998). Der Aufbau funktionierender Betriebsratsstrukturen hatte in der inhaltlichen Ausrichtung des Projekts eine zentrale Stellung inne: Von den Betriebsräten wurde implizit erwartet, dass sie die Mitgliederrekrutierung übernehmen würden. Alternative Rekrutierungsbemühungen waren im Rahmen des Projekts nicht vorgesehen. Die Projektarbeit zielte insbesondere auf die Unterstützung und Vernetzung von Betriebsräten in Direktbanken. Durch einen Erfahrungsaustausch in Form von Seminaren und Workshops sollten diese beim Abschluss von Betriebsvereinbarungen unterstützt werden (Meier 1999: 118). Rückblickend kann diese erste Phase des Projekts als Erfolg bezeichnet werden: Gegen zum Teil erheblichen Widerstand der Arbeitgeber gelang es der HBV in Zusammenarbeit mit der DPG und der DAG, in den wichtigsten Direktbanken Betriebsräte zu etablieren und diese miteinander zu vernetzen (Int. ver.di 2, DGB 1999: 5). Allerdings blieb die Mitgliederbasis der Gewerkschaften in den Direktbanken gering. Selbst gewerkschaftlich organisierte Betriebsräte rekrutierten nur wenige Mitglieder. Die tarifpolitischen Strategien des Projekts »Direktbanken« liefen somit ins Leere: Ohne Mitglieder in den Betrieben waren die HBV und die DAG im Segment der Direktbanken nicht durchsetzungsfähig. Die Unternehmen widersetzten sich einer tariflichen Regulierung der Direktbanken, spielte die über den Markt ausgetragene Konkurrenz zwischen den Direktbanken und den Filialbanken doch eine wichtige Rolle für die veränderten Arbeitgeberstrategien. Aufgrund der ausbleibenden Rekrutierungserfolge konnten die Gewerkschaften die Spaltung des Tarifsystems des Bankgewerbes nicht verhindern: Neben die in das System der Flächentarifverträge eingebundenen Privat-, Spar- und Genossenschaftsbanken trat in der zweiten Hälfte der 1990er Jahre ein schnell wachsendes Segment nicht tarifgebundener Direktbanken.

8. Die Konsolidierungsphase – Fragmentierung der Arbeits- und Entlohnungsbedingungen

Mit dem Übergang in die Konsolidierungsphase ist das Marktwachstum zum Erliegen gekommen, neue Unternehmen werden kaum noch gegründet. Die aktuelle Dynamik der Branche resultiert vorwiegend aus Zusammenschlüssen und Übernahmen im Segment der externen Callcenter und der Durchsetzung des konkurrenzzentrierten Steuerungsmodus durch die Auftraggeber. Als Folge dieser Entwicklungen hat die Spaltung der Tarifvertragssysteme, die sich in der zweiten Hälfte der 1990er Jahre in den verschiedenen Organisationsbereichen herausgebildet hatte, schrittweise einer Fragmentierung der Tarifstandards Platz gemacht. Einerseits ist die Tarifbindung insgesamt rückläufig, andererseits kommt es parallel zu einer Verschiebung vom Flächentarifvertrag zu Haus- oder Unternehmenstarifverträgen. Flächentarifverträge, die in der Etablierungsphase der Branche noch die dominante Regulierungsform der überbetrieblichen Arbeitsbeziehungen darstellten, spielen heute faktisch keine Rolle mehr. Das Gros der internen Callcenter unterliegt inzwischen Haustarifverträgen mit – im Vergleich zum Branchenniveau – abgesenkten Sicherungsniveaus. Auch in den gewerkschaftlichen Hochburgen wie der Deutschen Telekom oder einigen großen Versandhandelsunternehmen sah sich ver.di in den vergangenen Jahren wiederholt zu tarifpolitischen Zugeständnissen gezwungen.

Hintergrund der veränderten Branchendynamik ist eine erneute Verschiebung der von Unternehmen in und mit Callcentern verfolgten Ziele. Das Wachstum des Anrufvolumens und damit auch der Callcenter hat sich nach der Jahrtausendwende deutlich abgeschwächt. Dass das Produktionsvolumen der externen Callcenter trotzdem langsam weiter gewachsen ist, geht auf einen qualitativen Wandel der Fremdvergabe zurück. Immer mehr Unternehmen vergeben nicht mehr nur die zeitlich befristete Produktion von Outbound-Kampagnen oder das Überlaufvolumen an externe Callcenter, sondern arbeiten dauerhaft mit diesen zusammen. Die veränderten Unternehmensstrategien spiegeln sich vor allem in den Marktverhältnissen wider. Aufgrund der rückläufigen Wachstumszahlen hat sich entlang der horizontalen Dimension der Marktverhältnisse, d.h. unter den externen Callcentern, der überwiegend über den Preis geführte Wettbewerb verschärft. Der veränderte Steuerungsmodus bringt zudem eine radikale Restrukturierung der Beziehungen zwischen Auftraggebern und Dienstleistern mit sich. Die Auftraggeber nutzen die von ihnen selbst geschürte Konkurrenz in den vertikalen Beziehungen nämlich auch, um Druck auf die Tarifstandards in den eigenen Betrieben auszuüben. Im Ergebnis hat sich das Verhältnis zwischen den internen und ausgegliederten Callcentern einerseits und den externen Dienstleistern andererseits in der Konsolidierungsphase faktisch umgekehrt: Ursprünglich an den Rändern der verschiedenen Branchen etabliert, bilden die externen Callcenter heute das tarifpolitische Gravitationszentrum der Branche.

Trotz der veränderten Marktverhältnisse und der marktgetriebenen Fragmentierung der Tarifstandards haben Callcenter und ihre Beschäftigten in der Konsolidierungsphase für die deutschen Gewerkschaften keine besondere strategische Bedeutung mehr. Ver.di verzichtet seit einigen Jahren auf aktive Versuche, den eigenen Einflussbereich auf die bislang nicht organisierten Betriebe und Beschäftigten auszuweiten. Die passive und defensive Haltung der Interessenvertretungen ist der eigentlich überraschende Befund. Denn mit Hilfe der über den vermeintlich anonymen Markt ausgetragenen Konkurrenz zwischen den nicht tarifgebundenen und in der Regel kaum gewerkschaftlich organisierten externen und ausgegliederten Callcentern einerseits und den tarifgebundenen internen Callcentern andererseits hebeln die Arbeitgeber die Organisationsmacht der Gewerkschaft aus. Selbst in den wenigen verbliebenen Hochburgen, in denen die Gewerkschaft wie in den Callcentern des Telekom-Konzerns oder des Otto-Versands noch über signifikante Organisationsgrade verfügt, fällt es ver.di schwer, den Flächentarifvertrag zu verteidigen. Im Unterschied zur Expansionsphase der Callcenter-Branche wird die an den materiellen Ergebnissen erkennbar schwindende Organisationsmacht auch nicht mehr von der stabilen institutionellen Form der Aushandlungsprozesse – Sozialpartnerschaft in der Deutschen Telekom, Anwendung der Flächentarifverträge im Versandhandel – überdeckt. In der Fragmentierung der Tarifvertragssysteme drückt sich auch die Tatsache aus, dass es den Gewerkschaften in der Konsolidierungsphase immer weniger gelingt, die institutionelle Form der Aushandlungsprozesse zu verteidigen. Ein Grund für die passive und defensive Haltung der Gewerkschaft ist die Branchensegmentierung der Interessenvertretung, die mit der ver.di-Gründung organisationspolitisch zementiert wurde. Eine nennenswerte innergewerkschaftliche Zusammenarbeit der verschiedenen Fachbereiche der Dienstleistungsgewerkschaft existiert bis zum heutigen Tage nicht. Die Diskrepanz zwischen den organisationsbereichsübergreifenden Marktverhältnissen und der in den Grenzen etablierter Branchen gefangenen Interessenvertretung blockiert jeden Versuch der Gewerkschaft, in der konsolidierten Callcenter-Branche Fuß zu fassen.

Trotzdem ist es in den letzten Jahren zu einer erheblichen Angleichung des gewerkschaftlichen Umgangs mit den Callcentern und ihren Beschäftigten gekommen. Während sich in der Etablierungsphase die von den Gewerkschaften verfolgten Strategien und der Einfluss der Interessenvertretungen auf die Arbeits- und Entgeltbedingungen der Beschäftigten in den Callcentern in den Untersuchungssegmenten Telekommunikation, Versandhandel und Bankgewerbe zum Teil deutlich voneinander unterschieden, verfolgen die verschiedenen ver.di-Fachbereiche heute allesamt einen passiven und vor allem rein defensiven Ansatz. Im Verschwinden der ursprünglichen Heterogenität des gewerkschaftlichen Umgangs spiegelt sich das sukzessive Zusammenwachsen der Callcenter-Branche wider: Ein erheblicher Teil der ehemals fest in die Strukturen etablierter Wirtschaftszweige integrierten internen Callcenter wurde durch die Dauer gestellte Konkurrenz mit den externen Callcentern aus den Herkunftsbranchen herausgelöst, so dass in der Konsolidierungsphase auch tarifpolitisch von einer eigenständigen Callcenter-Branche gesprochen werden konnte – allerdings handelt es sich dabei um eine Branche, in welcher der Einfluss der Interessenvertretungen auf die Entlohnung und auch auf die Qualität der Arbeit kaum der Rede wert ist.

Die ver.di-Gründung als organisationspolitischer Einschnitt

Mit dem Übergang in die Konsolidierungsphase wurde der in der zweiten Hälfte der 1990er Jahre angestoßene Restrukturierungsprozess der gewerkschaftlichen Interessenvertretung im Dienstleistungssektor zu einem vorläufigen Ende geführt. Durch die Fusion der Einzelgewerkschaften DAG, DPG, HBV, IG Medien und ÖTV wurden die Zuständigkeiten für die hier untersuchten Callcenter in der Telekommunikation, im Versandhandel und im Bankgewerbe in der neuen Dienstleistungsgewerkschaft zusammengeführt. Nur im liberalisierten Telekommunikationssektor existieren die gewerkschaftlichen Organisationskonkurrenzen weiter. Für die Interessenvertretungsarbeit in der sich entwickelnden Callcenter-Branche bildete der Zusammenschluss einen tiefen organisationspolitischen Einschnitt. Zwar schlossen sich die fünf Einzelgewerkschaften explizit mit dem Ziel zusammen, die Effektivität der Interessenvertretung durch die Bündelung von Ressourcen, Kompetenzen und Erfahrungen in neuen und neu zusammengesetzten Branchen zu verbessern (Dörre et al. 1999, Keller 2001, 2004). Ein genauerer Blick auf die Organisationsstrukturen der Multibranchengewerkschaft ver.di verdeutlicht jedoch, dass die Branchensegmentierung der Interessenvertretung tief in die Organisationsstrukturen eingeschrieben ist. Zwar steht laut Organigramm die vertikale Strukturierung in die Bundes-, Landesbezirks- und Bezirksebene gleichberechtigt neben der horizontalen Einteilung in dreizehn, an den Grenzen etablierter Branchen ausgerichteter, Fachbereiche. In mehrerlei Hinsicht haben sich letztere in den vergangenen Jahren jedoch als die entscheidenden Organisationseinheiten erwiesen.

Die Budgetierungsrichtlinie der Organisation schreibt eine Mittelverteilung zwischen den Fachbereichen strikt nach der Mitgliederverteilung vor – eine Umverteilung von Ressourcen zwischen den mitgliederstarken und damit auch beitragsmächtigen und den mitgliederschwachen Fachbereichen findet daher kaum statt (Keller 2004: 50ff). Zudem liegt die strategische Zuständigkeit für das Kerngeschäft bei den Fachbereichen. Die Tarifverhandlungen werden von Vertretern der Fachbereiche geführt, in denen personell und kulturell die Gründungsgewerkschaften faktisch weiterleben (Keller 2001). Das Gros der Beschäftigten des Fachbereichs »Finanzdienstleistungen« (FB1) wird von ehemaligen Funktionären der HBV und der DAG gestellt, der Fachbereich »Telekommunikation» (FB9) weist eine hohe personelle Kontinuität mit der DPG auf. Für die Interessenvertretung in der sich entwickelnden Callcenter-Branche war die Etablierung des Fachbereichs »Besondere Dienstleistungen« (FB13) bedeutsam, in dessen Zuständigkeitsbereich gemeinsam mit einer ganzen Reihe gewerkschaftlicher Problembereiche wie dem Wach- und Sicherheitsgewerbe und der Leiharbeit auch die Callcenter fallen. Damit bilden die in nahezu allen Branchen tätigen Dienstleistungsunternehmen seit der ver.di-Gründung faktisch einen eigenständigen gewerkschaftlichen Organisationsbereich und werden isoliert von den internen und ausgegliederten Callcentern betreut, für die entsprechend der Branchenzugehörigkeit der Mutterunternehmen andere Fachbereiche zuständig sind. Für die folgende Analyse der gewerkschaftlichen Strategien heißt dies, dass neben den drei traditionellen Organisationsbereichen Telekommunikation, Einzelhandel und Bankgewerbe noch ein viertes Segment, die von ver.di als »branchenunabhängig« bezeichneten externen Callcenter, in die Analyse einbezogen werden muss.

8.1. Telekommunikation – Defensiver Wettbewerbskorporatismus

Nach der Jahrtausendwende in eine Stagnationsphase eingetreten, hat der Telekommunikationsmarkt in der Konsolidierungsphase einen Teil seiner Leitfunktion für die Entwicklung der Callcenter-Branche verloren. Angesichts schrumpfender und zum Teil negativer Wachstumszahlen fand in den letzten Jahren zusätzliches Outsourcing kaum noch statt, zudem ist auch die Beschäftigungsentwicklung in den internen Callcentern der Telekommunikationsunternehmen rückläufig. Besonderen Einfluss auf die Dynamik hat die veränderte Stoßrichtung des Umbaus der Deutschen Telekom. Spätestens seit 2002 wird die Restrukturierung des Konzerns nicht mehr als Beschäftigungsumbau durchgeführt, sondern als Beschäftigungsabbau. Das Beschäftigungswachstum in den internen Callcentern der Mobilfunk- und der Internetsparte der Deutschen Telekom (T-Mobile und T-Online), das in der Expansionsphase den Beschäftigungsabbau in der Festnetzsparte noch kompensieren konnte, hat sich in der Konsolidierungsphase nicht fortgesetzt. Im Gegenteil: Auch in diesen Callcentern ist Personal abgebaut worden. Höhepunkt der Callcenter-Restrukturierung war die Ausgliederung der gesamten internen Einheiten des Konzerns in ein eigenständiges, hundertprozentiges Tochterunternehmen. Seit Sommer 2007 wickelt die Deutsche Telekom Kundenservice (DTKS) mit 20.000 Beschäftigten die gesamte Kundenkommunikation aller Telekom-Unternehmen ab.

Der Organisationsbereich – Marktsättigung und die Transformation der Konzernführung der Deutschen Telekom

Die Anfang der 1990er Jahre angestoßene Transformation des Telekommunikationssektors hat sich auch in der Konsolidierungsphase des neuen Wirtschaftszweigs fortgesetzt. Allerdings hat die Intensität des Wettbewerbs zwischen der Deutschen Telekom und ihren Konkurrenten deutlich zugenommen, nicht zuletzt weil sich seit 2001 das Wachstum des Telekommunikationsmarkts deutlich abgeschwächt hat (Schwemmle 2008, Büllingen/Stamm 2001: 10ff). Ein genauerer Blick auf die Dynamik der Branche zeigt, dass in der Konsolidierungsphase dieselben Triebkräfte weiterwirken, die schon seit der Privatisierung und Aufspaltung der Bundespost die Entwicklung geprägt und in der zweiten Hälfte der 1990er Jahre die tiefe Spaltung des gewerkschaftlichen Organisationsbereichs hervorgebracht haben: der Umbau des institutionellen Rahmens des Telekommunikationssektors und der Wandel der Konzernführung der Deutschen Telekom.

Zwar kam der politische Umbau des institutionellen Rahmens des Telekommunikationssektors bereits 1998 mit der Liberalisierung der »letzten Meile« der Festnetzkommunikation zu einem vorläufigen Endpunkt, ihre volle Wirkung entfaltete die politische Marktschaffung jedoch erst nach der Jahrtausendwende. In den Jahren direkt nach der Liberalisierung hatte das starke Wachstum des Telekommunikationsmarkts, getragen vor allem von der massiven Ausweitung der Mobilfunkkommunikation und dem Preisverfall im Bereich der Festnetzkommunikation, die Auswirkungen der institutionellen Reform zumindest ein Stück weit neutralisiert. Mit der Krise 2001 endete jedoch diese Wachstumskonstellation – und damit zeitlich in etwa parallel zum Eintritt der Callcenter-Branche in die Konsolidierungsphase. Der Telekommunikationsmarkt stagniert seit 2002, während einiger Jahre schrumpfte das Marktvolumen sogar (Schwemmle 2005). Die Sättigung des Markts schlug unmittelbar auf den Charakter und die Intensität der Konkurrenz durch: Der Wettbewerb zwischen der Deutschen Telekom und ihren in der Regel ebenfalls global operierenden Wettbewerbern hat sich in den letzten Jahren immer mehr zu einem aggressiven, vor allem über den Preis geführten Verdrängungswettbewerb um Marktanteile entwickelt. Denn unter den Bedingungen einer stagnierenden Marktentwicklung können die in der Regel hochverschuldeten Unternehmen die kurzfristigen Renditeanforderungen der Kapitalmärkte nur durch einen Ausbau der eigenen Marktanteile – und damit zwangsläufig auf Kosten der Konkurrenten – erfüllen (Schwemmle 2005, Wehner 2005).

Damit ist auch die zweite Triebkraft der Transformation des Telekommunikationssektors angesprochen, nämlich der Wandel der Konzernführung der Deutschen Telekom. In der zweiten Hälfte der 1990er Jahre zunächst in ein öffentliches Unternehmen transformiert, das mit Unterstützung der Gewerkschaft und der politischen Entscheidungsträger zu einem deutschen Champion auf dem globalen Telekommunikationsmarkts aufgebaut werden sollte, hat sich die Deutsche Telekom nach der Jahrtausendwende schrittweise von seinen sozialpartnerschaftlichen Wurzeln emanzipiert (Wehner 2005: 29ff.). Sie entwickelte sich in nur wenigen Jahren zu einem finanzmarktorientierten Konzern mit stark dezentralisierten und marktorientierten Strukturen (Blutner et al. 2002: 52). In einem Beitrag für das Handelsblatt explizierte Karl-Gerhard Eick, Finanzvorstand der Deutschen Telekom, den neuen Steuerungsmodus:

»Ziel ist es, mittelfristig eine Kapitalrendite zu erwirtschaften, die deutlich über der Messzahl [8,5 Prozent, HH] liegt, und damit die Kapitalmarktanforderungen zu übertreffen. Damit wird auch die Basis gelegt für eine langfristige Steigerung des Börsenwertes. Dies setzt voraus, dass das Konzept der wertorientierten Steuerung [...] im gesamten Konzern verankert wird [...]. Dies setzt voraus, dass der Gesamtkonzern in viele, die jeweiligen Geschäftsmodelle unterstützende Teile zergliedert wird, für die jeweils der EVA [Economic Value Added, HH] ermittelt wird. Die operativ Verantwortlichen haben hierdurch die Möglichkeit, ihr Geschäft kapitalrenditeorientiert zu steuern.« (Eick 2005)

Ein spürbares Resultat des veränderten Steuerungsmodus ist die beschleunigte strategische Dezentralisierung des Konzerns. Jede Einheit wird seit einigen Jahren einem permanenten Markttest unterzogen. Für den Konzern stellt die France Telecom den Referenzmaßstab dar, T-Mobile wird mit Vodafone verglichen und die Callcenter des Konzerns mit externen Dienstleistern (Int. ver.di 9). Organisationseinheiten, die nicht die marktüblichen Renditen erwirtschaften, droht der Verkauf (Wehner 2005).

Die Organisation – ver.di als Quasi-Betriebsgewerkschaft der Deutschen Telekom

Der Fachbereich »Telekommunikation« versuchte nach der ver.di-Gründung zunächst, die Anfang der 1990er Jahre angestoßene Transformation der DPG von der Behördengewerkschaft der Deutschen Bundespost zur Branchengewerkschaft des liberalisierten Telekommunikationssektors fortzuführen. Im Grunde blieb das Ziel der Anstrengungen das Gleiche, nämlich an die traditionelle Interessenvertretungspolitik der Postgewerkschaft anzuknüpfen. Die sozialpartnerschaftlichen Beziehungen zur Konzernführung sollten aufrechterhalten und die anhaltende Erosion des Einflusses auf die betriebliche Arbeitsorganisation durch eine enge Kooperation mit den Betriebsräten kompensiert werden. Im Vergleich zur zweiten Hälfte der 1990er Jahre haben sich jedoch die Durchsetzungsbedingungen erheblich verändert – und damit auch die Chancen der Gewerkschaft, die Kontinuität der Interessenvertretungsstrategien zu gewährleisten. Vor allem der intensivierte Verdrängungswettbewerb und der Wandel der Konzernführung der Deutschen Telekom wirken sich negativ aus. Selbst in den traditionellen Hochburgen im Telekom-Konzern hat ver.di seit der Krise des Telekommunikationsmarkts 2001 an Einfluss verloren. Traditionelle sozialpartnerschaftliche Kompensationsgeschäfte werden sowohl durch die beschleunigte Dezentralisierung der Konzernorganisation und die konsequente Orientierung der Konzernführung am Shareholder Value als auch durch das verblassende institutionelle Erbe der Behördenzeit blockiert. Der Bestand an Alt-Angestellten und Beamten sinkt und damit auch die Abhängigkeit der Konzernführung von der Zustimmung der Gewerkschaft zu den Restrukturierungsplänen.

In den Tarifauseinandersetzungen wird deutlich, dass es dem ver.di-Fachbereich »Telekommunikation«, wie in der Vergangenheit schon der DPG, nicht gelungen ist, den Wandel von der Behördengewerkschaft der Deutschen Bundespost zur Branchengewerkschaft des liberalisierten Telekommunikationssektors erfolgreich zu vollziehen. Die Interessenvertretung konzentriert sich fast ausschließlich auf die Unternehmen des Telekom-Konzerns. Die Gewerkschaftsarbeit in den Telekom-Konkurrenten wird einerseits von den fortbestehenden Organisationskonkurrenzen mit der IG BCE und der IG Metall blockiert, andererseits hat ver.di die Interessenvertretung in diesen Unternehmen lange Zeit vernachlässigt (Int. ver.di 9). Allerdings hat sich in den letzten Jahren gezeigt, dass die bereits in den späten 1990er Jahren beobachtbare Konzentration auf die wenigen verbliebenen Hochburgen angesichts des sich verschärfenden Verdrängungswettbewerbs immer weniger Erfolge mit sich bringt. Als Quasi-Betriebsgewerkschaft der Deutschen Telekom ist ver.di im liberalisierten Telekommunikationssektor kaum noch durchsetzungsfähig. Die Gewerkschaft sieht sich immer häufiger zu Zugeständnissen gezwungen:

»Aus gewerkschaftlicher Sicht hoch problematisch wirkte bei diesem Konflikt [um die Ausgliederung der Servicebereiche im Sommer 2007, HH] auch der Tatbestand, dass ver.di im liberalisierten Telekommunikationsmarkt im Kern ihres Organisationsbereichs zunehmend unter den Druck einer Branchensituation gerät, in der deutlich schlechtere Standards als beim Ex-Monopolisten und prekäre Beschäftigung auf dem Vormarsch sind.« (Schröder 2007: 518)

Unter den Bedingungen der veränderten Marktdynamik und der gewandelten Konzernführung der Telekom hat die Passivität der Interessenvertretung und die fehlende Organisationsmacht in den Konkurrenten der Deutschen Telekom dazu geführt, dass der sozialpartnerschaftliche Ansatz des Fachbereichs »Telekommunikation« in einen defensiven Wettbewerbskorporatismus abgeglitten ist. Dieser beschränkt sich notgedrungen darauf, dem Schleifen der Tarifstandards in den Kernbereichen ein »sozialverträgliches« Antlitz zu verleihen, verzichtet aber darauf, in den bislang kaum organisierten Betrieben und Unternehmen Mitglieder zu rekrutieren und damit langfristig die Handlungsfähigkeit der Interessenvertretung im gesamten Telekommunikationssektor zu erhöhen.

Interne Callcenter im Telekommunikationssektor – Ausgliederungen und gewerkschaftliche Machtlosigkeit

Auch in der Beschäftigung mit den internen Callcentern der neuen Telekommunikationsunternehmen sind in den letzten Jahren die negativen Folgen der Engführung der Interessenvertretung auf den Telekom-Konzern und seine Tochterunternehmen deutlich zutage getreten. Aufgrund des intensiven Wettbewerbs und der veränderten Konzernführung hat die Konzentration der Gewerkschaftsarbeit auf die eigenen Hochburgen fast zwangsläufig dazu geführt, dass der Einfluss der Gewerkschaft auf die Arbeits- und Entgeltbedingungen in allen Callcentern des Telekommunikationssektors erodiert. Auch in den Callcentern der Telekom-Konkurrenzunternehmen verfolgt ver.di heute eine rein passive Strategie. Ohne Verankerung in den Betrieben – der Organisationsgrad ist sowohl unter den Beschäftigten als auch unter den Betriebsräten gering – ist ver.di faktisch ohne Durchsetzungsmacht (Int. ver.di 9). Den Anspruch, die am Ideal partnerschaftlicher Beziehungen zur Konzernführung orientierte und die betriebliche Arbeitsorganisation nachhaltig bestimmende Interessenvertretungspolitik der DPG auch auf die Unternehmen jenseits der Deutschen Telekom auszuweiten, hat die Gewerkschaft – darauf deuten diese Ergebnisse hin – still und leise aufgegeben. Ein Flächentarifvertrag für die gesamte Telekommunikation wird aufgrund der Regulierungsunterschiede zwischen der Deutschen Telekom und den neuen Anbietern als »nicht zielführend« bezeichnet (Int. ver.di 9). Fast schon folgerichtig bleiben die Arbeits- und Entgeltstandards in diesen Unternehmen mehr oder weniger weit hinter dem Niveau des Konzerntarifvertrags der Telekom zurück.

Dagegen war es ver.di in den internen Callcentern der Deutschen Telekom in den ersten Jahren nach der Gründung der neuen Dienstleistungsgewerkschaft gelungen, an die betriebs- und tarifpolitischen Aktivitäten der DPG anzuknüpfen. Das Gros der konzerneigenen Callcenter gehörte zur Festnetzsparte T-Com und fiel somit in den Geltungsbereich des Konzerntarifvertrags der Deutschen Telekom. Nicht einmal ein Viertel der Callcenter-Beschäftigten der Telekom (5.000 von über 20.000) unterlag den schlechter dotierten Haustarifverträgen der Mobilfunksparte T-Mobile und der Internetsparte T-Online. Vor allem in den Callcentern der Festnetzsparte T-Com verfügte ver.di über eine erhebliche Mitgliederbasis – der Organisationsgrad liegt noch immer im Schnitt bei 70 Prozent – und arbeitete in Fragen der Arbeitsorganisation eng mit den Betriebsräten zusammen (Doellgast 2009). Allerdings begann mit der beschleunigten Durchsetzung der an kurzfristigen Renditen orientierten Konzernführung nach der Ablösung des Telekom-Vorstandes um Ron Sommer 2002 die Durchsetzungsfähigkeit von ver.di auch in den Callcentern der T-Com zu erodieren. Zwar hat sich die Form der Arbeitsbeziehungen bei der Deutschen Telekom kaum geändert, aber unterhalb der relativ stabilen institutionellen Oberfläche der Sozialpartnerschaft verschob sich die materielle Logik der Aushandlungsprozesse. Spätestens seit 2005 basieren die Aushandlungsergebnisse auf immer neuen Zugeständnissen der Gewerkschaft – im Tausch gegen die immer gleichen zeitlich befristeten Beschäftigungsgarantien (ähnlich für betriebliche Bündnisse: Rehder 2006). Von der Konzernführung werden in immer kürzeren Abständen neue Restrukturierungsoffensiven lanciert, seit 2005 haben diese vermehrt die Callcenter des Konzerns zum Ziel. Mit den Rationalisierungsinitiativen verfolgt die Konzernführung vor allem zwei Ziele: die Senkung der Lohnkosten und die stärkere Koppelung der konzerneigenen Callcenter an den Markt. Deutlich wird dies an den beiden großen Projekten der folgenden Jahre, das sogenannte »Call-Center-Konzept« und die Ausgliederung aller Callcenter der Deutschen Telekom in ein eigenständiges Unternehmen.

Im Januar 2006 legte die Konzernführung einen ersten Restrukturierungsplan (»Call-Center-Konzept«) vor. Von den 96 Callcenter-Standorten der Festnetzsparte der Telekom sollten 45 geschlossen und ein Fünftel der 15.000 Beschäftigten abgebaut werden (ver.di 2006a, 2006b). Um ihren Forderungen Nachdruck zu verleihen, drohte die Arbeitgeberseite der Gewerkschaft und den Beschäftigten mit der Ausgliederung aller Callcenter. Begründet wurden die Forderungen mit den Arbeitskosten der Dienstleister, die angeblich um rund 30 Prozent unter dem Niveau des Konzerntarifvertrags der Deutschen Telekom lagen (Finanznachrichten, 24.1.2006). Um die Ausgliederung zu verhindern, stimmte ver.di beträchtlichen Abweichungen von den bestehenden Tarifverträgen zu. Bezahlte Pausen wurden reduziert und tarifvertraglich vereinbarte Erhol- und Verteilzeiten ausgesetzt (ver.di 2006c). Die keineswegs mehr nur latente, sondern offene ausgesprochene Verlagerungsdrohung untergrub auch die Organisationsmacht, über die ver.di in den aus den alten Auskunfts- und Entstörungsstellen der Bundespost hervorgegangenen internen Callcentern der Festnetzsparte der Telekom noch verfügte (Int. ver.di 9, Int. ver.di 1).

Allerdings war diesem Kompromiss nur eine kurze Lebensdauer beschieden. Schon Ende 2006 setzte die Konzernführung die Ausgliederung von Callcentern erneut auf die Agenda. Diesmal sollten alle internen Callcenter des Konzerns in eine eigenständige Servicegesellschaft überführt und aus dem Konzerntarifvertrag ausgegliedert werden (Schröder 2007). Mit der Ausgliederung wollte die Konzernführung die Löhne in den Callcentern der T-Com, der T-Mobile und der T-Online auf ein »marktübliches« Niveau absenken (Deutsche Telekom 2007, Mayer 2007). Dazu sagte der damalige Personalvorstand der Deutschen Telekom:

> »Wir müssen uns auf die Konkurrenz draußen auf dem Markt konzentrieren. Unsere Strukturen müssen wir konsequent am Markt und an den Kundenbedürfnissen ausrichten. […] Wir schaffen überschaubare Einheiten, denken sie an die neuen Servicegesellschaften oder die T-Punkte, bei denen die Verantwortlichkeiten neu verteilt werden – mit dem Ziel, dass Erfolg und Misserfolg am Markt und bei den Kunden jeder Einheit direkt zurechenbar sind.« (Die Welt, 18.8.2007)

Im Vergleich mit dem von der Konzernführung nur ein Jahr zuvor vorgelegten »Call-Center-Konzept« wird ein Bruch deutlich: Nicht mehr die Löhne in den Callcentern der Konkurrenzunternehmen Vodafone, France Telecom oder Telefonica sollen den Referenzmaßstab für die Lohnpolitik des Konzerns bilden, sondern die Standards in den weitgehend untarifierten externen Callcentern.

Obwohl die elfwöchigen Warn- und Erzwingungsstreiks im Frühsommer 2007 mit zeitweise bis zu 15.000 beteiligten Beschäftigten die größte Streikbewegung im Telekommunikationssektor in der Nachkriegszeit darstellte (Schröder 2007, George 2007), gelang es der Gewerkschaft nicht, die Ausgliederung zu verhindern. Wichtigster Hebel der Konzernleitung war die Drohung, die Ausgliederung notfalls als Betriebsübergang (nach BGB § 613a) durchzuführen und die Callcenter der T-Com und der T-Online in den Haustarifvertrag der T-Mobile zu integrieren. Ohne rechtliche Möglichkeiten, die Ausgliederung in die neu gegründete Deutsche Telekom Kundenservice (DTKS) zu verhindern, konzentrierte sich ver.di darauf, Übergangsregelungen und Bestandsschutzklauseln für Alt-Beschäftigte auszuhandeln. Am Ende stimmte die Gewerkschaft einer allgemeinen Entgeltabsenkung um 6,5 Prozent für alle Beschäftigten der DTKS zu, die für die Alt-Bediensteten durch eine sogenannte »Rucksacklösung« über mehrere Jahre verteilt wurde. Für die ehemaligen T-Com-Beschäftigten verlängerte sich zudem die Wochenarbeitszeit von 34 auf 38 Stunden – ohne Lohnausgleich. Im Gegenzug verzichtete die Arbeitgeberseite bis Ende 2010 auf einen Verkauf der ausgegliederten Servicebereiche und bis Ende 2012 und auf betriebsbedingte Kündigungen (Schröder 2007). Durch die Ausgliederung der Callcenter hat sich die Reichweite des Konzerntarifvertrags drastisch reduziert: Nicht ein einziger Callcenter-Beschäftigter fällt heute noch in den Geltungsbereich dieses Tarifvertrags. Die 20.000 Beschäftigten der DTKS unterliegen einem Haustarifvertrag mit schlechteren Konditionen. Zugleich brachte die Ausgliederung erhebliche langfristige strukturelle Konsequenzen mit sich: Durch ihre organisatorische Eigenständigkeit wurde die Steuerung der Callcenter durch einen auf Dauer gestellten Markttest mit den vom Konzern beauftragten Dienstleistungsunternehmen erleichtert. Während vor der Ausgliederung die internen Callcenter der Telekom-Konkurrenten als Benchmark fungierten, wird die wirtschaftliche Leistungsfähigkeit und die Profitabilität der in der DTKS zusammengeführten Callcenter heute im Vergleich mit den mit einer Ausnahme nicht tarifgebundenen und zudem häufig betriebsratsfreien externen Callcentern bewertet.

Vivento Customer Services – Externe Callcenter unter dem Dach der Deutschen Telekom

Zwar gehören die externen Callcenter schon seit der ver.di-Gründung 2001 nicht mehr zum Zuständigkeitsbereich des Fachbereichs »Telekommunikation«, eine Ausnahme gibt es jedoch: die Vivento Customer Services (VCS). Hervorgegangen aus der Beschäftigungsgesellschaft der Deutschen Telekom, produziert die VCS gegenwärtig mit über 3.000 Beschäftigten an 20 Standorten Kundenkommunikationsdienstleistungen für Auftraggeber aus nahezu allen Branchen. Aufgrund der Zugehörigkeit zum Telekom-Konzern (die VCS ist ein hundertprozentiges Tochterunternehmen der

Deutschen Telekom) werden die Betriebe und ihre Beschäftigten vom Fachbereich »Telekommunikation« betreut. Die Entwicklung der VCS von der noch im sozialpartnerschaftlichen Geist etablierten Beschäftigungsgesellschaft zum Instrument des Beschäftigungsabbaus und der vertikalen Desintegration des Telekom-Konzerns macht deutlich, wie sich der sozialpartnerschaftliche Ansatz der gewerkschaftlichen Interessenvertretung unter den Bedingungen einer preisorientierten Marktanteilskonkurrenz und einer finanzmarktorientierten Konzernführung in einen rein defensiven Wettbewerbskorporatismus verwandelt hat.

Vorläufer der 2004 gegründeten VCS war die 2002 von den Sozialpartnern per Tarifvertrag ins Leben gerufene Beschäftigungsgesellschaft der Deutschen Telekom. Von der Konzernführung wurde die Vermittlungs- und Qualifizierungseinheit (VQE) etabliert, um den Umbau der Deutschen Telekom zu einem »schlanken« Unternehmen voranzutreiben. Die Gewerkschaft ver.di wollte mit ihrer Beteiligung sicherstellen, dass trotz des Konzernumbaus keine Arbeitsplätze verloren gingen (Richter 2004: 6). »Überzählige« Beschäftigte, darunter auch Beamte, wurden unter Beibehaltung ihrer Bezüge in die VQE versetzt, um von dort aus konzernintern oder konzernextern weitervermittelt zu werden (Dürotin 2003: 6). Für die Arbeitgeberseite lag der größte Nutzen des Tarifabschlusses in der Flexibilität in der Personalauswahl für den von der Konzernleitung forcierten Beschäftigungsabbau. Zwar verzichtete die Konzernleitung als Gegenleistung für die gewerkschaftliche Zustimmung auf betriebsbedingte Kündigungen, aufgrund des institutionellen Erbes der Bundespost – die Hälfte der Belegschaft bestand aus unkündbaren Beamten, ein weiteres Drittel genoss als Alt-Angestellte einen besonderen Schutz vor betriebsbedingten Kündigungen – stellten diese für die Arbeitgeberseite jedoch sowieso kein geeignetes Instrument dar, um den angestrebten Beschäftigungsabbau von 30.000 weiteren Stellen voranzutreiben. Jüngere Arbeitskräfte, die erst nach der Privatisierung der Bundespost in den Konzern eingetreten waren, wären von diesen Kündigungen überproportional betroffen gewesen (Handelsblatt, 2.8.2002). Die Beschäftigungsgesellschaft implementierte hingegen ein Auswahlverfahren, das die Alters- und auch die Leistungsstruktur in den vom Stellenabbau betroffenen Abteilungen stabilisierte.

Während die Beschäftigungsgesellschaft rückblickend noch als sozialpartnerschaftlicher Interessenausgleich bezeichnet werden konnte, zeigte sich an der Gründung der Vivento Customer Services 2004, dass sich das Fundament der sozialpartnerschaftlichen Arbeitsbeziehungen im Telekom-

Konzern seit der Jahrtausendwende verändert hat. Um den Beschäftigungsabbau in den operativen Tochterunternehmen zu beschleunigen, richtete die Arbeitgeberseite Ende 2003 in der inzwischen in Vivento umbenannte Beschäftigungsgesellschaft sogenannte Geschäftsmodelle ein, darunter auch die VCS. Rechtlich ein eigenständiges Unternehmen unter dem Dach des Telekom-Konzerns, produzieren in den Callcentern der VCS ehemalige Telekom-Beschäftigte Dienstleistungen für die Telekom, aber auch für andere Auftraggeber. Durch die Einrichtung der Geschäftsmodelle hat sich die Funktion der Beschäftigungsgesellschaft gewandelt: von einem Instrument des sozialverträglichen Beschäftigungsumbaus zu einem Instrument des kostengünstigen Beschäftigungsabbaus und der vertikalen Desintegration. Einerseits trägt das externe Geschäft der VCS wie auch der anderen Geschäftsmodelle dazu bei, die Kosten des Beschäftigungsabbaus zu reduzieren. Andererseits hat der Konzern seit 2004 schon über 18 Standorte und 3.000 Beschäftigte an Drittunternehmen veräußert. Die Standortveräußerungen folgten alle dem gleichen Muster: Die Standorte wurden per Betriebsübergang nach BGB §613a an ein Dienstleistungsunternehmen transferiert, die Deutsche Telekom verband den Verkauf mit weit reichenden Auftragsgarantien (Int. ver.di 9). Gegen den Verkauf der Callcenter-Standorte aus der VCS heraus ist ver.di faktisch machtlos. Rückblickend hat die rein defensive Politik der Gewerkschaft dazu beigetragen, die institutionellen Machtressourcen auszuhebeln, die der Gewerkschaft aus dem behördlichen Erbe der Bundespost erwachsen waren. Dank der erhöhten Flexibilität bei der Personalauswahl für die Beschäftigungsgesellschaft und der Möglichkeit, ganze Betriebsteile in die VCS und die anderen Geschäftsmodelle zu verschieben, ist die Arbeitgeberseite beim Umbau des Telekom-Konzerns immer seltener auf die Zustimmung der Gewerkschaft angewiesen. Ver.di konzentrierte sich fast zwangsläufig darauf, Bestandssicherungsklauseln für die langjährigen Beschäftigten auszuhandeln (ver.di 2006d).

8.2. Versandhandel – Passive Interessenvertretung (fast) ohne Mitglieder

Der Versandhandel hat im Laufe der Konsolidierungsphase seine Rolle als Motor der Entwicklung der Callcenter-Branche verloren. Das Telefon, das in der ersten Hälfte der 1990er Jahre seinen Durchbruch als Bestell- und Informationsmedium im Versandhandel feierte, ist schrittweise vom Internet abgelöst worden (Dörrenbacher/Dohle 2001). Die Versandhandelsunternehmen forcieren diese Entwicklung, da die Verschiebung zwischen den Kommunikationskanälen einen neuerlichen Rationalisierungsschub ermöglicht. Anders als im Fall telefonischer Kundeninteraktionen können die Produktion und der Konsum von internetbasierten Kundenkommunikationsdienstleistungen nicht nur räumlich, sondern auch zeitlich entkoppelt werden. Darüber hinaus beinhaltet der Aufstieg des Internets auch neue Wachstumschancen für die kriselnde Versandhandelsbranche. Die Folgen des rückläufigen Anrufvolumens sind sowohl in den Dienstleistungsunternehmen als auch in den wenigen verbliebenen internen Callcentern der Versandhandelsunternehmen zu spüren, die unter einem immer stärkeren Verlagerungsdruck stehen. Der von vielen Auftraggeberunternehmen verfolgte kompetitive Steuerungsmodus drängt diese in einen stetigen Wettbewerb mit externen Anbietern.

Der Organisationsbereich Einzelhandel – Gewerkschaftliche Entdeckung der geringfügigen Beschäftigung nach dem Ende der AVE

Aus einer institutionellen Perspektive sind die Arbeitsbeziehungen im Einzelhandel nach der Jahrtausendewende von einem Bruch gezeichnet: Parallel zum Auslaufen der Expansionsphase der Callcenter-Branche ging im Einzelhandel die Tradition der Allgemeinverbindlichkeitserklärung der Mantel- und der Entgelttarifverträge zu Ende. Nachdem der Hamburger Einzelhandelsverband bereits 1997 den Anfang gemacht hatte, verweigerten sich die Arbeitgeberverbände in den Jahren zwischen 1999 und 2001 in allen Tarifgebieten einer Allgemeinverbindlichkeitserklärung der Mantel- und Entgelttarifverträge (Kirsch 2003: 411, Bormann et al. 2005: 60, Voss-Dahm 2009: 92). Der Bruch mit der Tradition der AVE war umfassend, nach nur wenigen Jahren stellte die Allgemeinverbindlichkeitserklärung eines Tarifvertrags im Einzelhandel eine große Ausnahme dar (Kirsch 2003: 403). Verantwortlich für den Wandel waren veränderte Interessenkonstellationen und Machtverhältnisse im Arbeitgeberlager. Hatten die großen Warenhauskonzerne den Arbeitgeberverband des Einzelhandels HDE lange Zeit dominiert, kam es 1999 zu einer folgenschweren Spaltung. Der Karstadt-Konzern und mehrere Großbetriebe des stationären Einzelhandels traten aus dem HDE aus und gründeten einen alternativen Arbeitgeberverband. In der Folge erklärten beide Verbände, einer Allgemeinverbindlichkeitserklärung der Tarifverträge nicht mehr zustimmen zu wollen (Kobel 2000). Ohne die Allgemeinverbindlichkeitserklärung ist es Unternehmen heute möglich, durch einen Verbandsaustritt oder die Ausgliederung von Unternehmensteilen den Flächentarifvertrag des Einzelhandels zu umgehen. Sichtbar wird die veränderte Aushandlungskonstellation am raschen Rückgang der Tarifbindung im westdeutschen Einzelhandel: von 68 Prozent aller Beschäftigten im Jahre 2003 auf nur noch 53 Prozent 2008 (Voss-Dahm 2009: 92f).

Interne Callcenter im Versandhandel – Defensive Interessenvertretung

Obwohl das Verlagerungsvolumen bereits in der vorangegangenen Expansionsphase der Callcenter-Branche ein ausgesprochen hohes Niveau erreicht hatte, ist es auch in der Konsolidierungsphase im Versandhandel noch zu vereinzelten Verlagerungen und Ausgliederungen gekommen. Von den Versandhandelsunternehmen wird die Verlagerungsdrohung genutzt, um die Gewerkschaft und die Betriebsräte in den internen Callcentern zu Zugeständnissen zu drängen. Ähnlich wie im Telekommunikationssektor lässt sich die Entwicklung der Tarifstandards als eine marktgetriebene Fragmentierung beschreiben. Ein erheblicher Teil der internen Callcenter der großen Versandhandelsunternehmen, in denen in der Vergangenheit noch der Flächentarifvertrag des Einzelhandels zur Anwendung kam, unterliegt heute schlechter dotierten Haustarifverträgen oder Standortsicherungsabkommen. Trotz des Drucks, der auf den Interessenvertretungen lastet, hat sich ver.di jedoch auf einen passiven Ansatz beschränkt und keine aktive Organisierungsarbeit verfolgt (Int. ver.di 8). Die in den Callcentern vorhandenen Mitglieder wurden im Rahmen der regulären Betriebs- und Tarifpolitik des ver.di-Fachbereichs »Handel« mit betreut, ohne dass systematische Versuche unternommen werden, die eigene Mitgliederbasis zu erhöhen.

Zwar kritisieren Gewerkschaftsvertreter regelmäßig die anhaltende Erosion der Tarifnormen durch Verlagerungen und Ausgliederungen, aber angesichts der geringen Organisationsmacht und des im Einzelhandel traditionell geringen Einflusses auf die betriebliche Arbeitsorganisation fehlt es ver.di an Durchsetzungsfähigkeit gegenüber der Arbeitgeberseite. Während es dem Fachbereich »Telekommunikation« nicht zuletzt aufgrund des anhaltend hohen Organisationsgrades in den Kernbereichen der Deutschen Telekom gelungen ist, den Arbeitgebern zumindest einige materielle Zugeständnisse abzuringen, stand der Fachbereich »Handel« den Entwicklungen in den Betrieben weitgehend hilflos gegenüber. Im Folgenden wird die These von der Fragmentierung der Tarifstandards in den Callcentern des Versandhandels anhand der Entwicklungen in zwei der größten und traditionsreichsten Versandhandelsunternehmen erläutert, dem Quelle- und dem Otto-Versand. Beide Unternehmen gehörten in der Vergangenheit zu den gewerkschaftlichen Hochburgen im Versandhandel. Der Quelle-Versand wurde von der HBV organisiert, im Hamburger Otto-Versand dominierte die DAG.

Den Auftakt der Restrukturierung der Callcenter des Quelle-Konzerns bildete die Ausgliederung aller internen Einheiten in ein eigenständiges Unternehmen unter dem Konzerndach. Im Jahr 2006 wurden die 13 damals noch internen Callcenter mit über 7.500 Beschäftigten ausgegliedert, um fortan auch Aufträge für Dritte abzuwickeln. Im Einklang mit der sozialpartnerschaftlichen Tradition der Arbeitsbeziehungen des Versandhandelsunternehmen trat auch das neu gegründete Unternehmen Quelle-Contact dem Arbeitgeberverband bei, so dass zunächst die Tarifverträge des Einzelhandels zur Anwendung kamen (Int. ver.di 8, Int. ver.di 1). Im Zuge der Restrukturierungen des in wirtschaftliche Schwierigkeiten geratenen Mutterkonzerns (Arcandor) gerieten jedoch nur ein Jahr später auch die Arbeits- und Entgeltbedingungen in den Quelle-Callcentern unter massiven Druck. Angesichts des rückläufigen Anrufvolumens drohte die Arbeitgeberseite, die gesamte Kundenkommunikation fremd zu vergeben, falls die Gewerkschaft ver.di und die Betriebsräte nicht zu Zugeständnissen bereit seien (Neue Rhein Zeitung, 25.1.2008). Erklärtes Ziel der Konzernleitung war die Einführung einer »marktgerechten Bezahlung« (Die Welt, 13.2.2008), die sich – ähnlich wie im Fall der ausgegliederten Callcenter der Deutschen Telekom – an den Standards der nicht tarifgebundenen Betriebe orientierte. Aufgrund des geringen Organisationsgrads in den Callcentern konnte die Gewerkschaft ver.di die Pläne der Konzernleitung nicht verhindern. Letztendlich wurden neun der zwölf deutschen Standorte geschlossen und 3.000 Arbeitsplätze abgebaut. Die drei verbliebenen Standorte waren sogenannte »Modellstandorte«, die erst nach 2006 aufgebaut und in denen mit Hilfe modernster Callcenter-Technik neue Formen der Arbeitsorganisation erprobt wurden. Quelle gliederte die Standorte in das neue Unternehmen Primondo aus, das anders als die Vorgängerin Quelle.Contact nicht dem Arbeitgeberverband beitrat und so die Tarifnormen des Einzelhandels umgehen konnte. Die Einkommen der Beschäftigten in den neuen Betrieben lagen um rund ein Drittel unter dem Niveau des Flächentarifvertrags. Damit hat sich das Entlohnungsniveau in den ehemals internen Callcentern des Quelle-Versands im Verlauf der Konsolidierungsphase der Callcenter-Branche dem Niveau in den nicht tarifgebundenen und gewerkschaftlich kaum organisierten Dienstleistungsunternehmen deutlich angenähert.

Auch bei dem anderen traditionsreichen Versandhandelsunternehmen, dem Otto-Versand, musste ver.di die Erosion des Flächentarifvertrags hinnehmen. Schon 1999 – im Hamburger Tarifbezirk war die AVE der Einzelhandelstarifverträge bereits 1998 ausgelaufen – schloss die Gewerkschaft mit dem Otto-Versand einen Haustarifvertrag, der sich zwar am Flächentarifvertrag des Hamburger Einzelhandels orientierte, aber nicht dessen Zuschläge für Spät-, Feiertags- und Wochenendarbeit übernahm. Zudem wurden die Eingruppierungen angepasst – mit dem Resultat, dass viele Alt-Beschäftigte eine Abgruppierung hinnehmen mussten. Rückblickend beschreibt ein ver.di-Vertreter, der die hauptsächlich von der DAG geführten Verhandlungen begleitete, die Verhandlungskonstellation Ende der 1990er Jahre:

»Mit den Inhouse-Callcentern hatten wir damals die Situation, dass Otto mit Ausgliederung gedroht hat. Otto arbeitete bereits mit mehreren ungebundenen Callcentern zusammen. Und die Frage war, was wird mit dem Kundencenter und den anderen Callcentern im Bundesgebiet und wie wird damit tariflich umgegangen. Die haben uns gesagt: ›Otto-Betriebsräte, lasst uns eine haustarifvertragliche Regelung machen, die an den Einzelhandel angedockt ist, die an einer bestimmten Stelle unterhalb des Einzelhandelsniveaus ist, die aber ansonsten die Standards des Einzelhandels einhält.‹« (Int. ver.di 8)

Durch das Auslaufen der Allgemeinverbindlichkeitserklärung im Einzelhandel öffnete sich für die Arbeitgeberseite ein »Möglichkeitsfenster«: Die Unternehmensleitung drohte, die gesamten internen Callcenter in ein eigenständiges Unternehmen auszugliedern, um die Flächentarifverträge des Hamburger Einzelhandels auszuhebeln (Kaapke/Schmitz 2000: 3). Angesichts des geringen Organisationsgrads in den Callcentern sahen die Gewerkschaften keine andere Möglichkeit, als der Aufforderung der Arbeitgeberseite nachzukommen und Verhandlungen über einen Haustarifvertrag aufzunehmen. Nur um den Preis substanzieller Zugeständnisse konnten die Callcenter des Otto-Versands innerhalb der Reichweite tarifvertraglicher Regulierungen gehalten werden. Zwar gelang der Gewerkschaft kurze

Zeit später ein auf den ersten Blick überraschender tarifpolitischer Erfolg: 2001 wurde der ehemalige Haustarifvertrag des Otto-Versands zu einem Flächentarifvertrag für die Callcenter des Hamburger Einzelhandels ausgeweitet (Brodesser 2001: 35). Bei genauerem Hinsehen erweist sich jedoch, dass erstens die größere Reichweite des Tarifvertrags vor allem im Interesse der Arbeitgeberseite lag und dass zweitens der Flächentarifvertrag ohne Prägekraft blieb. Die Hoffnungen, dass andere Unternehmen den Tarifvertrag auf die eigenen Callcenter anwenden würden, erfüllten sich nicht. Rückblickend stellte der Verhandlungsführer von ver.di fest: »Der Tarifvertrag war schlicht zu teuer.« (Int. ver.di 8) Im Hamburger Tarifbezirk gelang die Ausweitung der Reichweite des Tarifvertrags auch ohne signifikante Mitgliederbasis in den Betrieben, da der Otto-Versand ein handfestes Interesse an einer Verallgemeinerung hatte und zudem eine zentrale Machtposition im Arbeitgeberverband des Hamburger Einzelhandels einnahm. Nicht so in den anderen Tarifbezirken: Hier gab es keine Partner auf Arbeitgeberseite, deren Interesse an einer Verallgemeinerung die geringe gewerkschaftlichen Organisationsmacht hätte kompensieren können. Obwohl offiziell als Flächentarifvertrag des Hamburger Einzelhandels bezeichnet, blieb die Reichweite der Tarifnormen faktisch auf die internen Callcenter des Otto-Konzerns beschränkt.

8.3. Bankgewerbe – Resignative Interessenvertretung

Das mit ihrem Funktionswandel verbundene starke Wachstum der Direktbanken in der zweiten Hälfte der 1990er Jahre hatte in der Expansionsphase der Callcenter-Branche eine erhebliche Herausforderung für die gewerkschaftliche Interessenvertretung dargestellt. Nach der Jahrtausendwende veränderte sich die Dynamik im Bankgewerbe jedoch erneut. Das Telefonbanking verlor, wie auch die telefonische Bestellannahme im Versandhandel, erheblich an Bedeutung. Immer mehr Kunden nutzten das Internet, um ihre Bankgeschäfte zu erledigen. Zudem richteten die großen Universalbanken ihre Geschäftsstrategien neu aus. Im Zuge der Neuausrichtung des Kundengeschäfts integrierten mehrere Großbanken ihre Direktbank-Töchter wieder in die Unternehmensorganisation. Seit der Jahrtausendwende hat sich die Anzahl der relevanten Direktbanken deutlich verringert. Durch Übernahmen und Zusammenschlüsse kam es unter den Direktbanken zu einer Konsolidierungswelle, aus der die ING DiBa als größte deutsche Direktbank hervorgegangen ist. Im Ergebnis hat die Konkurrenz zwischen Filial- und Direktbanken spürbar abgenommen.

Direktbanken als ausgegliederte Callcenter – Rückzug der Interessenvertretung

Ver.di knüpfte nach der Fusion der Einzelgewerkschaften zunächst direkt an die, gemessen an der Entwicklung der Mitgliederzahlen jedoch weitgehend erfolglosen, Organisierungsaktivitäten der HBV und der DAG im Segment der expandierenden Direktbanken an. Das Verbundprojekt »Direktbanken« wurde unter neuem Namen (»fidi.direct«), aber mit gleichem Personal, mit Mitteln des Innovationsfonds fortgeführt. Im Fall der Arbeit in den Direktbanken stellte sich die Integration in die Fachbereichsstrukturen von ver.di als unproblematisch dar, weil die Projektarbeit – anders als beispielsweise das DPG-Projekt »Call-Center« – einen klaren Branchenfokus hatte. Auch das Ziel blieb dasselbe: der »grassierenden Tarifflucht im Finanzdienstleistungssektor« Einhalt zu gebieten (ver.di 2001). Über das Zwischenziel eines Teilbranchentarifvertrags sollten die bislang nicht tarifgebundenen Direktbanken schrittweise an das Niveau der Flächentarifverträge des Bankgewerbes herangeführt werden. Die Reichweite des Projekts beschränkte sich ausschließlich auf das Bankgewerbe und damit auf den Zuständigkeitsbereich des Fachbereichs »Finanzdienstleistungen«. Da im Finanzdienstleistungssektor nur ganz wenige Dienstleistungsunternehmen aktiv waren, hatte das Innovationsfonds-Projekt wie schon das Verbundprojekt von HBV und DAG keinen organisationsbereichsübergreifenden Charakter. Allerdings wurde die Projektstruktur, die eine intensive Auseinandersetzung mit den Direktbanken jenseits der betriebs- und tarifpolitischen Daueraufgaben ermöglichte, mit der Einstellung des Innovationsfonds im Herbst 2003 aufgelöst. Die Mitarbeiter des Projekts wurden in die reguläre Fachbereichsstruktur integriert, so dass sie für die zeitintensive Organisierungsarbeit in den Direktbanken nicht mehr zur Verfügung standen. Seitdem verfolgt der Fachbereich »Finanzdienstleistungen« keine aktive Strategie für die Direktbanken und deren Beschäftigte mehr.

Zwei Faktoren müssen zur Erklärung der Passivität der Interessenvertretung in den Direktbanken herangezogen werden: zum einen die früheren Misserfolge, zum anderen die Verschiebung der Marktverhältnisse im Bankgewerbe. Gemessen an der Entwicklung der Mitgliederzahlen erwiesen sich die sechsjährigen Organisierungsaktivitäten der Gewerkschaften als wenig erfolgreich. Weder die HBV noch ver.di konnten im Rahmen der Projektarbeit tarifpolitische Erfolge erzielen. Ohne Mitgliederbasis in den Betrieben fehlte es den Gewerkschaften in der tariflichen Arena schlicht an Durchsetzungsfähigkeit. In der Organisation führte dies zu Frustrationen und resignativem Rückzug: Zu viele Gewerkschaftssekretäre haben sich in der Vergangenheit »die Finger verbrannt«, so rückblickend einer der für die Projektarbeit verantwortlichen Sekretäre (Int. ver.di 2). Darüber hinaus hat sich die Dynamik im Bankgewerbe in der Konsolidierungsphase verschoben. Von den Direktbanken geht kaum noch Druck auf die strategische Durchsetzungsfähigkeit von ver.di in der tariflichen Arena des Organisationsbereichs aus. Andere Entwicklungen, wie der Personalabbau in den Filialbanken, die Ausgliederung von technischen Einheiten oder die Neuausrichtung der Geschäftsmodelle der Banken in Richtung des Investmentbanking, stellen gegenwärtig weitaus größere gewerkschaftspolitische Herausforderungen dar und genießen in der Organisation folgerichtig eine höhere Priorität. Die Entwicklungen in den Callcentern der Direktbanken werden für den Fachbereich »Finanzdienstleistungen« hingegen immer mehr zu einem – in den bereits zitierten Worten Luhmanns (1988: 173) – »bedeutungslosen Rauschen«.

Der Haustarifvertrag mit der ING DiBA – Tarifpolitische Dienstleistungsarbeit

Trotz der insgesamt eher passiven Interessenvertretungspolitik gelang es ver.di im März 2006, mit der zur niederländischen ING-Gruppe gehörende ING DiBa einen Haustarifvertrag abzuschließen. Bis zum heutigen Tag ist dies der einzige Tarifvertrag, den eine deutsche Gewerkschaft mit einer Direktbank geschlossen hat. Bemerkenswerterweise ist ver.di der Abschluss auch ohne signifikante Mitgliederbasis in den Betrieben gelungen. Im Grunde stellte der Abschluss des Haustarifvertrags eine Dienstleistung der Gewerkschaft für den Arbeitgeber dar: Mit Hilfe des Haustarifvertrags beseitigte der Arbeitgeber den tarifpolitischen Flickenteppich, der aus der Expansion der ING DiBa durch Übernahmen anderer Direktbanken entstanden war. Aus der Allgemeinen Deutschen Direktbank in Frankfurt hervorgegangen, war die ING DiBa durch Übernahmen der GiroTel (1999) und der ehemaligen Quellebank Entrium (2003) zur größten deutschen Direktbank mit fast 3.000 Beschäftigten aufgestiegen. Durch die exogene Art des Wachstums galten an jedem der drei Standorte unterschiedliche Tarifbedingungen. Am Frankfurter Urspungsststandort der Allgemeinen

Deutschen Direktbank kam der Haustarifvertrag zur Anwendung, den die Bank in den 1990er Jahren mit der HBV geschlossen hatte. Dessen Bedingungen lagen nicht nur in Entlohnungsfragen, sondern auch hinsichtlich der Urlaubsregelungen und betrieblicher Weiterbildungsmöglichkeiten zum Teil deutlich über dem Niveau des Flächentarifvertrages des privaten Bankgewerbes. Hingegen verfügten die meisten Alt-Beschäftigten an den beiden anderen Standorten in Nürnberg und Hannover über Arbeitsverträge, die sich an den Flächentarifvertrag des privaten Bankgewerbes anlehnten. Beschäftigte, die erst nach der Übernahme durch die ING DiBa in das Unternehmen eingetreten waren, unterlagen keinem Tarifvertrag (Int. ver.di 7). Für die Arbeitgeberseite war das unübersichtliche Nebeneinander unterschiedlicher Arbeitsverträge, Arbeitszeitregelungen und Entgeltsysteme mit hohen Kosten verbunden. Der Abschluss eines einheitlichen Tarifvertrages für alle Standorte und alle Beschäftigten vereinfachte die Personalpolitik der ING DiBa erheblich. Auch der Vorstandsvorsitzende der ING DiBa Benn Tellings stellte in seiner Stellungnahme zum Tarifabschluss die »Ordnungsfunktion« des Haustarifvertrags heraus:

> »Das Wichtigste am neuen Tarifvertrag ist für uns, dass alle Mitarbeiter der ING-DiBa unter einem gemeinsamen Dach zusammengeführt worden sind. [...] Ungleichheiten sind kontraproduktiv und einer motivierten und engagierten Belegschaft, wie wir sie uns wünschen, nicht förderlich. Für alle Mitarbeiter gleiche und transparente Bedingungen herzustellen – das war der Hauptgrund für uns, mit ver.di diesen Tarif auszuhandeln. Während andere auf Outsourcing setzen, halten wir den entgegengesetzten Weg für richtig.« (ING DiBa 2006)

Obwohl die Arbeitgeberseite ein explizites Interesse an einem Tarifabschluss hatte, verfügte ver.di in den Tarifverhandlungen nur über eine geringe Durchsetzungsmacht. Die Konzernführung definierte den finanziellen Rahmen, in dem sich ein Abschluss bewegen dürfte. Der Tarifvertrag durfte, so der Standpunkt der Arbeitgebervertreter, zu keiner Erhöhung der Arbeitskosten führen. Ver.di ging auf die Forderungen ein, auch um im bislang tariffreien Segment der Direktbanken zu einem Pilotabschluss zu kommen (Int. ver.di 7). Allerdings haben sich die Hoffnungen, die die Gewerkschaft mit dem Tarifabschluss verband, zumindest bislang nicht erfüllt. Weder ist es ver.di gelungen, in den Callcentern der ING DiBa die eigene Mitgliederbasis signifikant zu erhöhen, noch hat der Tarifabschluss bislang Ausstrahlungseffekte auf andere Direktbanken gehabt. Letztendlich war der Tarifabschluss untrennbar mit der besonderen Entstehungsgeschichte der ING DiBa verbunden. In den anderen Direktbanken fehlt es ver.di hingegen an einem Gegenüber, der auch ohne glaubwürdige Gegenmachtdrohung der Gewerkschaft ein Interesse an einem Tarifabschluss hat. Der vorwiegend über den Preis geführte Verdrängungswettbewerb unter den Direktbanken blockiert eine Ausweitung des Haustarifvertrags auf andere Unternehmen.

8.4. Externe Callcenter – Interessenvertretung mit knappen Ressourcen

Weil die externen Callcenter seit der ver.di-Gründung einen eigenständigen Organisationsbereich bilden, ist ihnen an dieser Stelle ein eigenes Kapitel gewidmet. Angesichts des deutlich abgeschwächten Wachstums der gesamten Branche nach dem Platzen der New Economy-Blase 2001 kam auch der Gründungsboom der Dienstleistungsunternehmen zum Erliegen. Aufgrund des in vielen Branchen bereits erreichten hohen Verlagerungsniveaus findet zusätzliches Outsourcing in der Konsolidierungsphase nur noch in Ausnahmefällen statt. In mehreren, in der Vergangenheit für die externen Callcentern eminent wichtigen Auftraggeberbranchen hat sich das Wachstum des Anrufvolumens bis zum Erliegen verlangsamt, im Versandhandel war das Vergabevolumen zeitweise sogar rückläufig. Zwar propagieren viele Dienstleistungsunternehmen unter dem Stichwort des BPO (*Business Process Outsourcing*) die Fremdvergabe der gesamten Kundenkommunikation, allerdings lehnen die meisten Auftraggeber bislang eine Komplettverlagerung aufgrund des drohenden Kontrollverlusts und der Vorteile ab, die aus der Konkurrenzsteuerung mehrerer parallel eingesetzter Dienstleister resultieren. Unter den externen Callcentern haben die Stagnation des Verlagerungsvolumens und die Durchsetzung des neuen Steuerungsmodus zu Konsolidierungs- und Konzentrationsprozessen geführt. Zahlreiche kleine und mittlere Betriebe sind von großen Akteuren geschluckt worden.

Die Organisation – Segmentierte Interessenvertretung und Ressourcenknappheit

Organisationspolitisch war die ver.di-Gründung ein tiefer Einschnitt für die Gewerkschaftsarbeit in der sich entwickelnden Callcenter-Branche. Seit 2001 ist der Fachbereich »Besondere Dienstleistungen« für die von der Gewerkschaft als »branchenunabhängig« bezeichneten externen Callcenter zuständig. Durch die Einpassung in die Fachbereichsstrukturen von ver.di ist die Interessenvertretung in diesen Betrieben organisatorisch und personell von der Betreuungsarbeit der internen Callcentern getrennt worden, die – wie bereits in vorangegangenen Unterkapiteln diskutiert – weiterhin in die Zuständigkeitsbereiche der für die Mutterunternehmen verantwortlichen Fachbereiche fallen. Dadurch liegen die Organisationsstrukturen von ver.di faktisch quer zu den Marktverhältnissen der immer stärker zusammenwachsenden Branche der Callcenter. Die Arbeit des Fachbereichs »Besondere Dienstleistungen« (FB13), der ein Sammelsurium mitgliederschwacher Branchen darstellt, wird in hohem Maße von der strikt nach Mitgliederzahlen ausgerichteten internen Mittelverteilung innerhalb der Dienstleistungsgewerkschaft beeinträchtigt. Da die Budgetierungsrichtlinie eine Umverteilung von Ressourcen zwischen den mitgliederstarken und damit auch beitragsmächtigen Fachbereichen (»Telekommunikation«, »Finanzdienstleistungen«) und den mitgliederschwachen Fachbereichen verhindert, fehlt es dem Fachbereich »Besondere Dienstleistungen« an den notwendigen Ressourcen, um über die Betreuung von Mitgliedern vor Ort hinaus eine flächendeckende aktive Organisierungsarbeit durchzuführen:

»Wenn auf einen hauptamtlichen Kollegen oder eine Kollegin vor Ort mehrere problematische Dinge zugetragen werden, dann soll er sich auch noch um den problematischen Bereich Callcenter kümmern. Dann ist es ganz klar, dass dieser Bereich oft hinten drüber fällt. Dann findet dort keine gewerkschaftliche Betreuung statt, das muss man selbstkritisch zugeben, dann kann man aber auch nicht erwarten, dass die Leute erkennen, dass es wichtig ist, sich gewerkschaftlich zu organisieren.« (Int. ver.di 1)

In vielen Bezirken mangelt es unter diesen Bedingungen an den notwendigen Ressourcen, um in den mitbestimmungsfreien und nicht tarifgebundenen Dienstleistungsunternehmen funktionierende Interessenvertretungsstrukturen aufzubauen.

Haustarifvertrag der Walter TeleMedien – Tarifvertragliche Vereinheitlichung der Arbeitszeitregelungen

Offizielles Ziel der Fachbereichsarbeit ist der Abschluss eines Branchentarifvertrags für die als »branchenunabhängig« bezeichneten externen Callcenter. Anders als noch in den verschiedenen Projekten in der zweiten Hälfte der 1990er Jahre basiert die gewerkschaftliche Problemwahrnehmung nicht mehr primär auf dem Druck, der von den schlechteren Standards in den externen Callcentern auf die strategische Durchsetzungsfähigkeit in der tariflichen Arena ausging, sondern auf den Arbeitsbedingungen und der Beschäftigungsqualität in den Dienstleistungsunternehmen. Niedrige Löhne, umfassende Befristung der Beschäftigungsverhältnisse sowie unregelmäßige und vor allem willkürliche Arbeitszeiten machen in den Augen des Fachbereichs viele externe Callcenter zu einem Ort, an dem sich mehrere Dimensionen prekärer Arbeit verdichteten (Int. ver.di 1, ver.di 5, ver.di 12). Kurz- und mittelfristig ist ein solcher Tarifabschluss jedoch nicht in Sicht, da es der Gewerkschaft an Mitgliedern und damit an Organisationsmacht in den Betrieben fehlt. Faktisch existiert nicht einmal ein tarifpolitisches Gegenüber: Die beiden Verbände der Branche, das Call-Center-Forum (CCF) und der Deutsche Direktmarketing Verband (DDV), verstehen sich explizit nicht als Tarifparteien.

Trotz der aus der Ressourcenschwäche und ihrer Branchensegmentierung resultierenden Passivität der Interessenvertretung in den externen Callcentern ist dem Fachbereich »Besondere Dienstleistungen« im Sommer 2003 ein erster Tarifabschluss gelungen. Mit der Walter TeleMedien-Gruppe, einem der Marktführer im Segment der externen Callcenter, schloss die Gewerkschaft einen Haustarifvertrag. Wichtigster Regelungsgegenstand des in der Zwischenzeit mehrfach verlängerten Tarifvertrags ist ein Arbeitszeitkonto mit einem zwölfmonatigen Ausgleichszeitraum, Entgeltfragen werden hingegen im offiziell als Rahmentarifvertrag (RTV) klassifizierten Haustarifvertrag ausgeklammert. Für die Arbeitgeberseite hat der Tarifabschluss eine erhebliche Flexibilisierung der Arbeitszeit der Stammbelegschaften mit sich gebracht: Durch das Jahresarbeitszeitkonto (JAZ) kann das Unternehmen flexibel – und damit personalkostenneutral – auf die hohen saisonalen Schwankungen reagieren. Für die Beschäftigten hat sich durch den Tarifabschluss das Prekaritätsrisiko verringert: Ihre Entlohnung wird zumindest partiell von den Marktschwankungen entkoppelt, denn der monatliche Grundlohn richtete sich nach der Jahresarbeitszeit und nicht mehr nach den im Vormonat tatsächlich geleisteten Stunden.

Vom Fachbereich »Besondere Dienstleistungen« intern als »historische Meisterleistung« (ver.di 2003: 8) und als Türöffner bezeichnet, ist der Haustarifvertrag der Walter TeleMedien-Gruppe in der Realität jedoch ebenso ein »Kind« der Konsolidierungsphase der Callcenter-Branche wie der Haustarifvertrag bei der Direktbank ING DiBa. Der Tarifabschluss beruhte weniger auf einer glaubhaften Gegenmachtdrohung der Gewerkschaft, sondern vielmehr auf dem instrumentellen Nutzen, den der Haustarifvertrag als Ordnungsfaktor und als Instrument der Arbeitszeitflexibilisierung für den Arbeitgeber hatte. Aufgrund der schwachen Mitgliederbasis in den Betrieben war ver.di nur eingeschränkt mobilisierungsfähig. Die Gewerkschaftsvertreter versuchten, die Arbeitgeberseite vom betriebswirtschaftlichen Nutzen eines Tarifvertrages zu überzeugen:

»Wir haben versucht einen Konsens herzustellen, damit er [der Tarifvertrag, HH] sich auch für den Arbeitgeber lohnt. Mit Überredungskünsten haben wir den Arbeitgeber davon überzeugt. [...] Sie haben zum Beispiel 80 verschiedene Arbeitszeitregelungen gehabt. Jeder Einzelne hatte etwas anderes. [...] Mit dem Rahmentarifvertrag haben wir letztendlich ein paar Ordnungsfaktoren geschaffen, ein paar Haltelinien eingezogen. [...] Ein Tarifvertrag ist auch ein Ordnungsfaktor. Das haben die am Anfang gar nicht verstanden.« (Int. ver.di 3)

Durch die vielen Übernahmen, mit denen der Konzern in der Konsolidierungsphase der Callcenter-Branche gewachsen war, existierte eine unübersichtliche Vielfalt von Arbeitszeit- und Entgeltregelungen, die erhebliche administrative Kosten verursachte. Unter diesen Bedingungen leistete der Haustarifvertrag als Ordnungsfaktor einen wichtigen Beitrag zur Vereinheitlichung der Personalpolitik des Konzerns. Überspitzt ausgedrückt: Mit dem Abschluss des Haustarifvertrags erbrachte ver.di eine Dienstleistung für den Arbeitgeber. Denn ohne Tarifvertrag wäre die Einführung eines Jahresarbeitszeitkontos nicht möglich gewesen.[3]

Entgelttarifvertrag der Walter Telemedien – Verschiebung von Machtressourcen durch Standortverkäufe

Zwar hat ver.di die Konzernführung der Walter-Gruppe nach Abschluss des Rahmentarifvertrags 2003 wiederholt zu Verhandlungen über einen Entgelttarifvertrag aufgefordert, aber die Arbeitgeberseite lehnte dieses Ansinnen jedes Mal ab. Um diese an den Verhandlungstisch zu bringen, wäre eine starke Mitgliederbasis in den externen Callcentern notwendig gewesen. Erst fünf Jahre später änderte sich die Aushandlungskonstellation – und zwar als Nebenfolge der bereits angesprochenen Übernahme mehrere Standorte der Deutschen Telekom. Die Betriebsübergänge der sieben Standorte mit über 1.100 Beschäftigten zwischen Dezember 2006 und April 2007 brachten nämlich auch eine Verschiebung von Organisations-

3 Im Arbeitszeitgesetz (ArbZG) ist die Länge des Ausgleichszeitraums auf sechs Monate begrenzt, nur per Tarifvertrag oder zumindest aufgrund eines Tarifvertrags kann ein längerer Ausgleichszeitraum vereinbart werden (§7 ArbZG 1.1a).

macht zwischen den Fachbereichen »Telekommunikation« und »Besondere Dienstleistungen« mit sich. In den meisten ehemaligen VCS-Standorten der Deutschen Telekom liegt der Organisationsgrad aufgrund des Bestandes an Beamten und Alt-Angestellten der Bundespost relativ stabil bei 30 Prozent, in Einzelfällen sogar bei 50 Prozent (Int. VCS). Durch die Betriebsübergänge verfügt ver.di zum ersten Mal auch im Segment der externen Callcenter über mehrere Organisationshochburgen. Der Fachbereich »Besondere Dienstleistungen« nutzte die neu gewonnene Organisationsmacht, um im Herbst 2008 einen neuen Anlauf für den Abschluss eines Entgelttarifvertrags bei der Walter-Gruppe zu nehmen. Durch Warnstreiks an den relativ gut organisierten alten VCS-Standorten zwang die Gewerkschaft die Arbeitgeberseite an den Verhandlungstisch (ver.di 2008a, 2008b). Nachdem die Tarifkommission ein erstes Angebot der Konzernführung der Walter-Gruppe im Dezember abgelehnt hatte, kam es nach mehrmonatigen Verhandlungen im Juli 2009 zu einem Abschluss. Rückwirkend zum 1. Mai 2009 wurden ein transparentes Entlohnungssystem mit einem Einstiegsgrundlohn von 7,50 Euro sowie Nacht- und Wochenendzuschläge verbindlich festgelegt (ver.di 2009). Besonders für die Beschäftigten der ostdeutschen Standorte stellt der Tarifvertrag eine deutliche Verbesserung ihrer Entlohnungssituation dar. Auch wenn es sich bei dem Abschluss nur um einen Haustarifvertrag handelt, der nicht der grundlegenden These von der Fragmentierung des Tarifvertragssystems widerspricht, wird an den Auseinandersetzungen bei der Walter-Gruppe deutlich, dass auch im Segment der externen Callcenter tarifpolitische Erfolge möglich sind.

9. Fazit – Abwärtsnivellierung der Tarifstandards und der Interessenvertretungsansätze

In den vorangegangenen Kapiteln wurden in den drei Phasen der Formierung der Callcenter-Branche die organisierten Arbeitsbeziehungen in der tariflichen Arena untersucht. Auch fast zwei Jahrzehnte nach der Etablierung der ersten Callcenter bei der Deutschen Bundespost und in einigen Versandhandelsunternehmen ist es den deutschen Gewerkschaften nicht gelungen, die neue Branche mit ihren inzwischen über 500.000 Beschäftigten (Stand 2010) in das System der Flächen- bzw. Branchentarifverträge zu integrieren. Im Gegenteil: Die Reichweite der Flächentarifverträge hat in deutschen Callcentern deutlich abgenommen. Nur jeder achte Betrieb unterliegt heute noch einem Branchentarifvertrag. Aus der Perspektive der etablierten Organisationsbereiche muss im Hinblick auf die Callcenter jeweils eine Fragmentierung der Tarifvertragssysteme konstatiert werden. Es existiert heute ein differenziertes System von Tarifregelungen, der Flächentarifvertrag hat in allen drei Untersuchungsbereichen seine Leitfunktion für die Arbeits- und Entgeltbedingungen in Callcentern verloren.

Wichtigste Triebkraft der tarifpolitischen Fragmentierungsprozesse war die über den Markt ausgetragene Konkurrenz zwischen den internen Callcentern vieler Großunternehmen und den externen Callcentern – deshalb kann auch von einer marktgetriebenen Fragmentierung gesprochen werden. Die externen Callcenter, in der zweiten Hälfte der 1990er Jahre an den Rändern der Tarifvertragssysteme etabliert, sind in der Konsolidierungsphase zum neuen Gravitationszentrum der Callcenter-Branche geworden. Das Gros der internen und der ausgegliederten Callcenter orientiert sich heute an den Entlohnungs- und Arbeitsstandards in den mit einer einzigen Ausnahme nicht tarifgebundenen externen Dienstleistern. Während es für die Arbeitskräfte in der Vergangenheit mit Blick auf die zentralen Arbeits- und Entlohnungsbedingungen einen erheblichen materiellen Unterschied machte, ob sie in einem tarifgebundenen internen Callcenter der Deutschen Telekom oder eines Versandhandelsunternehmens beschäftigt oder ob ihr Arbeitgeber zu den nicht tarifgebundenen externen Callcentern gehörte, schwinden die Differenzen in den letzten Jahren zusehends. Durch die von den Auftraggebern geschürte Marktkonkurrenz konvergieren die Standards tendenziell auf dem Niveau der Dienstleistungsunternehmen, die weiterhin eine überwiegend tariffreie Zone darstellen.

Marktgetriebene Fragmentierung der Tarifstandards

Die Ausgangsfrage für die Untersuchung der überbetrieblichen Arbeitsbeziehungen in der Callcenter-Branche lautete: Welchen Einfluss haben die Marktverhältnisse auf die Arbeitsbeziehungen der Callcenter-Branche in der tariflichen Arena? Der Vergleich der gewerkschaftlichen Reaktionen in drei Feldern (Telekommunikation, Versandhandel, Bankgewerbe) und drei Phasen der Branchenformierung (Etablierungs-, Expansions-, Konsolidierungsphase) verdeutlicht, dass die phasenspezifische Ausformung der Marktverhältnisse erheblichen Einfluss auf die Entwicklung der Tarifvertragssysteme und die gewerkschaftliche Durchsetzungsfähigkeit in der tariflichen Arena hatte – allerdings jeweils vermittelt über die spezifische Logik des betroffenen Organisationsbereichs. Denn: Reagiert haben die untersuchten Organisationen DPG, DAG, HBV und ver.di in den einzelnen Organisationsbereichen jeweils völlig unabhängig voneinander – und zwar entsprechend der Auswirkungen der Marktverhältnisse auf die Fähigkeit, ihre etablierten Strategien zu verfolgen. Selbst innerhalb der Gewerkschaften HBV und DAG, die in zwei Organisationsbereichen mit dem Phänomen Callcenter konfrontiert waren, entwickelten sich keine nennenswerten organisationsbereichsübergreifenden Aktivitäten. Paradoxerweise hat sich mit der Gründung der Multibranchenorganisation ver.di der Einfluss der Logik der Organisationsbereiche noch verstärkt. Während der Verbundprozess in der zweiten Hälfte der 1990er Jahre ein organisationspolitisches »Möglichkeitsfenster« für die Entdeckung der Callcenter als Handlungsfeld darstellte, indem gewerkschaftsübergreifende Kooperationsprojekte angestoßen und Ressourcen umverteilt wurden, befördern die Organisationsstrukturen der neu gegründeten Gewerkschaft »Branchenegoismen«. Über die Fachbereichsgrenzen hinweg findet in der Multibranchengewerkschaft ver.di kaum Kooperation statt, zudem wird eine Umverteilung von Ressourcen zwischen mitgliederstarken und mitgliederschwachen Fachbereichen erschwert.

In der Etablierungsphase der Branche (1990–1995) ging von den neu eingerichteten Callcentern noch kein Druck auf die gewerkschaftliche Durchsetzungsfähigkeit in den tariflichen Arenen der untersuchten Organisationsbereiche aus. Die Unternehmen setzten die neue Technik ein, um die Produktion von interaktiven Kundenkommunikationsdienstleistungen zu rationalisieren und aus der klassischen Sachbearbeitung herauszulösen. Die neuen Arbeitsplätze entstanden überwiegend innerhalb der Flächentarifverträge. Im Telekommunikationssektor kamen die Tarifverträge der Bundespost zur Anwendung, in den Callcentern der Direktbanken die Flächentarifverträge des Bankgewerbes. Einzige Ausnahme war der Versandhandel: Hier arbeiteten einige Großunternehmen schon in den frühen 1990er Jahren mit externen Callcentern zusammen, um die für allgemeinverbindlich erklärten Tarifverträge des Einzelhandels zu umgehen. Aufgrund der besonderen Konstellation im Einzelhandel – AVE der Flächentarifverträge bei geringer Organisationsmacht – wirkte die Umgehung der Tarifnormen jedoch nicht auf die gewerkschaftliche Durchsetzungsfähigkeit in der tariflichen Arena zurück.

Anders in der Expansionsphase der Callcenter-Branche (1996–2001): Unabhängig voneinander »entdeckten« die DPG in der Telekommunikation und die HBV und die DAG im Bankgewerbe nicht tarifgebundene Callcenter als spezifisches gewerkschaftliches Handlungsfeld. Hintergrund war, dass die Durchsetzungsfähigkeit der Gewerkschaften in den tariflichen Arenen der jeweiligen Organisationsbereiche durch die veränderten Unternehmensstrategien sowie die Konkurrenz zwischen den internen Callcentern der Auftraggeberunternehmen und den Dienstleistern unter Druck geriet. Einerseits entschieden sich viele Großunternehmen, die eigenen internen Callcentern nicht entsprechend des Wachstums des Anrufvolumens auszuweiten und dementsprechend Beschäftigung aufzubauen. Andererseits weigerten sich die externen Callcenter existierende Tarifverträge anzuwenden. Auftraggeber aus allen drei Untersuchungssegmenten nutzten die von ihnen geschürte Konkurrenz zwischen den eigenen Callcentern und den externen Dienstleistungsunternehmen, um Druck auf die Arbeits- und Entlohnungsstandards und die Interessenvertretungen in den eigenen Einheiten auszuüben. Als Reaktion auf die erodierende Durchsetzungsfähigkeit versuchten die Gewerkschaften in der Telekommunikation und im Bankgewerbe, die nicht organisierten Betriebe in das Tarifvertragssystem des jeweiligen Organisationsbereichs zu integrieren. Der Versandhandel stellte hingegen einen Kontrastfall dar: HBV und

DAG ignorierten die wachsenden externen Callcenter, obwohl sich dort weder die Arbeits- und Entlohnungsbedingungen noch die Marktverhältnisse signifikant von denen in den beiden anderen Organisationsbereichen unterschieden. Aufgrund der Einbettung in den größeren Einzelhandel und der partiellen institutionellen Entkoppelung der gewerkschaftlichen Durchsetzungsfähigkeit von den Marktverhältnissen durch die Allgemeinverbindlichkeitserklärung der Einzelhandelstarifverträge baute sich im Versandhandel kein vergleichbarer Druck auf.

In der Konsolidierungsphase der Callcenter-Branche (seit 2002) spielten Callcenter in keinem der untersuchten Organisationsbereiche eine große Rolle mehr – obwohl die Interessenvertretungen in allen drei Fällen unter Druck gerieten. Ein Ausdruck der nachlassenden Durchsetzungsfähigkeit ist die Erosion der Flächentarifverträge. Ver.di hat in vielen internen Callcentern, die in der Vergangenheit in die Flächentarifverträge eingebunden waren, die Absenkung der Tarifstandards hinnehmen müssen. Auffällig ist die Passivität der Interessenvertretung in der Konsolidierungsphase: Die im Rahmen des Verbundprozesses angeschobenen Organisierungsprojekte wurden allesamt eingestellt. In keinem ver.di-Fachbereich wird gegenwärtig aktiv die Strategie verfolgt, in den nicht gewerkschaftlich organisierten und nicht tarifgebundenen Betrieben Vertretungsstrukturen aufzubauen. Auf den ersten Blick widerspricht der Rückzug der Gewerkschaften in der Konsolidierungsphase der Annahme, dass sie als Interessenvertretungsorganisationen insbesondere auf Entwicklungen in ihrer Umwelt reagieren, die ihre Fähigkeit beeinträchtigen, etablierte Strategien zu verfolgen. Denn die verschärfte Konkurrenz zwischen vielen internen Callcentern und Dienstleistungsunternehmen zwang die Gewerkschaften selbst in ihren Hochburgen in die Defensive. Im Vergleich mit der Expansionsphase hat sich der Maßstab für den Markttest der internen Callcenter in vielen Branchen verschoben: Nicht mehr die Entlohnungsstandards in den internen Callcentern der Konkurrenten der Mutterunternehmen werden als Benchmark herangezogen, sondern die Standards in den überwiegend nicht tarifgebundenen externen Callcentern. Angesichts des Marktdrucks, der auf den internen Callcentern lastet, ist die gewerkschaftliche Durchsetzungsfähigkeit in der tariflichen Arena gering. Die Beispiele der Deutschen Telekom und der großen Versandhandelsunternehmen Quelle und Otto haben gezeigt, dass ver.di die Callcenter nur um den Preis erheblicher Abweichungen vom Flächentarifvertrag überhaupt innerhalb des Tarifvertragssystems halten konnte.

Dass die gewerkschaftliche Interessenvertretung trotz dieser Entwicklungen von Passivität gekennzeichnet ist, lässt sich auf eine Dominanz der Logik der etablierten Organisationsbereiche zurückführen. Die Marktverhältnisse wirken eben nicht im luftleeren Raum auf die gewerkschaftliche Durchsetzungsfähigkeit ein, sondern innerhalb historisch gewachsener Organisationsbereiche. Auf der einen Seite stellen die Callcenter und ihre Beschäftigten in den etablierten Organisationsbereichen rein beschäftigungstechnisch nur Randphänomene dar. Dies gilt für alle drei untersuchten Organisationsbereiche. Auf der anderen Seite hat die Entscheidung, mit der ver.di-Gründung die externen Callcenter dem Zuständigkeitsbereich des Fachbereichs »Besondere Dienstleistungen« zuzuordnen, die Richtung für die Interessenvertretung in der Callcenter-Branche vorgegeben. Seit 2001 sind die Fachbereiche, die die Tarifverhandlungen in den internen Callcentern der verschiedenen Branchen führen, nicht mehr für die Betreuung der externen Callcenter und ihrer Beschäftigten zuständig. Die Dienstleister, deren niedrigere Entlohnungsstandards von den Auftraggebern instrumentalisiert werden, um Druck auf die eigenen Belegschaften und ihre Interessenvertretungen auszuüben, liegen somit außerhalb der Zuständigkeiten der betroffenen Fachbereiche. Erschwerend kommt hinzu, dass innerhalb der Vereinten Dienstleistungsgewerkschaft weder eine Ressourcenumverteilung zwischen den, gemessen an Mitgliederzahlen, großen und den kleinen Fachbereichen vorgesehen ist noch eine systematische Kooperation über die Fachbereichsgrenzen hinweg. In keinem Fall haben die noch vertretungsstarken Fachbereiche wie «Telekommunikation« oder »Handel« ihre Organisationsmacht in den Auftraggeberunternehmen eingesetzt, um die Bedingungen der Interessenvertretung in den weiterhin fast ausnahmslos nicht tarifgebundenen externen Callcentern zu verbessern.

Eine Folge der rigiden Branchensegmentierung der Gewerkschaftsarbeit ist, dass die mit dem Zusammenschluss der Einzelgewerkschaften DAG, DPG, HBV, IG Medien und ÖTV überwunden geglaubten Organisationskonkurrenzen in veränderter Form wieder auftauchen: Die quer zu den Grenzen etablierter Organisationsbereiche liegenden Marktverhältnisse führen zu einer Überforderung der – in eben jenen Grenzen gefangenen – kollektiven Interessenvertretung. Deutlich wurde dieser Umstand an den internen Konflikten über den Abschluss des Haustarifvertrags der Walter-Gruppe, einem der Marktführer im Segment der externen Callcenter. Vom Fachbereich »Besondere Dienstleistungen« als tarifpolitischer »Türöffner«

bezeichnet, kritisierte der Fachbereich »Telekommunikation« den Tarifabschluss vehement als »Bärendienst an der Organisation« (Int. ver.di 9). In den Einschätzungen spiegeln sich exakt die Positionen wider, die die Belegschaften, deren Interessen die beiden Fachbereiche vertreten, jeweils in den Marktverhältnissen einnehmen: Aus der Perspektive der externen Callcenter repräsentiert der Haustarifvertrag den bisher einzigen erfolgreichen Tarifabschluss in diesem Segment. Für den Fachbereich »Besondere Dienstleistungen« stellt der Tarifvertrag deswegen konsequenterweise einen tarifpolitischen Hoffnungsschimmer dar. Aus der Perspektive des Fachbereichs »Telekommunikation« sieht die Situation hingegen anders aus: Die Entlohnungsunterschiede zwischen dem Haustarifvertrag mit der Walter-Gruppe und dem Konzerntarifvertrag der Telekom wurden von der Konzernleitung der Deutschen Telekom in den Tarifverhandlungen für die ausgegliederten Callcenter der Telekom (DTKS) instrumentalisiert, um die Gewerkschaft zum Abschluss eines schlechter dotierten Haustarifvertrags zu drängen. Die Konflikte sind bis heute ungelöst, wie eine Vertreterin des Fachbereichs »Besondere Dienstleistungen« verdeutlicht:

»Die sagen: ›Ihr macht uns die Organisation kaputt.‹ […] Aber die Callcenter, die auf dem freien Markt entstanden sind, unabhängig von großen Unternehmen, die haben samt und sonders keine Tarife. Das ist eine ganz andere Welt. Dieser Diskussion muss man sich auch stellen. Wenn man sich in so einen Bereich hinein begibt, dann kann man keinen Tarifvertrag abschließen, der auf dem Niveau der Telekom liegt. Das wäre schön, aber es geht nicht. Der Preisdruck in den freien Callcentern ist hoch, dementsprechend sind auch die Bedingungen.« (Int. ver.di 3)

Die strikt branchenorientierte Segmentierung der Gewerkschaftsarbeit in den Organisationsstrukturen von ver.di wirkt aufgrund des Widerspruchs zu den organisationsbereichsübergreifenden Marktverhältnissen wie eine »Zwangsjacke« für die Interessenvertretung: Alle Versuche der Gewerkschaft, in der neuen Branche handlungsfähig zu werden, werden dadurch faktisch im Keim erstickt. Die Beschäftigten und ihre Interessenvertretungen werden auf diese Art und Weise zum Spielball der von den Auftraggebern in erheblichem Umfang mitproduzierten und für ihre Interessen instrumentalisierten Marktverhältnisse. Selbst in den ehemaligen Callcentern der Festnetzsparte T-Com, in denen der Organisationsgrad noch heute bei 70 Prozent liegt, untergräbt die auf Dauer gestellte Konkurrenz mit Dienstleistern die Handlungsfähigkeit der Interessenvertretungen.

Marktgetriebene Homogenisierung der Interessenvertretung

Durch den Prozess der marktgetriebenen Branchenkonsolidierung kam es in der Callcenter-Branche nicht nur zu einer Abwärtsbewegung der Tarifstandards, sondern auch zu einer Nivellierung der Interessenvertretungsansätze. Während der gewerkschaftliche Umgang in den frühen 1990er Jahren noch von einer erheblichen Heterogenität gekennzeichnet war, glichen sich im weiteren Verlauf der Branchenformierung die Ansätze schrittweise an. Heute unterscheiden sich die Gewerkschaftsstrategien und der Einfluss der Interessenvertretungen auf die Arbeitsorganisation in den untersuchten Organisationsbereichen kaum noch voneinander. Nicht nur die Arbeits- und Entgeltbedingungen der Beschäftigten sind durch die über den vermeintlich anonymen Markt ausgetragenen Strategien der Arbeitgeber kleingearbeitet worden, auch die Strategien und Interessenvertretungsansätze haben sich auf niedrigem Niveau angeglichen. Im Ergebnis haben sich innerhalb der Callcenter-Branche auch die Praktiken der Interessenvertretung angeglichen – allerdings auf einem Niveau, das weit unterhalb des traditionellen Einflusses der Gewerkschaften in den 1990er Jahren liegt.

Noch in der Etablierungsphase der Callcenter-Branche wurde die Art der strategischen Reaktion der Gewerkschaften entscheidend von den Interessenvertretungstraditionen, den Marktverhältnissen und den Machtkonstellationen des jeweiligen Organisationsbereichs geprägt. Da die Gewerkschaften die Callcenter im Rahmen ihrer regulären Betriebs- und Tarifpolitik betreuten, hätten die Unterschiede zwischen den gewerkschaftlichen Reaktionsmustern kaum größer sein können: Im Bereich der Callcenter der Bundespost, aus der sich erst durch die Postreformen 1989 und 1994 schrittweise ein Telekommunikationssektor im eigentlichen Sinne entwickelte, gelang es der DPG, die technisch-organisatorische Umrüstung der Auskunftsstellen sozialpartnerschaftlich mitzugestalten und mit Hilfe der gewerkschaftlich organisierten Personalräte, die neben ihrer Funktion als Interessenvertreter im Betrieb auch die lokale Gewerkschaftsebene bildeten, detaillierten Einfluss auf die betriebliche Arbeitsorganisation zu nehmen. Auch im Versandhandel übertrugen die Gewerkschaften ihre regulären betriebs- und tarifpolitischen Strategien auf das neue Feld der Callcenter: HBV und DAG reagierten auf die Umgehung der für allgemeinverbindlich erklärten Tarifverträge durch die Verlagerung an externe Callcenter genauso wie auf die Umgehung der Tarifnormen durch den Einsatz von geringfügiger Beschäftigung und der Ausgliederung einzelner

Unternehmensteile im restlichen Einzelhandel. Anders als die DPG hatten die Gewerkschaften im Einzelhandel keinen nennenswerten Einfluss auf die betriebliche Arbeitsorganisation. Die Einführung neuer Techniken und deren arbeitspolitische Folgen (Arbeitsverdichtung, Kontrolle) wurden weder von der HBV noch von der DAG problematisiert. Ähnliches galt im Übrigen auch für das Bankgewerbe, in dem die besonders betroffene HBV die wenigen Callcenter in den bis Mitte der 1990er Jahre eher marginalen Direktbanken ebenfalls im Rahmen der regulären Interessenvertretungspolitik mit betreute. Trotz der zunehmenden Unzufriedenheit der Beschäftigten mit der Rationalisierung der Angestelltenarbeit im Bankgewerbe gelang es den Gewerkschaften jedoch nicht, Einfluss auf arbeitsorganisatorische Themen zu gewinnen.

In der Expansionsphase der Branche nahm die Heterogenität des Umgangs mit Callcentern spürbar ab. Allerdings war diese Annäherung nicht das Resultat eines gewerkschaftsinternen Strategiebildungsprozesses, sondern ging auf den schwindenden Einfluss der Gewerkschaften in ihren Organisationshochburgen zurück. Die DPG versuchte zwar, auch unter den Bedingungen des liberalisierten Telekommunikationssektors ihren tradierten Einfluss auf die Arbeitsorganisation aufrecht zu erhalten und an die Tradition der sozialpartnerschaftlichen Beziehungen zur Arbeitgeberseite anzuknüpfen und konnte in den internen Callcentern des Telekom-Konzerns partielle Erfolge erzielen. In den internen Einheiten der neuen Anbieter und in den externen Callcentern scheiterten die Bemühungen jedoch weitgehend. Allerdings neutralisierte das starke Wachstum des Telekommunikationsmarkts die Auswirkungen der tiefen Spaltung des Organisationsbereichs. Im Bankgewerbe verlief die Entwicklung ähnlich, nur dass die Auswirkungen der veränderten Marktverhältnisse in diesem Organisationsbereich aufgrund des – im Vergleich mit dem Telekommunikationssektor – fehlenden Marktwachstums die gewerkschaftliche Durchsetzungsfähigkeit in der tariflichen Arena negativ beeinträchtigten. Die HBV und die DAG versuchten, auch die von den großen Privatbanken gegründeten Direktbanken in das dreigliedrige Flächentarifvertragssystem zu integrieren. Im Einklang mit den Traditionen der Interessenvertretung im Bankgewerbe und angesichts des geringen Durchsetzungspotenzials verzichteten die Gewerkschaften auf Versuche, Einfluss auf die betriebliche Arbeitsorganisation in den Callcentern der Direktbanken zu nehmen. Im Versandhandel knüpften die betroffenen Gewerkschaften HBV und DAG hingegen an die für den Einzelhandel so charakteristische Tradition des »Ausklammerungshandelns« an.

In der Konsolidierungsphase setzte sich der Erosionsprozess gewerkschaftlicher Durchsetzungsfähigkeit fort – und damit auch die Angleichung der Gewerkschaftsstrategien und Interessenvertretungspraktiken auf niedrigem Niveau: Ver.di verlor vor allem in den verbliebenen Hochburgen an Einfluss. Die Verstetigung der Konkurrenz zwischen den internen Callcentern der Auftraggeber und den Dienstleistern hebelte die noch bestehende Organisationsmacht aus. Im Telekommunikationssektor ist selbst in den ehemaligen Callcentern der Festnetzsparte der Deutschen Telekom, die auch mehr als ein Jahrzehnt nach der Privatisierung der Bundespost noch Hochburgen gewerkschaftlicher Organisation darstellen, der von der DPG geerbte Anspruch, Einfluss auf die betriebliche Arbeitsorganisation zu nehmen und sozialpartnerschaftliche Beziehungen zur Arbeitgeberseite zu pflegen, nicht mehr einzulösen. In den untersuchten Segmenten der Callcenter-Branche gleicht sich die praktische Gewerkschaftsarbeit faktisch auf unterstem Niveau an. Sie beschränkt sich darauf, der unvermeidlich erscheinenden Abwärtsspirale tariflicher Standards ein »sozialverträgliches« Antlitz zu verleihen und in den noch verbliebenen Hochburgen Übergangsregelungen und Bestandsschutzklauseln auszuhandeln. Aus den nicht organisierten und in der Regel auch nicht tarifgebundenen Callcentern hat sich ver.di hingegen resigniert zurückgezogen. Letzten Endes wurden nicht nur die Arbeits- und Entgeltbedingungen kleingearbeitet, sondern auch die in der Etablierungsphase in den Callcentern noch beobachtbaren organisationsbereichsspezifischen Interessenvertretungstraditionen und Einflussmöglichkeiten.

Die »strategische Wahl« der kollektiven Interessenvertretung

Freilich stehen die Gewerkschaften der zersetzenden Kraft der Marktverhältnisse nicht machtlos gegenüber. Denn die Fragmentierung der Tarifvertragsstrukturen und die Erosion der eigenen Durchsetzungsfähigkeit in der gesamten Callcenter-Branche sind auch eine Folge der aus den selbst gewählten Organisationsstrukturen resultierenden Segmentierung der gewerkschaftlichen Interessenvertretung. Die an den Grenzen historisch gewachsener Branchen ausgerichtete Interessenvertretung hat sich angesichts des organisationsbereichsübergreifenden Charakters der neuen Branche und der sie konstituierenden Marktverhältnisse als wenig effektiv erwiesen. Dass es trotz aller Schwierigkeiten auch anders geht, zeigen die jüngsten Entwicklungen um die an die Walter-Gruppe verkauften Standorte der Telekom-Tochter VCS. Durch die Standortverkäufe kam es gewissermaßen durch die Hintertür zu einer Verschiebung von Organisationsmacht. Denn durch die Verkäufe verfügen die Gewerkschaften zum ersten Mal, seitdem Ende der 1980er Jahre in Deutschland die ersten Callcenter etabliert wurden, auch unter den nicht tarifgebundenen externen Callcentern über einige Organisationshochburgen. Nicht zuletzt durch die Warnstreiks in diesen Betrieben gelang es der Gewerkschaft, einen Entgelttarifvertrag für die gesamte Walter-Gruppe abzuschließen. Allerdings haben die Gewerkschaften ansonsten bislang auf eine aktive Umverteilung von Organisationsmacht verzichtet. In keinem der drei Untersuchungssegmente wurde in einer der drei Entwicklungsphasen der Callcenter-Branche die (noch) vorhandene Organisationsmacht eingesetzt, um in den beauftragten externen oder ausgegliederten Callcentern die Arbeits- und Entlohnungsbedingungen der Beschäftigten oder die Bedingungen kollektiver Interessenvertretung zu verbessern. Auch wenn es sich nur um eine nichtintendierte Nebenfolge eines Standortverkaufs handelte, so zeigt der tarifpolitische Erfolg in den Callcentern der Walter-Gruppe doch, dass auch unter den Bedingungen organisationsbereichsübergreifender Marktverhältnisse Erfolge in den tariflichen Arenen möglich sind – nämlich dann, wenn es der Interessenvertretung gelingt, sich aus der »Zwangsjacke« der Branchensegmentierung zu befreien und die von den Auftraggebern geschürte Konkurrenz zwischen den Belegschaften der verschiedenen Callcenter-Typen zu überwinden.

Teil III
Arbeit und Arbeitsbeziehungen in der betrieblichen Arena

10. Arbeit und betriebliche Arbeitsbeziehungen

Aufgrund des Fehlens eines marktregulierenden Flächentarifvertrags ist davon auszugehen, dass die Marktverhältnisse in der Callcenter-Branche mehr oder weniger direkt auf die die betrieblichen Arbeitsbeziehungen und die Arbeit der Beschäftigten in den externen Callcentern durchschlagen. Die empirische Analyse in der betrieblichen Arena wird von folgender Fragestellung angeleitet: Welchen Einfluss haben die Marktverhältnisse in der konsolidierten Callcenter-Branche auf die Arbeit und die betrieblichen Arbeitsbeziehungen in externen Callcentern? Auf den ersten Blick ist die Fragestellung wenig innovativ. Unter den Stichworten »Vermarktlichung« (Sauer 2005, Kratzer 2003) und »Marktgrenzenverschiebung« (Brinkmann 2003) sind in den letzten Jahren eine ganze Reihe von empirischen Analysen über die Marktsteuerung von Arbeit vorgelegt worden. Allerdings fehlt es bislang an systematischen empirischen Untersuchungen, wie das »Hereinholen« des Markts (Marrs 2008: 11) in den Betrieb organisatorisch begleitet und umgesetzt wird und welchen Einfluss die Aushandlungen in der betrieblichen Arena zwischen Betriebsrat und Geschäftsführung auf diese Prozesse haben. Denn: Die externen Märkte wirken nicht von allein und schon gar nicht automatisch auf die Beschäftigten ein. Vielmehr wird der Marktdruck vom Management und den Vorgesetzten in Praktiken der Steuerung der Arbeit übersetzt, die wiederum die Arbeitserfahrungen der Beschäftigten strukturieren. Um die realen Gestaltungsspielräume herauszuarbeiten, über welche die Arbeitenden im Arbeitsvollzug verfügen, erfolgt die folgende Analyse vergleichend in drei exemplarisch ausgewählten Fallbetrieben. Jeder der drei Betriebe steht für einen spezifischen Umgang der Geschäftsführungen mit der hohen Ungewissheit, die die Marktverhältnisse in der konsolidierten Callcenter-Branche für externe Callcenter mit sich bringen.

Die betriebliche Arena als »Ort institutionalisierter Problemlösung« und als »Ort materieller Konfliktaustragung«

Wie die tarifliche ist auch die betriebliche Arena sowohl ein »Ort institutionalisierter Problemlösung« als auch ein »Ort materieller Konfliktaustragung«. Als ein Ort der institutionalisierten Problemlösung gehört die betriebliche Arena zur institutionellen Sphäre der Arbeitsbeziehungen, in der den Akteuren spezifische Handlungsoptionen zur Verfügung gestellt werden. Im Betriebsverfassungsgesetz werden die Rechte und Pflichten des Arbeitgebers und des Betriebsrats definiert und prozedurale Regeln der betrieblichen Konfliktaustragung festgelegt. Diese bilden die Grundlage für die institutionalisierten Beziehungsmuster, die sich zwischen Betriebsräten und Arbeitgebern herausgebildet haben (Kotthoff 1981, 1994; Müller-Jentsch/Seitz 1998, Artus/Bosch 2001, Bosch et al. 1999). Als Ort materieller Konfliktaustragung ist die betriebliche Arena zugleich aber auch eine Sphäre antagonistischer Interessenverfolgung. Die konkreten Aushandlungsprozesse zwischen Eigentümern, Management, Beschäftigten und Interessenvertretungen werden von den Erwerbs- und Arbeitsinteressen der Akteure geprägt. Abhängig von der Stellung des Betriebs in den Markt- und Konkurrenzbeziehungen und von ihrer Position in den (zwischenbetrieblichen) Produktionsprozessen verfolgen die Akteure unterschiedliche, häufig widerstreitende Interessen. Beide Logiken – die institutionelle wie die materielle – sind in den betrieblichen Arbeitsbeziehungen permanent präsent: Die institutionelle Logik fungiert als Filter für die materiellen Interessen der Akteure, als intervenierende Variable, die allerdings durchaus auch einen aktiven Einfluss auf die Interessenformulierung und die Strategiewahl der Akteure ausüben kann (Hyman 1994: 177f.).

Ähnlich der Ausrichtung der Forschung zu den tarifpolitischen Aushandlungsprozessen hat sich die Analyse betrieblicher Arbeitsbeziehungen lange Zeit vor allem auf die institutionelle Form der Aushandlungen konzentriert: Im Mittelpunkt vieler empirischer Arbeiten standen der im Betriebsverfassungsgesetz definierte rechtlich-institutionelle Rahmen der Arbeitsbeziehungen und die Form der Aushandlungen zwischen dem Betriebsrat als Interessenvertretung der Arbeitenden und dem Arbeitgeber. Referenzpunkt dieser Ausrichtung ist die klassische Formulierung Fürstenbergs (1958: 426): Als »Grenzinstitution« befindet sich der Betriebsrat permanent »in einem institutionell begründeten dreifachen Spannungsverhältnis« zwischen Belegschaft, Arbeitgeber und Gewerkschaft. Als Interessenvertreter ist es Aufgabe des Betriebsrats, die Interessen der Beschäftigten gegenüber dem Arbeitgeber zu vertreten (Repräsentationsproblem). Zugleich verpflichtet ihn das Gesetz, zum Wohle des Betriebs zu handeln (Integrationsproblem). Darüber hinaus ist die überwiegende Mehrheit der Betriebsräte zudem gewerkschaftlich organisiert und sieht sich deswegen mit spezifischen Erwartungen der Gewerkschaft konfrontiert (Solidaritätsproblem). Wie Betriebsräte ihre institutionell gerahmte Position in der betrieblichen Praxis mit Leben füllen, ist von einer Reihe von Arbeiten untersucht worden. Ihr Ziel war es, institutionell verfestigte Rollen- und Interaktionsmuster zwischen Betriebsrat und Arbeitgeber herauszuarbeiten, die sich unabhängig von der materiellen Logik der Aushandlungsprozesse reproduzieren (Kotthoff 1981, 1994, 1998; Müller-Jentsch/Seitz 1998, Artus/Bosch 2001). Damit haben diese Arbeiten zwar die Forschungsperspektive um informell institutionalisierte Praktiken erweitert, die die rechtlich fixierten prozeduralen Regeln des Betriebsverfassungsgesetzes erst mit Leben erfüllten, die institutionelle Logik des Systems der industriellen Beziehungen haben sie jedoch nicht verlassen. Ausgeblendet blieben dabei allzu häufig die konkreten Aushandlungsinhalte, nämlich die Erwerbs- und Gewinnchancen der Akteure sowie die Qualität der Arbeit der Beschäftigten. In den Aushandlungsprozessen geht es den Akteuren in der Regel nicht um die Reproduktion – oder die Transformation – eines institutionalisierten Beziehungsmusters, sondern um die Verfolgung konkreter materieller Interessen. Darüber hinaus hat der Fokus auf den rechtlichen und institutionellen Rahmen lange Zeit den Blick auf Konfliktformen und Aushandlungsprozesse im Betrieb überdeckt, die unterhalb der Schwelle formalisierter Interessenvertretung durch den Betriebsrat lagen und die damit gar nicht erst den Weg in die institutionalisierte betriebliche Arena gefunden haben (Abel/Bleses 2005, Hauser-Ditz et al. 2006).

11. Externe Callcenter als Produktionsmodelle

Die Untersuchung der Arbeit und der betrieblichen Arbeitsbeziehungen kann sich nicht auf eine isolierte Betrachtung der Strukturen der Betriebsorganisationen und der betriebsinternen Akteursbeziehungen beschränken, sondern muss diese in die relevanten Umweltbeziehungen der Betriebe einbetten. Externe Callcenter sind kapitalistische Wirtschaftsorganisationen, deren wirtschaftlicher Erfolg sich vor allem auf sozial und politisch konstituierten Märkten entscheidet. Einerseits ist die Nachfrage nach materiellen und immateriellen Gütern – hier: nach Kunden-Kommunikations-Dienstleistungen – keine rein ökonomische Größe, sondern wird politisch, sozial und kulturell konstituiert (Boyer/Freyssenet 2003, Bourdieu 2005). Andererseits finden auch die mikropolitischen Auseinandersetzungen in Betrieben nicht im »luftleeren« Raum statt, die externen Markt- und Konkurrenzbedingungen wirken als Handlungszwänge permanent in die Betriebe zurück (Dörre 2003: 11). Anders ausgedrückt: Die Lage und die innerbetriebliche Relevanz von »Ungewissheitszonen« (Crozier/Friedberg 1979, Jürgens 1984), über deren Kontrolle sich mikropolitische Auseinandersetzungen entspannen, werden nur im Kontext der Umwelt deutlich, in der sich Erfolg und Misserfolg von Organisationen entscheiden – im Falle profitorientierter Wirtschaftsorganisationen also der relevanten Produkt-, Arbeits- und Kapitalmärkte (Kelly 1985).

Um die Untersuchung der Arbeit und der betrieblichen Arbeitsbeziehungen in den Fallbetrieben im Kontext der relevanten Markt- und Konkurrenzbeziehungen zu analysieren, werden die drei Betriebsfallstudien als »betriebliche Produktionsmodelle« analysiert. In der Steuerung und Kontrolle der Produktionsprozesse durch die Technikpolitik, die Produktionspolitik und die Personalpolitik versucht das Management, den Herausforderungen gerecht zu werden, die aus den Beziehungen zu (potenziellen) Auftraggebern und der Konkurrenz mit anderen Dienstleistern resultieren. Zum einen strukturieren die bestehenden Beziehungen des externen Callcenters zu seinen Auftraggebern die Möglichkeiten einer Rationalisierung der Dienstleistungsproduktion. Zum anderen entstehen auch aus der spezifischen betrieblichen Ungewissheitskontrolle Anforderungen an die interne Steuerung und Kontrolle der Produktionsprozesse. Da beide Ziele, die Effizienz der Produktion und die Effektivität der Ungewissheitskontrolle, unterschiedlichen Rationalisierungslogiken folgen (Holtgrewe/Voswinkel 2002: 102f., Berger/Offe 1981, Tacke 1997), müssen diese in den konkreten Steuerungs- und Kontrollpraktiken miteinander vermittelt werden – ohne dass allerdings jemals ein dauerhaftes Gleichgewicht erreicht werden könnte. Wie das Management diese häufig widersprüchlichen immer wieder aufs Neue auszubalancieren versucht, ist Gegenstand der empirischen Untersuchung.

Abb 1: Externe Callcenter als Produktionsmodelle

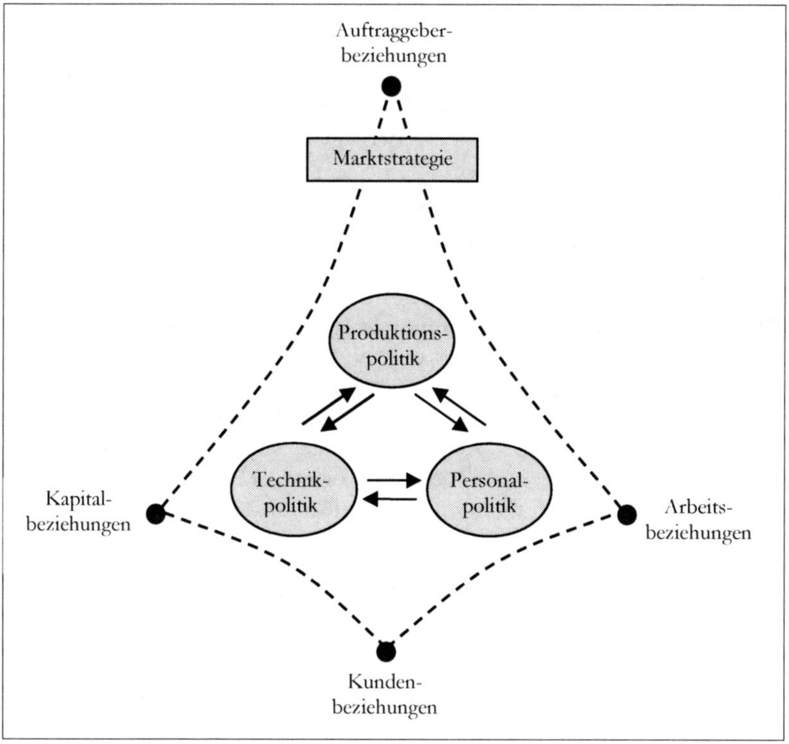

Eigene Darstellung

Abbildung 1 visualisiert die Komponenten eines externen Callcenters als betriebliches Produktionsmodell und die wesentlichen Beziehungen, in die die Elemente eingebettet sind. Die zentralen Komponenten eines Callcenter-Produktionsmodells sind die Technikpolitik, die Produktionspolitik, die Personalpolitik und die Marktstrategie. Die Marktstrategie ist auf die externen Marktbeziehungen gerichtet und dient der effektivitätsorientierten Rationalisierung der Marktungewissheit. Die Technikpolitik, die Produktionspolitik und die Personalpolitik definieren hingegen die betriebliche Steuerung und Kontrolle der Produktion und Arbeit und zielen auf eine effizienzorientierte Rationalisierung der Dienstleistungsproduktion. Die Technikpolitik umfasst den betrieblichen Technikeinsatz, die Produktionspolitik fokussiert auf die Prozessorganisation und die Personalpolitik zielt auf den Einsatz der Arbeitskräfte. Der Möglichkeitsraum der betrieblichen Steuerungs- und Kontrollpraktiken wird von vier zentralen Beziehungen markiert: den Auftraggeber-, den Kapital-, den Arbeits-, den Kunden- und den Arbeitsbeziehungen. Vermittelt über diese ist die Gesellschaft faktisch permanent im Betrieb präsent.

Das Konzept des betrieblichen Produktionsmodells wird in dieser Studie verwendet, um die Einbettung der innerbetrieblichen Steuerung und Kontrolle der Produktionsprozesse in die relevanten Entwicklungen auf den Produkt-, Kapital- und Arbeitsmärkten analytisch greifbar zu machen. In Anlehnung an Robert Boyer und Michel Freyssenet wird ein Produktionsmodell als »Prozess« definiert:

> »Der Prozess beinhaltet sowohl die Anpassung an den externen Wandel als auch die Herstellung einer Kohärenz des internen Wandels (Verzahnung von technischem, organisatorischem und sozialem Wandel und veränderten Managementkonzepten). In diesem Prozess werden Antworten auf neue wirtschaftliche und soziale Probleme (Profitabilität und Akzeptanzprobleme) gesucht, die entweder aus der Dynamik des alten Produktionsmodells oder aus der makroökonomischen und gesellschaftlichen Transformation der Wettbewerbsbedingungen resultieren.« (Boyer/Freyssenet 2003: 25)

In Reaktion auf externe Veränderungen oder interne Spannungen passen die Geschäftsführungen als »gesamtunternehmerischer Akteur« (Hirsch-Kreinsen 2005: 109, Müller-Jentsch 2003: 81) permanent die Technikpolitik, die Produktpolitik oder die Personalpolitik der externen Callcenter an. Ob es sich dabei um die Einführung eines neuen Technikelements, die Modifizierung der Arbeitskräftestrategien oder die Neuausrichtung der Prozessorganisation handelt, in den seltensten Fällen verfolgen die Akteure einen strategischen Masterplan – die Produktionsmodelle sind das nichtintendierte Ergebnis einer in der Regel langen Kette von Entscheidungen, in denen die Akteure auf immer neue situative Herausforderungen reagieren. Damit ein betriebliches Produktionsmodell als nachhaltig gelten kann, muss es ein Minimum an interner Kohärenz zwischen den Einzelkomponenten (Marktstrategie sowie Produktions-, Technik- und Personalpolitik) und ein Mindestmaß an externer Kohärenz zwischen den internen Komponenten und den zentralen Beziehungen (Arbeitsbeziehungen sowie Auftraggeber-, Kunden- und Kapitalbeziehungen) aufweisen (Foss 2005: 25). Ein Determinationsverhältnis besteht jedoch weder zwischen den verschiedenen Komponenten noch zwischen den Komponenten und den fundamentalen Beziehungen.

Die Beziehungen – Auftraggeber-, Kapital-, Kunden- und Arbeitsbeziehungen

Eingebettet ist das Produktionsmodell externer Callcenter in vier zentrale soziale Beziehungen: die Auftraggeber-, die Arbeits-, die Kunden- und die Kapitalbeziehungen. Die Arbeitsbeziehungen bilden die abhängige Variable dieser Untersuchung. Letztlich beruht jedes Produktionsmodell auf einem spezifischen »Kompromiss« zwischen Kapital und Arbeit. Die Arbeitskräfte »tauschen« ihr betriebliches Machtpotenzial gegen die Qualität der Arbeit und spezifische Partizipationschancen. Ihr Machtpotenzial bestimmt sich aus dem Ausmaß an Kontrolle, das sie über relevante Ungewissheitszonen in den Produktionsprozessen ausüben können (Jürgens 1984). Aufgrund der technisch-organisatorischen Steuerung der Arbeit an parallelen Einzelarbeitsplätzen ist das Blockadepotenzial der Beschäftigten in Callcentern und damit auch ihre Arbeitsplatzmacht relativ gering. Das gleiche trifft für die hier untersuchten externen Callcenter auch auf die Arbeitsmarktmacht zu: Da die interaktive Dienstleistungsarbeit überwiegend Anlernarbeit ist, ergibt sich die Machtposition der Arbeitskräfte aus dem konkreten Qualifikationsbedarf in den Produktionsprozessen, dem Arbeitskräftepotenzial des lokalen Arbeitsmarkts und der Arbeitgeberkonkurrenz um potenzielle Arbeitskräfte.

Die Kundenbeziehungen haben einen großen Einfluss auf die Arbeit, die von den Beschäftigten in einem Callcenter verrichtet wird. Aufgrund des interaktiven Charakters der Arbeit ist der Kunde als Ko-Produzent im betrieblichen Produktionsprozess permanent präsent. Vor allem die Qualität der Arbeit wird stark von den Reaktionen der Kunden geprägt. In den vorliegenden empirischen Untersuchungen der Callcenter-Arbeit kommen die Kunden jedoch nur vermittelt über die Erfahrungen der Arbeitskräfte vor (Bain et al. 2002, Kleemann/Matuschek 2003a, Matuschek et al. 2007, Rubery et al. 2004, Taylor/Bain 1999). Das Gleiche gilt auch für diese Studie: Die Kunden sind allenfalls indirekt in den eigensinnigen Vorstellungen der Arbeitskräfte von »guter« Dienstleistungsarbeit präsent. Die systematische Ausblendung der Kunden stellt eine Beschränkung der Untersuchung dar, ist aber sowohl mit der Forschungsfrage als auch mit forschungsökonomischen Kalkülen zu begründen.

Die Kapitalbeziehungen beziehen sich zu allererst auf die Art der Eigentumsverhältnisse des Betriebs. Die sozialwissenschaftliche Forschung hat herausgearbeitet, dass die Art der Unternehmensfinanzierung erhebliche Auswirkungen auf die Unternehmensziele, die verfolgten Strategien und die betrieblichen Arbeitsbeziehungen hat (Dörre/Brinkmann 2005, Jackson 2005, Münch 2005, Windolf 2005a, 2005b). Finanz- und kapitalmarktorientierte Formen der Unternehmenssteuerung tendieren dazu, kurzfristige Renditeziele auf Kosten mittel- und langfristiger Unternehmensziele zu betonen (Dörre/Röttger 2003). Eigentümergeführte Wirtschaftsorganisationen arbeiten zwar ebenfalls profitorientiert, häufig werden die Profitabilitätsziele jedoch in einer längerfristigen Zeitperspektive definiert. In der Callcenter-Forschung sind die Kapitalbeziehungen der Betriebe und Unternehmen bislang nicht systematisch berücksichtigt worden. Welche Auswirkungen hat die Unternehmensfinanzierung, vermittelt über die Formulierung der Profitabilitätsziele, auf die Arbeits- und Entgeltbedingungen, auf die Qualität der Arbeit und auf die Partizipationschancen der Arbeitskräfte? In der empirischen Analyse der exemplarisch ausgewählten Fallbetriebe können die Kapitalbeziehungen aufgrund der Unvollständigkeit der vorliegenden Informationen zwar nicht systematisch berücksichtigt werden, ihr Einfluss auf die Formulierung der konkreten Profitabilitätsziele der drei Betriebe ist jedoch unverkennbar.

Die Auftraggeberbeziehungen umfassen die bestehenden Beziehungen zu Auftraggebern und strukturieren den Möglichkeitsraum der Rationalisierung der Dienstleistungsproduktion. Die wenigen Fallstudien externer Callcenter zeigen allesamt den großen Einfluss der Auftraggeber auf die interne Arbeitsorganisation des Callcenters (Eichmann et al. 2006: 191, Kinnie/Parsons 2004, Mulholland 2004, Rubery et al. 2004). Die Heterogenität des Auftraggeberstamms, die Produktvariation, das Volumen der Dienstleistungen, die Vertragslaufzeiten und die (potenziellen) Schwankungen des Produktionsvolumens sind wichtige Rahmenbedingungen betrieblicher Rationalisierungspraktiken. Je heterogener der Auftraggeberstamm und je größer die Produktvariation der erzeugten Dienstleistungen, desto größer sind die Anforderungen an die funktionale Flexibilität der betrieblichen Produktionsprozesse. Darüber hinaus bestimmt die inhaltliche Zusammensetzung des Portfolios der produzierten Dienstleistungen die Anforderungen an die numerische Flexibilität der Dienstleistungsproduktion. In der Regel ist das Produktionsvolumen von Outbound-Dienstleistungen wie Verkaufskampagnen leichter planbar als das von Inbound-Dienstleistungen wie Bestellannahmen. Dafür sind die Produktionsprozesse von verkaufsorientierten Outbound-Dienstleistungen häufig kampagnenorientiert und basieren auf Verträgen mit extrem kurzen Laufzeiten. Die Anforderungen an die funktionale und die numerische Flexibilität der Produktionspolitik, die sich aus den Auftraggeberbeziehungen eines Callcenters ergeben, strukturieren die Möglichkeiten einer effizienzorientierten Rationalisierung der Produktion von Dienstleistungen.

Die Marktstrategie – Kontrolle der Marktungewissheit

Mit der Marktstrategie[4] versuchen externe Callcenter, die Auswirkungen der letztlich unberechenbaren Marktentwicklung auf den eigenen Betrieb zu kontrollieren. Ausgehend von der Position in den Wertschöpfungsketten der Auftraggeber und den internen Voraussetzungen (Betriebsgröße, Qualifikationsstand der Arbeitskräfte, Kapitalausstattung usw.) versucht jeder Betrieb, »eine Position zu finden, in der [er] sich am besten gegen Wettbewerbskräfte schützen oder diese zu seinen Gunsten beeinflussen« kann (Porter 1992: 26). Notwendiger Ausgangspunkt der Analyse der strategischen Bemühungen der externen Callcenter ist ihre durch die »strukturelle Unsichtbarkeit« charakterisierte Position in den Wertschöpfungsketten der Auftraggeber. Die resultierende Machtasymmetrie erlaubt es den fokalen Unternehmen, ihre überwiegend an kurzfristigen Kostensenkungs- und Flexibilisierungszielen orientierten Strategien zu verfolgen. Das heißt jedoch nicht, dass die externen Callcenter in den Beziehungen zu potenziellen Auftraggebern handlungsunfähig sind. Zwar hat die soziologische Forschung in den Analysen hierarchisch organisierter vertikaler Be-

4 Marktstrategien sind emergente Strategien (Mintzberg 1979), sie werden von den Akteuren keineswegs immer explizit formuliert, sondern liegen häufig nur implizit vor und basieren auf dem praktischen Wissen der handelnden Akteure (Porter 1992: 13).

ziehungen in der Regel die Perspektive des »beherrschenden« Akteurs eingenommen und die »beherrschten« Betriebe nur selten als strategiefähige Akteure dargestellt (Pohlmann et al. 1992: 180f., Hirsch-Kreisen 2005: 99f., Sturgeon 2002: 455, Windeler 2001: 85), trotzdem sind auch diese, in diesem Fall die externen Callcenter, zu strategischem Handeln gegenüber ihren Auftraggebern fähig.

Zentrales Ziel der Marktstrategien der externen Callcenter ist die Kontrolle der für sie ungewissen Marktentwicklung. Angesichts der Machtasymmetrie in den Auftraggeberbeziehungen und der intensiven Konkurrenz unter den Dienstleistern versuchen die Betriebe zuallererst ein »Durchschlagen« der Marktungewissheit auf die »Gestaltung der betrieblichen Produktionsprozesse« zu verhindern:

»Es liegt im Kern betrieblicher Strategien zu versuchen, diejenigen Bedingungen, die sich dem unmittelbaren Zugriff des Betriebs entziehen – etwa konjunkturelle Entwicklungen, gegebene Marktsituationen, gesetzliche und tarifvertragliche Regelungen des Arbeitskräfteeinsatzes, so zu neutralisieren, dass sie nicht unmittelbar auf die Gestaltung der betrieblichen Produktionsprozesse durchschlagen. Dies setzt voraus, dass es dem Betrieb gelingt, die seinem Zugriff entzogenen Bedingungen in Anforderungen zu transformieren, die seiner innerbetrieblichen Kontrolle und Steuerung unterliegen.« (Altmann et al. 1982: 21)

Dass die Kontrolle externer Ungewissheiten zu den Voraussetzungen einer effizienten Organisation der Produktion zählt, gehört zu den grundlegenden Erkenntnissen soziologischer Rationalisierungsforschung, (Kühl 1998: 26). Ohne ein Mindestmaß an effektivitätsorientierter »Gewährleistungsarbeit« an den Grenzen der Organisation ist eine Rationalisierung betrieblicher Prozesse schlechterdings nicht möglich (Berger/Offe 1981, Tacke 1997, Thompson 1967). Dies gilt natürlich auch für die hier untersuchten externen Callcenter: Bricht die Ungewissheit des Markts in die betrieblichen Produktionsprozesse ein, sind einer rationalisierten Produktion von Dienstleistungen enge Grenzen gesetzt. Erschwerend kommt hinzu, dass die externen Callcenter mit einer besonders hohen Marktungewissheit konfrontiert sind, die aus ihrer »Unsichtbarkeit« in den Wertschöpfungsketten der Auftraggeber, den Kostensenkungs- und Flexibilisierungsstrategien der Auftraggeber auf der Basis der engen technisch-organisatorischen Vernetzung und des neuen konkurrenzzentrierten Steuerungsmodus und der intensiven Preiskonkurrenz zwischen den externen Callcentern resultiert (ähnlich für die Möbelindustrie: Deiß 1989: 68ff.).

Die Marktstrategie basiert auf einer temporären Transformation der externen Ungewissheit in ein vom Betrieb als »berechenbar« und »beherrschbar« wahrgenommenes Risiko (zur Unterscheidung von Ungewissheit und Risiko: Knight 1971). Grundlage der Transformation von Ungewissheit in Risiko ist eine Kanalisierung und Internalisierung eben jener Ungewissheit (Luhmann 1978, Brose 2000: 22, Kühl 1998: 84). Die Marktstrategie beinhaltet eine Kanalisierung der Ungewissheit, indem sie die Aktivitäten des Betriebs auf einen spezifischen Ausschnitt der Markt- und Konkurrenzbeziehungen konzentriert (Crozier/Friedberg 1979: 94, Brose 2000: 21, Gundtoft/Holtgrewe 2000: 175, Pfeffer/Salancik 1978: 43). Gerade für die klein- und mittelbetrieblich geprägten externen Callcenter gilt: »In turbulenten Umwelten gibt es immer ein Zuviel an Möglichkeiten« (Kühl 1998: 85). Potenziell haben nicht nur das Verhalten bestehender und potenzieller Auftraggeber, sondern auch mögliche Prozess- und Technikinnovationen und die Strategien konkurrierender Unternehmen Einfluss auf den Bestand und Erfolg eines Betriebs. Erst die derartig kanalisierte Ungewissheit wird für den Betrieb internalisierbar. Denn während die Markt- und Konkurrenzbeziehungen aufgrund ihrer Komplexität und Volatilität für die externen Callcenter mit einer hohen Ungewissheit verbunden sind, richtet die Marktstrategie den Blick auf Faktoren, über die das Management zumindest ein gewisses Maß an Kontrolle ausüben kann.

Allerdings muss auf eine unüberwindbare Grenze der Ungewissheitskontrolle hingewiesen werden: Die Versuche der externen Callcenter, die zumindest potenziell existenzgefährdende Marktungewissheit in ein »berechenbares« und »beherrschbares« Risiko zu transformieren, sind dazu verdammt, temporär und unvollständig zu bleiben. Die Rationalisierung der Ungewissheit kann keine objektive Kontrolle der externen Unwägbarkeiten darstellen, sondern hat zwangsläufig den Charakter einer subjektiven Rationalisierung (Beckert 1995, Wagner 2001): Die Geschäftsführungen handeln in dem Glauben, mit der Marktstrategie die hohe Ungewissheit der Markt- und Konkurrenzbeziehungen in ein Risiko zu transformieren, das ihnen aus der strukturellen Position des Betriebs heraus »berechenbar« und »beherrschbar« zu sein scheint. Oder mit den Worten Webers: Die Rationalisierung der Marktungewissheit bedeute

»also nicht eine zunehmende allgemeine Kenntnis der Lebensbedingungen, unter denen man steht. Sondern sie bedeutet etwas anderes: das Wissen davon oder den Glauben daran: daß man, wenn man nur wollte, es jederzeit erfahren könnte, daß es prinzipiell keine geheimnisvollen unberechenbaren Mächte gebe, die da hineinspielen, daß man vielmehr alle Dinge – im Prinzip – durch Berechnen beherrschen könne. Das aber bedeutet: die Entzauberung der Welt.« (Weber 1967: 17)

Die Ungewissheitskontrolle durch die Marktstrategie ist also nicht gleichbedeutend mit einer absoluten Ungewissheitsreduktion, sondern – frei nach Weber – mit dem subjektiven Glauben daran, dass es innerhalb der Markt- und Konkurrenzbeziehungen »keine geheimnisvollen und unberechenbaren Mächte« gibt, die sich nicht »durch Berechnen beherrschen« lassen. Eine Technik- oder Prozessinnovation eines Konkurrenzbetriebs, die strategische Neuausrichtung eines großen Auftraggebers oder die Veränderung politischer Regulierungen sind jederzeit in der Lage, die Funktionalität der eigenen Strategie zu gefährden.

Technikpolitik – Automatisierungs-, Flexibilitäts- und Kontrollpotenziale

Regelungsgegenstand der Technikpolitik eines externen Callcenters ist die Technikausstattung des Betriebs. Technik spielt in Callcentern eine große Rolle, die Herausbildung der Callcenter-Branche ist eng an die Entwicklungen der Telekommunikations- und Informationstechnologie seit den 1990er Jahren geknüpft. Anders als die frühen Diagnosen der angelsächsischen Forschung suggerierten, sind Callcenter jedoch weder ein Ort totaler »technischer Kontrolle« (Fernie/Metcalf 1997, Edwards 1981), noch verfügen alle Betriebe über eine identische Ausstattung mit Produktions-, Vernetzungs- und Kontrolltechnik (Holtgrewe 2003b). Zur Grundausstattung eines Callcenters gehören mit Telefon, Headset, Monitor und PC ausgestattete vernetzte Einzelarbeitsplätze, an denen die Arbeitskräfte die interaktive Dienstleistungsarbeit verrichten. Unter der Oberfläche der technischen Grundausstattung variiert die vorhandene Produktionstechnik jedoch erheblich – und damit auch ihr jeweiliges Automatisierungs-, Flexibilitäts- und Kontrollpotenzial. Die Callcenter-Technik ist eine systemische Technik, die neben der CTI-Schnittstelle aus zwei funktionalen Komponentengruppen besteht: Telekommunikationstechnik und Informationstechnik (Taylor/Bain 1999: 102, D'Alessio/Oberbeck 1999: 159f.).

Die Grundausstattung im Bereich der Telekommunikationstechnik besteht aus einer ISDN- und der ACD-Anlage zur Automatisierung der Anrufverteilung zwischen den vernetzten Einzelarbeitsplätzen eines Callcenters. Besonders zum Tragen kommen das Automatisierungs- und das Flexibilitätspotenzial der ACD-Technologie bei der Produktion von Inbound-Dienstleistungen (Bestellannahmen, Hotlines). Die automatisierte und gezielte Verteilung eingehender Anrufe auf die Einzelarbeitsplätze eines Callcenters ermöglicht die Reduktion von Leerlaufzeiten, die Spezialisierung der Arbeitskräfte und damit tayloristische Effizienzsteigerungen. Allerdings bleibt das Automatisierungspotenzial der ACD-Anlage auf Produktionsprozesse beschränkt, in denen eingehende Anrufe bearbeitet werden (Inbound-Dienstleistungen). Erst die Einführung der sogenannten Dialer-Systeme in der zweiten Hälfte der 1990er Jahre erhöhte die Automatisierungsmöglichkeiten in der Produktion von Outbound-Dienstleistungen (Taylor/Bain 1999: 108). Nach dem Ende eines Kundengesprächs und nach Ablauf der voreingestellten Nachbearbeitungszeit stellt die Maschine automatisch eine neue Verbindung her. Experten gehen von einer Erhöhung der Nettogesprächszeit von 50 bis 100 Prozent durch die noch relativ junge Technik aus (Int. Experte 1, 2). Anders als die ACD-Anlage gehören Dialer-Systeme jedoch noch nicht zur Grundausstattung von Callcentern. Dies liegt vor allem an den hohen Anschaffungskosten.

Auch die in Callcentern eingesetzte Informationstechnik weist eine erhebliche Bandbreite auf. Zur Grundausstattung gehören eine Datenbanklösung und das Statistik-Tool der ACD-Anlage. Die Datenbank stellt den Beschäftigten die zur Erbringung der Dienstleistung notwendigen Informationen zur Verfügung. Den Beschäftigten müssen an den Einzelarbeitsplätzen innerhalb kürzester Zeit relevante Informationen über die Kunden und die Dienstleistungsinhalte (Produktinformationen, Vertragsdetails usw.) zur Verfügung gestellt werden. Das Statistik-Tool generiert eine Vielzahl an Echtzeit- und Langzeitdaten über den Status des Produktionsprozesses: Service-Level, Länge der Warteschleife, durchschnittliche Anruflänge oder die getätigten Anrufe pro Stunde. Zudem können aus der Vernetzung mit der Datenbanklösung individuelle Leistungsdaten erzeugt werden: Verkaufsquoten, Wertschöpfung pro Anruf, Abschlussgründe oder Gesprächsinhalte. Die von der ACD-Anlage erzeugten Daten werden zur Steuerung und Kontrolle der Produktionsprozesse und damit auch der Arbeit eingesetzt (Bain et al. 2002, Shire et al. 2002, Taylor/Bain 1999).

Produktionspolitik – Organisatorische Steuerung der Produktionsprozesse

Gegenstand der Produktionspolitik eines externen Callcenters ist die organisatorische Strukturierung der betrieblichen Produktionsprozesse. Zwei Aspekte der Prozessorganisation in externen Callcentern werden in dieser Arbeit besonders hervorgehoben: Zum einen die prozessinterne Steuerung eines Produktionsprozesses (die Prozessstrukturierung), zum anderen die prozessübergreifende Steuerung der Beziehungen zwischen den verschiedenen Produktionsprozessen, die in einem Betrieb abgewickelt werden (die Prozessanordnung). Die Prozessstrukturierung umfasst die Versuche des Managements und der Vorgesetzten, Einfluss auf den Verlauf und die Inhalte der Kundeninteraktion zu nehmen. Durch verbindliche Verhaltens- und Kommunikationsregeln wird versucht, die Struktur und die Inhalte der Kommunikationsprozesse zu steuern. Dominante Formen der Prozessstrukturierung sind die Gesprächsleitfäden, mit denen den Arbeitskräften konkrete »Handlungsanweisung[en] für die Gestaltung des Beratungsgesprächs« (Baethge/Oberbeck 1986: 94) gemacht werden. Im Extremfall wird den Beschäftigten der präzise Wortlaut vorgeschrieben (Weinkopf 2002: 4f.). Für die Betriebe kann die – notwendig unvollständig bleibende – organisatorische Strukturierung der Kommunikation mehrere Funktionen erfüllen. Erstens leistet die Prozessstrukturierung einen Beitrag zur Standardisierung der im jeweiligen Callcenter erbrachten Dienstleistungen. Gesprächsleitfäden tragen dazu bei, Struktur und Inhalt der erzeugten Dienstleistungen zu vereinheitlichen (Beirne et al. 2004: 103). Zweitens versuchen externe Callcenter mit Hilfe einer gezielten Prozessstrukturierung Effizienzsteigerungen zu realisieren. Vor allem im Segment verkaufsorientierter Dienstleistungen zielen einige Formen der technisch vermittelten Prozessstrukturierung auf die Erhöhung der Wertschöpfung pro Kundeninteraktion (*Up-* und *Cross-Selling*).

Die Prozessanordnung erfasst das innerbetriebliche Verhältnis der verschiedenen Produktionsprozesse. Ein Callcenter besteht physisch letztlich aus für die Produktion von Kommunikationsdienstleistungen eingerichteten Einzelarbeitsplätzen, die nach Bedarf in einen oder mehrere Prozesse eingebunden werden können. Grundsätzlich ermöglicht die Technik drei Formen der innerbetrieblichen Anordnung der Produktionsprozesse: die parallele Anordnung, die konsequente Verschränkung und die selektive Verschränkung. Die geringsten Anforderungen an die technische und organisatorische Steuerung der Anrufverteilung und an die Qualifikationen der Beschäftigten sind mit der parallelen Anordnung verbunden. In diesem Fall ist jedem Prozess eine klar definierte Gruppe von Einzelarbeitsplätzen fest zugeordnet. Das Rationalisierungspotenzial dieser Anordnungsform liegt vor allem in der Spezialisierung der Arbeitskräfte, die jeweils nur in einem Produktionsprozess eingesetzt werden. Das Gegenstück zur parallelen Anordnung ist die konsequente Verschränkung, bei der die Einzelarbeitsplätze zugleich in verschiedene Produktionsprozesse eingebunden sind. Die Reduktion der Leerlaufzeiten wird mit deutlich gesteigerten Anforderungen an die Qualifikationen der Beschäftigten erkauft. Die kapazitätsorientierte Verschränkung stellt eine Hybridform dar. Ihre Basis ist die parallele Anordnung, nur im Falle unerwarteter Schwankungen des Anrufvolumens werden mehrere Produktionsprozesse temporär miteinander verschränkt. Dadurch erhöht sich im Vergleich mit der parallelen Anordnung zwar das Flexibilitätspotenzial des Betriebs, zugleich steigen aber die Qualifikationsvoraussetzungen (ähnlich: Altmann et al. 1982: 116).

Personalpolitik – Steuerung und Kontrolle der lebendigen Arbeit

Gegenstand der Personalpolitik ist die Steuerung und Kontrolle der lebendigen Arbeit. Aufgrund der fehlenden tarifvertraglichen Regulierung der externen Callcenter ist der personalpolitische Handlungsspielraum auf einzelbetrieblicher Ebene erheblich. Weder Entlohnung noch Arbeitszeiten sind überbetrieblichen Normierungen unterworfen. Kernelemente der Personalpolitik sind die Rekrutierung neuer Mitarbeiter, die Gestaltung der Beschäftigungsverhältnisse, die Höhe und Struktur der Entlohnung, die Dauer und Lage der Arbeitszeiten, Art und Umfang der betrieblichen Aus- und Weiterbildung sowie die betrieblichen Kontrollpraktiken. Aufgrund des Forschungsstands können über die meisten Elemente keine repräsentativen Aussagen gemacht werden: So wurden die Rekrutierungspraktiken, die Entlohnungssysteme und die betrieblichen Arbeitszeitregime externer Callcenter bislang gar nicht systematisch untersucht. Auch mit Blick auf die Aus- und Weiterbildung liegen nur wenige Informationen vor. Zwar gibt es seit August 2007 zwei auf die interaktive Dienstleistungsarbeit in Callcentern zugeschnittene Berufsausbildungen (»Servicekraft und Kaufmann für Dialogmarketing«), ihre Verbreitung ist jedoch noch gering. Auffällig ist – darauf verschiedene Befunde hin –, dass die tätigkeitsspezifischen subjektiven Fähigkeiten der Beschäftigten trotz ihrer herausragenden Bedeutung für die Callcenter-Arbeit bislang kaum zum Gegenstand betrieblicher Qualifizierungsmaßnahmen geworden sind (Eichmann et al. 2006: 188, Holtgrewe/Scholten 2005: 5f. Frenkel et al. 1999).

Wesentlich eindeutiger ist das Bild hinsichtlich der Gestaltung der Beschäftigungsverhältnisse. Alle vorhandenen Forschungsergebnisse deuten darauf hin, dass der Anteil atypischer Beschäftigungsverhältnisse in externen Callcentern besonders hoch ist (Biehler/Vogl 1999: 265, D'Alessio/

Oberbeck 1999: 168, Eichmann et al. 2006: 77ff., 186; Kerst/Holtgrewe 2003. Auffällig ist vor allem die intensive Nutzung der Befristungsmöglichkeiten in Callcentern: Diese greifen in etwa doppelt so häufig auf befristete Beschäftigungsverhältnisse zurück wie der Bundesdurchschnitt aller Betriebe (Körs et al. 2002: 213). Nahezu in jedem zweitem Callcenter werden befristete Beschäftigungsverhältnisse eingesetzt, in externen Callcentern ist der Anteil sogar noch höher (Holtgrewe 2005a: 20). Allerdings nimmt mit steigender Komplexität der erzeugten Dienstleistungen und den damit verbundenen Qualifikationsvoraussetzungen auch der Anteil der dauerhaften Vollzeitbeschäftigung zu (Weinkopf 2002: 4). Gemeinsam ist allen Callcentern, dass sie zudem stark auf Teilzeitarbeit zurückgreifen. Dies hat allerdings nur bedingt etwas mit dem Flexibilitätspotenzial von Teilzeitarbeit zu tun. Vielmehr geht es um die Leistungsintensivierung, die durch Teilzeitarbeit möglich wird (Eichmann et al. 2006: 204).

Besondere wissenschaftliche Aufmerksamkeit hat die Arbeits- und Leistungskontrolle erfahren. Vor allem die angelsächsische Forschung hat eine hohe Intensität und Bandbreite der Kontrolle der Arbeit in Callcentern nachgewiesen. Idealtypisch unterscheiden lassen sich zwei Kontrollformen unterscheiden, die Prozess- und die Ergebniskontrolle. Prozesskontrollen zielen auf eine Überwachung des Produktionsprozesses in seinem Verlauf und damit auf die Kontrolle der Arbeitskräfte im konkreten Arbeitsvollzug. Entgegen den Diagnosen der frühen Forschung ist ein umfassender Einsatz von Prozesskontrollen in Callcentern selten (Fernie/Metcalf 1997). Zwar kann mit Hilfe der Produktionstechnik den Beschäftigten die Kontrolle über den Arbeitstakt entzogen werden (Callaghan/Thompson 2001, Taylor/Bain 1999), der kommunikative Kern des Produktionsprozesses entzieht sich jedoch zumindest partiell einer direkten Steuerung. Interaktive Dienstleistungsarbeit setzt »Freiräume in der Gesprächsführung« (Kleemann/Matuschek 2003b: 129f.) voraus. Betriebsfallstudien haben gezeigt, dass die Steuerung der Arbeit insbesondere in externen Callcentern primär in Gestalt einer indirekten Steuerung auf der Basis von Ergebniskontrollen erfolgt, die sich auf eine Überwachung der Arbeitsresultate richten (Bain et al. 2002, Taylor/Bain 1999). Ihr Fundament sind die effizienzorientierten Echtzeit- und Langzeit-Daten, die vom Statistik-Tool der ACD-Anlage und den Datenbanksystemen erzeugt werden: Servicelevel, Anrufe in der Warteschleife, Anzahl der Gespräche, durchschnittliche Länge der Gespräche, Verkaufsquoten, Stornoquoten und durchschnittliche Wertschöpfung (Bain et al. 2002).

12. SatelliteCall – Flexible Kleinserienfertigung und paternalistische Arbeitsbeziehungen

SatelliteCall entspricht einem weit verbreiteten Typus unter den externen Callcentern. Gegründet 1999 auf dem Höhepunkt der Expansionsphase der Branche, gehört der Betrieb heute mit 350 Beschäftigten zu den mittelgroßen Callcentern. Hinsichtlich seines Auftraggeberstamms verfolgt SatelliteCall keine spezifische Spezialisierungsstrategie, für Auftraggeber aus verschiedenen Branchen erbringt das Callcenter Dienstleistungen von geringer Komplexität in überwiegend kleiner Stückzahl. Wichtigste Auftraggeberbranchen sind die Telekommunikation, der Einzelhandel und die Medienindustrie. Auch wenn der Betrieb mit einigen Auftraggebern bereits seit der Unternehmensgründung zusammenarbeitet, basieren die vertikalen Beziehungen überwiegend auf kurzfristigen Verträgen. Auffällig ist die große Bedeutung des Hauptauftraggebers aus der Telekommunikation. Zum Zeitpunkt der Erhebung wurden über die Hälfte der Beschäftigten SatelliteCalls in Produktionsprozessen für diesen Auftraggeber eingesetzt. Das Produktportfolio des externen Callcenters wechselt rasch, vor allem für den Hauptauftraggeber werden ständig neue Produktionsprozesse etabliert und bestehende liquidiert. Das betriebliche Produktionsmodell SatelliteCalls entspricht dem Typus einer kundenbedarfsorientierten flexiblen Kleinserienproduktion. Es kann als eine Anpassung der »flexiblen Spezialisierung« (Piore/Sabel 1984) an die spezifischen Bedingungen der Produktion interaktiver Dienstleistungen von geringer Komplexität in externen Callcentern verstanden werden. Im Unterschied zur ursprünglichen »flexiblen Spezialisierung«, deren Flexibilitätspotenzial in den Qualifikationen der Arbeitskräfte und der eingesetzten Technik liegt, hat die Flexibilität der »flexiblen Kleinserienproduktion« vor allem einen »defensiven« Charakter (Boyer 1986).

12.1. Das Produktionsmodell flexibler Kleinserienproduktion

Da SatelliteCall keine auf ein Marktsegment oder eine spezifische Dienstleistung ausgerichtete Spezialisierungsstrategie verfolgt, ist der Auftraggeberstamm trotz der geringen Betriebsgröße vergleichsweise heterogen und die Produktvariation groß. In der Mehrzahl der Produktionsprozesse werden Dienstleistungen in geringer Stückzahl produziert, so dass eine Rationalisierung der Dienstleistungsproduktion nach dem Vorbild fordistischer Massenproduktion kaum möglich erscheint. Aufgrund der geringen Betriebsgröße schlägt die »strukturelle Unsichtbarkeit« in den Wertschöpfungsketten direkt auf die Außenwahrnehmung des Callcenters durch: Außerhalb des direkten Auftraggeberstamms ist das im Vergleich mit den Branchengrößen eher kleine externe Callcenter kaum bekannt. Die Marktstrategie der Satellitenproduktion macht aus der Not geringer Sichtbarkeit eine strategische Tugend: Durch eine starke Bindung an die Hauptauftraggeber versucht das Management die Auswirkungen der für einen Betrieb dieser Größenordnung unübersichtlichen und vor allem unkalkulierbaren Marktentwicklungen auf den Bestand und Erfolg des Unternehmens zu kontrollieren. »Auf Zuruf« für diese Auftraggeber Produktionsprozesse umsetzen zu können, gehört damit zu den Voraussetzungen erfolgreicher Ungewissheitskontrolle. Gegen den Verlust eines oder mehrerer Hauptauftraggeber sichert sich SatelliteCall mit einem hohen Maß an externer Flexibilität ab. Der Anteil befristeter Beschäftigungsverhältnisse ist enorm hoch, zudem verfügen viele Beschäftigte über Abrufarbeitsverträge. Zudem ist der Anteil der Eigenfertigung im Technikeinsatz hoch, um langfristige Fixkosten zu vermeiden.

Marktstrategie Satellitenproduktion – Ungewissheitskontrolle durch die enge Bindung an die Hauptauftraggeber

Die Marktstrategie der Satellitenproduktion ist ein Paradebeispiel dafür, dass Betriebe die Abhängigkeit von einem Faktor gezielt steigern, um dadurch Kontrolle über andere Faktoren ausüben zu können, von denen ihr Erfolg ebenfalls abhängig ist (Pohlmann et al. 1992: 185). Durch die enge Bindung an den Hauptauftraggeber versucht die Geschäftsführung, die Abhängigkeit des Erfolgs und des Bestands des externen Callcenters von den, vor allem für kleine und mittlere Unternehmen, ungewissen Entwicklungen auf den Outsourcing-Teilmärkten zu reduzieren. Hinter diesem

Mechanismus der Ungewissheitskontrolle steckt die Überzeugung, dass für SatelliteCall die Beziehungen zu den Hauptauftraggebern beherrschbarer sind als die allgemeinen Marktentwicklungen. Die Strategie der Satellitenproduktion zielt darauf, sich für die wichtigsten Auftraggeber möglichst unverzichtbar zu machen. Der Geschäftsführer streicht die Bedeutung auf die Bedürfnisse der Hauptauftraggeber zugeschnittener funktionaler Flexibilität für die Strategie der Satellitenproduktion heraus:

»Sei es für XXX [den Hauptauftraggeber, HH] oder andere dieser wichtigen Kunden, da können wir einfach zusätzlich Dienstleistungen anbieten, die machen wir auf Zuruf, da muss nicht jedes Mal neu verhandelt werden, da gibt es einfach eine Vertrauensbasis dahinter, weil wir einfach in den vergangenen Jahren Kontinuität bewiesen haben.« (Int. SatelliteCall GF)

Das externe Callcenter hat sich zwar erfolgreich gegen die Auswirkungen der für es undurchschaubaren Marktentwicklungen abgeschottet – aber nur um den Preis einer großen Abhängigkeit von den wichtigsten Auftraggebern. Der Verlust eines der Hauptauftraggeber würde den Betrieb in existenzielle Schwierigkeiten bringen. Somit basiert die Rationalisierung der Marktungewissheit durch die Satellitenproduktion auf einer Transformation von Ungewissheit in das Risiko, das in der engen Bindung an einige wenige Hauptauftraggeber liegt.

Technikpolitik – Eigenfertigung zur Vermeidung langfristiger Fixkosten

Insgesamt entspricht die von SatelliteCall eingesetzte Produktionstechnik der Mindestausstattung eines Callcenters. Kernelement der Produktionstechnik ist die CTI-Schnittstelle eines etablierten Herstellers. Die Telekommunikationstechnik basiert auf einer ISDN-Anlage und einer Standard-ACD-Anlage zur Anrufumleitung. Durch die ACD-Anlage wird zwar die innerbetriebliche Verteilung ein- und abgehender Anrufe über die ISDN-Anlage automatisiert, der Wählvorgang für abgehende Anrufe muss von den Arbeitskräften an den Einzelarbeitsplätzen jedoch weiterhin per Hand eingeleitet werden. Dialer-Systeme werden aufgrund der hohen Anschaffungskosten nicht eingesetzt. Vor allem im Bereich der Outbound-Dienstleistungen ist das Rationalisierungspotenzial der Produktionstechnik damit nicht vollständig ausgeschöpft. Die Informationstechnik basiert auf selbst gefertigten Datenbankapplikationen auf Basis einer Standard-Datenbank, in die die Daten der Auftraggeber eingespielt werden. Während für die handelsüblichen Informationssysteme langfristige Lizenzabgaben entfallen, geht SatelliteCall durch die Eigenfertigung keine zukünftigen Zahlungsverpflichtungen ein:

»Wir leisten uns als Unternehmen alleine eine EDV-Abteilung mit sieben oder acht Leuten. Das ist natürlich nicht gerade günstig. Aber es ist unheimlich wichtig, Flexibilität dadurch zu gewinnen, schnell Projekte aufzusetzen, [...] selbst Statistiken, selbst Reports [zu erstellen, HH], die von den Kunden auch in großer Flexibilität gefordert werden, das ist ein ganz wichtiger Punkt.« (Int. SatelliteCall GF)

Allerdings wird durch den hohen Anteil an Eigenfertigung die Flexibilität der Produktionstechnik beeinträchtigt. Einige große Auftraggeber berücksichtigen SatelliteCall nicht in den Ausschreibungsrunden, weil der Betrieb keine Standard-Technik einsetzt und damit ein Datenaustausch in Echtzeit nicht möglich ist.

Produktionspolitik – Funktionale Flexibilität für die Hauptauftraggeber

Die Produktionspolitik SatelliteCalls wird von zwei Eckpfeilern charakterisiert: der parallelen Anordnung der Produktionsprozesse und dem geringen Maß an organisatorischer Prozessstrukturierung. Aufgrund der strikt parallelen Organisationsform der Produktionsprozesse werden die Arbeitskräfte grundsätzlich nur in einem einzelnen Produktionsprozess eingesetzt. Nicht einmal, um den Überlauf zu Spitzenzeiten bewältigen zu können, werden einzelne Produktionsprozesse selektiv verschränkt. Die parallele Organisationsform resultiert zum einen aus dem Versuch, langfristige Fixkosten zu vermeiden, zum anderen aber auch aus der vergleichsweise großen Produktvariation des externen Callcenters. Dadurch, dass die Arbeitskräfte nicht in mehreren Produktionsprozessen parallel eingesetzt werden, bleiben auch die Anforderungen an ihr Produktwissen gering. In der Regel wechseln Arbeitskräfte nur dann die Produktionsprozesse, wenn bestehende Prozesse liquidiert oder neue Prozesse etabliert werden. Der Verzicht auf eine Verschränkung der Produktionsprozesse stellt zudem sicher, dass einzelne Prozesse jederzeit eingestellt werden können, ohne dass negative Rückwirkungen auf andere Produktionsprozesse entstehen. Zugleich verzichtet das Callcenter auf eine organisatorische Prozessstrukturierung. In keinem der untersuchten Prozesse existieren Gesprächsleitfäden oder Dokumentationen, in denen die Ziele eines Produktionsprozesses, die grundlegenden Verhaltensregeln oder die prozessspezifischen Leistungsnormen fixiert sind. Das geringe Maß organisatorischer Strukturierung der Kommunikation setzt einer Taylorisierung der Dienstleistungsproduktion durch eine Standardisierung der Produkte und eine Entsubjektivierung der Arbeit enge Grenzen.

Personalpolitik – Das Primat kurzfristiger externer Flexibilität

Die Personalpolitik nimmt eine zentrale Rolle im Produktionsmodell der flexiblen Kleinserienproduktion ein. Neben der Minimierung der Anlern- und Qualifizierungszeiten stellt die Mobilisierung des Selbstrationalisierungspotenzials der Arbeitskräfte das wichtigste Ziel der Personalpolitik SatelliteCalls dar. In der direkten Kundeninteraktion verfügen die Arbeitskräfte über eine erhebliche formale Autonomie, ihre Arbeit wird fast ausschließlich indirekt durch Ergebniskontrollen gesteuert. Prozesskontrollen werden nur in Ausnahmefällen durchgeführt. Darüber hinaus wird auch die Personalpolitik von dem Ziel geprägt, langfristige Fixkosten zu vermeiden. Einerseits verzichtet der Betrieb fast vollständig auf die Qualifizierung seiner Mitarbeiter. Über die zweistündige (sic!) Einschulung hinaus gibt es keine Qualifizierungsmaßnahmen. Andererseits nutzt SatelliteCall die gesetzlichen Möglichkeiten der sachgrundlosen Befristung von Arbeitsverträgen fast vollständig aus. Neue Mitarbeiter werden grundsätzlich befristet eingestellt. Frühestens nach 24 Monaten Betriebszugehörigkeit oder nach drei Befristungen erhalten die Beschäftigten einen unbefristeten Arbeitsvertrag. In Einzelfällen greift der Betrieb auch auf Sachgründe zurück, um Arbeitsverträge länger als 24 Monate befristen zu können (Int. SatelliteCall 6). Darüber hinaus setzt das Callcenter in großem Umfang sogenannte Abrufarbeitsverträge ein. Die betroffenen Beschäftigten arbeiten zwar mindestens 30 Stunden in der Woche, vertraglich garantiert sind ihnen jedoch allenfalls zehn (Int. SatelliteCall 1–6). Für den Betrieb stellen diese Arbeitsverträge eine Absicherung gegen die Risiken der Satellitenproduktion dar:

»Wir stellen alle Leute grundsätzlich befristet ein. Wir machen das, weil wir rechtlich die Möglichkeiten dazu haben. Aber wir haben ja auch noch ein anderes Problem: Wir müssen unglaublich brutal auf die Schwankungen unserer Kunden reagieren. Das ist ja unser größtes Problem. Warum werden wir denn als Dienstleister überhaupt eingesetzt? […] Weil wir ein Personaldienstleister sind. Wir sind ein Personaldienstleister. Unternehmen, die uns in Anspruch nehmen, sourcen doch das Personalrisiko an uns aus.« (Int. SatelliteCall GF)

Durch die Gestaltung der Arbeitsverträge externalisiert das Management einen Teil des Marktrisikos und reicht es an die Beschäftigten weiter.

12.2. Die Spaltung der Belegschaft – Individuelle Leistungserfüllung als Integrationskriterium

Die Marktstrategie der Satellitenproduktion und das Produktionsmodell der flexiblen Kleinserienproduktion sind eng miteinander verknüpft. Zugleich schränken sich beide jedoch auch gegenseitig ein. Während die Absicherung gegen das Risiko des Verlusts der Hauptauftraggeber auf einem hohen Maß an kurzfristiger, externer numerischer Flexibilität beruht, setzt die kundenbedarfsorientierte flexible Kleinserienfertigung ein Mindestmaß an funktionaler Flexibilität voraus. Die hohe Priorität numerischer Flexibilität blockiert allerdings personalpolitische Qualifizierungsstrategien ebenso wie eine umfassende Ausnutzung des Rationalisierungspotenzials der auf dem Markt verfügbaren Produktionstechnik. Die Qualität der Arbeit und betrieblichen Arbeitsbeziehungen werden von der schwachen Position der Beschäftigten geprägt. Die mit Befristetungen verbundene Beschäftigungsunsicherheit wird von der Geschäftsführung zur Disziplinierung »leistungsschwacher« Arbeitskräfte genutzt. Individuelle Leistungserfüllung wird zum alles entscheidenden Kriterium für die Chancen der Arbeitenden, die formal existierende Autonomie in der Arbeitsgestaltung in real nutzbare Handlungsspielräume zu transformieren. Diese sind wiederum die Voraussetzung dafür, jenseits der betrieblichen Leistungsnormen eigene Vorstellungen von »guter« Dienstleistungsarbeit entwickeln und in der Arbeit verwirklichen zu können. Aufgrund der paternalistisch geprägten Herrschaftsbeziehungen ohne institutionalisierte Interessenvertretung schlägt das Kriterium der Leistungserfüllung zudem voll auf die individuellen Partizipationschancen durch.

Disziplinierung »leistungsschwacher« Arbeitskräfte in der »Schicksalsgemeinschaft«

In der Personalpolitik SatelliteCalls drückt sich das »Sicherheitsnetz« kurzfristiger, externer numerischer Flexibilität vor allem in der Kombination von befristeten Beschäftigungsverhältnissen und verschiedenen Formen von Arbeit auf Abruf aus. Für die Beschäftigten sind beide Beschäftigungsformen für sich genommen schon mit einem hohen Prekaritätsrisiko verbunden, aus der Kombination beider resultieren jedoch besonders wirkungsmächtige Disziplinierungseffekte (Brinkmann et al. 2006). Die zur Absicherung gegen das Risiko der Marktstrategie der Satellitenproduktion eingesetzten Abrufarbeitsverhältnisse sind für die Beschäftigten gleichbedeutend mit einer »Sicherungslücke« im Krankheits- und Urlaubsfall (Int. SatelliteCall 2). In den Worten eines Beschäftigten:

»Ich war laut Vertrag Teilzeit, laut Personalbogen Vollzeit, keine Ahnung was ich war. Auf jeden Fall war ich eine Woche krank und hab dann bei der Krankenkasse angerufen und gefragt, wie das denn so aussieht. Mir fehlen 40 Stunden und dann kann ich am Ende des Monats meine Miete nicht zahlen. Dann haben die mich an den Arbeitgeber verwiesen.« (Int. SatelliteCall 5)

Für die Beschäftigten resultiert die Arbeit auf Abruf in einem erheblichen Maß an Beschäftigungs- und Einkommensunsicherheit: Zum einen müssen sie im Grunde permanent damit rechnen, dass ihr Stundenvolumen gekürzt wird, so dass am Ende des Monats »Geld fehlt« (Int. SectorCall 2). Zum anderen bringen Urlaub und Krankheit Einkommenseinbußen mit sich, da ihnen in diesen Phasen nur die vertraglich vereinbarte Arbeitszeit vergütet wird. Zwar verstößt diese Praxis gegen geltendes Recht, aber aufgrund der schwachen Position im Betrieb und auf dem externen Arbeitsmarkt klagt kein Beschäftigter gegen diese Praxis. Das Prekaritätsrisiko wird noch dadurch verstärkt, dass die meisten Abrufarbeitsverträge zugleich befristet sind. Befristetungen verkürzen den beruflichen und privaten Planungshorizont. Dieser endet in der Regel mit dem Auslaufen des befristeten Arbeitsvertrages, zeitlich über das Vertragsende hinausweisende Einkommenssicherheiten existieren für die Beschäftigten nicht (Int. SatelliteCall 3). Die Befristung ihrer Beschäftigungsverhältnisse entmachtet die Beschäftigten spürbar: »Die haben ja die Möglichkeit, einen schnell auszutauschen. Das ist vertraglich halt kein Problem.« (Int. SatelliteCall 1)

Von der Geschäftsführung SatelliteCalls wird die Unsicherheit der Beschäftigungsverhältnisse nicht nur zur Absicherung der wirtschaftlichen Existenz des Callcenters eingesetzt, sondern auch zur Disziplinierung – im Sinne der vom Management und den Vorgesetzten definierten Leistungsnormen – leistungsschwacher Arbeitskräfte. Während die Verlängerung auslaufender befristeter Arbeitsverträge von Arbeitenden, die die Leistungsnormen dauerhaft erfüllen, eine reine Formalie darstellt, wird im Falle leistungsschwacher Beschäftigter das Ende eines befristeten Arbeitsvertrages als Hürde inszeniert. Zwar sind sich einige der Beschäftigten durchaus bewusst, dass Vertragsverlängerungen »nicht immer nur was mit den Zahlen zu tun« haben, sondern das »persönliche Empfinden« auch eine Rolle spielt. Die Inszenierung der Entscheidung durch die Geschäftsführung suggeriert jedoch etwas Anderes: »Es wird blank nach Zahlen bewertet.« (Int. SatelliteCall 1) In der folgenden Interviewpassage schildert ein Beschäftigter seine persönlichen Erfahrungen mit dem Verhalten der Personalleiterin im Kontext des Auslaufens eines befristeten Arbeitsvertrages:

»Laut Vertrag bekommt man vier Wochen vor Vertragsablauf Bescheid, ob der Vertrag verlängert wird oder nicht. Das habe ich dann auch in Anspruch genommen, bin da hingegangen und habe gefragt, wie das ist. Und: ›Keine Zeit, weiß ich nicht, hab ich mir bisher keinen Kopf gemacht, deine Motivation ist eh weg und das gefällt mir überhaupt nicht, was du da machst, mit wem du dich da so abgibst, mit den Leuten, überleg dir das noch einmal gut.‹ Dann bin ich kurz vorm Schluss noch einmal hingegangen und habe gefragt, wie es aussieht. Und: ›Ach, bei XXX, deine Zahlen waren so prima, waren ganz oben, deswegen haben wir dich rüber genommen und bei YYY ging das nach unten. Und dann haben wir dich noch einmal zurückversetzt zu XXX und dann passte das überhaupt nicht mit den Zahlen. Ich weiß überhaupt nicht, was ich mit dir machen soll.‹ Dann habe ich gesagt, ich weiß das auch nicht. Ich will jetzt aber eine Entscheidung haben, wie es weiter aussieht, was ich dann ab 1.5. machen soll. ›Ja, das weiß ich nicht!‹ Und dann bin ich später noch einmal hingegangen und hab gesagt, entweder bekomme ich jetzt eine Entscheidung oder ich werde nachhelfen. ›Was hast du dir denn vorgestellt?‹ Dann habe ich gesagt: ›Dann lassen wir das so auslaufen.‹ ›Ja, genau. Das habe ich mir auch schon so gedacht.‹« (Int. SatelliteCall 5)

Diese Interviewpassage zeigt, wie die Unsicherheit befristeter Beschäftigungsverhältnisse im Kontext der Entscheidung über eine mögliche Verlängerung des Arbeitsvertrages von der Geschäftsführung genutzt wird, um das subjektive Sicherheitsempfinden der Arbeitskräfte an die individuelle Leistungserfüllung zu koppeln. »Wenn du zwei Monate deine Leistung nicht gebracht hast und dann eine Vertragsverlängerung ansteht, dann ist eigentlich die Chance nicht so gut, dass du verlängert wirst« (Int. SatelliteCall 1). In diesem Sinne muss auch das von der Personalleiterin inszenierte Machtspiel interpretiert werden. »Leistungsschwache« Arbeitskräfte werden gezielt über die Entscheidung im Unklaren gelassen, »da wird schon mal gerne mit der Angst gespielt.« (Int. SatelliteCall 2) Sie erfahren »in der Regel ungefähr eine Woche« (Int. SatelliteCall 3) vor Vertragsende, ob das Beschäftigungsverhältnis verlängert wird – oder eben nicht. Anders bei Arbeitskräften, die regelmäßig die Leistungsnormen erfüllen und dadurch zur »Elite« gehören: Diesen wird eine Verlängerung des Arbeitsvertrags frühzeitig angeboten (Int. SatelliteCall 1). Das Unsicherheitsmoment der Befristungen wird genutzt, um Einfluss auf die subjektiven Sicherheitswahrnehmungen der Beschäftigten und ihre Arbeitsorientierungen zu nehmen und die Leistungsbereitschaft der Beschäftigten zu steigern.

Die Wirksamkeit dieser Form der Disziplinierung ist in der Zusammensetzung der Belegschaft begründet. Für viele Arbeitskräfte stellt die Beschäftigung bei SatelliteCall eine Chance für einen Wiedereinstieg in den ersten Arbeitsmarkt dar:

»Es haben alle die gleichen Probleme, dass sie halt teilweise nicht den Job haben, den sie machen möchten, müssen sich in dem Moment damit abfinden. Ist ja momentan überall so. Und das gibt ein ziemliches Wir-Gefühl. Das Arbeitsklima ist eigentlich von Anfang an gut gewesen, weil zwischendurch hat man eben immer Missstimmungen, weil einem irgendwie die Projekte nicht passen, die wir telefonieren müssen oder das Projekt scheiße läuft. Und das war eigentlich das einzige, was einen da so ein bisschen aufbaut, dass man sich gegenseitig unterstützt und das läuft da eigentlich sehr gut.« (Int. SatelliteCall 1)

Die negativen erwerbsbiographischen Erfahrungen vieler Beschäftigter bilden den Nährboden für die Inszenierung des Betriebs als »Schicksalsgemeinschaft«. Die Geschäftsführung von SatelliteCall lässt keine Gelegenheit aus, um organisationsintern auf das schwere Marktumfeld des Callcenters und die möglichen Konsequenzen für die Beschäftigten hinzuweisen. Nur wenn alle ihre individuellen Interessen dem Organisationserfolg unterordnen, kann das Unternehmen gegen die harte Konkurrenz bestehen. Durch Formulierungen wie: »Wir sitzen alle in einem Boot« (Int. SatelliteCall 4) wird gezielt versucht, die existierenden innerbetrieblichen Interessengegensätze rhetorisch zu neutralisieren. Jeder Beschäftigte muss seinen Beitrag leisten, damit SatelliteCall sich im Wettbewerb behaupten und den steigenden Anforderungen der Auftraggeber gerecht werden kann. Die betrieblichen Leistungsnormen werden entpolitisiert und zumindest oberflächlich versachlicht. Sie treten nicht mehr als Resultat der Verwertungsinteressen des Eigentümers und der Erwerbsinteressen der restlichen Mitglieder der Geschäftsführung in Erscheinung, sondern als ein Resultat der Anforderungen der Auftraggeber, denen das Callcenter auf Gedeih und Verderb ausgeliefert ist. Die Arbeitskräfte selbst sind faktisch gar nicht in der Lage, die Richtigkeit der Aussagen der Geschäftsführung und der direkten Vorgesetzten im Einzelnen zu überprüfen.

»Gute« Dienstleistungsarbeit im Schwitzkasten effizienzorientierter Leistungsbewertung

Im Fallstudienvergleich sticht die beträchtliche formale Autonomie der Beschäftigten SatelliteCalls in der Gestaltung ihrer Arbeit heraus. Die Produktionspolitik des Betriebs verzichtet auf die direkte Steuerung der interaktiven Dienstleistungsarbeit durch Formen der Prozessstrukturierung (Gesprächsleitfäden). Die Ausrichtung der Technikpolitik auf die Vermeidung langfristiger Fixkosten blockiert vor allem in den großvolumigen Produktionsprozessen für die Hauptauftraggeber den Einsatz kostenintensiver Automatisierungstechnik (Dialer-Systeme). Die Beschäftigten haben dadurch im Vergleich zu den anderen beiden Untersuchungsbetrieben formal größeren Einfluss sowohl auf den Arbeitstakt als auch auf die konkrete Gestaltung der Kundenkommunikation. Allerdings ist die formale Autonomie nicht mit realer Gestaltungsfreiheit gleichzusetzen, denn SatelliteCall greift zur Steuerung der Arbeit fast ausschließlich auf effizienzorientierte Formen der indirekten Steuerung zurück. Der betriebliche Kontrollmodus SatelliteCalls und damit auch die individuellen Leistungsbewertungen basieren einzig und allein auf den von der ACD-Anlage generierten effizienzorientierten Kennziffern: Verkaufsquoten, Netto-Kontakte, geführte Telefongespräche, durchschnittliche Gesprächsdauer und Stornoquoten. Kennziffern für die Servicequalität werden nicht erhoben, so dass sich die betriebliche Leistungsbewertung einzig und allein an der betriebswirtschaftlichen Effizienz der interaktiven Arbeit orientiert. Legitimiert wird die rigide Effizienzorientierung der Leistungsbewertung primär mit Verweis auf die Anforderungen der Auftraggeber und auf die harten Konkurrenzbeziehungen unter den externen Callcentern:

»Egal, was du sagst, […] die sagen dir: ›Stell Dich nicht so an, andere Callcenter verkaufen das auch.‹« (Int. SatelliteCall 5)

Für die Beschäftigten ist der Realitätsgehalt dieser Aussagen natürlich nicht zu überprüfen. Vor dem Hintergrund der hohen Beschäftigungsunsicherheit wirkt der Markt als wirkungsvoller Disziplinierungshebel.

Trotz der nahezu exklusiven Ausrichtung der betrieblichen Leistungsbewertung auf die Effizienzseite der Produktion bilden die Arbeitenden eigene Vorstellungen von »guter« Dienstleistungsarbeit aus. In allen Fällen nehmen die Kunden eine wichtige Rolle in diesen Sinnkonstruktionen ein:

»Das Wichtigste ist eigentlich, dass man aufmerksam ist und sich in den Kunden hineinversetzen kann. Weil es wird schon viel Scheiße dort gebaut teilweise, auch von XXX [dem Hauptauftraggeber, HH] selbst, und wir müssen das dann teilweise ausbaden und versuchen, den Kunden irgendwie wieder auf die richtige Bahn zu kriegen oder zu beruhigen. Es macht dann schon Spaß, wenn man dann eben was Gutes macht, weil man eben auch helfen kann. Wichtig ist eigentlich, dass man persönlich ist und dass man den jetzt nicht wie einen von vielen behandelt.« (Int. SatelliteCall 1)

Gute Dienstleistungsarbeit besteht für die interviewten Beschäftigten vor allem darin, den »Kunden zu helfen« (Int. SatelliteCall 2). Die Vorstellungen der Beschäftigten von guter Arbeit weichen somit erheblich von den rein effizienzorientierten Leistungsnormen des Betriebs ab: Sie mobilisieren vor allem die Effektivitätsseite des Rationalisierungsdilemmas der Dienstleistungsproduktion. Die »Würze« der Arbeit ist »das Menschliche. […] Man freut sich, wenn man was Gutes getan hat.« (Int. SatelliteCall 3) Die zitierten Passagen zeigen sehr deutlich, dass die interviewten Beschäftigten nicht einfach unhinterfragt die betrieblichen Leistungserwartungen übernehmen. Innerhalb des Spannungsfeldes widersprüchlicher Erwartungen von Auftraggebern, Vorgesetzten und Kunden mobilisieren die Arbeitskräfte das latente »Serviceversprechen« der Callcenter, um die Erwartungen des Managements und der Vorgesetzten zu relativieren und ein eigenes Verständnis von guter Dienstleistungsarbeit zu entwickeln.

Allerdings werden die Möglichkeiten, den eigenen inhaltlichen Ansprüchen an die Arbeit gerecht zu werden, durch zwei Faktoren beschränkt: der geringen Komplexität der von SatelliteCall vorwiegend produzierten Dienstleistungen einerseits und der indirekten Steuerung andererseits. Die geringe Komplexität der Dienstleistungen schränkt die Handlungsmöglichkeiten der Beschäftigten in der Kundeninteraktion ein und führt zugleich zu extrem kurzzyklischen und repetitiven Arbeitsvollzügen: »Du machst jeden Tag das Gleiche. Es gibt keine Abwechslung.« (Int. SatelliteCall 5) Trotzdem existiert auch in diesen Produktionsprozessen ein Maß an formaler Autonomie, das die Beschäftigten bei allen Einschränkungen zur Umsetzung ihrer eigenen Ansprüche nutzen können. Allerdings hängen die individuellen Möglichkeiten, die formalen Freiheiten ausnutzen und in reale Handlungsmöglichkeiten in der Kundeninteraktion transformieren zu können, von der Erfüllung der betrieblichen Leistungsnormen ab. Denn nur wer diese dauerhaft erfüllt – oder besser noch übererfüllt –, kann die formal existierenden Gestaltungsspielräume für sich in Anspruch nehmen. Ein Beschäftigter, der sich selbst im Hinblick auf die Verkaufsquote »im oberen Drittel« verortet, beschreibt den Zusammenhang folgendermaßen:

> »Es macht teilweise sehr viel Spaß, weil du mit Kunden auch über belangloses Zeug sprechen kannst. […] Manchmal kannst du auch eine halbe Stunde einfach telefonieren, obwohl du den Vertrag schon längst abgeschlossen hast. Das ist eigentlich das Interessante dabei. Weil du hast ja sehr viele verschiedene Menschen am Telefon. Ob sie nun aus dem Osten kommen, aus dem Süden, die erzählen einem teilweise auch ihre Lebensgeschichte, das macht die Sache sehr interessant. […] Ob es über Politik ist oder über die Arbeit ist. […] Das macht eigentlich die

Würze aus, das Menschliche auf jeden Fall. [...] Da freut man sich, wenn man denen was Gutes getan hat, vor allem auch älteren Menschen, das ist schon Spaß.« (Int. SatelliteCall 1)

Dagegen spüren leistungsschwache Arbeitskräfte die »kalte Hand« der indirekten Steuerung auf der Basis der einseitig effizienzorientierten Ziele. Vor dem Hintergrund der latent vorhandenen Entlassungsdrohung hindert die individuelle Verantwortung für die Einhaltung der Leistungsnormen die Beschäftigten daran, die formale Autonomie in der Kundeninteraktion in reale Gestaltungsspielräume zu übersetzen. Für diese Arbeitskräfte hat die interaktive Dienstleistungsarbeit bei SatelliteCall nur sehr wenig mit einer Arbeit zu tun, mit der sie sich positiv identifizieren können.

Das geringe Machtpotenzial der Beschäftigten – Hohe externe Substituierbarkeit

Die individuelle Machtposition der meisten Beschäftigten SatelliteCalls ist schwach. Ihre externe Substituierbarkeit ist auch kurzfristig sehr hoch. Die Arbeitsplatzmacht der Beschäftigten ist äußerst gering. Aufgrund der Technikausstattung der Callcenter und der Organisation der Arbeit an parallelen Einzelarbeitsplätzen ist das individuelle Störpotenzial der Beschäftigten minimal. Problemlos können Anrufe von einem Einzelarbeitsplatz zum anderen umgeleitet werden. Zudem verfügen die Beschäftigten trotz zeitweiliger Rekrutierungsengpässe nur über eine geringe Arbeitsmarktmacht. Aufgrund des geringen Qualifizierungsaufwandes und der geringen Bedeutung betriebsspezifischen Wissens ist die externe Substituierbarkeit der Arbeitskräfte hoch. Das betriebliche Aus- und Weiterbildungssystem konzentriert sich ausschließlich auf die kurze Einschulung, auf weitergehende Qualifizierungsmaßnahmen verzichtet SatelliteCall. Prinzipiell können die Beschäftigten jederzeit durch neue Arbeitskräfte vom externen Arbeitsmarkt ersetzt werden, ohne dass nennenswerte Steuerungs- und Kontrollprobleme auftreten. Die Anlernzeiten werden durch die parallele Anordnung der Produktionsprozesse minimiert, so dass in der Regel nur prozessspezifisches Produktwissen notwendig ist, das sich die Arbeitskräfte im jeweiligen Produktionsprozess aneignen können:

»Vor allen Dingen brauchst du ja auch nicht viel zu können. Das, was du können musst, das kannst Du dir ja schnell aneignen. Das sieht in einem anderen Job einfach ganz anders aus. Da bräuchtest Du wahrscheinlich zwei, drei Monate, bis du dich eingearbeitet fühlst. Das ist natürlich ein Vorteil. Dadurch können sie hier sagen: ›Frau XXX, dann gehen sie doch mal.‹ Dann kommt halt Frau Müller, Meier oder sonst wer. Die kann das dann auch ganz einfach. Da ist ja kaum ein großer Verlust an Arbeitskraft.« (Int. SatelliteCall 4)

Aufgrund des geringen Qualifizierungsaufwandes, den SatelliteCall betreibt, sind die Beschäftigten austauschbar.

Allerdings gilt die These von der geringen Arbeitsplatz- und Arbeitsmarktmacht der Beschäftigten nur eingeschränkt: Eine zwar kleine Gruppe von nicht einmal zwanzig Arbeitenden verfügt über ein beträchtliches Machtpotenzial. Grundlage ihrer erhöhten Arbeitsplatz- und Arbeitsmarktmacht ist ihr akkumuliertes Produkt- und Prozesswissen. Um – wie der Geschäftsführer es ausdrückt – »auf Zuruf« für den Hauptauftraggeber Produktionsprozesse aufsetzen und durchführen zu können, ist ein Mindestmaß an auftraggeberspezifischem Produktwissen sowohl in der Planung der Produktionsprozesse als auch in der Dienstleistungsproduktion erforderlich. So verstandene funktionale Flexibilität bildet die Voraussetzung für eine Kontrolle der hohen Marktungewissheit durch die Marktstrategie der Satellitenproduktion. Aufgrund des praktisch nicht existenten Aus- und Weiterbildungssystems und der strikt parallelen Anordnung der Produktionsprozesse ist SatelliteCall nicht in der Lage, die Reproduktion des für die mittel- und langfristige Bindung an den Hauptauftraggeber erforderlichen auftraggeberspezifischen Produkt- und Prozesswissens zu gewährleisten. Die Bedeutung dieser Arbeitskräfte zeigt sich vor allem darin, dass sie in den für den Unternehmenserfolg kritischen »Testpiloten« eingesetzt werden, in denen die Auftraggeber mehrere externe Callcenter miteinander konkurrieren lassen, um den leistungsstärksten Betrieben den Auftrag zu erteilen. Die Beschäftigten mit langer Betriebszugehörigkeit sind aufgrund ihrer Erfahrung faktisch die einzigen Beschäftigten, die auch kurzfristig in diesen Produktionsprozessen eingesetzt werden können.

Deutlich zu Tage trat das Machtpotenzial dieser Arbeitskräfte im Kampf um eine Entgeltfortzahlung im Krankheitsfall im Anschluss an die erste Erhebungswelle. Lange Zeit existierte in dem Betrieb keine verlässliche Regelung zur Entgeltfortzahlung. Bezahlt wurden nur die tatsächlich geleisteten Arbeitsstunden. Auslöser der Auseinandersetzungen zwischen den Beschäftigten und der Geschäftsführung war die Entscheidung letzterer, die Dauer der täglichen Arbeitszeit auf acht Stunden zu begrenzen. In der Vergangenheit hatten die Arbeitskräfte freiwillige Mehrarbeit geleistet, um sich ein Stundenpolster für den Krankheits- und Urlaubsfall zu erarbeiten und Einkommensverluste zu kompensieren:

»Wir haben zwei Tage vorher Bescheid bekommen, dass wir eben keine Überstunden in dem Sinne mehr machen können oder so viele Stunden arbeiten können wie wir wollten und dann mussten wir schnell handeln.« (Int. SatelliteCall 1)

Unter der Führung einiger Arbeitskräfte mit längerer Betriebszugehörigkeit organisierte sich ein großer Teil der Belegschaft. Stellvertretend forderte der Kern aus zehn bis zwölf langjährig Beschäftigten die Geschäftsführung auf, eine Regelung für die Entgeltfortzahlung einzurichten. Der Geschäftsführer fühlte sich – in den Worten eines Beschäftigten – »ein wenig in die Enge getrieben« (Int. SatelliteCall 1), gab aber den Forderungen der Belegschaft nach, so dass es seit ungefähr anderthalb Jahren bei SatelliteCall eine Regelung für die Lohnfortzahlung im Krankheitsfall und bezahlten Urlaub gibt. An diesem Beispiel wird einerseits deutlich, dass eine kleine Gruppe von Beschäftigten aufgrund ihrer besonderen Position in den Produktionsprozessen über ein gewisses Machtpotenzial verfügt, andererseits zeigt das Beispiel aber auch, dass die Beschäftigten als Kollektiv trotz ihrer individuell schwachen Position durchaus durchsetzungsfähig sind.

Geringe Partizipationschancen in paternalistischen Herrschaftsbeziehungen

Eine institutionalisierte kollektive Interessenvertretung existiert bei SatelliteCall trotz der grundsätzlichen Betriebsratsfähigkeit des externen Callcenters nicht. Der gewerkschaftliche Organisationsgrad unter den Beschäftigten ist minimal; aufgrund ihres geringen individuellen Machtpotenzials und der hohen Beschäftigungsunsicherheit fällt es den Arbeitskräften schwer, eine Betriebsratswahl einzuleiten:

»Wenn man das [einen Betriebsrat gründen, HH] machen möchte, dann muss man das so machen, dass es verdeckt ist, dass man sich schnell gründet und sagt, wir haben es jetzt, wir sind unkündbar.« (Int. SatelliteCall 2)

Vor allem der Geschäftsführer scheut sich nicht, seine mitbestimmungs- und gewerkschaftsfeindliche Haltung öffentlich zu machen. Die betrieblichen Herrschaftsbeziehungen haben einen paternalistischen Charakter. Der Geschäftsführer und Eigentümer bezeichnet sich selbst als »Kapitän«, der SatelliteCall durch die stürmische See der Markt- und Konkurrenzbeziehungen steuert.

Für die Mehrheit der Arbeitskräfte resultiert das Fehlen formaler Mitbestimmungsstrukturen in den paternalistischen Herrschaftsbeziehungen freilich in einem Partizipationsdefizit: »Kritik wird da überhaupt nicht geduldet.« (Int. SatelliteCall 3) Zwar werden regelmäßig Abteilungsversammlungen veranstaltet, aber reale Mitsprachemöglichkeiten bei der Gestaltung der Arbeitsprozesse haben die Beschäftigten nicht. Die individuellen Partizipationschancen der Beschäftigten SatelliteCalls sind letztlich von ihrem individuellen Machtpotenzial und damit vor allem von der individuellen Leistungserfüllung abhängig. Dies wird an den Beobachtungen einer Arbeitskraft deutlich, die seit etwas über einem Jahr bei SatelliteCall beschäftigt ist und über ein befristetes Beschäftigungsverhältnis verfügt:

»Wenn du länger im Betrieb bist, hast du mehr Freiheiten, dass du dich auch mal mehr zu Wort melden kannst und deine Punkte auch ruhig mal äußern darfst, weil so ist es ja, dass du die Angst hast, dass wenn man sich äußert, du gleich vor die Tür gesetzt wirst und die Angst ist dann ja nicht vorhanden. [...] Früher hat man alles über sich ergehen lassen und die Angst haben die neuen jetzt auch, weil die froh sind, dass die eine Arbeit haben. Das ist eben die Angst um den Arbeitsplatz und es ist klar, dass du einiges einsteckst, bevor du da den Mund aufmachst.« (Int. SatelliteCall 1)«

Genauso wie die Qualität der Arbeit sind auch die individuellen Partizipationschancen in den paternalistischen Herrschaftsbeziehungen ungleich verteilt. Individuelle Leistungserfüllung wird unter den Bedingungen einer einseitig effizienzorientierten indirekten Steuerung der Arbeit, des Verzichts auf Qualifizierungsmaßnahmen und des Fehlens einer institutionalisierten Interessenvertretung zum alles entscheidenden Kriterium für die realen Handlungsspielräume in der Arbeit, die Möglichkeiten der Sinnstiftung, das subjektive Sicherheitsempfinden und eben auch die Partizipationschancen.

13. SectorCall – Differenzierte Massenproduktion und autoritäre Arbeitsbeziehungen

SectorCall ist Teil eines deutschen Callcenter-Konzerns, der in den letzten Jahren durch Zukäufe massiv gewachsen ist und inzwischen mit 13 Standorten und über 7.000 Beschäftigten zu den Marktführern der Branche gehört. 2001 von einem großen Handelsunternehmen übernommen, gehört der untersuchte westdeutsche Betrieb mit einer Stammbelegschaft von 240 Arbeitskräften zu den kleineren Standorten des Konzerns. Horizontal ist der Konzern nach dem Branchenprinzip gegliedert, die neun operativen Dienstleistungsunternehmen sind jeweils auf einzelne Wirtschaftszweige spezialisiert. Im Falle SectorCalls ist dies der Versandhandel. Innerhalb des Mutterkonzerns gehört SectorCall zu den größten operativen Unternehmen. Sowohl der Auftraggeberstamm des externen Callcenters als auch die Produktvariation der für die Auftraggeber produzierten Dienstleistungen sind vergleichsweise homogen: SectorCall arbeitet seit seiner Gründung mit vielen der großen deutschen Versandhandelsunternehmen zusammen und erbringt für die Auftraggeber versandhandelstypische Dienstleistungen. Da es sich bei diesen Dienstleistungen um eine begrenze Anzahl von Grundtypen handelt – Bestellannahmen, Kundenbindungsaktionen und Verkaufskampagnen –, lässt sich das Produktionsmodell des Callcenters als »differenzierte Massenproduktion« bezeichnen.

13.1. Das Produktionsmodell differenzierter Massenproduktion

Durch die Spezialisierung auf Auftraggeber aus dem Versandhandel ist der Auftraggeberstamm SectorCalls trotz seiner Größe vergleichsweise homogen. In der Mehrzahl der Produktionsprozesse werden versandhandelstypische Dienstleistungen produziert, die nur eine geringe Variation aufweisen. Die Konzentration auf den Versandhandel ist fester Bestandteil der Ungewissheitskontrolle des Betriebs. Während bei SatelliteCall die »strukturelle Unsichtbarkeit« der externen Callcenter voll auf die betrieblichen Produktionsprozesse durchschlägt, versucht SectorCall die Unsichtbarkeit zumindest partiell zu kompensieren, indem das Callcenter seine Sichtbarkeit in der Spezialisierungsbranche erhöht. Die starke Marktpräsenz im Versandhandel soll sicherstellen, dass der Bestand und der wirtschaftliche Erfolg des Callcenters ein Stückweit unabhängig von dem für das externe Callcenter unkalkulierbare Verhalten einzelner Auftraggeber wird. Durch den Fokus auf die Sichtbarkeit im Segment des Versandhandels stellt die Marktstrategie SectorCalls faktisch eine marktanteilsorientierte Strategie dar. Durch eine Vernetzung aller Konzernstandorte stellt der Mutterkonzern eine hohe numerische Flexibilität sicher. Aufgrund des intensiven Preisdrucks im Versandhandel sind die Technikpolitik, die Produktionspolitik und die Personalpolitik konsequent auf die Steigerung der Effizienz der Dienstleistungsproduktion ausgerichtet. Im Zentrum der Personalpolitik steht eine Politik der permanenten Kostensenkung, Lohnkürzungen sind an der Tagesordnung.

Marktstrategie Branchenführerschaft – Ungewissheitskontrolle durch Marktpräsenz

SectorCall versucht durch die Diversifizierung des Auftraggeberstamms, die eigene Abhängigkeit vom prinzipiell unkalkulierbaren Verhalten einzelner Auftraggeber zu reduzieren. Zwar ist SectorCall in den Wertschöpfungsketten seiner Auftraggeber genauso unsichtbar wie jedes andere externe Callcenter. Mit der Position der Branchenführerschaft in der Spezialisierungsbranche versucht der Betrieb jedoch, die »Unsichtbarkeit« zumindest ein Stückweit zu überwinden. Aufgrund seines hohen Marktanteils im Versandhandel könnte SectorCall den Verlust einzelner Auftraggeber durchaus verschmerzen. Orientierungsmarke des Managementhandelns ist der Marktanteil – ein hoher Marktanteil ist sowohl Ausdruck als auch Voraussetzung der Position der Branchenführerschaft. SectorCall transformiert die hohe Marktungewissheit der externen Callcenter in das berechen- und beherrschbar scheinende Risiko der Verteidigung des eigenen Marktanteils. Ziel der Geschäftsführung ist es, dass SectorCall allen potenziellen Auftraggebern bekannt ist:

»Wenn ein Partner im deutschen Markt einen Großen sucht, dann muss er eben auf uns stoßen.« (Int. SectorCall GF)

Selbstverständlich bleibt auch die Rationalisierung der Marktungewissheit durch die Marktstrategie der Branchenführerschaft letzten Endes eine Fiktion, objektiv erhöht sich Berechenbarkeit des Markts keineswegs. Voraussetzung der Branchenführerschaft ist eine hohe numerische Flexibilität: Als selbsterklärter »Branchenführer« kann es sich das Callcenter nicht leisten, einen Großauftrag aus der Spezialisierungsbranche Versandhandel aufgrund fehlender Kapazitäten abzulehnen. Das Gleiche gilt auch für den Preis: Neben der Volumenführerschaft setzt die Branchenführerschaft auch eine Preisführerschaft voraus. Für die Sichtbarkeit des externen Callcenters wäre es ebenso fatal, wenn es einen wichtigen Auftrag kostenmäßig nicht durchführen könnte. Aufgrund seiner Marktstrategie kann sich SectorCall der harten Preiskonkurrenz im Segment des Versandhandels nicht entziehen. Die Verteidigung der eigenen Marktanteile hat absolute Priorität, selbst wenn dadurch die Profite kurzfristig sinken.

Technikpolitik – Konzernweite Vernetzung aller Standorte

Um die systemische Funktionalität der eingesetzten Einzelkomponenten zu gewährleisten, setzt SectorCall standardisierte CTI-Schnittstellen führender Technikanbieter ein. Auch im Bereich der Telekommunikationstechnologie verwendet das Callcenter Standardlösungen. Sowohl die ISDN- als auch die ACD-Anlage stammen von Markenherstellern. Das Automatisierungspotenzial der eingesetzten Technik ist hoch: Die ACD-Anlage ermöglicht eine Feinsteuerung der Anrufverteilung nach präzise definierten Bedingungen (*conditional routing*) und schafft so die technischen Voraussetzungen für die gezielte Verschränkung mehrerer Produktionsprozesse. Darüber hinaus werden durch den Einsatz von Dialer-Systemen unterschiedlicher Art (*predictive dialer, power dialer*) auch das Wählverfahren und der Verbindungsaufbau in der Produktion von Outbound-Dienstleistungen automatisiert. Die eingesetzte Technik reduziert die Leerlaufzeiten. Letztlich zielt die Technikausstattung jedoch nicht nur auf eine Steigerung der Effizienz der Produktion, sondern auch auf die funktionale Flexibilität des Callcenters. Die Flexibilität der Produktionstechnik ermöglicht es SectorCall, die unterschiedlichsten Erwartungen und Vorgaben der Auftraggeber in den eigenen Produktionsprozessen abbilden zu können.

Produktionspolitik – Effizienzsteigerungen durch umfassende Verschränkung

Die Produktionspolitik wird von einer konsequenten Verschränkung nahezu aller Produktionsprozesse und einer hohen Flexibilität in der Prozessstrukturierung gekennzeichnet. Aufgrund der konsequenten Verschränkung werden am untersuchten Standort fast alle Beschäftigten parallel in mehreren Produktionsprozessen eingesetzt. Ermöglicht wird die konsequente Verschränkung vor allem durch die Branchenspezialisierung des externen Callcenters. Die Konzentration auf Auftraggeber aus einer Branche reduziert die mögliche Produktvariation, darüber hinaus ist speziell die Versandhandelsbranche mit geringen Anforderungen an das Produktwissen der Arbeitskräfte verbunden. Aus Managementperspektive zielt die konsequente Verschränkung der Produktionsprozesse vor allem auf die Effizienz der Produktion von Inbound-Dienstleistungen wie Bestellannahmen, Beratungshotlines oder Auskunftsdienstleistungen. Die konsequente Verschränkung mehrerer Produktionsprozesse ermöglicht eine Steigerung der Arbeitsproduktivität. Die Prozessstrukturierung SectorCalls fällt im Vergleich der drei Produktionsmodelle vor allem aufgrund der großen Diversität auf. Zwischen den verschiedenen Produktionsprozessen variiert das Ausmaß der Strukturierung der direkten Kommunikation erheblich. Nur in einigen wenigen Prozessen werden den Arbeitenden direkte Handlungsanweisungen gegeben. Zwar verfügt das Mutterunternehmen über die Fähigkeiten zur Prozessstrukturierung, setzt sie aber nur auf expliziten Wunsch der Auftraggeber ein.

Personalpolitik – Segmentation der Belegschaft

Die Personalpolitik repräsentiert die entscheidende Stellgröße der Standortleitungen im konzerninternen Standortwettbewerb. Während die Technikpolitik innerhalb des Konzerns zentralisiert und die Produktionspolitik auf Unternehmensebene angesiedelt ist, fällt die Personalpolitik überwiegend in den Zuständigkeitsbereich des Standortmanagements. Beschränkt wird der Handlungsspielraum auf Standortebene nur durch die auf Konzernebene ausgehandelten Betriebsvereinbarungen und vom Haustarifvertrag, den der Mutterkonzern mit ver.di geschlossen hat. Auffälligstes Merkmal der Personalpolitik am untersuchten Standort ist die Spaltung der Belegschaft in eine fest angestellte Stammbelegschaft und eine vorwiegend aus Leiharbeitern bestehende Randbelegschaft. Die Mitglieder der Stammbelegschaft verfügen über ein hohes Maß an Beschäftigungssicherheit – im

Tausch gegen die Akzeptanz der hohen Arbeitsverdichtung und eines permanenten Lohndrucks. Neue Mitarbeiter erhalten grundsätzlich einen unbefristeten Arbeitsvertrag, müssen aber die aus der technisch-organisatorischen Automatisierung und der Verkürzung der täglichen Arbeitszeit auf sechs Stunden resultierende Arbeitsverdichtung akzeptieren. Zudem setzt die strikte Orientierung des Managements an kurzfristigen Renditen die Löhne der Beschäftigten unter Druck. Dagegen sind die Übernahmechancen der Leiharbeiter gering, ihr Einsatz bleibt auf die saisonalen Spitzen des Versandhandelsgeschäfts beschränkt. Die Spaltung der Belegschaft ist eine Folge der komplexen Flexibilitätsanforderungen, die sich aus der Spezialisierung auf den Versandhandel ergeben. Für die Stammbelegschaft existiert ein per Haustarifvertrag etabliertes Jahresarbeitszeitkonto (JAZ). Dem Arbeitgeber ermöglicht der zwölfmonatige Ausgleichszeitraum, flexibel auf die versandhandelstypischen kurzfristigen Auftragsschwankungen zu reagieren. Dagegen wird das Flexibilisierungsinstrument Leiharbeit von der Standortleitung vor allem eingesetzt, um die Auftraggspitzen im Oster- und Weihnachtsgeschäft abzudecken. In diesen Zeiten steigt die Anzahl der Leiharbeiter auf 60, was einem Anteil von 20 Prozent an der Belegschaft entspricht.

13.2. Extreme Arbeitsverdichtung und autoritäre Arbeitsbeziehungen im Standortwettbewerb

Für die Beschäftigten bringt die rigide Kosten- und Effizienzorientierung, die dem Produktionsmodell der differenzierten Massenproduktion zugrunde liegt, eine massive Verdichtung und Intensivierung ihrer Arbeit mit sich. Basis der Steuerung der lebendigen Arbeit ist der von der Konzern- und Unternehmensleitung geschürte Standortwettbewerb. Die Konzernführung gibt die kurzfristigen Renditeziele für die Einzelunternehmen vor und die Standortleitung nutzt die Verlagerungsdrohung, um Druck auf die Beschäftigten und ihre Interessenvertretungen auszuüben. Ein »Klima der Angst« diszipliniert die Beschäftigten und bildet den Boden für die auf den ersten Blick verblüffende Akzeptanz der extremen Arbeitsverdichtung. Der intensive Standortwettbewerb nimmt zudem Einfluss auf die institutionalisierten Arbeitsbeziehungen. Während die Zusammenarbeit zwischen dem Arbeitgeber und der Arbeitnehmervertretung auf Konzernebene relativ geregelt verläuft, haben die Arbeitsbeziehungen auf Standortebene einen autoritären Charakter. Aufgrund der hohen Substituierbarkeit der Beschäftigten fehlt es dem Betriebsrat an Organisationsmacht, seine innerbetriebliche Legitimität vis-à-vis der Standortleitung ist prekär.

Das »Klima der Angst« – Disziplinierung durch die Standortkonkurrenz

Auf den ersten Blick verfügen die Stammbeschäftigten SectorCalls aufgrund der Dominanz unbefristeter Arbeitsverträge über ein hohes Maß an Beschäftigungssicherheit. Auf den zweiten Blick wird jedoch deutlich, dass es sich primär um eine formale Sicherheit handelt, da der vorwiegend kostenorientierte Standortwettbewerb das Sicherheitsversprechen des Normalarbeitsverhältnisses ein Stückweit entwertet. Sowohl die Standortleitungen als auch die direkten Vorgesetzten instrumentalisieren die konzerninterne Standortkonkurrenz und die hohe technische und organisatorische Austauschbarkeit der externen Callcenter, um die Stammbelegschaft inklusive ihrer Interessenvertreter zu disziplinieren. Ein Beschäftigter schildert seine Erfahrungen:

»Permanent wurde gesagt: ›Gebt euch besonders Mühe, damit wir gut dastehen und den Kunden nicht verlieren [...] Wenn ihr nicht aufpasst, dann sind wir den Kunden los. Ihr seid Schuld. Und ihr gefährdet eure eigene Arbeit.‹ Da wurde immer gedroht.« (Int. SectorCall 3)

Grundlage der unternehmens- und konzerninternen Standortkonkurrenz sind vor allem die Lohnkostenunterschiede zwischen den westdeutschen und den ostdeutschen Standorten. Der Renditedruck, der auf den Standortleitungen lastet, ist enorm: »Jeder Standortmanager versucht, seinen Standort zu retten und sich gegen die anderen Standorte zu behaupten« (Int. SectorCall 1). In den betrieblichen Hierarchien wird der Druck durch indirekte Steuerungsformen auf der Basis einer Ergebnisverantwortung nach unten durchgereicht: Von den Standortleitungen über die Projektleiter zu den direkten Vorgesetzten und von diesen zu den Arbeitskräften in der Dienstleistungsproduktion. Wie ein Damoklesschwert schwebt die Verlagerungsdrohung über den Beschäftigten: »Jederzeit kann so ein Standort ja dicht gemacht werden« (Int. SectorCall 1). Das Resultat ist ein »Klima der Angst«:

»Irgendwann hieß es, dass in [eine ostdeutsche Stadt, HH] noch so eine Filiale aufgemacht werden sollte und: Oh mein Gott, die sind ja billiger als wir und da könnte der Standort hier ja dicht gemacht werden. [...] Es war so eine unterschwellige Sache: Wenn ihr nicht, dann [...]. So wurde das aufgenommen und empfunden: Oh mein Gott, was ist denn da nun und warum denn noch eine in Frankfurt, was soll das, sind wir nicht gut genug, sind wir teuer? Und das war wohl so. [...] Von dem Zeitpunkt an hatten alle Angst.« (Int. SectorCall 3)

Aus der Sicht der Beschäftigten ist diese Denkweise nur zu verständlich. Standortleitung und direkte Vorgesetzte lassen keine Gelegenheit aus zu betonen, dass sich der Standort in einem harten Kostenwettbewerb mit anderen Standorten und konkurrierenden externen Callcentern befindet. Falls die Belegschaft und die Interessenvertreter nicht zu Zugeständnissen bereit seien, so der Tenor, würden einzelne Produktionsprozesse verlagert oder gar der ganze Standort geschlossen. Die Standortkonkurrenz dient auch der Legitimierung der permanenten Kostensenkungen, mit der die Profitabilität des Standorts erhöht werden soll:

»Uns Arbeitnehmern wird seit Jahr und Tag gesagt: ›Uns geht es schlecht!‹ Trotzdem steigt der Umsatz und wir haben ein super-bombastisches Ergebnis, aber es werden eher Gelder gekürzt, als dass sie letztendlich wirklich in einer Lohnerhöhung rauskommen. Ich bin seit fünfeinhalb Jahren da und habe in der Zeit zwei Lohnkürzungen mitgemacht.« (Int. SectorCall 2)

An der seit Jahren guten Ertragslage des Unternehmens haben die Arbeitenden nicht partizipiert. Die kostenorientierte Standortkonkurrenz reduziert vor dem Hintergrund der technischen und organisatorischen Vernetzung aller Standorte des Konzerns das individuelle Machtpotenzial der Arbeitskräfte und schwächt die Verhandlungsposition der betrieblichen Interessenvertreter. Für die Leiharbeitskräfte stellt sich die Situation noch schlechter dar. Ihr Einsatz bei SectorCall ist auf wenige Monate beschränkt, über realistische Übernahmechancen verfügen sie nicht – auch, weil am untersuchten Standort kein Beschäftigungsaufbau stattfindet.

Extreme Arbeitsverdichtung – Automatisierung und Verschränkung

Effizienzsteigerungen basieren im Produktionsmodell der differenzierten Massenproduktion nicht nur auf permanenten Kostensenkungen, sondern auch auf einem hohen Automatisierungsgrad und auf der konsequenten Verschränkung der Produktionsprozesse. Sowohl die Technikpolitik als auch die Produktionspolitik des Callcenters sind auf eine Reduktion unproduktiver Leerlaufzeiten ausgerichtet. Anders als beispielsweise bei SatelliteCall ist der Automatisierungsgrad nicht nur in der Produktion von Inbound-Dienstleistungen (Bestellannahmen) hoch, durch Einsatz von

Dialer-Technik wird auch die Verbindungsherstellung bei der Produktion von Outbound-Dienstleistungen (Verkaufskampagnen) automatisiert. Die Verschränkung mehrerer Produktionsprozesse erhöht aus der Perspektive des Managements die Arbeitsproduktivität. Für die Beschäftigten ist das Resultat hingegen eine massive Verdichtung ihrer Dienstleistungsarbeit.

Durch den hohen Automatisierungsgrad der Anrufverteilung und des Verbindungsaufbaus haben die Beschäftigten nur wenig Kontrolle über den Arbeitstakt. In den Bestellannahmen leitet die ACD-Anlage den nächsten Anruf an die Arbeitskräfte weiter, sobald diese ein Gespräch beendet haben, Nachbearbeitungszeiten sind nicht vorgesehen. Ähnliches gilt für die Verkaufskampagnen. Das Dialer-System erzeugt im Hintergrund permanent Gesprächsverbindungen, so dass den Arbeitskräften unmittelbar nach Beendigung eines Kundengesprächs ein neuer Kunde durchgestellt werden kann. Die Analogie zu tayloristischer Fließbandarbeit liegt auf der Hand:

»Das ist wirklich Fließband: Kunde, Kunde, Kunde. Aber man kann sich letztendlich dieser Mühle nur schwer entziehen« (Int. SectorCall 2).

Zwar besteht technisch die Möglichkeit, sich per Knopfdruck dem Arbeitstakt der Maschine zu entziehen, aber gegenüber den direkten Vorgesetzten ist dies immer begründungsbedürftig. Auch die Verschränkung mehrerer Produktionsprozesse, in denen strukturell ähnliche Dienstleistungen für verschiedene Auftraggeber erzeugt werden, resultiert für die Arbeitskräfte in einer Verdichtung ihrer Arbeit. Zwar sind die Anforderungen an das prozessspezifische Produktwissen aufgrund der Branchenspezialisierung SectorCalls gering, die automatisierte Anrufverteilung durch die ACD-Anlage entzieht den Beschäftigten jedoch die Kontrolle über die einzelnen Arbeitsschritte:

»Wenn man ein neues Projekt dazu kriegt, dann hat man halt mehrere Projekte zu tun und dann ist es immer diese Koordinationsfrage, dass man das eben erst schnell alles auf die Reihe kriegen muss. Wenn man zwischen mehreren Calls jetzt immer wechseln muss zwischen dem einen und dem anderen Bestellsystem, dann ist es das mitunter stressig, wenn man da noch nicht so drin geübt ist. Aber das ist eine Sache von Minuten und da findet man sich wieder ein und in der nächsten Minute hat man schon wieder mehr Ruhe, um Luft zu holen.« (Int. SectorCall 4)

Als Reaktion auf die hohe Arbeitsverdichtung durch die Automatisierung und Verschränkung der Produktionsprozesse hat die Geschäftsführung das Schichtsystem reformiert und die tägliche Arbeitszeit auf sechs Stunden begrenzt. Durch die extreme Verdichtung der repetitiven und kurzzyklischen Arbeit ist die Belastung der Arbeitskräfte erheblich: Einen Achtstundentag »schafft hier keiner«, so ein Vertreter der Leitung eines anderen Standorts von SectorCall in einer Lokalzeitung. Mit der Verkürzung der täglichen Arbeitszeit von acht auf sechs Stunden versucht die Geschäftsführung, ein Sinken der Arbeitsproduktivität durch die technisch bedingte Arbeitsverdichtung zu verhindern (Int. SectorCall 1, ähnlich: Taylor/Bain 1999: 111, Eichmann et al. 2006: 204). Durch die Begrenzung der täglichen Arbeitszeit stellt Teilzeit die dominante Beschäftigungsform dar. Kaum einer der Beschäftigten arbeitet mehr als 30 Wochenstunden.

Auffällig ist die hohe Akzeptanz sowohl der Arbeitsverdichtung als auch der Verkürzung der täglichen Arbeitszeit. In den Interviews haben weder die Beschäftigten noch der Betriebsrat die Automatisierung und Verschränkung der Produktionsprozesse oder die Begrenzung der täglichen Arbeitszeit kritisiert oder von Widerstandspraktiken berichtet. Zwei Faktoren tragen zur stillschweigenden Akzeptanz der Arbeitsverdichtung bei: Zum einen produzieren die latente Verlagerungsdrohung und das »Klima der Angst« gefügige Arbeitskräfte und ersticken Widerstandsansätze im Keim. Zum anderen trägt die Ausgestaltung des Entgeltsystems dazu bei, dass die materiellen Erwerbsinteressen der Beschäftigten und die Verwertungsinteressen des Betriebs miteinander konvergieren. Denn durch den hohen Anteil der variablen Entgeltbestandteile (bis zu 30 Prozent) an der Entlohnung konvergieren in der Arbeitsverdichtung durch die Automatisierung der Dienstleistungsproduktion und die Verschränkung der Produktionsprozesse die materiellen Erwerbsinteressen der Beschäftigten und die Verwertungsinteressen des Betriebs. Je höher die Anzahl der im Sinne der betrieblichen Leistungsnormen erfolgreichen Kundenkontakte, desto höher ist die Leistungsprämie. Leerlaufzeiten wirken sich somit negativ auf die Erwerbschancen der Beschäftigten aus. Ein Betriebsrat führt aus: »Die Leute merken natürlich, dass ihnen die Prämien flöten gehen, wenn sie nichts zu tun haben« (Int. SectorCall BR).

Gute Dienstleistungsarbeit im Kontext geringer Autonomie und effizienzorientierter Leistungsbewertung

Die Leistungsbewertung basiert in der Mehrheit der Produktionsprozesse auf den statistischen Daten der effizienzorientierten Ergebniskontrollen. Regelmäßige Prozesskontrollen werden nur in wenigen Prozessen und auf ausdrücklichen Wunsch der Auftraggeber durchgeführt. Aufgrund des geringen Maßes an direkter Steuerung ihrer Arbeit verfügen die Arbeitenden über eine erhebliche formale Autonomie in der Gestaltung der Kundeninteraktionen. Allerdings mindert die indirekte Steuerung durch die rein effizienzorientierten Ergebniskontrollen die realen Gestaltungsspielräume der Arbeitenden. Leistungsschwache Arbeitskräfte, die diese Normen verfehlen, werden von den direkten Vorgesetzten unter Druck gesetzt:

»Sobald man nicht auf seine Quote kam, waren die sofort da [...], dann waren die dementsprechend sauer: ›Ihr müsst die Einwandbehandlung stärker anwenden! Auch egal, wenn die kein Geld haben. Los! Weiterbohren!‹ Du kommst dir vor, wie im Gefängnis. Da sind Teamcoachs und Betreuer, die laufen dauernd vorbei und hören zu.« (Int. SectorCall 1)

Die vorwiegend effizienzorientierten Leistungsnormen sind nicht der einzige Faktor, der die Gestaltungsspielräume der Arbeitskräfte einschränkt. Durch die hohe Verdichtung erinnert die Dienstleistungsarbeit bei SectorCall an Formen tayloristisch organisierter Fließbandarbeit in der Industrie: Vor allem in der Bestellannahme sind die Arbeitsvollzüge durch den hohen Automatisierungsgrad und die geringe Komplexität der Dienstleistung extrem kurzzyklisch und repetitiv. Der geringe Gestaltungsspielraum steht für viele Arbeitskräfte einer positiv sinnstiftenden Identifikation mit der eigenen Arbeit entgegen: »Das ist unterstes Arbeitsniveau!« (Int. SectorCall 3). Das heißt jedoch nicht, dass die Arbeitenden keine eigenen Vorstellungen von guter Dienstleistungsarbeit entwickeln können:

»Ich bin damals zum Teil weit über meine Kompetenz gegangen, weil irgendwelche Leute etwas ganz Bestimmtes aus dem Jahreskatalog haben wollten. Theoretisch hätte ich die einfach zur Betreuung rüberstellen können. Stattdessen habe ich alte Kataloge gewälzt und dann haben wir das zusammen gesucht und das am Ende auch gefunden. Dann war der Kunde glücklich und ich war auch glücklich.« (Int. SectorCall 1)

Allerdings erschweren der einseitige Fokus der Leistungsbewertung auf die Effizienzseite der Dienstleistungsproduktion, die Belastungen durch die Verdichtung der Dienstleistungsarbeit und die geringen Handlungsmöglichkeiten durch die geringe Komplexität der erzeugten Dienstleistungen den Arbeitskräften die Verwirklichung ihrer eigenen inhaltlichen Ansprüche an die Arbeit. Nur in Ausnahmefällen können die Arbeitenden diese in ihrer Arbeit verwirklichen. Voraussetzung dafür ist, dass sie die effizienzorientierten Leistungsnormen erfüllen, auf denen die direkte Steuerung der

Arbeit bei SectorCall basiert. Denn: Den betrieblichen Leistungsnormen sind die Beschäftigten auf Gedeih und Verderb ausgeliefert.

Das Janusgesicht des Jahresarbeitszeitkontos – Materielle Entprekarisierung, aber Erosion der Verfügungsmacht über die Arbeitszeiten

Um die hohen Flexibilitätsanforderungen zu bearbeiten, die aus den Spezifika des Versandhandels resultieren, greift SectorCall schwerpunktmäßig auf zwei Instrumente zurück: den Einsatz von Leiharbeit und die Arbeitszeitflexibilisierung durch ein Jahresarbeitszeitkonto (JAZ). Etabliert wurde das Arbeitszeitkonto mit seinem zwölfmonatigen Ausgleichszeitraum 2004 mit Hilfe eines Haustarifvertrags, den der Mutterkonzern mit der Dienstleistungsgewerkschaft ver.di geschlossen hat. Für den Betrieb bringt das JAZ ein erhebliches Maß an Arbeitszeitflexibilisierung mit sich. Der Ausgleichszeitraum ermöglicht es dem externen Callcenter, die Verteilung der Arbeitszeit zu flexibilisieren und dadurch den versandhandelstypischen Flexibilitätsanforderungen kostenneutral gerecht zu werden. Da das JAZ zudem in allen Standorten des Mutterkonzerns eingeführt wurde, leistet es darüber hinaus noch einen Beitrag zur Vereinheitlichung und Vereinfachung der Arbeitszeitregelungen innerhalb des Konzerns und damit auch zur Reduktion administrativer Kosten (Int. ver.di 3). Für die Beschäftigten hat die Einrichtung des JAZ eine tendenzielle Entprekarisierung der Beschäftigung zur Folge, da die monatliche Entlohnung zumindest partiell von den tatsächlich geleisteten Arbeitsstunden und damit letztendlich von den Schwankungen des Anrufvolumens entkoppelt wird. Unabhängig von der tatsächlich geleisteten Arbeitszeit erhalten die Arbeitskräfte ein monatliches Grundgehalt in Höhe eines Zwölftels ihrer einzelvertraglich vereinbarten Jahresarbeitszeit. Nur die variable, leistungsabhängige Prämie ist weiterhin direkt an die tatsächliche Arbeitsleistung gekoppelt und wird im Folgemonat ausgezahlt. Die positiven Wirkungen des Jahresarbeitszeitkontos werden an den Worten eines langjährigen Beschäftigten deutlich, der in die Vergangenheit zurückblickt:

»Damals gab es noch kein Zeitkonto. Da wurden die ganzen Computer-Netzwerke zusammengelegt: Zuerst konnten die 14-Uhr-Kollegen nach Hause gehen, dann die 16-Uhr-Kollegen und am Ende die 17-Uhr-Kollegen. Da merkt man, wenn einfach die Anrufkapazität abnimmt, dann können die Leute nach Hause gehen. Das hat sich am Monatsende dann zum Teil schmerzhaft auf dem Konto widergespiegelt. […] Normal waren 700 oder 800€ und dann hatte man auch mal nur 600 auf dem Konto. Das war dann schon schwierig.« (Int. SectorCall 1)

Ähnlich argumentieren alle interviewten Arbeitskräfte. Das Arbeitszeitkonto stabilisiert die Einkommen der Beschäftigten zumindest partiell und erleichtert damit die mittel- und langfristige finanzielle Lebensplanung.

Allerdings deuten die Interviews darauf hin, dass das JAZ vom Arbeitgeber nicht nur eingesetzt wird, um die Verteilung der Arbeitszeit zu flexibilisieren, sondern auch, um kurzfristig die Lage der täglichen Arbeitszeit im Sinne der Verwertungsinteressen des Betriebs zu flexibilisieren. »Es werden auch viele Leute nach Hause geschickt, weil nichts zu tun war.« (Int. SectorCall 3) Zwar war es auch in der Vergangenheit üblich, Arbeitskräfte kurzfristig aus den Produktionsprozessen zu nehmen, um den Personalbestand an das Anrufvolumen anzupassen; durch die Etablierung des Arbeitszeitkontos hat sich die Akzeptanz dieser Praxis und damit auch die Verfügungsmacht des Arbeitgebers über die individuellen Arbeitszeiten jedoch deutlich vergrößert. Letztendlich hat die Entkoppelung des monatlichen Grundgehalts von den tatsächlich geleisteten Arbeitsstunden die Bereitschaft der Arbeitskräfte erhöht, ihre individuellen Arbeitszeitinteressen den betrieblichen Verwertungsinteressen unterzuordnen. Eine ehemalige Beschäftigte schildert rückblickend ihre Erfahrungen mit dem betrieblichen Arbeitszeitregime:

> »Das war immer ein Kampf. […] Das war bei uns immer so, dass der Plan erst in der Woche selber für die Woche gemacht wurde. Also das ist schon hart, wenn die Arbeitsplanung während der Woche – da kannst du vielleicht, wenn du sagst, du willst irgendwie Musik machen und brauchst da ein wenig Flexibilität, ist das ganz praktisch – aber für die meisten ist das wahrscheinlich sehr, sehr negativ. Und es waren halt auch sehr viele da, die Mann und Kind oder Frau und Kind haben oder vielleicht auch, wo der Mann im Schichtdienst ist und das Kind halt zum Kindergarten abgeholt und hingebracht werden muss. […] Letztendlich ging es dann immer irgendwie, weil dann immer unter den Kollegen getauscht wurde; es wurde halt untereinander hingedreht. Aber es war ganz oft so, dass Leute die Schichten, die sie gerne haben wollten, nicht gekriegt haben. Das war echt eine Katastrophe.« (Int. SectorCall 3)

Unterfüttert wird diese Wirkung des JAZ durch die Ausgestaltung der variablen, leistungsabhängigen Entgeltbestandteile. Diese sind über ein Punktesystem direkt an das Anrufvolumen gekoppelt, so dass bei geringer Anrufzahl die Chancen der Beschäftigten sinken, sich Prämien zu erarbeiten. Im Ergebnis werden die Arbeitszeitinteressen der Beschäftigten direkt an die Verwertungsinteressen des Betriebs gekoppelt.

Individuelle Ohnmacht durch die hohe externe Substituierbarkeit

Die Machtposition fast aller in der Dienstleistungsproduktion eingesetzten Beschäftigten ist trotz der flachen Hierarchien des externen Callcenters äußerst schwach. Arbeitsplatz- wie Arbeitsmarktmacht sind für das Gros der Beschäftigten gering. Da die betriebliche Steuerung und Kontrolle der Produktionsprozesse nur äußerst geringe Anforderungen an das prozessspezifische Produktwissen und die tätigkeitsspezifischen subjektiven Fähigkeiten der Arbeitskräfte stellt, ist ihre externe Substituierbarkeit hoch. Zudem ist die Erwerbslosigkeit auf dem regionalen Arbeitsmarkt hoch und die Konkurrenz der Arbeitgeber um potenzielle Arbeitskräfte gering. Der homogene Auftraggeberstamm und die geringe Produktvariation der erzeugten Dienstleistungen sind dafür verantwortlich, dass die Produktionsprozesse SectorCalls nur in geringem Maße von betriebsspezifischem Wissen abhängig sind. Nur in Ausnahmefällen können Arbeitskräfte nicht kurzfristig ausgetauscht werden, ohne dass es zu nennenswerten Steuerungs- und Kontrollproblemen käme. Die Arbeitenden – das zeigt das folgende Zitat – haben ein feines Gespür für ihre schwache Machtposition:

> »Warum sollten die mit uns reden? Warum sollten sie sich herablassen? Etwas gegen die Missstände zu tun, würde ja Geld kosten und das will SectorCall ja nicht. SectorCall ist eine aufstrebende Firma und das darf ja alles nichts kosten, weil sonst würde man ja nicht mehr so aufstrebend sein.« (Int. SectorCall 3)

Im Arbeitsalltag fühlen sie sich »nicht ernst genommen« (Int. SectorCall 2), ihre Verbesserungsvorschläge werden ignoriert und verlaufen im Sande. Insgesamt erinnern die Sozialbeziehungen des externen Callcenters an den Typus einer hierarchisch-autoritären Vergemeinschaftung. Aus der Sicht des Managements gehören die in den Produktionsprozessen eingesetzten Beschäftigten einer »anderen Welt« (Böhm/Lücking 2006: 127) an.

Institutionalisierte Interessenvertretung in der kostenzentrierten Standortkonkurrenz – Autoritäre Arbeitsbeziehungen

Am untersuchten Standort SectorCalls existiert seit der Übernahme des ehemaligen internen Callcenters eines Versandhandelsunternehmens ein eigenständiger Betriebsrat. Im Zentrum der Betriebsratsarbeit bei SectorCall stehen die Themenfelder, in denen das Betriebsverfassungsgesetz dem Betriebsrat explizite Mitbestimmungsrechte verleiht und damit insbesondere im Fall von personellen Maßnahmen. Weiterreichende Einflussmöglichkeiten bestehen hingegen nicht. »Da, wo wir einfach keine Mitbestimmung haben, wird nicht drüber geredet. Das ist das, was an Vertrauen in der Zusammenarbeit eben fehlt« (Int. SectorCall BR 1). Zwar sah sich die Konzernführung bereits Ende der 1990er Jahre gezwungen, den Widerstand gegen die Betriebsratsgründung aufzugeben, an der grundsätzlich kritischen Haltung zur Mitbestimmung hat sich jedoch nichts geändert:

»Der Betriebsrat ist ein ungeliebtes Kind. Das ist ein Übel, mit dem man sich abfinden muss. Es wird arbeitgeberseitig nicht das Potenzial einer vertrauensvollen Zusammenarbeit erkannt, sondern es herrscht ein gesundes Misstrauen. Dadurch wird polarisiert. Der Betriebsrat wird von daher schon durch den Arbeitgeber auf Arbeitnehmerseite gedrückt. Man kommt gar nicht so sehr dahin, dass man mal zusammen an einem Tisch sitzt im Sinne von Ko-Management und die Potenziale und Kapazitäten des Betriebsrates nutzt.« (Int. SectorCall BR 2)

Von der Standortleitung in die Rolle des »Puffers« zwischen Arbeitgeber- und Arbeitnehmerinteressen gedrängt, verfügt der Betriebsrat nicht zuletzt aufgrund des geringen Machtpotenzials der Beschäftigten nur über geringe Möglichkeiten, sich in den betrieblichen Aushandlungsprozessen gegen die Standortleitung durchzusetzen.

Entscheidende Triebkraft des autoritären Charakters der Arbeitsbeziehungen ist der intensive Standortwettbewerb, der von den Standortleitungen nicht nur instrumentalisiert wird, um die Belegschaften und einzelne Beschäftigte zu Höchstleistungen zu motivieren, sondern auch um Druck auf die betrieblichen Interessenvertretungen auszuüben:

»Wir Betriebsräte spüren selbst Wettbewerb. Wenn ein Standort billiger ist als der andere Standort, kann der Arbeitgeber damit drohen, Projekte zu verlagern, weil es halt günstiger ist und er macht es teilweise auch. Also wenn er an einem günstigeren Standort freie Kapazitäten bei den Mitarbeitern hat, dann ist es für ihn kaum ein Aufwand, ein Projekt dahin zu schicken und er kann es natürlich mit der Drohung verbinden: Du bist ein nicht so wohlwollender Betriebsrat oder du bist eher ein wohlwollender und darum schicke ich das hierhin oder nehme da was weg.« (Int. SectorCall BR 1)

Die Konkurrenz zwischen den Standorten erschwert die Solidarität zwischen den betrieblichen Interessenvertretungen und schränkt auf der einzelbetrieblichen Ebene ihre Durchsetzungsmöglichkeiten ein. Zwar erzeugt die rigide Kostenorientierung der Standortleitung im Nebeneffekt auch Machthebel, die der Betriebsrat zur Durchsetzung seiner Interessen nutzen kann: »Drohung mit Einigungsstellen, Anwälten usw. Alles, was Kosten verursacht, ist was, womit man dem Arbeitgeber drohen kann.

Alles, was für den Arbeitgeber Geld bedeutet.« (Int. SectorCall BR 1) Allerdings blockiert die permanent präsente Verlagerungsdrohung standortbezogene Initiativen der Interessenvertretungen. Im Standortwettbewerb werden die betrieblichen Interessenvertretungen gegeneinander ausgespielt. Alle betrieblichen Regelungen, inklusive der Umsetzung der konzernweiten Betriebsvereinbarungen, werden zumindest potenziell zum Spielball des vorwiegend kostenorientierten Standortwettbewerbs. Im Ergebnis hat der Betriebsrat zumindest am untersuchten Standort allenfalls marginalen Einfluss auf die Qualität der Arbeit und die Arbeitsorganisation. Die Einflussnahme der Interessenvertreter beschränkt sich auf die Durchsetzung arbeitsrechtlicher Mindeststandards und die Kontrolle der Einhaltung der Konzernbetriebsvereinbarungen.

14. QualityCall – Diversifizierte Qualitätsproduktion und hierarchische Arbeitsbeziehungen

Der als QualityCall bezeichnete Betrieb nimmt in der deutschen Callcenter-Branche eine Sonderstellung ein. Gegründet 1993 und damit bereits während der Etablierungsphase der Branche, gehört es heute mit über 2.000 Beschäftigten und insgesamt fünf Standorten zu den wenigen großbetrieblichen externen Callcentern. Trotz des starken Wachstums gehört QualityCall immer noch zu den eigentümergeführten Callcentern. Der Auftraggeberstamm ist vergleichsweise heterogen: Für Auftraggeber aus der Telekommunikationsbranche, der Energiewirtschaft, der Medienwirtschaft und auch der Automobilindustrie erbringen die Beschäftigten Dienstleistungen von kleiner bis mittlerer Komplexität und in variierender Stückzahl. Das externe Callcenter produziert für seine zahlreichen Auftraggeber nahezu die gesamte Bandbreite von Inbound- und Outbound-Dienstleistungen wie Beschwerdehotlines, technische Beratungsdienste, Kundenbefragungen, Marketingaktionen oder Verkaufsdienstleistungen. Einzig Bestellannahmen werden von QualityCall nicht angeboten, da – so die Geschäftsführung – im Segment des Versandhandels die Preiskonkurrenz besonders hoch ist. Mit vielen Auftraggebern arbeitet das Unternehmen bereits seit einigen Jahren zusammen. Das Produktionsmodell stellt eine Adaption der »diversifizierten Qualitätsproduktion« (Sorge/Streeck 1988, Boyer 1996) an die Bedingungen interaktiver Dienstleistungsarbeit in externen Callcentern dar. Seine wichtigsten Merkmale sind eine umfassende (Re-)Qualifizierung der Arbeit, ein hohes Maß an direkter Steuerung der Arbeit und eine intensive Leistungs- und Qualitätskontrolle.

14.1. Das Produktionsmodell diversifizierter Qualitätsproduktion

Aufgrund der allenfalls rudimentären Integration der Callcenter-Branche in die beiden »dualen« Systeme der Interessenvertretung und der Berufsbildung ist die Etablierung einer diversifizierten Qualitätsproduktion im Bereich der externen Callcenter äußerst voraussetzungsvoll. Davon zeugt der im Fallstudienvergleich enorm hohe Planungs-, Qualifizierungs- und Kontrollaufwand, den QualityCall betreibt, um eine gleichbleibend hohe Dienstleistungsqualität zu gewährleisten. Bedeutsam ist, dass sich der dem Produktionsmodell zugrundeliegende Qualitätsanspruch auf die Gewährleistung einer gleichmäßigen – und damit verlässlichen – Qualität der erzeugten Dienstleistungen bezieht und nicht auf die Maximierung der Qualität jeder einzelnen Dienstleistungsinteraktion. Das Ideal einer gleichmäßigen Qualität ist somit gleichbedeutend mit dem einer, unabhängig von einzelnen Arbeitskräften und ihrer Subjektivität, reproduzierbaren Qualität der interaktiven Dienstleistungen. Auch wenn das Ziel einer vollständigen Entsubjektivierung der Dienstleistungsproduktion aufgrund des notwendig subjektivierten Charakters der Callcenter-Arbeit unerreicht bleibt, prägt es als Leitbild die betrieblichen Steuerungs- und Kontrollpraktiken. Zum einen versucht die Geschäftsführung, durch das mehrstufige Aus- und Weiterbildungssystem Kontrolle über den Aufbau der tätigkeitsspezifischen subjektiven Fähigkeiten der Arbeitskräfte auszuüben. Zum anderen versucht QualityCall, anders als die beiden anderen Fallbetriebe, die Autonomie der Arbeitskräfte in der Kundeninteraktion nicht nur durch Formen der indirekten Steuerung und Kontrolle in eine »Zone kontrollierter Autonomie« (Dörre et al. 1993) zu verwandeln, sondern greift auch auf Formen der direkten Steuerung und der Prozesskontrolle zurück.

Marktstrategie Qualitätsführerschaft – Kontrolle der Marktungewissheit durch das Branchenimage

Eng mit dem Produktionsmodell der diversifizierten Qualitätsproduktion verbunden ist die Marktstrategie der Qualitätsführerschaft, die den Versuch der Geschäftsführung repräsentiert, die Abhängigkeit des Unternehmenserfolgs vom unkalkulierbaren Verhalten einzelner Auftraggeber zu reduzieren. Dazu ist zumindest eine partielle Überwindung der »strukturellen Unsichtbarkeit« externer Callcenter in den Wertschöpfungsketten der Auftraggeber erforderlich. Ein wichtiger Faktor hierfür ist die Größe. Als eines der zehn größten externen Callcenter Deutschlands wird QualityCall von den wichtigsten Auftraggebern als relevanter Akteur der Callcenter-Branche wahrgenommen. Klein- und mittelbetriebliche Callcenter finden in den Ausschreibungen der großen Auftraggeber hingegen häufig keine Berücksichtigung (Int. QualityCall GF). Noch wichtiger als die Größe ist jedoch das Image des Betriebs als »Qualitätsführer« der Branche:

»Wir predigen die Qualitätsführerschaft seit 13 Jahren jedem rauf und runter. Das hat inzwischen auch fast jeder im Markt verstanden. Daran wollen wir weiter arbeiten.« (Int. QualityCall GF)

Das Branchenimage erhöht die Sichtbarkeit QualityCalls in den Markt- und Konkurrenzbeziehungen der Callcenter-Branche erheblich. Die von den zentralen Marktakteuren anerkannte Qualitätsführerschaft bildet das Vehikel einer aktiven Strategie der Ungewissheitskontrolle, die nicht nur passiv die Auswirkungen der ungewissen Markt- und Konkurrenzbeziehungen auf die eigene Organisation zu kontrollieren versucht, sondern auch aktiv Einfluss auf die Entwicklung der Markt- und Konkurrenzbeziehungen nimmt. Allerdings ist die Strategie der Qualitätsführerschaft äußerst voraussetzungsvoll: Die Produktion von Dienstleistungen muss so gesteuert werden, dass die Glaubwürdigkeit des Qualitätsanspruchs auf dem Markt nicht gefährdet wird. Das Callcenter kann es sich faktisch nicht leisten, wichtige Prozess- oder Technikinnovationen in der Callcenter-Branche zu verpassen. Insofern überrascht es nicht, dass QualityCall als einziger der drei Fallbetriebe eine Abteilung zur Marktbeobachtung unterhält und permanent Informationen über konkurrierende Callcenter, potenzielle Auftraggeber und Technikinnovationen sammelt.

Technikpolitik – Umfassende Ausnutzung der Automatisierungs-, Kontroll- und Flexibilitätspotenziale der Callcenter-Technik

Die Ungewissheitskontrolle der Marktstrategie Qualitätsführerschaft basiert auf einer branchenübergreifenden Diversifizierung des Auftraggeberstamms. Daraus entstehen angesichts der steigenden Anforderungen der Auftraggeber an die Transparenz und die datentechnische Vernetzung der betrieblichen Produktionsprozesse hohe Anforderungen an die Flexibilität der Produktionstechnik. Um diesen gerecht zu werden, setzt QualityCall nur Standardlösungen führender Technikanbieter ein, die von der eigenen Technikabteilung an die Anforderungen der verschiedenen Produktionsprozesse angepasst werden. Die systemische Funktionalität der Produktionstechnik wird durch eine Standard-CTI-Schnittstelle gewährleistet. In der Telekommunikationstechnik steht das Automatisierungspotenzial im Vordergrund. Die avancierte ACD-Anlage ermöglicht eine konditionale Anrufverteilung (*conditional routing*) und schafft damit die technischen Voraussetzungen für die kapazitätsorientierte Verschränkung einzelner Produktionsprozesse. Auch im Bereich der Produktion von Outbound-Dienstleistungen setzt QualityCall moderne Automatisierungstechnik ein: Durch den Einsatz verschiedener flexibler Dialer-Systeme (*predictive dialer, power dialer*) werden unproduktive Leerlaufzeiten reduziert. Die Informationstechnik basiert ebenfalls einzig und allein auf Standardlösungen etablierter Hersteller. Dadurch wird nicht nur eine umfassende datentechnische Vernetzung mit den Auftraggebern ermöglicht, sondern auch eine im Fallstudienvergleich umfassende direkte Steuerung und Kontrolle der Kommunikationsarbeit der Beschäftigten. In die Produktionstechnik eingebettete flexible Gesprächsleitfäden sollen die Umsetzung der angestrebten Prozessstrukturierung gewährleisten. Dagegen zielen Anwendungen, die in Echtzeit die verfügbaren Kundendaten auswerten und personalisierte Cross- und Up-Selling-Angebote anbieten, auf eine Steigerung der Effizienz der Dienstleistungsproduktion durch die Erhöhung der Wertschöpfung pro Kundeninteraktion.

Produktionspolitik – Organisatorische Standardisierung der Dienstleistungsarbeit

Die Produktionspolitik spielt eine Schlüsselrolle im Produktionsmodell der diversifizierten Qualitätsproduktion. QualityCall nutzt das Flexibilitätspotenzial des Faktors Organisation durch die selektive Verschränkung der Produktionsprozesse in erheblichem Maße aus. Zwar ist eine durchgängige Verschränkung aufgrund der erheblichen Produktvariation nicht möglich, das externe Callcenter praktiziert jedoch verschiedene Formen sowohl der kapazitätsorientierten als auch der effizienzorientierten Verschränkung. Mittels der kapazitätsorientierten Verschränkung wird der Überlauf, der innerhalb eines Produktionsprozesses mit den vorhandenen Arbeitskräften nicht abgewickelt werden kann, gezielt an andere, zumeist inhaltlich ähnliche Prozesse weitergeleitet. Dagegen dient die effizienzorientierte Verschränkung vor allem kleinvolumiger Produktionsprozesse der Steigerung der betriebswirtschaftlichen Effizienz der Produktion durch Skaleneffekte. Beide Formen der Verschränkung sind jedoch mit besonderen Anforderungen an die funktionale Flexibilität der Arbeitskräfte verbunden. Zugleich betreibt das Callcenter einen erheblichen Aufwand im Bereich der Prozessstrukturierung. In allen Produktionsprozessen erhalten die Beschäftigten in die Produktionstechnik eingebettete Handlungsanweisungen an die Gesprächsführung. Zwar stellt die Standardisierung der Gesprächsführung die Ausnahme dar, jedoch werden den Arbeitenden grundsätzlich strikte Vorgaben zur Struktur des Kommunikationsprozesses, über die verwendeten Argumentationsfiguren und über die Form und die Inhalte einzelner Teilprozesse gemacht. Für jeden Produktionsprozess existiert eine schriftliche Dokumentation, in der die Vorgaben an die Gesprächsführung (Gesprächsleitfaden, Ein- und Vorwandbehandlung, *Cross-* und *Up-Selling*-Angebote) und die spezifischen Zielstellungen (Kundenorientierung, Verkauf) sowie die prozessspezifischen Leistungsnormen (Verkaufsquoten, Anruflängen, Stornoquoten) festgehalten werden. Mit der Prozessstrukturierung verfolgt das Management zwei Ziele: Einerseits bildet die Standardisierung die Basis des besonderen Qualitätsanspruchs, anderseits stellt sie die Grundlage der Politik permanenter Produktivitätssteigerungen durch Prozessoptimierungen dar.

Personalpolitik – Intensive Steuerung und Kontrolle der Arbeit

Die Personalpolitik spielt eine Schlüsselrolle für die Übertragung des Produktionsmodells diversifizierter Qualitätsproduktion auf die Bedingungen der Dienstleistungsproduktion in externen Callcentern. Kernbestandteile der Personalpolitik sind die professionalisierte Rekrutierung neuer Mitarbeiter, das mehrstufige Aus- und Weiterbildungssystem und das auf Prozess- und Ergebniskontrollen basierende Kontrollregime. Im Vergleich mit den beiden anderen Fallstudien sind die Rekrutierungsanstrengungen hochgradig verstetigt, standardisiert und professionalisiert. Sie zielen nicht nur auf die Sicherstellung eines quantitativ ausreichenden Nachschubs, sondern auch auf die qualitative Selektion von Arbeitsorientierungen. Neue Mitarbeiter durchlaufen grundsätzlich ein zweistufiges Auswahlverfahren, das gezielt auf die Anforderungen interaktiver Dienstleistungsarbeit und die Belange QualityCalls abgestimmt ist. Mittels des ausdifferenzierten, standardisierten und professionalisierten Aus- und Weiterbildungssystems betreibt QualityCall eine umfassende Re-Qualifizierung der Callcenter-Arbeit. Grundgerüst des betrieblichen Arbeitsmarkts sind vier Qualifikationsstufen, für die die Beschäftigten jeweils eine Kombination aus arbeitsplatzfernen kollektiven Schulungen und arbeitsplatzintegrierten individuellen Trainingsmaßnahmen durchlaufen müssen. Die knappen Qualifizierungsplätze werden intern ausgeschrieben und – so die offizielle Darstellung – strikt nach Leistung vergeben. Das Kontrollregime QualityCalls sticht nicht nur im Hinblick auf die im Fallstudienvergleich außerordentlich hohe Intensität der Kontrolle heraus, sondern auch aufgrund der Mischung aus Ergebnis- und Prozesskontrollen. Während die vorrangig effizienzorientierte Ergebniskontrolle das Fundament der individuellen Leistungsbewertung darstellt, dienen die umfangreichen Prozesskontrollen primär der Qualitätskontrolle. Zwar fließen die Ergebnisse der Prozesskontrollen auch in die individuelle Leistungsbewertung durch die direkten Vorgesetzten ein, ihre Hauptfunktion ist jedoch die Sicherstellung der gleichmäßigen Qualität der Dienstleistungen.

14.2. Entsubjektivierung interaktiver Dienstleistungsarbeit und formalisierte Herrschaftsbeziehungen

Im Fallstudienvergleich stechen bei QualityCall Umfang und Intensität der Kontrolle, die geringe Autonomie in der Arbeitsgestaltung und das hohe Maß »freiwilliger« Leistungsverausgabung ins Auge. Die Erfahrung »totaler Kontrolle« in der Arbeit ist eine direkte Folge der umfassenden (Neo-)Taylorisierung der Dienstleistungsproduktion (Matuschek et al. 2007). Für den Betrieb sind die umfassenden Ergebnis- und Prozesskontrollen ein Mittel, um das Ideal »reproduzierbarer« Qualität umzusetzen, für die Beschäftigten resultieren sie in einer nahezu lückenlosen Überwachung ihrer Arbeit. Durch die intensive direkte Steuerung der Arbeit sind zum einen die Zeitspielräume der Arbeitskräfte, zum anderen aber auch die Gestaltungsspielräume in der Kundeninteraktion gering. Angesichts der dichten betrieblichen Leistungserwartungen schwinden die Möglichkeiten der Beschäftigten, eigene Vorstellungen von guter Dienstleistungsarbeit zu entwickeln und diese in der Arbeit zu verwirklichen. Grundlage der Steuerung und Kontrolle der Arbeit ist die Inszenierung des Betriebs als »Leistungsgemeinschaft«, die auf die freiwillige Leistungsverausgabung der Arbeitskräfte abzielt. Das Machtpotenzial, das den Beschäftigten aus ihrer geringen externen Austauschbarkeit erwächst, wird zumindest auf der individuellen Ebene durch die hohe – direkt aus dem betrieblichen Aus- und

Weiterbildungssystem resultierenden – interne Substituierbarkeit der Arbeitskräfte ausgehöhlt. Individuell verfügen die Beschäftigtennur über geringe Partizipationschancen. Allenfalls in der kollektiven Interessenvertretung durch den Betriebsrat wird der Stellenwert des Faktors Arbeit im Produktionsmodell diversifizierter Qualitätsproduktion deutlich. Der Betriebsrat versucht, die Rolle eines korporatistischen Ko-Managers einzunehmen und durch seine Funktion als betrieblicher Ordnungsfaktor Legitimität als Verhandlungspartner der Geschäftsführung zu gewinnen.

»Freiwillige« Leistungsverausgabung in der »Leistungsgemeinschaft«

Die innerbetriebliche Inszenierung des Betriebs als »Leistungsgemeinschaft« koppelt die Sicherheit des Arbeitsplatzes und die Aufstiegschancen an die individuelle Leistungsverausgabung. Im Grunde mobilisiert das Bild der Leistungsgemeinschaft den externen Qualitätsanspruch des Callcenters für die interne Steuerung der lebendigen Arbeit: Die angestrebte Qualitätsführerschaft ist von der Leistungsverausgabung jeder einzelnen Arbeitskraft abhängig. Jede Arbeitskraft wird in der Leistungsgemeinschaft in die Verantwortung genommen, durch »freiwillige« individuelle Leistungsverausgabung einen Beitrag zum Erfolg des Unternehmens zu leisten. Von der Geschäftsführung als »Leistungserbringer« (Int. QualityCall GF) bezeichnet, wird von den Arbeitskräften erwartet, dass sie zum Erfolg des Unternehmens beitragen:

> »Man kann auch selber darum bitten, dass man Side-by-Side-Coachings machen möchte, wenn man merkt: ›Ok. Meine Quote wächst nicht mehr, meine Gesprächszeiten sind find ich zu lang.‹ Dann kann man um ein Coaching bitten: ›Hallo, kannst du mich bitte coachen, ich möchte gerne wissen, woran es liegt, kannst du mir einen Tipp geben.‹ Für uns ist das eine Rückversicherung.« (Int. QualityCall 2)

Temporäres Zurücklehnen oder »Dienst nach Vorschrift« werden der individuellen Verantwortung für die betriebliche Gemeinschaft nicht gerecht, erwartet wird ein unternehmerischer Umgang mit der eigenen Arbeitskraft (allgemein: Bröckling 2007, Pongratz/Voß 2003). Gefördert wird der aktive Umgang mit der eigenen Subjektivität durch die Leistungs- und Konkurrenzsteuerung des betrieblichen Aus- und Weiterbildungssystems. Die Arbeitskräfte müssen sich selbständig auf die Teilnahme an Qualifizierungsmaßnahmen bewerben. Wichtigstes Kriterium für die Verteilung der knappen Qualifizierungsplätze sind die Leistungsbewertungen der direkten

Vorgesetzten. Innerbetrieblich wird die Zuteilung eines Qualifizierungsplatzes genauso wie ein Aufstieg als Anerkennung für besondere Leistungen dargestellt. Insgesamt wird Anerkennung in der »Leistungsgemeinschaft« nicht als »Würdigung« für die Aufgaben- und Leistungserfüllung verliehen, sondern nur als »Bewunderung« für herausragende Leistungen (Voswinkel 2002, Holtgrewe 2002). Abgesichert wird die Inszenierung des Betriebs vor allem durch die gezielte Rekrutierung von Arbeitsorientierungen, d.h. von Personen mit einer hohen Leistungsbereitschaft.

Gleichwohl kommt auch der Leistungskonsens, der der Leistungsgemeinschaft zugrunde liegt, nicht ohne Zwang aus: Die rechtlichen Befristungsmöglichkeiten werden konsequent ausgenutzt und bilden die Grundlage für eine rigide Leistungsselektion. Neue Arbeitskräfte erhalten ohne Ausnahme einen befristeten Arbeitsvertrag, in der Regel mit einer Laufzeit von drei Monaten, »und je nachdem, wie man sich anstellt, kriegt man halt eine Verlängerung« (Int. QualityCall 2). Erst nach drei Befristungen oder 24 Monaten Betriebszugehörigkeit werden Beschäftigte in ein dauerhaftes Beschäftigungsverhältnis übernommen. Durch die konsequente Befristung der Arbeitsverträge ist die Beschäftigung bei QualityCall für die Arbeitskräfte zumindest in den ersten 24 Monaten der Betriebszugehörigkeit mit einem erheblichen Prekaritätsrisiko verbunden. Soweit sie mit der Arbeit bei QualityCall ihren Lebensunterhalt bestreiten, kann der Planungshorizont der Beschäftigten nur bis zum Ende der nächsten Befristung reichen. Die Kurzfristperspektive der Beschäftigung erschwert die Entwicklung langfristiger, beruflicher wie privater Lebensperspektiven. Das Prekaritätsrisiko der befristeten Beschäftigungsverhältnisse erhöht sich noch einmal durch die auch bei QualityCall verwendeten Formen der Arbeit auf Abruf (»20plus«-Arbeitsverträge). Der Betriebsratsvorsitzende ist sich der Probleme bewusst, die diese Beschäftigungsformen für die Arbeitskräfte mit sich bringen:

> »Das ist in der Tat so, dass es passieren kann, dass sie, sagen wir mal, ihren 20-Plus-Vertrag haben und grundsätzlich immer 30 Stunden arbeiten und sich auch auf ihr Gehalt für 30-Stunden einstellen. Aber auf einmal muss der Auftraggeber die Sache aber zurückfahren und deswegen kannst du jetzt in den nächsten zwei Wochen nur 20 Stunden arbeiten.« (Int. QualityCall BR)

Anders als bei SatelliteCall werden Abrufarbeitsverträge von der Geschäftsführung jedoch nicht dafür genutzt, um die Lohnfortzahlung im Krankheitsfall und den gesetzlichen Urlaubsanspruch auszuhebeln. Eine Betriebsvereinbarung zur Berechnung der Lohnfortzahlung im Krankheitsfall und im Urlaub stellt sicher, dass in diesen Fällen maximal eine kleine »Sicherungslücke« entstehen kann (Int. QualityCall 1).

Während die Unsicherheit befristeter Beschäftigungsverhältnisse bei SatelliteCall zur Disziplinierung leistungsschwacher Arbeitskräfte eingesetzt wird, erfüllt die konsequente Ausnutzung der Befristungsmöglichkeiten bei QualityCall eine andere Funktion. Die zwei rechtlich ohne Angabe sachlicher Gründe möglichen Verlängerungen befristeter Arbeitsverträge und die anschließend mögliche Entfristung des Beschäftigungsverhältnisses bilden zusammen drei Selektionshürden, die von der Geschäftsführung genutzt werden, um – gemessen an den betrieblichen Leistungsnormen – leistungsschwache Arbeitskräfte konsequent auszusieben. Die Interviews deuten darauf hin, dass Arbeitskräfte, die die Ziele nicht erfüllen, keine Chancen auf eine Verlängerung oder Entfristung des Arbeitsvertrages haben. Die Repräsentation des Betriebs als »Leistungsgemeinschaft« basiert auf einer einfachen Botschaft: Die Sicherheit des Arbeitsplatzes und die Aufstiegschancen des Einzelnen sind einzig und allein von der individuellen, objektivierbaren Leistung der Subjekte abhängig, subjektive Faktoren spielen hingegen keine Rolle. Die drei Selektionshürden sind jeweils an eine Leistungsbeurteilung durch den direkten Vorgesetzten gekoppelt, in die sowohl die Daten der verstetigten effizienzorientierten Ergebniskontrollen als auch die Ergebnisse der Prozesskontrollen eingehen:

»Da gibt es einen Beurteilungsbogen, der setzt sich aus sechs verschiedenen Bereichen zusammen […] und zum Schluss gibt es eine Gesamtzensur. Das ist die Beurteilung deines Projektleiters. […] Da spielen wirklich alle Bereiche rein: Einmal das Projekt, wie deine Zahlen sind. Dann der Bereich, wie du dich deinen Kollegen gegenüber verhältst, wie du dich deinen direkten Vorgesetzten gegenüber verhältst, wie dein Wissensstand im Projekt ist, wie du dir dein Wissen beschaffst, ob du Interesse hast, dir noch mehr Wissen anzueignen. Dazu kommt dann natürlich auch die ganze Sache der Organisation, also wie dein Arbeitsplatz organisiert ist, wie du selbst mal ne kleine Aufgabe organisierst, seine Pünktlichkeit, ob du pünktlich bist, ob du dich an die verabredeten Schichten hältst, wie oft du krank bist, deine Krankheitstage. All das sind Bereiche, die im Strategiegespräch unwahrscheinlich aufgelistet werden bis ins Detail. Daraus ergibt sich dann eine Gesamtzensur.« (Int. QualityCall 3)

Die Leistungsbeurteilungen verleihen den personalpolitischen Entscheidungen des Managements und der Vorgesetzten ein sachlich-rationales Antlitz. Zwar wird die Beurteilung durch den direkten Vorgesetzten vorgenommen, sie basiert jedoch auf einem standardisierten Beurteilungsbogen, der präzise definierte, transparente Leistungsnormen enthält, die für alle

Arbeitskräfte eines Produktionsprozesses Geltung haben. Die Leistungsbewertung wird als ein sachlich-rationales Verfahren arrangiert, das ohne Ansehen der Person abläuft. Den Beschäftigten QualityCalls treten die Leistungsnormen als bloße Internalisierung der externen Anforderungen der Auftraggeber gegenüber. Rhetorisch von den Verwertungsinteressen der Eigentümer entkoppelt, scheinen die Leistungsnormen auch außerhalb des Gegenstandsbereiches betrieblicher Aushandlungsprozesse zu liegen (ähnlich: Dörre 2003: 19f.). An der folgenden Passage eines Interviews mit einer langjährigen Beschäftigten wird die Wirkmächtigkeit dieser Konstruktion deutlich:

»Unsere Kunden zahlen, wir müssen Qualität liefern, wir müssen die zugesagten Ergebnisse in dem zugesagten Zeitraum liefern. Dieser Stresspegel, oder dieses Controlling, wird je nach Unternehmen, je nach Projekt, weitergegeben, teilweise ja auch ziemlich gnadenlos. Du Agent bringst einfach nicht das in diesem Projekt, wir setzen dich in ein anderes Projekt, vielleicht bist du da besser. Oder eben im schlimmsten Fall, Du darfst das Unternehmen verlassen.« (Int. QualityCall 3)

Im Ergebnis werden nicht nur die betrieblichen Leistungsnormen versachlicht, auch die bereits skizzierte rigide Leistungsselektion wird im Betrieb als konsequente, rational notwendige Reaktion des Managements auf die Anforderungen der Auftraggeber an das Callcenter dargestellt.

Die dunkle Seite der Qualität – Die Erfahrung totaler Kontrolle

Die Qualitätsführerschaft als externes Versprechen ist für die Geschäftsführung mit einem hohen »internen Qualitätsanspruch« verbunden (Int. QualityCall GF), den der Betrieb durch eine umfassende direkte und indirekte Steuerung der Arbeit umzusetzen versucht. Mit Hilfe des ausdifferenzierten, standardisierten und professionalisierten Aus- und Weiterbildungssystems werden die Arbeitskräfte umfassend auf die interaktive Dienstleistungsarbeit vorbereitet. Mit dem Ziel der »Qualitätssicherung« hat QualityCall ein dichtes Netz aus auf Dauer gestellten und professionalisierten Ergebnis- und Prozesskontrollen etabliert. Für die Arbeitskräfte bringt der umfassende Charakter der betrieblichen Kontrollpraktiken und die hohe Intensität der Kontrollen ein erhebliches Stresspotenzial mit sich. Die Dichte der Kontrollpraktiken macht sie – um eine Metapher aus der Automobilindustrie zu verwenden – zu »gläsernen« Menschen:

»Der Stresspegel ist enorm hoch, aufgrund der ständigen Transparenz. Du bist ein Mensch, der arbeitet, der aber nur noch aus Zahlen und Fakten besteht. [...] Morgens siehst du deine Quote von gestern. [...] Du bist ein transparenter Mensch. Man weiß genau, wann du dich morgens am Telefon eingeloggt hast, wie viele Gespräche du in deiner Schicht geführt hast, wie viele Gespräche nicht zustande gekommen sind, weil ein Anrufbeantworter am anderen Ende war, wie viele Gespräche nicht zustande gekommen sind, weil niemand abgenommen hat, und welche Privatgespräche du geführt hast und welche firmeninternen Gespräche, also beispielsweise mit dem Vorgesetzten, Teamleiter, Projektleiter du geführt hast. Man weiß ganz genau die Durchschnittsdauer deiner Gespräche, man kennt dein längstes Gespräch, man kennt dein kürzestes Gespräch, man kennt jeden deiner Gesprächsabschlussgründe, die du ja irgendwo hinterlegt hast, in einer Datenbank [...]. Du bist ein absolut transparenter Mensch, du hast keine Chance, dich dagegen zu wehren, weil die Technik das hergibt. Es ist ein ständiges Controlling, immer mit dem Hintergrund: Qualitätsanspruch.« (Int. QualityCall 4)

Von den drei Fallbetrieben kommt QualityCall aufgrund der hohen Intensität und des umfassenden Charakters der Kontrollpraktiken dem von der frühen angelsächsischen Forschung gezeichneten Bild von Callcentern als Orte »totaler« Kontrolle am Nächsten (Fernie/Metcalf 1997, Taylor/Bain 1999). Durch die Kombination aus Ergebnis- und Prozesskontrollen wird bei den Arbeitskräften – im Sinne des Panoptikums – ein »bewusster und permanenter Sichtbarkeitszustand« erzeugt. Auch wenn QualityCall keine »totale Institution« wie ein Gefängnis darstellt, werden die Arbeitskräfte »gesehen, ohne selber zu sehen« (Foucault 1994: 257f.). In den beiden anderen Fallbetrieben werden die Kontrollpotenziale der Callcenter-Technik in weitaus geringerem Umfang ausgenutzt.

Die statistische Kontrolle geht weit über den kommunikativen Kern der Kundenkommunikation hinaus, die ACD-Anlage erfasst die Pausenzeiten, in denen das automatisierte Wählverfahren ausgeschaltet wird: »Du musst auf Pause schalten. Ob du rauchen gehst, auf Toilette gehst, dir was zu Trinken holst, alles zählt als Pause.« Mehrere der Interviewten empfinden die totale Verhaltenskontrolle als »herabsetzend« (Int. QualityCall 1):

»Im Projekt bist du ein Zahlenmensch. Wie viel positive Entscheiderkontakte hast du? Das ist ja je nach Aufgabenstellung. Machen wir es an einem Beispiel fest: Du sollst irgendetwas verkaufen. Dann ist es, wie viel Verkäufe hast du pro Tag, pro Stunde runtergerechnet die Prozentzahl im Gegensatz zu deinen Anwählversuchen; wie oft hast du das Telefon überhaupt wählen lassen? Wie oft hast du dann kein Interesse gehabt? Dass der Kunde gesagt hat: ›Ne, ich hab kein Interesse, ich will das nicht.‹ Dann, beispielsweise beim Handy-Vertrags-Verkauf: Ist jemand unter 18, dann darfst du ihm keinen Vertrag verkaufen. Das ist ein anderer Abschlussgrund; und das wird also alles analysiert. Im Projekt an sich bist du ein Mensch aus Zahlen und da wird bewertet, deine Arbeit anhand der Erfolge, der durchschnittlichen Gesprächszeit, der Pausenzeit und, und, und. Das ist auf das Projekt bezogen.« (Int. QualityCall 4)

Der Betriebsrat berichtet davon, dass viele Arbeitskräfte die Prozesskontrollen als »Prüfungssituationen« empfinden, »sie fühlen sich unter Druck gesetzt« (Int. QualityCall BR). Insgesamt ist die Arbeit bei QualityCall hochgradig kontrollierte Arbeit. Die umfassende Überwachung stellt für die Arbeitskräfte ein permanentes Stresspotenzial dar, wirkt disziplinierend und reduziert die subjektiv wahrgenommenen Gestaltungsspielräume in der Kundeninteraktion. Die hohe Kontrollintensität macht es den Arbeitskräften fast unmöglich, sich den umfassenden und dichten betrieblichen Leistungsnormen zu entziehen.

Die Entsubjektivierung interaktiver Dienstleistungsarbeit – Gute Arbeit im Kontext geringer Autonomie in der Kundeninteraktion

Wichtigstes Instrument der direkten Steuerung der Dienstleistungsarbeit ist die Prozessstrukturierung. Durch präzise Handlungsanweisungen an die Gesprächsführung versucht QualityCall, die Kommunikationsarbeit der Arbeitskräfte in den Kundenschnittstellen der Auftraggeber direkt zu steuern. In einigen Produktionsprozessen wird den Arbeitskräften sogar »wortgenau« vorgegeben, »was zu sagen ist« (Int. QualityCall 3). In diesen Fällen verfügen die Beschäftigten im Grunde über keinen nennenswerten Gestaltungsspielraum in der konkreten Kundeninteraktion. Interaktive Dienstleistungsarbeit ist grundsätzlich »Gefühlsarbeit« (Hochschild 1983), so dass mit zunehmender direkter Steuerung der Arbeit auch die Anforderungen an die Selbstkontrolle der Arbeitskräfte steigen. Um von den Kunden angesichts der dichten Strukturvorgaben des Betriebs – wie von Baethge und Oberbeck (1986: 97) am Beispiel von Bankdienstleistungen formuliert – nicht als bloße »Verbalisierer technisch vorgegebener Informationen und Handlungsstrategien« wahrgenommen zu werden, müssen die Arbeitskräfte den Einsatz ihrer Subjektivität gezielt steuern. »Du musst dich irgendwo selbst dazu zwingen, eine positive Einstellung dem Projekt gegenüber kriegen.« Wichtig ist »das Lächeln am Telefon« (Int. QualityCall 3). Wenn die Kunden »denken, das ist vielleicht sowieso nur eine Computerstimme, weil es halt manchmal etwas auswendig gelernt rüberkommt« (Int. QualityCall 2), dann verlieren sie den Respekt und damit auch das Serviceversprechen der Dienstleistungsproduktion seine Glaubwürdigkeit. Für die Arbeitskräfte beinhalten die Anforderungen an die permanente

Selbstkontrolle ein erhebliches Stresspotenzial: »Aufgrund dessen, dass wir diesen Gesprächsleitfaden haben, ist es stressig« (Int. QualityCall 2).

Die Einhaltung der Handlungsanweisungen an die Gesprächsführung ist ein wichtiges Element der individuellen Leistungsbewertung. Die Prozesskontrollen sowohl in ihrer ko-präsenten Variante durch Vorgesetzte als auch in ihrer anonymen Form durch die interne Qualitätskontrolle dienen zwar nicht ausschließlich, aber zumindest doch auch der Überwachung der Einhaltung der Strukturvorgaben an die interaktive Dienstleistungsarbeit. Arbeitskräfte, die sich nicht an die Vorgaben halten, werden Schulungsmaßnahmen unterzogen, die aus der Perspektive der Beschäftigten immer auch eine disziplinierende Wirkung haben:

> »Wenn […] jemand sich nicht an den Gesprächsleitfaden hält, sondern seine eigenen Fragen formuliert, weil er meint, das ist besser, dann wird da mehrmals drauf hingewiesen; es wird noch mal gecoacht und es wird auch mehrmals dann mit ihm drüber gesprochen; gegebenenfalls kriegt er noch einen Partner an die Seite.« (Int. QualityCall 2)

Da die Einhaltung der Steuerungsvorgaben explizit zur bewerteten Arbeitsleistung gehört, hat diese, vermittelt über die individuelle Leistungsbewertung, auch Einfluss auf die Qualifizierungs- und Aufstiegschancen und die Arbeitsplatzsicherheit. Wenn Beschäftigte sich nicht an die in der Regel in die Produktionstechnik eingebetteten Gesprächsanweisungen halten, verringert das ihre Chancen auf eine Vertragsverlängerung oder einen Aufstieg innerhalb des betrieblichen Arbeitsmarkts.

Neben den Strukturvorgaben an das kommunikative Verhalten reduziert auch die eingesetzte Automatisierungstechnik die Gestaltungsspielräume der Beschäftigten. In fast allen Produktionsprozessen gibt die Maschine den Arbeitstakt vor, die Arbeitskräfte haben nur wenig Kontrolle über ihren Arbeitsrhythmus. Aus der Perspektive der Produktion werden durch den Einsatz der Automatisierungstechnik die Leerlaufzeiten reduziert, aus der Perspektive der Arbeitskräfte ist eine Arbeitsverdichtung die Folge. Dadurch, dass das Wählverfahren nicht mehr von Hand eingeleitet werden muss, steigt zumindest potenziell die Netto-Gesprächszeit. Allerdings bleibt die Arbeitsverdichtung durch den Einsatz von Automatisierungstechnik und die Definition prozessspezifischer Nachbearbeitungszeiten begrenzt, so dass den Arbeitskräften nach jeder Kundeninteraktion eine prozessspezifische Pause zur Verfügung steht, bevor die ACD-Anlage oder das Dialer-System das nächste Gespräch an den Einzelarbeitsplatz weiterleitet. Da die meisten Beschäftigten mit »der Zeit locker hinkommen« (Int. QualityCall 1), bleibt bei aller Monotonie der Arbeit auch mal die Gelegenheit dafür, »dich mit deinem Nachbarn [zu] unterhalten im Projekt, du hast immer mal ein, zwei Minuten« (Int. QualityCall 3). In einigen Produktionsprozessen existiert mit den sogenannten »Projektpausen« sogar ein zusätzliches Zeitbudget, mit dem die aus der Arbeitsverdichtung resultierende Belastung kompensiert werden soll. »Da kann man Kaffee kochen, auf Toilette gehen, das kann man auf die Projektpause abwälzen« (Int. QualityCall 1). An den Nachbearbeitungszeiten und an den Projektpausen wird deutlich, dass der Qualitätsanspruch und die mit der direkten Steuerung der Arbeit verbundenen Anforderungen an die subjektiven Fähigkeiten der Arbeitskräfte einer Verdichtung der kurzzyklischen und repetitiven Dienstleistungsarbeit zumindest gewisse Grenzen setzen. Die vorangegangene Fallstudie SectorCalls hat gezeigt, dass ohne Versuche der direkten Steuerung und ohne den besonderen Qualitätsanspruch QualityCalls die Verdichtung der Dienstleistungsarbeit noch weiter getrieben werden kann.

Der geringe Gestaltungsspielraum der Beschäftigten in der Arbeitsgestaltung hat Einfluss auf die Möglichkeiten der Arbeitskräfte, eigene Vorstellungen von »guter« Dienstleistungsarbeit zu entwerfen und diese auch in der eigenen Arbeit zu verwirklichen. Der umfassende und dichte Charakter der betrieblichen Leistungserwartungen erschwert es den Arbeitskräften, sich diesen zu entziehen, wirkt – das hat die arbeitssoziologische Forschung gezeigt (Kratzer 2003: 180f.) – zugleich aber auch entlastend, weil die Eigenverantwortung der Arbeitskräfte reduziert wird. Anders als die Beschäftigten SatelliteCalls und SectorCalls müssen die Beschäftigten QualityCalls nicht eigenhändig die widersprüchlichen Erwartungen an ihre Arbeit auflösen. Innerhalb des Betriebs sehen sie sich mit präzise formulierten Erwartungen konfrontiert. Dadurch, dass die Ziele der interaktiven Dienstleistungsarbeit in jedem Produktionsprozess transparent gemacht werden, wird das »Rationalisierungsdilemma« zwischen effizienter Produktion und effektiver Kundenorientierung (Berger/Offe 1981) zumindest temporär gelöst. Aufgrund der dichten Leistungsnormen fällt es den Arbeitskräften QualityCalls jedoch schwer, überhaupt eigene arbeitsinhaltliche Ansprüche an die Callcenter-Arbeit zu entwickeln. Im Unterschied zu den beiden anderen Fallbetrieben hat keiner der interviewten Beschäftigten ein eigenständiges Verständnis »guter« Arbeit formuliert, das von den betrieblichen Leistungsnormen abwich.

Individuelle Entmachtung durch Qualitätskontrollen und Qualifizierung

Individuell ist die betriebliche Machtposition der Arbeitskräfte schwach. Weder die Arbeitsplatz- noch die Arbeitsmarktmacht sind groß genug, um die Arbeitenden in den individuellen Aushandlungsprozessen mit den direkten Vorgesetzten und der Geschäftsführung durchsetzungsfähig zu machen. Dabei sind Machtpotenziale der Arbeitskräfte QualityCalls wesentlich schwieriger zu bestimmen, als die der Beschäftigten der beiden anderen Fallbetriebe. Auf den ersten Blick verfügen die Beschäftigten nämlich sowohl über eine größere Arbeitsplatzmacht als auch über eine erhöhte Arbeitsmarktmacht. Denn zum einen stellt die Dienstleistungsarbeit im Kontext der Strategie der Qualitätsführerschaft eine bedeutende Ungewissheitszone des wirtschaftlichen Erfolgs dar. Die Abhängigkeit der Marktstrategie vom internen Qualitätsanspruch weist der lebendigen Arbeit der Beschäftigten eine strategische Bedeutung für den Organisationserfolg des externen Callcenters zu. Zum anderen betreibt QualityCall einen erheblichen Qualifizierungsaufwand, um das Produktionsmodell diversifizierter Qualitätsproduktion unter den Bedingungen von Anlernarbeit umzusetzen. Dadurch ist die externe Substituierbarkeit der Arbeitskräfte gering, langjährige Beschäftigte können nicht ohne größere Steuerungs- und Kontrollprobleme durch neue Arbeitskräfte vom externen Arbeitsmarkt ersetzt werden. Auf den zweiten Blick lässt sich jedoch erkennen, dass diese Machtpotenziale in Aushandlungsprozessen und Auseinandersetzungen nur vom Betriebsrat als kollektiver Interessenvertretung der Belegschaft mobilisiert werden können.

Das dichte Netz an Ergebnis- und Prozesskontrollen reduziert den potenziellen Zugewinn an Arbeitsplatzmacht, der den Beschäftigten individuell aus der strategischen Bedeutung ihrer lebendigen Arbeit für die betriebliche Ungewissheitskontrolle erwächst. Aus einer machtpolitischen Perspektive kann der Kontrollaufwand, den QualityCall zur Qualitätssicherung betreibt, auch als Versuch der Geschäftsführung gelesen werden, die eigene Kontrolle über die Dienstleistungsarbeit in den Kundenschnittstellen der Auftraggeber zu erhöhen und dadurch die Kontrolle der Arbeitskräfte über diese für den Betrieb strategisch bedeutsame Ungewissheitszone der Qualitätsführerschaft zu verringern. Da die dichten Kontrollen der Arbeit und die direkte Steuerung der Dienstleistungsarbeit die realen Gestaltungsspielräume der Arbeitskräfte in der Arbeitsgestaltung reduzieren, bleibt die individuelle Arbeitsplatzmacht der Beschäftigten in letzter Konsequenz gering. Die Technik bestimmt weitgehend den Arbeitstakt, und die parallele Organisation der Arbeit an Einzelarbeitsplätzen minimiert das Störpotenzial einzelner Beschäftigter.

Zugleich führt die Konkurrenzsteuerung des betrieblichen Arbeitsmarkts zu einer Erosion individueller Arbeitsmarktmacht. Machtpolitisch kompensiert die hohe interne Substituierbarkeit der Arbeitskräfte ihre geringe externe Austauschbarkeit. Durch eine zweistufige Qualifizierungs- und Aufstiegskonkurrenz existiert auf jeder der vier Ebenen des betrieblichen Arbeitsmarkts ein Überschuss an Arbeitskräften, die zwar bereits die für einen betrieblichen Aufstieg erforderlichen Schulungen absolviert haben, aber noch nicht auf einem entsprechend klassifizierten Arbeitsplatz eingesetzt werden und damit auch noch nicht in den Genuss einer höheren Entgeltstufe kommen. Ein innerbetrieblicher Aufstieg ist auf allen vier Ebenen das Resultat einer zweistufigen Konkurrenz. In einem ersten Schritt steht eine Qualifizierungskonkurrenz um die knappen Qualifizierungsplätze. Diese werden innerbetrieblich ausgeschrieben und – so die Inszenierung der Konkurrenz – den leistungsstärksten Bewerberinnen zugeteilt. Aus einer erfolgreichen Teilnahme an einer Qualifizierungsmaßnahme folgt jedoch noch kein betrieblicher Aufstieg, sie schafft vielmehr erst die Voraussetzungen für einen Aufstieg. Im zweiten Schritt folgt eine Aufstiegskonkurrenz um die knappen Aufstiegspositionen, die der erworbenen Qualifikationsstufe entsprechen. Denn zu besetzende Arbeitsplätze werden ähnlich wie Qualifizierungsmaßnahmen intern ausgeschrieben und an die leistungsstärksten Bewerberinnen vergeben (als »posting and bidding«: Doeringer/Piore 1971: 55). Der resultierende »Qualifikationsüberschuss« auf jeder Ebene gewährleistet ein hohes Maß in interner Substituierbarkeit der Arbeitskräfte. Freie Stellen werden grundsätzlich mit Arbeitskräften der nächst niedrigeren Stufe besetzt, deren durch den Aufstieg frei werdende Arbeitsplätze wiederum mit Arbeitskräften der darunter liegenden Ebene besetzt werden. Nur auf der untersten Stufe des betrieblichen Arbeitsmarkts werden Arbeitskräfte vom externen Arbeitsmarkt rekrutiert. Die Arbeitskräfte sind sich, wie die folgende Aussage einer Beschäftigten mit langer Betriebszugehörigkeit verdeutlicht, ihrer schwachen Machtposition durchaus bewusst:

»Die Arbeitgeber haben auch eine gewisse Macht. Da kommen wir eben zu dem Thema Arbeitsmarktentwicklung insgesamt. [...] Unsere Arbeitgeber haben einfach die Macht, es gibt genügend andere, die sich bewerben. Und wenn ich sage: ›Ihr kriegt von mir Qualität‹. Das hilft gar nichts. Da gehen die überhaupt nicht drauf ein, das haben die nicht nötig. Der Arbeitsmarkt gibt es her, es gibt genügend, die sich bewerben. Das ist einfach eine Macht, die sie ausnutzen können.« (Int. QualityCall 4)

Die ausgeklügelte Konkurrenzsteuerung des betrieblichen Arbeitsmarkts unterminiert die individuelle Arbeitsmarktmacht, die den Arbeitskräften aus dem hohen Qualifizierungsaufwand QualityCalls erwachsen könnte.

Ko-Management ohne Gegenmacht – Legitimität als Ordnungsfaktor

Seit Ende der 1990er Jahre existiert bei QualityCall ein Betriebsrat. Nachdem das Verhältnis zu den beiden Geschäftsführern und Eigentümern des externen Callcenters lange Zeit angespannt war, hat sich das Verhältnis »seit der letzten Wahlperiode« erheblich gebessert. In den Augen der Geschäftsführer, die den Betrieb selber gegründet haben und »in den ersten Jahren noch die harte Schule des Telefonierens durchlaufen haben« (Int. QualityCall GF), stellte der Betriebsrat zum Zeitpunkt seiner Gründung ein ungeliebtes Kind dar, das ihre Entscheidungsfreiheit einschränkte. Im Zuge des rapiden Wachstums hat sich jedoch nicht nur die Unternehmensorganisation, sondern auch das Selbstverständnis der Geschäftsführer gewandelt: Anfangs waren

»einfach auch andere Personen gefragt. Baut man ein Unternehmen auf, dann sind Mitarbeiter gefragt, die die Ärmel hochkrempeln und machen. Heute sind einfach Leute [...] gefragt, die eine strategische Perspektive entwickeln, die konzeptionell denken. [...] Diesen Wendepunkt mitzumachen, war ein sehr aufwändiger Prozess.« (Int. QualityCall GF)

Mit dem Wachstum des Unternehmens haben sich für den Betriebsrat neue Möglichkeiten ergeben, seine vom Betriebsverfassungsgesetz als »Grenzinstitution« (Fürstenberg 1958) definierte Position mit Leben zu erfüllen. Denn in den formalisierten Hierarchien einer bürokratischen Großorganisation kann der Betriebsrat durchaus als Ordnungsfaktor innerbetriebliche Legitimität gewinnen, in den personalisierten Strukturen eines vom Eigentümer geführten Kleinbetriebs war dies kaum möglich. So sagt der Geschäftsführer heute, fast zehn Jahre nach der Betriebsratsgründung: »Ein Betriebsrat hat wenigen Unternehmen bisher geschadet« (Int. QualityCall GF). Noch ist die Legitimität des Betriebsrats als Verhandlungspartner der Geschäftsführung jedoch prekär. Der Betriebsrat muss seine institutionell verankerten Informations-, Konsultations- und Mitbestimmungsrechte immer wieder aufs Neue einfordern:

»Der Geschäftsführer sagt immer gerne: ›Dafür ist man ja halt Unternehmer geworden und nicht irgendwie Politiker, um dann mit hunderttausend Leuten die Sachen zu besprechen.‹ Aber so ist es halt. So sieht es die Gesetzeslage vor. Das hat er gelernt und wir können damit umgehen, dass ihm vielleicht bestimmte Dinge nicht passen. Man arrangiert sich.« (Int. QualityCall BR)

Die Legitimität des Betriebsrats als Verhandlungspartner beruht weniger auf seiner institutionell durch das Betriebsverfassungsgesetz abgesicherten Position, denn auf seiner Funktion als Ordnungsfaktor und als Mittler zwischen den Interessen der Geschäftsführung und der Belegschaft. Für einen konfrontativen Kurs als »Gegenmacht« mangelt es der Interessenvertretung nicht nur aufgrund des geringen Organisationsgrades von fünf Prozent schlicht an Drohpotenzial. Zum einen fehlt es dem Betriebsrat durch die hohe Fluktuation in der Belegschaft und die geringe Betriebsbindung vieler Beschäftigten an einer wichtigen Voraussetzung erfolgreicher Interessenvertretung: einer Belegschaft als einheitlichem und vor allem stabilem Interessenvertretungssubjekt (Kotthoff 1998, Larner 2002). Zum anderen verfügt die Belegschaft QualityCalls (ähnlich wie die Belegschaften der beiden anderen Fallbetriebe) aufgrund des Charakters der interaktiven Dienstleistungsarbeit als Anlernarbeit und der hohen Erwerbslosigkeit in der Region über keine nennenswerten Machtpotenziale, die vom Betriebsrat mobilisiert werden können. Interessanterweise versucht der Betriebsrat seine fragile innerbetriebliche Position nicht durch eine enge Bindung an die Gewerkschaft zu kompensieren. Im Gegenteil: Im distanzierten Verhältnis des Betriebsrats zur Gewerkschaft spiegelt sich der Versuch, die Akzeptanz der Geschäftsführung als kooperationsorientierter Ordnungsfaktor zu gewinnen. Die Betonung der Eigenständigkeit und die Verteidigung der betrieblichen Arena als exklusives Handlungsfeld des Betriebsrats ist an sich nichts Besonderes, selbst in Gewerkschaftshochburgen wie der Metall- und Elektroindustrie ist ein solches Verhalten zu beobachten (Kotthoff 1985). Im Falle QualityCalls ist die offene Gewerkschaftsablehnung jedoch Teil des Versuchs des Betriebsrats, sich der Akzeptanz der Geschäftsführung zu versichern.

15. Fazit – Der hohe Preis der Marktungewissheit

Durch die Erosion des Flächentarifvertrags und die Fragmentierung der Tarifstandards ist in der konsolidierten Callcenter-Branche zwangsläufig die Bedeutung der betrieblichen Aushandlungsprozesse für die Qualität der von den Beschäftigten geleisteten Arbeit gestiegen. Dort, wo wie im Gros der externen Callcenter kein Tarifvertrag zur Anwendung kommt, werden auf der betrieblichen Ebene nicht nur die Einsatzbedingungen des Faktors Arbeit ausgehandelt, sondern auch die grundlegenden Einkaufsbedingungen. Vor diesem Hintergrund stand die Frage nach dem Einfluss des Markts auf die externen Callcenter im Zentrum der vorangegangenen Kapitel: Welchen Einfluss haben die Marktverhältnisse auf die Arbeit und die betrieblichen Arbeitsbeziehungen in externen Callcentern? Nachgegangen wurde dieser Fragestellung anhand von drei exemplarischen Fallstudien. Um den Einfluss des externen Markts auf die Variablen Arbeit und Arbeitsbeziehungen herauszuarbeiten, wurden in den Fallstudien in einem ersten Schritt jeweils die Strategien der externen Callcenter untersucht, mit denen die hohe Marktungewissheit internalisiert, kanalisiert und transformiert wird. Die resultierenden Steuerungspraktiken bildeten den Boden für den zweiten Schritt der Analyse, der sich mit der Arbeit und den Gestaltungsspielräumen der Beschäftigten im Arbeitsvollzug auseinandersetzt. Die Zweiteilung der Analyse strukturiert auch dieses bilanzierende Kapitel: Im ersten Abschnitt wird die Perspektive des Managements eingenommen und dessen strategische Entscheidungen in den drei Fallbetrieben vergleichend analysiert. Wie werden die Auswirkungen der hohen Komplexität und Volatilität der Marktverhältnisse auf die wirtschaftliche Leistungsfähigkeit des Unternehmens durch die Marktstrategie kontrolliert? Und wie werden die resultierenden Anforderungen intern in die Steuerung der Produktionsprozesse durch die Technik-, die Produktions- und die Personalpolitik umgesetzt? Der zweite Abschnitt nimmt die Perspektive der Beschäftigten ein: Wie nehmen die Subjekte die Qualität ihrer Arbeit und ihre eigenen Teilhabechancen an den betrieblichen Entscheidungsprozessen wahr?

Der Umgang mit der Ungewissheit – Die verschiedenen Gesichter der Flexibilität

Der strategische Umgang des Managements mit der Ungewissheit der Marktverhältnisse resultiert jeweils in einer spezifischen Form organisationaler Anpassungsfähigkeit. Die Betriebsorganisationen der drei untersuchten Fallbetriebe sind jeweils höchst flexibel – allerdings auf ganz unterschiedliche Art und Weise. Die für ein Überleben in den komplexen und volatilen Markt- und Konkurrenzbeziehungen erforderliche Anpassungsfähigkeit wird in Abhängigkeit von der spezifischen Position des Betriebs im Markt höchst unterschiedlich hergestellt. In der hier gewählten Terminologie der Produktionsmodelle heißt dies: Zwischen der Marktstrategie als Instrument der Rationalisierung der Marktungewissheit und der Technik-, der Produktions- und der Personalpolitik als Instrumente der Steuerung und Kontrolle der betrieblichen Produktionsprozesse besteht ein Mindestmaß an Kohärenz. Um auch in der extrem komplexen und volatilen Umwelt eine effiziente Dienstleistungsproduktion zu gewährleisten, ist in allen drei Callcentern die Flexibilität des Betriebs direkt auf die spezifische Marktstrategie ausgerichtet.

SatelliteCall verfolgt die Marktstrategie der Satellitenproduktion, die auf einer starken Bindung an wenige Hauptauftraggeber basiert. Entsprechend der Logik der Ungewissheitskontrolle ist auch die organisationale Anpassungsfähigkeit des Callcenters auf die kleine Anzahl an Hauptauftraggebern ausgerichtet. Für diese ist es in der Lage, »auf Zuruf« Produktionsprozesse zu etablieren und anzupassen. In der Praxis bleibt die funktionale Flexibilität der Produktionsprozesse jedoch auf die Hauptauftraggeber beschränkt, da die internen Abläufe des Callcenters direkt an die vergangenen Erwartungen und Vorgaben der Auftraggeber angepasst wurden. Dies gilt insbesondere für die Technikpolitik und die Produktionspolitik. Aufgrund des hohen Anteils an Eigenfertigung hat die Flexibilität der Produktionstechnik den Charakter einer »Einbahnstraße«. Zwar bietet die Eigenfertigung die Möglichkeit, die Datenbanksysteme zum Zeitpunkt ihrer Etablierung flexibel an den Strukturen der vorhandenen Produktionsprozesse auszurichten, spätere Änderungen sind jedoch kaum möglich. Auch in der Produktionspolitik des Callcenters ist die Abhängigkeit von den Hauptauftraggebern fest eingeschrieben. Die Fähigkeiten zur Prozessplanung beruhen fast ausschließlich auf dem in der Kooperation mit den Hauptauftraggebern akkumulierten Wissen. Eine von den Hauptauftraggebern unabhängige Produktionspolitik verfolgt SatelliteCall hingegen nicht. Die Bedeutung auftraggeberspezifischen Wissens zeigt sich auch in der Sphäre der Produktion: Die betrieblichen Qualifizierungsmaßnahmen konzentrieren sich einzig und allein auf das jeweils erforderliche Produkt- und Prozesswissen. Eine systematische Entwicklung der tätigkeitsbezogenen subjektiven Fähigkeiten der Arbeitskräfte findet nicht statt. Eingerahmt werden die auf die Hauptauftraggeber ausgerichteten Kompetenzen durch ein Sicherheitsnetz numerischer Flexibilität, mit dem der Eigentümer den Betrieb gegen den Verlust eines oder mehrerer Auftraggeber absichert.

SectorCall verfolgt eine gänzlich andere Marktstrategie. Der angestrebten Branchenführerschaft liegt eine Diversifizierungsstrategie zugrunde, die die Abhängigkeit des Callcenters vom potenziell unkalkulierbaren Verhalten einzelner Auftraggeber reduziert. Als »Branchenführer« des Versandhandels erhebt SectorCall den Anspruch, die Vorgaben und Erwartungen aller potenziellen Auftraggeber aus der Spezialisierungsbranche unmittelbar in den eigenen Produktionsprozessen abbilden zu können. Ziel der organisationalen Anpassungsfähigkeit SectorCalls ist es, wie eine externe Abteilung zu funktionieren – und zwar für alle potenziellen Auftraggeber aus dem Versandhandel. In mehrerlei Hinsicht verfügt SectorCall über die flexibelsten Organisationsstrukturen der drei Fallbetriebe. Sowohl die Technikpolitik als auch die Produktionspolitik sind auf eine hohe funktionale wie numerische Flexibilität der Produktionsprozesse ausgerichtet. Ein wichtiger Faktor der so verstandenen Anpassungsfähigkeit ist die Einbindung SectorCalls in die Mehrebenenstrukturen des Mutterkonzerns. Die Zentralisierung der Technikpolitik auf Konzernebene ermöglicht die Vernetzung aller Standorte des Konzerns zu einem virtuellen Callcenter. Entsprechend der Branchenspezialisierung der Tochterunternehmen des Konzerns basiert die auf Unternehmensebene angesiedelte Produktionspolitik vor allem auf branchenbezogenem Wissen. Aufgrund der geringen Komplexität der versandhandelstypischen Dienstleistungen spielen die tätigkeitsbezogenen subjektiven Fähigkeiten der Arbeitskräfte hingegen nur eine nachrangige Rolle. Deutlichster Ausdruck des Flexibilisierungsmodus ist die hohe Variation der Prozessstrukturierung. Die verschiedenen Produktionsprozesse des externen Callcenters verfügen über kein einheitliches Gesicht, sondern unterscheiden sich zum Teil deutlich hinsichtlich ihrer Organisation. Anders als SatelliteCall verfügt SectorCall zwar über die organisatorischen und technischen Möglichkeiten einer umfassenden direkten Steuerung der interaktiven Arbeit seiner Beschäftigten in den Kundenschnittstellen der Auftraggeber. Allerdings wird von diesen Möglichkeiten ausschließlich in den Fällen Gebrauch gemacht, in denen die Auftraggeber dies verlangen.

Auch QualityCall verfolgt eine Diversifizierungsstrategie, um die Auswirkungen der Marktungewissheit auf das Callcenter zu kontrollieren. Im Unterschied zu den flexiblen Organisationsstrukturen SectorCalls nimmt die an die Marktstrategie der Qualitätsführerschaft angelegte Flexibilität QualityCalls jedoch vor allem die Form einer Schnittstellenflexibilität an; Anpassungsfähigkeit wird hauptsächlich an den Außengrenzen der Organisation erzeugt – und damit in der Planungs- und Vorbereitungsphase der Produktion. Im Fallstudienvergleich betreibt QualityCall einen außerordentlich hohen Aufwand, um die Vorgaben der Auftraggeber an Form und Inhalt der Dienstleistungen und die Ziele der Dienstleistungsproduktion präzise in die internen Abläufe zu übersetzen. Im Fallstudienvergleich auffällig ist das hohe Maß an interner Stabilität sowohl der Organisationsstrukturen als auch der Verfasstheit der betrieblichen Produktionsprozesse. Die Abläufe in den verschiedenen Prozessen weisen starke Parallelen auf – ganz unabhängig von den konkreten Vorgaben des Auftraggebers. Insbesondere das durchgängig hohe Maß an Prozessstrukturierung ist ein Alleinstellungsmerkmal QualityCalls. Hintergrund der geringen internen Variation ist die angestrebte Qualitätsführerschaft, die eng mit dem Ideal einer reproduzierbaren Qualität der erzeugten Dienstleistungen verknüpft ist. Um die Entsubjektivierung der Dienstleistungsproduktion zu gewährleisten, investiert QualityCall als einziger der drei Callcenter in die Weiterentwicklung der subjektiven Fähigkeiten seiner Arbeitskräfte. Regelmäßige Kontrollen des Aufbaus von prozessspezifischem Produktwissen, aber auch der Entwicklung der subjektiven Fähigkeiten der Beschäftigten bilden ein wichtiges Element des betrieblichen Aus- und Weiterbildungssystems.

Der hohe Preis der Marktungewissheit – Arbeit und Arbeitsbeziehungen in externen Callcentern

Unabhängig von der konkreten Marktstrategie ist den drei Fallbetrieben eines gemeinsam: Die in ein spezifisches Risiko transformierte Marktungewissheit wird von den Geschäftsführungen an die Beschäftigten weitergereicht. Neben den direkten Anforderungen der Auftraggeber ist es vor allem der strategische Umgang der Geschäftsführungen mit der hohen Ungewissheit des Markts, der die Qualität der Arbeit und die Gestaltungsspielräume der Beschäftigten im Arbeitsvollzug prägt. Zwar existieren, wie der Vergleich der Fallbetriebe zeigt, durchaus Gestaltungsspielräume, das Gros der Beschäftigten kann diese jedoch aufgrund ihrer Substituierbarkeit nicht nutzen. Die Mehrheit der Beschäftigten steht der Arbeitsverdichtung durch den Einsatz von Automatisierungstechnik, der vorwiegend effizienzorientierten indirekten Steuerung der Arbeit und den Disziplinierungsstrategien des Managements und der Vorgesetzten weitgehend hilflos gegenüber. Erschwerend kommt hinzu, dass die Interessenvertretungen – und damit mittelbar auch die Beschäftigten – in keinem der Betriebe über nennenswerten Einfluss auf die Steuerung der interaktiven Dienstleistungsarbeit verfügen. Letzten Endes wird auch die Arbeit der Betriebsräte vom strategischen Umgang der Geschäftsführungen mit der hohen Ungewissheit des Markts strukturiert – und nicht anders herum: Selbst in den Betrieben, in denen die Interessenvertretungen über eine gewisse Legitimität als Ordnungsfaktor verfügen, beschränkt sich ihre Rolle auf die Überwachung arbeitsrechtlicher Mindeststandards. Im Umkehrschluss heißt dies aber auch, dass die institutionalisierten Aushandlungsprozesse zwischen Betriebsrat und Geschäftsführung keine nennenswerte Bedeutung für die Qualität der Arbeit haben. Weder hinsichtlich der Entlohnung, noch in Fragen der Kontrolle oder der Leistungsbewertung verfügen die Interessenvertreter über Mitsprachemöglichkeiten. Die zentralen arbeitsbezogenen Fragen finden somit, zumindest in den externen Callcentern, gar nicht erst den Weg in die betriebliche Arena des dualen Systems der Interessenvertretung.

Die Marktstrategie SatelliteCalls basiert auf einer engen Bindung an einige wenige Hauptauftraggeber. Die Vorteile der Satellitenproduktion für die Geschäftsführung liegen auf der Hand: Nicht die für das relativ kleine Callcenter unüberschaubaren Marktverhältnisse bilden den Orientierungspunkt für das Managementhandeln, sondern die Stabilität der vertikalen Beziehungen zu den wenigen Hauptauftraggebern. Das Risiko dieser Strategie besteht vor allem im Verlust eines oder gar mehrerer wichtiger Auftraggeber. Aufgrund der geringen Sichtbarkeit auf dem Callcenter-Markt könnte SatelliteCall den Verlust kurzfristig kaum durch die Akquisition neuer Aufträge kompensieren. Um das Risiko der Satellitenproduktion trotzdem kontrollieren zu können, hat die Geschäftsführung ein umfangreiches Sicherheitsnetz extrem kurzfristiger externer numerischer Flexibilität errichtet. Das Primat der Vermeidung langfristiger Fixkosten prägt die Technikpolitik, die Produktionspolitik und die Personalpolitik und blockiert eine qualitätsorientierte Weiterentwicklung des Produktionsmodells der flexiblen Kleinserienproduktion. Den größten Beitrag zur Risikoabsicherung leistet dabei die Personalpolitik: Mit Hilfe der Abrufarbeitsverträge und der Befristungen wird das Risiko eines Verlusts des Hauptauftraggebers externalisiert.

Für die Arbeitenden ist die Beschäftigung bei SatelliteCall aus diesem Grund mit einem extrem hohen Prekaritätsrisiko verbunden. Bezahlt werden nur die in der Vergangenheit geleisteten Arbeitsstunden, die gesetzlich verankerte Lohnfortzahlung im Krankheitsfall wurde lange Zeit ebenso wie der gesetzliche Urlaubsanspruch in ein von der Geschäftsführung als Anerkennung für herausragende Leistungen gewährtes Privileg verwandelt. Den Boden für diese Form der Risikoverarbeitung bildet die Inszenierung des Betriebs als »Schicksalsgemeinschaft«, die die schwache Position des externen Callcenters in den Marktverhältnissen für die interne Steuerung der Arbeit mobilisiert. In Abwesenheit einer kollektiven Interessenvertretung wird die individuelle Leistungserfüllung zum alles entscheidenden Kriterium für die Qualität der Arbeit und die Partizipationschancen der Arbeitenden. Während leistungsstarke Beschäftigte die in den Kundeninteraktionen durchaus vorhandene formale Autonomie in reale Gestaltungsspielräume verwandeln können, um ihre eigenen Vorstellungen von guter Dienstleistungsarbeit zumindest partiell zu verwirklichen, und zudem über gewisse Einflussmöglichkeiten in den paternalistisch geprägten Sozialbeziehungen verfügen, nutzt die Geschäftsführung SatelliteCalls die hohe Unsicherheit der Beschäftigungsverhältnisse aus, um leistungsschwache Arbeitskräfte zu disziplinieren. Beschäftigte, die nicht dauerhaft die rein effizienzorientierten Leistungsnormen erfüllen, können sich der »kalten Hand« der indirekten Steuerung der Arbeit nicht entziehen und verfügen faktisch über keine nennenswerten Partizipationschancen.

Auch die Marktstrategie SectorCalls basiert letztlich auf einer Risikointernalisierung. Im Kontext der Branchenführerschaft wird der Marktanteil des Callcenters in der Spezialisierungsbranche Versandhandel zum Orientierungspunkt des Managementhandelns. Während SectorCall in der Lage wäre, den Verlust einzelner Auftraggeber zu kompensieren, hätte der Verlust der besonderen Sichtbarkeit des Callcenters durch sein Image als Branchenführer dramatische Konsequenzen. Schlüsselinstrumente für die Kontrolle des spezifischen Risikos der Marktstrategie SectorCalls sind die

Volumen- und die Preisführerschaft im Segment des Versandhandels. Die Volumenführerschaft des Callcenters wird durch die Technikpolitik des Konzerns sowie auf Unternehmensebene durch die Produktpolitik und Personalpolitik abgesichert. Technisch können alle Standorte zu einem virtuellen Callcenter vernetzt werden. Darüber hinaus leistet auch die Produktionspolitik durch die umfassende Verschränkung zahlreicher Produktionsprozesse einen wichtigen Beitrag zur numerischen Flexibilisierung der Dienstleistungsproduktion. Der Beitrag der Personalpolitik liegt vor allem in der hohen Arbeitszeitflexibilität der Stammbelegschaft durch das per Tarifvertrag etablierte Jahresarbeitszeitkonto. Dagegen wird die Preisführerschaft des Konzerns überwiegend durch die Produktionspolitik und die Personalpolitik gewährleistet. Die Verschränkungen der Prozesse dienen nicht nur der Flexibilisierung, sondern auch der Effizienzsteigerung, während die Personalpolitik von einer Politik permanenter Kostensenkungen geprägt wird, mit der die Erreichung der Renditeziele des Konzerns trotz der harten Preiskonkurrenz im Versandhandel sichergestellt werden soll.

Die Beschäftigung und die Arbeit zumindest der Stammkräfte SectorCalls werden stark von den beiden Zielen der Volumen- und der Preisführerschaft geprägt. Im Tausch gegen die vergleichsweise hohe formale Beschäftigungssicherheit des Stammkraftstatus müssen die Arbeitskräfte die starke Arbeitsverdichtung als Folge des hohen Automatisierungsgrades und der umfassenden Verschränkung der Produktionsprozesse sowie ihre geringe Verfügungsmacht über die Verteilung und Lage der individuellen Arbeitszeiten akzeptieren. Zudem ist die Dominanz von Teilzeitbeschäftigung dafür verantwortlich, dass auch die Beschäftigung bei SectorCall ein beträchtliches Prekaritätsrisiko mit sich bringt. Durch die Begrenzung der Wochenarbeitszeit auf 30 Stunden sind die Löhne kaum armutsfest. Den Boden für die Steuerung der Arbeit bildet der intensive konzerninterne Standortwettbewerb. Die von den Standortleitungen und den direkten Vorgesetzen mehr oder weniger offen vorgetragene Verlagerungsdrohung erzeugt ein »Klima der Angst« und entwertet die formale Beschäftigungssicherheit der Stammkräfte. Der hohe Automatisierungsgrad und der intensive Leistungsdruck auf Basis der rein effizienzorientierten Leistungsbewertung verhindert genauso wie die geringe Komplexität der versandhandelstypischen Dienstleistungen, dass die Arbeitskräfte die vorhandene formale Autonomie in den Kundeninteraktionen in reale Gestaltungsspielräume in der Arbeit transformieren können. Zwar existiert bei SectorCall eine institutionalisierte Interessenvertretung, aufgrund der dezidiert mitbestimmungsfeindlichen Haltung des Arbeitgebers und des vorrangig an Kosten orientierten Standortwettbewerbs bleiben die realen Einflussmöglichkeiten des Betriebsrats jedoch begrenzt.

Während die Beschäftigung bei SatelliteCall und SectorCall auf jeweils unterschiedliche Art und Weise mit einem erhöhten Prekaritätsrisiko assoziiert ist, zeigt der Fall QualityCall zumindest in Ansätzen, dass dies in einem Callcenter nicht zwangsläufig der Fall sein muss. Das Gros der Arbeitskräfte verfügt über unbefristete Arbeitsverträge, Vollzeit ist die dominante Beschäftigungsform. Im Unterschied zu den Marktstrategien der beiden anderen Callcenter basiert die Strategie der Qualitätsführerschaft nur bedingt auf einer Internalisierung der in ein spezifisches Risiko transformierten Marktungewissheit. Neben der Erhöhung der eigenen Sichtbarkeit in der Branche zielt die Qualitätsführerschaft auch auf die aktive Beeinflussung der Marktverhältnisse der konsolidierten Callcenter-Branche. Allerdings: Wenn auch nicht in Form eines stark erhöhten Prekaritätsrisikos, haben auch die Beschäftigten QualityCalls einen beträchtlichen Teil der Last zu tragen, welche die Verarbeitung der hohen Ungewissheit mit sich bringt. Auf die Arbeit und die Arbeitsbeziehungen wirkt sich vor allem das Ideal der stabilen und damit reproduzierbaren Qualität der erzeugten Dienstleistungen aus, mit dem das Callcenter die Position der Qualitätsführerschaft nach innen absichert. Mit Hilfe der Produktionspolitik und der Personalpolitik strebt QualityCall eine umfassende Entsubjektivierung der Produktion interaktiver Dienstleistungen an. Auch wenn dieses Ziel aufgrund des notwendig subjektivierten Charakters der Dienstleistungsarbeit niemals vollständig erreicht werden kann, prägt es trotzdem die Steuerung der Produktionsprozesse – und damit auch die Steuerung der lebendigen Arbeit. Das hohe Maß an Prozessstrukturierung zielt auf eine Standardisierung der Dienstleistungen, das betriebliche Aus- und Weiterbildungssystem und die umfassenden Ergebnis- und Prozesskontrollen auf eine Standardisierung der tätigkeitsspezifischen subjektiven Fähigkeiten der Arbeitskräfte.

Für die Beschäftigten resultiert das Ideal der reproduzierbaren Qualität der Dienstleistungen in der Erfahrung »totaler Kontrolle« und einem hohen Leistungsdruck sowie in einer individuellen Entmachtung. Die Arbeit ist hochgradig kontrolliert, die Arbeitskräfte verfügen nur über minimale Gestaltungsspielräume in den Arbeitsvollzügen. Zudem wird der Anspruch der Qualitätsführerschaft mit einer rigiden Leistungsselektion abgesichert, die disziplinierend auf die verbliebene Belegschaft zurückwirkt. Und schließlich erzeugt die Art der Konkurrenzsteuerung des betrieblichen Arbeitsmarkts ein hohes Maß an interner Substituierbarkeit der Arbeitskräfte. Die individuellen Machtpotenziale, die aus dem Qualifikationsaufwand herrühren, den QualityCall zur Entwicklung und Standardisierung der tätigkeitsspezifischen Fähigkeiten betreibt, werden entwertet. Über individuelle Partizipationschancen jenseits der Artikulation verwertbaren Verbesserungswissens verfügen die Beschäftigten in den hierarchischen Organisationsstrukturen QualityCalls nicht, allerdings wirkt der besondere Qualitätsanspruch des Callcenters positiv auf die Möglichkeiten der kollektiven Interessenvertretung zurück. Als »Ordnungsfaktor« verfügt der Betriebsrat in dem schnell gewachsenen und funktional ausdifferenzierten Unternehmen gegenüber der Geschäftsführung zumindest über ein gewisses Maß an Legitimität. Realen Einfluss auf die Qualität der Arbeit hat aber auch die Interessenvertretung der Beschäftigten QualityCalls nicht.

Auf eines muss jedoch abschließend hingewiesen werden: Die große Mehrheit der externen Callcenter dürfte sowohl hinsichtlich ihres Umgangs mit der hohen Marktungewissheit als auch in Bezug auf die Arbeit und die Arbeitsbeziehungen Ähnlichkeiten mit dem Beispiel SatelliteCalls aufweisen. Zum einen verfügen im klein- und mittelbetrieblich geprägten Segment der externen Callcenter nur wenige Betriebe überhaupt über die notwendige Größe, um die mit ihrer Position in den Wertschöpfungsketten der Auftraggeber verbundene »strukturelle Unsichtbarkeit« zu überwinden. Zum anderen beruht die Diversifizierungsstrategie QualityCalls auf einer Alleinstellungsbehauptung. Eine Strategie der Qualitätsführerschaft kann nur von einer sehr begrenzten Anzahl an externen Callcentern verfolgt werden – ansonsten würde sie ihre Glaubwürdigkeit verlieren. Somit können sich nur wenige Betriebe dem Flexibilitäts- und Kostendruck entziehen, der aus ihrer hohen Substituierbarkeit und den Interessen der Auftraggeber resultiert. Den Preis für die hohe Ungewissheit haben vor allem die Arbeitskräfte zu zahlen – und zwar nicht nur die Beschäftigten der internen Callcenter, sondern auch, das hat die vorangegangene Analyse mehr als deutlich gezeigt, die Beschäftigten der externen Dienstleistungsunternehmen.

16. Schluss – Marktzentrierte Kontrolle von Arbeit und Arbeitsbeziehungen

Ausgangspunkt der empirischen Analysen war die Frage nach dem Einfluss des Markts auf die Arbeit und die Arbeitsbeziehungen in Callcentern. Mit Verweis auf mehrere einflussreiche soziologische Zeitdiagnosen – die Re-Kommodifizierung der Arbeitskraft, die zunehmende Marktsteuerung der Arbeit und die tendenzielle Auflösung der Unternehmensgrenzen – wurde folgende zentrale Fragestellung formuliert: Welchen Einfluss haben die Marktverhältnisse auf die Arbeit und die Arbeitsbeziehungen in Callcentern? Nachgegangen wurde dieser Frage anhand von zwei eng miteinander verbundenen empirischen Analysen. In einem ersten Schritt wurden die überbetrieblichen Arbeitsbeziehungen zwischen Gewerkschaften und Arbeitgebern unter die Lupe genommen, um aufzuzeigen, wie die deutschen Gewerkschaften auf die sukzessive Herausbildung der neuen Branche reagiert haben und welchen Einfluss die Marktverhältnisse auf die Tarifstandards jeweils hatten. In einem zweiten Schritt wurde anhand von drei exemplarisch ausgewählten Betriebsfallstudien externer Callcenter der Einfluss des Markts auf die Arbeit und die betrieblichen Arbeitsbeziehungen in der konsolidierten Callcenter-Branche untersucht. Die externen Callcenter wurden aufgrund ihrer Strahlkraft auf die Arbeitsbeziehungen der gesamten Branche als Analysesegment ausgewählt.

Die Ergebnisse dieser empirischen Analysen zeigen sehr genau, wie sich der »Schatten des Markts«, auf den im Titel Bezug genommen wird, sukzessive sowohl auf die organisierten Arbeitsbeziehungen in der tariflichen Arena als auch auf die Arbeit und die Arbeitsbeziehungen in der betrieblichen Arena gelegt hat. Allerdings – darauf muss an dieser Stelle hingewiesen werden – liegt dem Wirken des Markts kein Automatismus zugrunde. Die Ergebnisse untermauern die einleitend geäußerte Annahme, dass es nicht »der Markt« als abstrakte institutionelle Form ist, der auf die Arbeit und Arbeitsbeziehungen in Callcentern einwirkt, sondern die situativen Marktverhältnisse, die das Ergebnis strategischer Interaktionen von

Akteuren sind, die ihre eigenen Interessen verfolgen. So hat sich gezeigt, dass die Auftraggeber aufgrund der Machtasymmetrien in den vertikalen Beziehungen entscheidenden Einfluss auf die Entwicklung des Callcenter-Markts gehabt haben und immer noch haben. Sie nutzen die von ihnen koproduzierten Marktverhältnisse der Callcenter-Branche, um ihre Interessen – auch gegenüber den eigenen Belegschaften – durchzusetzen. Die Ergebnisse der Studie deuten darüber hinaus auch darauf hin, dass auch für die gewerkschaftliche Interessenvertretung trotz aller Schwierigkeiten Einflussmöglichkeiten bestehen. Allerdings wurden diese in der Vergangenheit aufgrund der Diskrepanz zwischen den Realitäten des Markts und den Realitäten der Organisation kaum genutzt.

Marktgetriebene Konsolidierung der Callcenter-Branche

Rückblickend lässt sich die Formierung der Callcenter-Branche in drei Phasen einteilen: die Etablierungs-, die Expansions- und die Konsolidierungsphase. Jede Phase wurde von einer spezifischen Entwicklungsdynamik geprägt, die sich auch in den Marktverhältnissen niederschlug. Die Etablierungsphase (1990–1995) wurde vor allem von der Einführung der ACD-Technik und den neuen Formen der Arbeitsorganisation geprägt. Großunternehmen richteten Callcenter ein, um die in der Vergangenheit von Sachbearbeitern erledigte interaktive Arbeit in den Kundenschnittstellen zu rationalisieren. Vorreiter dieser Entwicklung waren Ende der 1980er Jahre die damalige Deutsche Bundespost und die großen Versandhandelsunternehmen. Die Bundespost rüstete die klassischen Auskunfts- und Entstörungsstellen in Callcenter um, im Versandhandel wurden die dezentralen Bestellzentralen abgelöst. Darüber hinaus nutzten einige wenige Direktbanken die neue Technik, um das Telefonbanking zu forcieren. Callcenter als Dienstleistungsunternehmen spielten zu dieser Zeit noch keine signifikante Rolle: Nur im Versandhandel nutzten Großunternehmen die Zusammenarbeit mit externen Callcentern, um die Öffnungszeiten der eigenen Bestellannahmen zu verlängern und die Wochenend-, Nacht- und Spätzuschläge der für allgemeinverbindlich erklärten Flächentarifverträge des Einzelhandels zu umgehen. Insgesamt blieb das Beschäftigungsvolumen der neuen Betriebe jedoch gering. Nach Schätzungen eines Branchenverbandes waren selbst am Ende der Etablierungsphase 1995 nicht mehr als 45.000 Menschen in Callcentern beschäftigt (DDV 2005). Auch mit Blick auf den versprengten Modus der Etablierung der ersten Cellcenter konnte von einer eigenständigen Branche in der ersten Hälfte der 1990er Jahre noch nicht die Rede sein. Zwischen den in verschiedenen Branchen etablierten Callcentern existierten keine nennenswerten Kooperations- oder Konkurrenzbeziehungen.

In der Expansionsphase (1996–2001) nahm die Entwicklung der Callcenter Fahrt auf. Bis zur Krise des Callcenter-Markts Anfang des neuen Jahrtausends wuchs die Anzahl der Arbeitsplätze rasant. Bis 2002 stieg die Anzahl der Beschäftigten in deutschen Callcentern auf über 300.000 (DDV 2005). Angetrieben wurde die Entwicklung der Callcenter vor allem von den beiden Wachstumsbereichen Telekommunikation und Versandhandel. Im liberalisierten Telekommunikationssektor weitete nicht nur die Deutsche Telekom ihre Kapazitäten aus, auch die neuen Konkurrenzunternehmen richteten eigene Callcenter ein. Im Versandhandel sorgte der Durchbruch des Telefons als Kommunikationskanal für eine schnelle Zunahme der Callcenter-Arbeitsplätze. Auffällig war, dass sich Dienstleistungsunternehmen in beiden Bereichen in der Expansionsphase zu relevanten Marktakteuren entwickelten. Zwar wuchs in der Telekommunikation und im Versandhandel auch das Beschäftigungsvolumen der internen Callcenter, ein erheblicher Anteil der neuen Arbeitsplätze entstand jedoch außerhalb der Tarifgefüge der beiden Branchen. Vor allem Großunternehmen nutzten die Zusammenarbeit mit externen Callcentern, um die Kosten der Dienstleistungsproduktion zu senken und sowohl das Kapazitätsrisiko als auch die Verantwortung für die Produktion rein verkaufsorientierter Dienstleistungen zu externalisieren. Auch im Bankgewerbe expandierten vor allem die nicht tarifgebundenen Callcenter: Viele Großbanken nutzten den Durchbruch des Telefonbanking, um eigene Direktbanken zu etablieren. Nur ein kleiner Teil dieser Direktbanken trat dem Arbeitgeberverband des Bankgewerbes bei und wendete die Flächentarifverträge der Branche an. Somit entstand das Gros der neuen Callcenter-Arbeitsplätze im Bankgewerbe in ausgegliederten Callcentern. Trotz der parallelen Entwicklung in allen Bereichen – rasantes Arbeitsplatzwachstum mit Schwerpunkt auf den nicht tarifgebundenen Einheiten – blieben die Berührungspunkte zwischen den Callcentern der verschiedenen Branchen in der Expansionsphase noch begrenzt. Zwar arbeiteten die großen Dienstleistungsunternehmen bereits für Auftraggeber aus mehreren Branchen, die Arbeits- und Tarifstandards in den internen Callcentern orientierten sich jedoch weiterhin an den Standards der Mutterunternehmen und damit an den jeweiligen Flächentarifverträgen.

Die Konsolidierungsphase (seit 2003) schloss direkt an die Krise des Markts der Callcenter an, mit der die Expansionsphase der neuen Branche 2001 zu Ende ging. Nachdem die Beschäftigtenzahlen zunächst stagnierten, wächst der Markt seit 2003 erneut – allerdings mit deutlich geringeren Raten als noch in der zweiten Hälfte der 1990er Jahre. Inzwischen arbeiten mehr als 500.000 Menschen in deutschen Callcentern. Deutlich zu Tage tritt die veränderte Branchendynamik in den beiden klassischen Wachstumsbereichen Telekommunikation und Versandhandel. Insbesondere in den internen Callcentern ist der Beschäftigungsaufbau zum Erliegen gekommen, viele Großunternehmen wie die Deutsche Telekom und die großen Versandhäuser Quelle und Otto haben in den letzten Jahren sogar Arbeitsplätze abgebaut. Unter den externen Callcentern herrscht durch die Sättigung des Markts ein harter Verdrängungswettbewerb um das stagnierende oder sogar rückläufige Fremdvergabevolumen. Insbesondere die Marktführer bauen durch Übernahmen ihre Marktanteile aus und versuchen, ihr Tätigkeitsfeld auf weitere Branchen auszuweiten. Im Zusammenspiel mit der Durchsetzung der konkurrenzorientierten Steuerung in vielen internen Callcentern sorgen die Konzentrationsprozesse unter den Dienstleistern dafür, dass deren Marktführer zum Gravitationszentrum der konsolidierten Callcenter-Branche geworden sind. Durch die Ausgliederung in eigenständige Unternehmen sind viele interne Callcenter aus ihren Ursprungsbranchen herausgelöst worden. Dabei orientieren sich die Arbeits- und Entlohnungsstandards in den ausgegliederten Callcentern immer seltener an denen der Mutterunternehmen und den jeweiligen Flächentarifverträgen, stattdessen bilden die Standards in den externen Callcentern den Referenzmaßstab.

Aufgrund der besonderen Bedeutung der Marktverhältnisse für das Zusammenwachsen der Callcenter-Branche kann von einem marktgetriebenen Konsolidierungsprozess gesprochen werden. In der Etablierungsphase war die Intensität der Konkurrenz entlang beider Dimensionen der Marktverhältnisse noch gering. Unter den Dienstleistungsunternehmen herrschte keine nennenswerte Konkurrenz, da sich die Aktivitäten der zahlenmäßig nicht bedeutsamen externen Callcenter auf einzelne Branchen beschränkten. Und auch zwischen den internen Einheiten der Auftraggeber und den beauftragten Dienstleistern gab es kaum Berührungspunkte. Selbst im Versandhandel, der einzigen Branche, in der Großunternehmen systematisch mit externen Callcentern zusammenarbeiteten, verlagerten die Auftraggeber fast ausschließlich den zeitabhängigen »Überlauf«. Dies änderte sich in der Expansionsphase, in der sich vor allem in der vertikalen Dimension der Marktverhältnisse ein Konkurrenzmoment herausbildete – und zwar um das steigende Anrufvolumen. Insbesondere aufgrund der geringeren Arbeitskosten nutzten viele Auftraggeberunternehmen die Dienste externer Callcenter, um den starken Anstieg des Anrufvolumens in der zweiten Hälfte der 1990er Jahre zu bewältigen. Aufgrund des schnellen Marktwachstums blieb die Intensität der Konkurrenz unter den externen Callcentern jedoch weiter gering. Von einer Branche im engeren Sinne konnte im Fall der Callcenter bis zum Ende der Expansionsphase jedoch noch keine Rede sein. Über die Grenzen etablierter Branchen hinweg gab es zwischen den Betrieben kaum Berührungspunkte. Dies sollte sich jedoch in der Konsolidierungsphase ändern: Die externen Callcenter, ursprünglich in den Randbereichen der verschiedenen Branchen und Tarifvertragssysteme etabliert, sind durch Konzentrationsprozesse unter den Dienstleistungsunternehmen und die parallele Durchsetzung des konkurrenzzentrierten Steuerungsmodus durch die Auftraggeber zum arbeits- und tarifpolitischen Mittelpunkt der konsolidierten Branche geworden. Daran wird deutlich, dass die Marktverhältnisse eine Schlüsselrolle für das endgültige Zusammenwachsen der neuen Branche und die veränderte Position der externen Dienstleister gespielt haben. Einerseits existiert als Folge des abgeflauten Wachstums unter den externen Callcentern ein vornehmlich über den Faktor Preis geführter und an den Marktanteilen orientierter Verdrängungswettbewerb, der mit erheblichen Konzentrationsprozessen im Lager der Dienstleistungsunternehmen einhergeht. Andererseits verschärft sich das schon in der Expansionsphase existierende Konkurrenzmoment in den vertikalen Beziehungen. Immer mehr Auftraggeber unterziehen ihre in der Zwischenzeit ausgegliederten ehemals internen Einheiten einem auf Dauer gestellten Markttest mit den Marktführern unter den externen Callcentern.

Die tarifliche Arena – Abwärtsnivellierung der Arbeits- und Entlohnungsstandards

Auch fast zwei Jahrzehnte nach der Etablierung der ersten Callcenter ist es den deutschen Gewerkschaften nicht gelungen, die neue Branche in das System der Flächen- oder Branchentarifverträge zu integrieren. Im Gegenteil: Über die drei Phasen der Branchenformierung hinweg hat die Reichweite der Flächentarifverträge in deutschen Callcentern deutlich abgenommen. Aus der Perspektive der untersuchten Organisationsbereiche muss im Hinblick auf die aus ihnen heraus entstandenen Callcenter jeweils eine Fragmentierung der Tarifvertragssysteme konstatiert werden. In der Telekommunikation, im Versandhandel und im Bankgewerbe existiert heute ein differenziertes System von Tarifregelungen, der Flächentarifvertrag hat in allen drei Bereichen seine Leitfunktion für die Arbeits- und Entgeltbedingungen in den Callcentern verloren. Wichtigste Triebkraft der tarifpolitischen Fragmentierungsprozesse war die über den Markt ausgetragene Konkurrenz zwischen den eigenen Callcentern vieler Großunternehmen und den externen Dienstleistungsanbietern. Wie an den Beispielen der Deutschen Telekom oder der großen Versenderr Otto und Quelle verdeutlicht wurde, sind inzwischen viele der ehemaligen internen Callcenter von den Mutterunternehmen ausgegliedert worden.

Mit der Ausgliederung ging in der Regel eine Verschiebung des Referenzmaßstabs für den Markttest einher: von den internen Callcentern der Konkurrenzunternehmen des Mutterunternehmens zu den überwiegend nicht tarifgebundenen externen Callcentern. Dadurch hat sich das Verhältnis zwischen den internen und ausgegliederten Callcentern sowie den Dienstleistern faktisch umkehrt. Haben sich in der Expansionsphase der Branche die Arbeits- und Entlohnungsstandards in den externen Callcentern noch weitgehend an den Standards in den überwiegend tarifgebundenen internen Einheiten orientiert – natürlich mit einem mehr oder weniger großen Abschlag nach unten –, stellt in der konsolidierten Branche das Regulierungsniveau der Dienstleistungsunternehmen den Fixpunkt dar. Während es für die Arbeitskräfte in der Expansionsphase somit noch einen erheblichen materiellen Unterschied machte, ob sie in einem tarifgebundenen internen Callcenter der Deutschen Telekom oder eines großen Versandhandelsunternehmens beschäftigt waren oder ob ihr Arbeitgeber zu den nicht tarifgebundenen externen Callcentern gehörte, verschwinden die Differenzen in den Arbeits- und Entlohnungsbedingungen zusehends. Durch die von den Auftraggebern geschürte Marktkonkurrenz konvergieren die Tarifstandards in allen Callcentern tendenziell auf dem niedrigen Niveau der Dienstleistungsunternehmen.

Versprengt und weitgehend ohne Bezug zueinander etabliert, entstand das Gros der Callcenter-Arbeitsplätze in der Etablierungsphase der Branche (1990–1995) innerhalb der Flächentarifvertragsstrukturen der jeweiligen Organisationsbereiche. Die mit Hilfe der ACD-Technik in Callcenter umgerüsteten früheren Auskunfts- und Entstörungsstellen der Deutschen Bundespost gehörten zum Geltungsbereich der Angestellten-Tarifverträge der Bundespost, in den Versandhandelsunternehmen wurden die Flächentarifverträge des Einzelhandels angewendet. Ähnliches galt auch für die, beschäftigungsmäßig jedoch noch sehr unbedeutenden, Direktbanken im Bankengewerbe. Bis auf wenige Ausnahmen entstanden die neuen Arbeitsplätze hier im Geltungsbereich des Flächentarifvertrags des privaten Bankgewerbes. Für die gewerkschaftliche Durchsetzungsfähigkeit in der tariflichen Arena der betroffenen Organisationsbereiche stellte die Etablierung von Callcentern folgerichtig keine nennenswerte Herausforderung dar. Die verschiedenen Unternehmen und der Fernmeldedienst der Deutschen Bundespost setzten die neue Technik ein, um die Produktion von interaktiven Kommunikationsdienstleistungen zu rationalisieren und aus der klassischen Sachbearbeiterarbeit herauszulösen. Und selbst im Versandhandel, in dem einige Großunternehmen schon Anfang der 1990er Jahre mit Dienstleistern zusammenarbeiteten, um die allgemeinverbindlichen Tarifverträge des Einzelhandels zu umgehen, geriet die gewerkschaftliche Durchsetzungsfähigkeit nicht unter Druck. Die traditionelle Allgemeinverbindlichkeitserklärung der Tarifverträge im Einzelhandel, in den der Versandhandel verbandspolitisch eingegliedert ist, verhinderte, dass die Umgehungspraktiken der Unternehmen auf die Aushandlungsprozesse in der tariflichen Arena durchschlugen.

Die Integration der ersten Callcenter in die Flächentarifverträge der Mutterunternehmen führte dazu, dass zwischen den verschiedenen Callcentern je nach Branchenzugehörigkeit ein erhebliches Gefälle in den Arbeits- und Entlohnungsstandards bestand. Der Angestellten-Tarifvertrag der Bundespost sah ein deutlich höheres Entlohnungsniveau vor als der Flächentarifvertrag des Einzelhandels, während der in den meisten Direktbanken angewendete Tarifvertrag des privaten Bankgewerbes eine Mittelposition einnahm. Neben der Entlohnung existierten auch noch erhebliche Unterschiede zwischen den Organisationsbereichen hinsichtlich der gewerkschaftlichen Einflussmöglichkeiten auf die betriebliche Arbeitsorganisation. Im Hoheitsbereich der Deutschen Bundespost nahm die Deutsche Postgewerkschaft (DPG) die Einrichtung der ersten Callcenter als Rationalisierungsproblem und damit als »sozialpartnerschaftliche Gestaltungsaufgabe« wahr. Der DPG gelang es, auf dem Feld der Tarifpolitik die aus der Einführung der neuen Technik resultierende Arbeitsverdichtung zu begrenzen. In den beiden anderen Untersuchungsbereiche verfügten die Gewerkschaften über keinen vergleichbaren Einfluss auf die betriebliche Arbeitsorganisation: Die Gewerkschaft Handel, Banken und Versicherungen (HBV) und die Deutsche Angestelltengewerkschaft (DAG) begleiteten die Reorganisation der Arbeitsplätze in den Direktbanken und den Versandhandelsunternehmen weitgehend passiv. So lässt sich insgesamt festhalten, dass der gewerkschaftliche Umgang mit den ersten Callcentern in den frühen 1990er Jahren vor allem von den Interessenvertretungstraditionen und den Machtverhältnissen in den etablierten Organisationsbereichen geprägt war.

Das starke Branchenwachstum in der Expansionsphase der Callcenter (1996–2001) ging mit einer völlig veränderten tarifpolitischen Dynamik einher. In allen drei Untersuchungsbereichen bildete sich eine tiefe Spaltung der Tarifstandards heraus. Neben das Segment der in die Flächentarifvertragsstrukturen integrierten internen Callcenter trat jeweils ein schnell wachsendes Segment nicht tarifgebundener Arbeitsplätze. Hintergrund dieser Spaltung der Tarifvertragssysteme war eine Verschiebung der von den Unternehmen in und mit Callcentern verfolgten Ziele. Nicht mehr die Restrukturierung der traditionellen Sachbearbeiterbereiche stand im Mittelpunkt der Strategien, sondern die Reduktion der Kosten sowohl für die Bearbeitung des stark ansteigenden Inbound-Anrufvolumens als auch für die Produktion der neuen, stärker verkaufsorientierten Outbound-Dienstleistungen. Im liberalisierten Telekommunikationssektor verlagerte die Deutsche Telekom schrittweise die traditionelle Auskunft an externe Callcenter und auch die neuen Konkurrenten arbeiteten intensiv mit den expandierenden Dienstleistungsunternehmen zusammen. Im Versandhandel entfiel ein großer Anteil der neuen Arbeitsplätze auf die nicht tarifgebundenen externen Callcenter, die für die großen Versandhandelsunternehmen nicht mehr ausschließlich Bestellannahmen organisierten, sondern immer häufiger auch Verkaufskampagnen abwickelten. Und auch im Bankgewerbe wuchs das nicht tarifgebundene Segment überproportional: Hier handelte es sich allerdings nicht um externe Callcenter, sondern um die zur Mitte des Jahrzehnts reihenweise neu gegründeten Direktbanken, die faktisch ausgegliederte Callcenter der großen Universalbanken darstellten. Die Spaltung der Tarifstandards war Ausdruck der Erosion gewerkschaftlicher Durchsetzungsfähigkeit in den betroffenen Organisationsbereichen: Weder der DPG im Telekommunikationssektor noch der HBV und der DAG in Versandhandel und Bankgewerbe gelang es, die neuen Arbeitsplätze in die Flächentarifvertragsstrukturen zu integrieren.

Die Gewerkschaften reagierten auf ihre nachlassende Durchsetzungsfähigkeit – allerdings jeweils innerhalb der Grenzen etablierter Organisationsbereiche. Trotz des branchenübergreifenden Charakters der Arbeit und der Arbeitsorganisation bildete sich keine Zusammenarbeit zwischen den Interessenvertretungsorganisationen heraus. Unabhängig voneinander »entdeckten« die DPG in der Telekommunikation und die HBV und die DAG im Bankgewerbe die nicht tarifgebundenen Callcenter als spezifisches Handlungsfeld. Mit Hilfe von Organisierungsprojekten versuchten die Gewerkschaften in den nicht tarifgebundenen Betrieben – in der Telekommunikation die internen Callcenter der neuen Anbieter und die Dienstleistungsunternehmen, im Bankgewerbe die Direktbanken – Interessenvertretungsstrukturen aufzubauen, um diese Betriebe langfristig an die Flächentarifverträge zu binden. Aufgrund fehlender Rekrutierungserfolge unter den Beschäftigten blieben die tarifpolitischen Ziele allerdings unerreicht. Auffällig war der Kontrast zum Versandhandel, wo die Reaktion der Gewerkschaften als »Ausklammerungshandeln« beschrieben werden musste. Auch wenn hier – wie in den anderen Bereichen – die Zahl nicht tarifgebundener Arbeitsplätze in externen Callcentern rasant zunahm, verzichteten HBV und DAG auf Organisierungsaktivitäten in den Betrieben. Die Allgemeinverbindlichkeitserklärung der Tarifverträge des Einzelhandels stabilisierte institutionell die Flächentarifverträge, obwohl deren materielle Reichweite längst erodierte. Aufgrund des starken Marktwachstums in der zweiten Hälfte der 1990er Jahre zeigte die reduzierte gewerkschaftliche Durchsetzungsfähigkeit in der tariflichen Arena nur sehr bedingt Folgen für die Belegschaften der internen Callcenter: Die Arbeitgeber weigerten sich zwar, die internen Arbeitsplatzkapazitäten entsprechend des steigenden Anrufvolumens auszubauen, und arbeiteten stattdessen mit nicht tarifgebundenen externen Callcentern zusammen, aber in den internen Callcentern der meisten Großunternehmen gelang es den Gewerkschaften zunächst, den Flächentarifvertrag zu stabilisieren. Durch diese Entwicklungen nahmen in der Expansionsphase die materiellen Unterschiede innerhalb der Organisationsbereiche zu: Im Telekommunikationssektor und im Versandhandel herrschte zwischen den internen Callcentern und den Dienstleistungsunternehmen ein starkes Gefälle sowohl hinsichtlich der Entlohnung als auch in Bezug auf den gewerkschaftlichen Einfluss auf die betriebliche Arbeitsorganisation. Im Bankgewerbe existierte eine ähnliche Spaltung zwischen den Universal- und den Direktbanken.

In der Konsolidierungsphase (seit 2003) schlägt der Prozess der marktgetriebenen Branchenkonsolidierung voll auf die gewerkschaftliche Durchsetzungsfähigkeit in der tariflichen Arena und damit auch auf die Tarifstandards in den Callcentern durch. Zwischen den schrumpfenden inneren Kern der von den jeweiligen Flächentarifverträgen regulierten, in der Regel internen Callcenter und den äußeren Ring der tariffreien, mehrheitlich externen Callcenter schiebt sich eine schnell wachsende Schicht von Betrieben mit Haustarifverträgen und Standortsicherungsabkommen, die von den Flächentarifverträgen nach unten abweichen. Bei der überwiegenden Mehrheit der Betriebe im mittleren Bereich handelt es sich um Einheiten, die in der Vergangenheit den Flächentarifverträgen unterlagen, in denen die Gewerkschaften jedoch die Herauslösung aus dem Flächentarifvertrag hinnehmen mussten. Im Telekommunikationssektor gliederte die Deutsche Telekom alle Callcenter des Konzerns in ein eigenständiges Unternehmen (DTKS) aus, für das ein Haustarifvertrag gilt, der relativ deutlich unter dem Niveau des Konzerntarifvertrags liegt. Seit der Ausgliederung 2007 unterliegt kein einziger (sic!) Callcenter-Arbeitsplatz im Telekom-Konzern mehr dem aus den Angestellten-Tarifverträgen der Deutschen Bundespost hervorgegangenen Tarifvertrag. Eine ähnliche Entwicklung hat sich auch im Versandhandel vollzogen: Beim Otto-Versand existiert schon seit mehreren Jahren ein Haustarifvertrag für die Callcenter, die ehemals internen Callcenter des Quelle-Versands gehören nach einem starken Beschäftigungsabbau in den vergangenen Jahren inzwischen sogar zur »tariffreien Zone«. Und auch die auf den ersten Blick überraschenden tarifpolitischen Erfolge bei zwei Marktführern unter den externen Callcentern (Walter-Gruppe) und den Direktbanken (ING DiBa) konnten den tarifpolitischen Fragmentierungsprozess nicht aufhalten. In beiden Fällen beruhte der Abschluss auf dem Interesse der Arbeitgeber an der Ordnungsfunktion des Tarifvertrags. Durch Übernahmen rasch gewachsen, hatte sich sowohl bei dem externen Dienstleister als auch in der Direktbank ein tarifpolitischer »Flickenteppich« herausgebildet. Die Haustarifverträge leisten einen wichtigen Beitrag zur Vereinheitlichung der Standards – als Pilotabschlüsse für die Branche eignen sie sich jedoch nicht. Ver.di fehlt es sowohl in den externen Callcentern als auch in den Direktbanken an Organisationsmacht, um tarifpolitisch unter den Bedingungen einer intensiven Marktanteilskonkurrenz handlungsfähig zu sein.

Der dramatische Rückgang gewerkschaftlicher Durchsetzungsfähigkeit in der tariflichen Arena ist eine direkte Folge der marktgetriebenen Konsolidierung der Callcenter-Branche. Die von den Auftraggebern geschürte und verstetigte Konkurrenz zwischen den eigenen internen und ausgegliederten Callcentern und den Dienstleistern hebelt selbst in den verbliebenen Organisationshochburgen die gewerkschaftliche Organisationsmacht aus. Auch tarifpolitisch sind die externen Callcenter zum Fixpunkt der konsolidierten Branche geworden. Nur um den Preis erheblicher materieller Zugeständnisse gelang es ver.di, die Callcenter der Deutschen Telekom oder des Otto-Versands überhaupt innerhalb des Tarifgefüges zu halten. Dadurch, dass die Flächentarifverträge der Mutterunternehmen an Bedeutung für viele Callcenter verlieren, nehmen in der Konsolidierungsphase die Entlohnungsunterschiede sowohl zwischen als auch innerhalb der Organisationsbereiche ab. Angetrieben von dem konkurrenzzentrierten Steuerungsmodus und den Konzentrationsprozessen im Lager der Dienstleister scheinen sich die Arbeits- und Entlohnungsstandards in der Callcenter-Branche unaufhaltsam anzunähern – und zwar auf dem Niveau der nicht tarifgebundenen externen Callcenter. Eine parallele Abwärtsnivellierung lässt sich auch im Bezug auf die Interessenvertretungsstrategien beobachten: Von den Anfang der 1990er Jahre dominanten Interessenvertretungstraditionen der verschiedenen Organisationsbereiche ist in den Callcentern kaum noch etwas zu spüren. Selbst der Fachbereich »Telekommunikation« als Nachfolgeorganisation der Deutschen Postgewerkschaft verfügt heute trotz relativ stabiler Organisationsgrade über keinen nennenswerten Einfluss mehr auf die betriebliche Arbeitsorganisation in den Callcentern des Telekom-Konzerns. Im Prozess der marktgetriebenen Konsolidierung der Callcenter-Branche sind nicht nur die Arbeits- und Entlohnungsstandards unter Druck geraten, auch die organisationsbereichsspezifischen Traditionen der Interessenvertretung verschwanden.

Die betriebliche Arena – Arbeit und Arbeitsbeziehungen unter Marktdruck

In der Analyse der Arbeit und der Arbeitsbeziehungen in der betrieblichen Arena wurde gezielt das neue Zentrum der neuen Branche in den Blick genommen: die externen Callcenter. Wie wirken sich die Marktverhältnisse der konsolidierten Callcenter-Branche auf die Arbeit in den nunmehr zentralen Dienstleistern aus? Für sie resultieren die marktgetriebene Konsolidierung der Branche und die Durchsetzung des konkurrenzzentrierten Steuerungsmodus in einem hohen Maß an Ungewissheit. Einerseits bringt die Position der »strukturellen Unsichtbarkeit« in den Wertschöpfungsketten der Auftraggeber im Zusammenspiel mit den kurzen Vertragslaufzeiten eine hohe kurzfristige Austauschbarkeit mit sich, andererseits wird die konsolidierte Branche von einem preisorientierten Verdrängungswettbewerb unter den Dienstleistungsunternehmen geprägt. Obwohl die externen Callcenter das neue Zentrum der konsolidierten Callcenter-Branche bilden, können sich die Betriebe der Komplexität und Volatilität der Marktverhältnisse nicht entziehen.

Unabhängig vom konkreten Umgang mit der hohen Marktungewissheit – die drei Betriebsfallstudien SatelliteCall, SectorCall und QualityCall stehen exemplarisch für unterschiedliche Arten der internen Verarbeitung der hohen Marktungewissheit – hat die Analyse gezeigt, dass der Einfluss des Markts weit über die institutionelle Form der indirekten Steuerung der Arbeit hinausgeht. Sowohl die Qualität der Arbeit als auch die Partizipationschancen der Beschäftigten werden von der Komplexität und Volatilität der Marktverhältnisse in der konsolidierten Callcenter-Branche geprägt. In allen drei Betrieben wird die in ein spezifisches Risiko transformierte Ungewissheit von den Geschäftsführungen externalisiert und de facto an die Beschäftigten weitergereicht. Damit zahlen die Beschäftigten den Preis für die hohe Marktungewissheit, mit der sich die externen Callcenter konfrontiert sehen. Gleichwohl schlägt der Marktdruck nicht ungefiltert auf die Arbeit und die Arbeitsbeziehungen durch. Es ist vor allem der strategische Umgang der Geschäftsführungen mit der hohen Ungewissheit, der die Qualität der Arbeit und die Gestaltungsspielräume der Beschäftigten im Arbeitsvollzug prägt. Aus diesem Grund unterscheiden sich trotz der generellen Gemeinsamkeiten hinsichtlich der Form und der Organisation der Arbeit die subjektiven Erfahrungen der Arbeitskräfte in den drei Fallbetrieben deutlich. Die institutionalisierten Arbeitsbeziehungen in der betrieblichen Arena spielen – darauf deuten die Ergebnisse des Vergleichs der drei Betriebsfälle hin – allenfalls eine nachrangige Rolle für die Qualität der Arbeit. In keinem der drei untersuchten Betriebe haben die Interessenvertreter einen nennenswerten Einfluss auf die Steuerung der Arbeit. Selbst in den beiden Betrieben, in denen die Interessenvertretungen über eine gewisse Legitimität als Ordnungsfaktor verfügen, beschränkt sich ihre Rolle auf die Überwachung arbeitsrechtlicher Mindeststandards. Letzten Endes wird auch die Arbeit der Betriebsräte vom strategischen Umgang des Managements mit der hohen Ungewissheit des Markts strukturiert – und nicht anders herum.

SatelliteCall steht beispielhaft für die große Mehrheit der kleinen und mittelgroßen externen Callcenter, die versuchen, die hohe Ungewissheit des Callcenter-Markts durch eine enge Bindung an einen oder einige wenige Hauptauftraggeber zu kontrollieren. Die Vorteile der Satellitenproduktion liegen auf der Hand: Nicht die für das Management des relativ kleinen Callcenters unüberschaubaren Marktverhältnisse bilden den Orientierungspunkt für das Handeln der Geschäftsführung, sondern die Stabilität der vertikalen Beziehungen zu den wenigen Hauptauftraggebern. Das Risiko dieser Strategie besteht vor allem im Verlust wichtiger Auftraggeber. Aufgrund der geringen Sichtbarkeit im Segment der externen Callcenter könnte SatelliteCall den Verlust kurzfristig kaum durch die Akquisition neuer Aufträge kompensieren. Um das Risiko der Satellitenproduktion trotzdem kontrollieren zu können, hat die Geschäftsführung ein umfangreiches Sicherheitsnetz extrem kurzfristiger externer numerischer Flexibilität errichtet. Das Primat der Vermeidung langfristiger Fixkosten prägt die Technikpolitik, die Produktionspolitik und die Personalpolitik und blockiert eine qualitätsorientierte Weiterentwicklung des Produktionsmodells der flexiblen Kleinserienproduktion. Den größten Beitrag zur Risikoabsicherung leistet dabei die Personalpolitik: Mit Hilfe der Abrufarbeitsverträge und der Befristungen wird das Risiko eines Verlusts des Hauptauftraggebers externalisiert.

Die Beschäftigung bei SatelliteCall beinhaltet ein extrem hohes Prekaritätsrisiko. Bezahlt werden nur die konkret geleisteten Arbeitsstunden, die gesetzlich verankerte Lohnfortzahlung im Krankheitsfall wurde lange Zeit ebenso wie der gesetzliche Urlaubsanspruch in ein von der Geschäftsführung als Anerkennung für herausragende Leistungen gewährtes Privileg verwandelt. Den Boden für diese Form der Risikoverarbeitung bildet die interne Repräsentation des Betriebs als »Schicksalsgemeinschaft«, welche die schwache Position des externen Callcenters in den Marktverhältnissen als Ressource für die interne Steuerung der interaktiven Dienstleistungsarbeit mobilisiert. In Abwesenheit einer kollektiven Interessenvertretung wird die individuelle Leistungserfüllung zum alles entscheidenden Kriterium für die Qualität der Arbeit und die Partizipationschancen der Arbeitenden. Als leistungsstark bewertete Beschäftigte können die formal in den Kundeninteraktionen durchaus vorhandene Autonomie in reale Gestaltungsspielräume verwandeln, um ihre eigenen Ansprüche an die Arbeit zumindest partiell zu verwirklichen. Zudem verfügen sie über gewisse Einflussmöglichkeiten in den paternalistisch geprägten Sozialbeziehungen. Bei den – gemessen an den betrieblichen Leistungsnormen – leistungsschwachen Arbeitskräften nutzt die Geschäftsführung SatelliteCalls dagegen die hohe Unsicherheit der Beschäftigungsverhältnisse aus, um diese zu disziplinieren. Beschäftigte, die nicht dauerhaft die rein effizienzorientierten

Normen erfüllen, können sich der »kalten Hand« der indirekten Steuerung der Arbeit nicht entziehen und verfügen zudem nur über geringe Partizipationschancen.

Auch SectorCall internalisiert letztlich die hohe Ungewissheit der Marktverhältnisse. Im Kontext der angestrebten Branchenführerschaft stellt der Marktanteil des Callcenters in der Spezialisierungsbranche Versandhandel einen wichtigen Orientierungspunkt des Managementhandelns dar. Während SectorCall in der Lage wäre, den Verlust einzelner Auftraggeber zu kompensieren, hätte der Verlust der besonderen Sichtbarkeit des Callcenters durch sein Image als Branchenführer dramatische Konsequenzen. Schlüsselinstrumente für die Kontrolle des spezifischen Risikos der Marktstrategie SectorCalls sind die Volumen- und die Preisführerschaft im Segment des Versandhandels. Die Volumenführerschaft des Callcenters wird durch die Technikpolitik des Konzerns sowie auf Unternehmensebene durch die Produktpolitik und Personalpolitik abgesichert. Technisch können alle Standorte zu einem virtuellen Callcenter vernetzt werden. Darüber hinaus leistet auch die Produktionspolitik durch die umfassende Verschränkung vieler Produktionsprozesse einen wichtigen Beitrag zur numerischen Flexibilisierung der Produktion. Der Beitrag der Personalpolitik liegt vor allem in der Zeitflexibilität der Stammbelegschaft durch ein Langzeitarbeitszeitkonto. Dagegen wird die Preisführerschaft des Konzerns überwiegend durch die Produktions- und die Personalpolitik gewährleistet. Zum einen dienen die Verschränkungen der Prozesse nicht nur der Flexibilisierung, sondern auch der Effizienzsteigerung. Zum anderen wird die Personalpolitik von einer »Politik permanenter Kostensenkungen« geprägt, die für die Beschäftigten vor allem einen auf Dauer gestellten Lohndruck mit sich bringt.

Die Beschäftigung und die Arbeit zumindest der Stammkräfte SectorCalls werden stark von den beiden Zielen der Volumen- und der Preisführerschaft geprägt. Im Tausch gegen die vergleichsweise hohe formale Beschäftigungssicherheit des Stammkraftstatus müssen die Arbeitskräfte die Arbeitsverdichtung als Folge des hohen Automatisierungsgrades und der umfassenden Verschränkung der Produktionsprozesse sowie ihre geringe Verfügungsmacht über die Verteilung und Lage der individuellen Arbeitszeiten akzeptieren. Zudem ist die Dominanz von Teilzeitbeschäftigung dafür verantwortlich, dass auch die Beschäftigung bei SectorCall ein gewisses Prekaritätsrisiko enthält. Durch die Begrenzung der vertraglichen Wochenarbeitszeit auf 30 Stunden sind die Löhne der Beschäftigten kaum armutsfest. Den Boden für die Steuerung der Arbeit bildet der intensive konzerninterne Standortwettbewerb. Die von den Standortleitungen und den direkten Vorgesetzen mehr oder weniger offen vorgetragene Verlagerungsdrohung erzeugt ein »Klima der Angst« und entwertet die formale Beschäftigungssicherheit der Stammkräfte. Der hohe Automatisierungsgrad und der intensive Leistungsdruck auf Basis der rein effizienzorientierten Leistungsbewertung verhindern genauso wie die geringe Komplexität der versandhandelstypischen Dienstleistungen, dass die Arbeitskräfte in den Kundeninteraktionen die formal vorhandene Autonomie in reale Gestaltungsspielräume zur Gestaltung der interaktiven Dienstleistungsarbeit transformieren können. Zwar existiert bei SectorCall eine institutionalisierte Interessenvertretung, aufgrund der mitbestimmungsfeindlichen Haltung des Arbeitgebers und des intensiven Standortwettbewerbs bleiben die realen Einflussmöglichkeiten des Betriebsrats jedoch begrenzt.

Während die Beschäftigung bei SatelliteCall und SectorCall auf jeweils unterschiedliche Art und Weise mit einem erhöhten Prekaritätsrisiko verbunden ist, zeigt der Fall QualityCall zumindest in Ansätzen, dass die Beschäftigung in externen Callcentern nicht zwangsläufig mit der Gefahr der Prekarität einhergehen muss. Das Gros der Arbeitskräfte verfügt hier über unbefristete Arbeitsverträge, Vollzeit ist die dominante Beschäftigungsform. Im Unterschied zu den Marktstrategien der beiden anderen Callcenter basiert die Strategie der Qualitätsführerschaft nur bedingt auf einer Internalisierung der in ein spezifisches Risiko transformierten Marktungewissheit. Die Marktstrategie der Qualitätsführerschaft zielt neben der Erhöhung der eigenen Sichtbarkeit in der Branche vor allem auf eine aktive Beeinflussung des Callcenter-Markts. Wenn auch nicht in Form eines stark erhöhten Prekaritätsrisikos, haben allerdings auch die Beschäftigten QualityCalls einen beträchtlichen Teil der Kosten der Verarbeitung der hohen Ungewissheit zu tragen. Auf die Arbeit und die Arbeitsbeziehungen wirkt sich vor allem das Ideal der stabilen und damit reproduzierbaren Qualität der erzeugten Dienstleistungen aus, mit dem das Callcenter die Position der Qualitätsführerschaft nach innen absichert. Mit Hilfe der Produktionspolitik und der Personalpolitik strebt QualityCall eine umfassende Entsubjektivierung der interaktiven Dienstleistungsarbeit an. Auch wenn dieses Ziel aufgrund des notwendig subjektivierten Charakters der Arbeit niemals vollständig erreicht werden kann, prägt es doch die Steuerung der Produktionsprozesse – und damit auch die Steuerung der lebendigen Arbeit. Das hohe Maß an Prozessstrukturierung zielt auf eine Standardisierung der Dienstleistungen, das betriebliche Aus- und Weiterbildungssystem und die umfassenden Ergebnis- und Prozesskontrollen auf eine Standardisierung der tätigkeitsspezifischen subjektiven Fähigkeiten der Arbeitenden.

Für die Beschäftigten resultiert das Ideal der reproduzierbaren Qualität der Dienstleistungen in der Erfahrung »totaler Kontrolle« und einem hohen Leistungsdruck sowie in einer individuellen Entmachtung. Keines der beiden anderen Callcenter betreibt einen annähernd vergleichbaren Aufwand, um die interaktive Dienstleistungsarbeit seiner Arbeitskräfte zu kontrollieren. Die Arbeit bei QualityCall ist hochgradig kontrolliert, die Arbeitskräfte verfügen nur über minimale Gestaltungsspielräume in den Arbeitsvollzügen. Zudem wird der Anspruch der Qualitätsführerschaft mit einer rigiden Leistungsselektion abgesichert, die disziplinierend auf die verbliebene Belegschaft zurückwirkt. Und schließlich untergräbt die Konkurrenzsteuerung des betrieblichen Arbeitsmarkts die Machtpotenziale, die aus dem Qualifikationsaufwand herrühren, den QualityCall zur Entwicklung und Standardisierung der tätigkeitsspezifischen Fähigkeiten betreibt. Die hohe interne Substituierbarkeit der Arbeitskräfte kompensiert ihre geringe externe Ersetzbarkeit. Über individuelle Partizipationschancen jenseits der Artikulation verwertbaren »Verbesserungswissens« verfügen die Beschäftigten in den hierarchischen Organisationsstrukturen QualityCalls nicht, jedoch wirkt der besondere Qualitätsanspruch des Callcenters positiv auf die Möglichkeiten der kollektiven Interessenvertretung zurück. Als Ordnungsfaktor verfügt der Betriebsrat in dem schnell gewachsenen und funktional ausdifferenzierten Unternehmen gegenüber der Geschäftsführung zumindest über ein gewisses Maß an Legitimität. Realen Einfluss auf die Steuerung der Arbeit hat aber auch die Interessenvertretung der Beschäftigten QualityCalls nicht.

Das Ende des »Dualismus« von stabilen Kernen und fragilen Rändern

Aus einer Zusammenschau der Ergebnisse der beiden Analyseteile ergibt sich ein recht präzises Bild des weitreichenden Einflusses des Markts auf die Arbeit und die Arbeitsbeziehungen in der konsolidierten Callcenter-Branche: Die Interessen der Belegschaften sowohl der internen und ausgegliederten Callcenter als auch der Dienstleistungsunternehmen sind in den letzten Jahren zum Spielball der Marktverhältnisse geworden. Durch die von den Auftraggebern geschürte und gesteuerte Konkurrenz zwischen eigenen Callcentern und Dienstleistern wird selbst in den verbliebenen gewerkschaftlichen Hochburgen die Organisationsmacht ausgehebelt. Die Fragmentierung der Tarifvertragssysteme und die Abwärtsnivellierung der Arbeits- und Entlohnungsstandards sind ein deutliches Zeichen des Drucks, der auf den Interessenvertretungen lastet. Schon seit einigen Jahren bleiben die Aushandlungsinhalte selbst in den verblieben gewerkschaftlichen Hochburgen auf einen Tausch von befristeten Beschäftigungsgarantien gegen materielle Zugeständnisse beim Lohn und der Arbeitszeit beschränkt. An diesen Entwicklungen wird deutlich, dass das in der Literatur weitläufig präsente Bild von einem »Dualismus« zwischen einem stabilen Kern von gesicherten Arbeitsverhältnissen und einem Rand von unsicheren und prekären Beschäftigungsverhältnissen zu kurz greift. Spätestens mit dem Übergang in die Konsolidierungsphase der Branche Anfang des neuen Jahrtausends lassen sich die Arbeitsplätze selbst in den internen Callcentern der Deutschen Telekom und anderer Großunternehmen nicht mehr als stabiler Kern beschreiben; zu groß ist der Druck, unter dem die Interessenvertretungen auch in ihren Hochburgen stehen. Die schlechteren Bedingungen in den externen Callcentern wirken längst auf die Standards in den internen Callcentern zurück. Die in dieser Studie identifizierte allgemeine Abwärtsbewegung der Arbeits- und Entlohnungsstandards in allen Callcentern spricht hier eine deutliche Sprache.

Die Analyse zeigt zugleich, dass die Auswirkungen der Konkurrenz zwischen internen, ausgegliederten und externen Callcentern noch weit über die organisierten Arbeitsbeziehungen in der tariflichen Arena hinausgehen. Auch die Belegschaften der nicht tarifgebundenen externen Callcenter stehen unter dem Druck des Markts. Die Beschäftigten müssen den Preis für die hohe Ungewissheit zahlen, die die Marktverhältnisse für die externen Callcenter inne haben. Sowohl die Qualität der Arbeit als auch die Partizipationschancen werden vom betrieblichen Umgang mit den komplexen und volatilen Marktverhältnissen geprägt. Materielle Verbesserungen sind unter diesen Bedingungen kaum durchsetzbar, genauso wie die Beschäftigten die vorhandenen formalen Gestaltungsspielräume im Arbeitsvollzug nicht in reale Handlungsfähigkeit umsetzen können. Damit hat die Analyse gezeigt, dass die in den Medien häufig zu hörenden Schuldzuweisungen an die Adresse der externen Callcenter zu kurz greifen: Es sind nicht einfach die Dienstleister, die mit ihren Strategien die internen Callcenter und ihre Belegschaften unter Druck setzen. Die Arbeit der Belegschaften auf beiden Seiten des Konkurrenzverhältnisses – der internen und ausgegliederten Callcenter einerseits und der externen Dienstleister andererseits – unterliegt ein und demselben marktzentrierten Kontrollmodus, der aus dem Zusammenwirken der ökonomischen Strategien der verschiedenen Akteure entsteht und der seine destruierende Kraft vor dem Hintergrund des Fehlens verbindlicher kollektiver Regulierungen in der Callcenter-Branche entfalten kann.

Allerdings sollten die in dieser Studie präsentierten Ergebnisse der drei exemplarisch ausgewählten Betriebsfallstudien aus dem Segment der externen Callcenter nicht zu einer Überzeichnung des Einflusses des Markts auf die Arbeit und Arbeitsbeziehungen in deutschen Callcentern verleiten. Denn trotz der sinkenden Durchsetzungsfähigkeit der Interessenvertretungen existieren in vielen internen und ausgegliederten Callcentern weiterhin tarifpolitisch verankerte institutionelle Schutzmechanismen, die der Marktsteuerung von Arbeit zumindest gewisse Grenzen setzen. Haustarifvertraglichen Lösungen fehlt es im Vergleich mit Flächentarifverträgen zwar an der regulierenden Funktion auf Produktmärkten, trotzdem begrenzen auch diese Tarifverträge den Einfluss des Markts auf die Arbeit. Auch wenn sich der Schatten, der vom Markt auf die Arbeit und die Arbeitsbeziehungen in Callcentern geworfen wird, in den letzten Jahren deutlich vergrößert hat, ist der Einfluss der Marktverhältnisse doch keinesfalls allumfassend.

Allerdings gilt: Wenn die Tarifstandards selbst in den verbliebenen Organisationshochburgen weiter erodieren, dann droht die tarifliche Arena sowohl als »Ort institutionalisierter Problemlösung« als auch als »Ort materieller Konfliktaustragung« (Müller-Jentsch 1997) für die Callcenter-Branche vollständig ihre Bedeutung zu verlieren. Schon heute finden die relevanten Fragen hinsichtlich der Entlohnung und der Arbeitszeit sowie der Qualität der Arbeit kaum noch den Weg in die tarifliche Arena. In Abgrenzung von der verbreiteten These einer »Verbetrieblichung der Tarifpolitik« lassen die Ergebnisse der Analyse der Arbeit und der Arbeitsbeziehungen in den drei Betriebsfällen zudem vermuten, dass der Bedeutungsverlust der organisierten Arbeitsbeziehungen zwischen Gewerkschaften und Arbeitgebern nicht zwangsläufig an einen Bedeutungszugewinn der institutionalisierten Aushandlungsprozesse in der betrieblichen Arena gekoppelt sein muss. Die Qualität der Arbeit und auch die Partizipationschancen der Beschäftigten werden zumindest in den Fallbetrieben vor allem von den komplexen und volatilen Marktverhältnissen geprägt. Die betrieblichen Interessenvertreter dort verfügen über keinen nennenswerten Einfluss auf die betriebliche Steuerung der Arbeit. Der parallele Bedeutungsverlust der beiden Arenen institutionalisierter Problemlösung wirft Fragen auf sowohl für die Zukunft des dualen Systems der Interessenvertretung als auch für die Forschung zu den industriellen Beziehungen. Die Callcenter-Branche ist mit ihren rund 500.000 Beschäftigten zwar zu klein und zudem wirtschaftlich zu unbedeutend, um stilbildend für die Arbeitsbeziehungen im flexiblen Kapitalismus zu sein. Wenn aber auch in anderen Wirtschaftsbereichen das Gros der relevanten arbeitsbezogenen Fragen und Konflikte gar nicht mehr in den Arenen des dualen Systems verhandelt wird, dann verliert dieses System, das lange Zeit als Markenzeichen des »Modells Deutschland« galt, zwangsläufig seine Relevanz für die gesellschaftliche Regulierung von Arbeit. Für die Forschung zu den industriellen Beziehungen heißt dies, dass sie ihren institutionalistischen Fokus überwinden und sich stärker den arbeitsbezogenen Konflikten und den Regulierungsformen jenseits der institutionalisierten Aushandlungsprozesse widmen muss. Die schon in der Vergangenheit fragwürdige wissenschaftliche Arbeitsteilung zwischen der institutionalistisch geprägten Forschung zu industriellen Beziehungen, die sich mit den organisierten Aushandlungsprozessen in den beiden Arenen des dualen Systems beschäftigt, und der Arbeits- und Industriesoziologie, deren Gegenstand die Arbeit ist, lässt sich dann nämlich nicht mehr aufrechterhalten.

»Inklusive« Solidarität

Am Ende der Untersuchung stellt sich natürlich die Frage, ob die soziologisch als Re-Kommodifizierung der Arbeitskraft, als Marktsteuerung der Arbeit und als Auflösung von Unternehmensgrenzen beschriebenen Entwicklungstendenzen und damit auch der Bedeutungsverlust der beiden Arenen des dualen Systems der Interessenvertretung und ihrer Institutionen unvermeidlich sind. Werden die Interessen der Belegschaften sowohl in den internen und ausgegliederten Callcentern als auch in den Dienstleistungsunternehmen zwangsläufig in den maßgeblich von den Auftraggeberunternehmen gesteuerten Marktverhältnissen klein gearbeitet? Die Ergebnisse der Studie deuten auch darauf hin, dass die Interessenvertretungen der Herausbildung eines marktzentrierten Kontrollmodus nicht zwangsläufig hilflos gegenüberstehen müssen. Denn die Fragmentierung der Tarifvertragsstrukturen und die Erosion gewerkschaftlicher Durchsetzungsfähigkeit in der gesamten Branche ist auch eine Folge der aus den historisch gewachsenen und selbst gewählten Organisationsstrukturen resultierenden Segmentierung der gewerkschaftlichen Interessenvertretung in der Callcenter-Branche. Trotz der dichten Marktbeziehungen, die sich im Prozess der Branchenkonsolidierung entwickelt haben, existiert selbst innerhalb der Multibranchengewerkschaft ver.di kein gemeinsamer fachbereichsübergreifender Ansatz. Interne und ausgegliederte Callcenter werden von den Fachbereichen betreut, in deren Zuständigkeitsbereich die Mutterunternehmen fallen, für die externen Anbieter ist mit dem Fachbereich »Besondere Dienstleistungen« der wahrscheinlich durchsetzungsschwächste Bereich zuständig. Die derart segmentierte Interessenvertretung befördert Formen »exklusiver« Solidarität, die sich an den Grenzen etablierter Branchen und Organisationsbereiche orientiert, aber quer zu den Realitäten des Markts liegt. Angesichts der intensiven Konkurrenz mit externen Callcentern muss eine auf die Belegschaften in den verbliebenen Hochburgen der Deutschen Telekom oder einzelner Versandhandelsunternehmen begrenzte Solidarität zwangsläufig zu kurz greifen. Die geringe Handlungsfähigkeit der Gewerkschaft in den Dienstleistern strahlt auf die gesamte Callcenter-Branche aus. Selbst in den ehemaligen Callcentern der Festnetzsparte der Telekom, in denen der Organisationsgrad noch heute teilweise bei 70 Prozent liegt, untergräbt die von der Konzernführung verstetigte Konkurrenz mit den externen Callcentern die gewerkschaftliche Durchsetzungsfähigkeit. Die Drohung, Teile der oder gar die gesamte Callcenter-Arbeit an externe Anbieter fremdzuvergeben, hebelt die bestehende Organisationsmacht der Interessenvertretungen faktisch aus.

Dass trotz im Durchschnitt niedriger Organisationsgrade und geringer Ressourcenausstattung auch Formen »inklusiver« Solidarität, die auch die prekär Beschäftigten in den externen Callcentern einschließen, möglich sind, zeigen die Entwicklungen um die ehemaligen Telekom-Standorte, die im Herbst 2009 an die Walter-Gruppe verkauft wurden. Die relativ gut organisierten Betriebe bildeten die Keimzelle für eine Mobilisierungskampagne, mit der es dem Fachbereich »Besondere Dienstleistungen« nach Jahren erfolgloser Bemühungen gelang, einen Entgelttarifvertrag für den gesamten Callcenter-Konzern durchzusetzen. Analytisch heißt dies: Die in den Kernbereichen noch vorhandene Organisationsmacht konnte dazu genutzt werden, die Standards an den Rändern zu verbessern. Im Endeffekt wurde nicht nur die Entlohnung an allen Standorten der Walter-Gruppe erhöht; mittelfristig hat sich auch der Druck verringert, der durch die verstetigte Konkurrenz auf den Belegschaften der internen Callcenter lastet. Allerdings hat ver.di – wie auch die Gründungsgewerkschaften in der Vergangenheit – ansonsten bislang auf eine aktive Umverteilung von Organisationsmacht verzichtet. In keinem der drei Untersuchungssegmente Telekommunikation, Versandhandel und Bankgewerbe wurde in einer der drei Entwicklungsphasen der Branche die bei den Auftraggebern häufig (noch) vorhandene Organisationsmacht eingesetzt, um in den beauftragten externen oder ausgegliederten Callcentern die Arbeits- und Entlohnungsbedingungen der Beschäftigten oder die Bedingungen der Mitbestimmung zu verbessern. Stattdessen hat sich die Interessenvertretung angesichts des Drucks, der von der intensiven Konkurrenz auf dem Callcenter-Markt ausgeht, häufig auf eine rein defensive Verteidigung von Errungenschaften beschränkt.

Auch wenn es sich nur um eine nicht-intendierte Nebenfolge eines Standortverkaufs handelte, so zeigt der tarifpolitische Erfolg in den Callcentern der Walter-Gruppe eines doch recht deutlich: Auch unter den Bedingungen einer marktzentrierten Kontrolle von Arbeit und Arbeitsbeziehungen sind Erfolge in der tariflichen Arena möglich. Dies gilt allerdings nur dann, wenn es der Interessenvertretung gelingt, sich aus der »Zwangsjacke« der Branchensegmentierung zu befreien und durch inklusive Ansätze neue Formen der Solidarität zu befördern und die von den Auftraggebern instrumentalisierte Konkurrenz zwischen den Belegschaften der verschiedenen Callcenter-Typen zu überwinden. Ein solches Vorgehen würde im Nebeneffekt auch einen Beitrag zur Wiederbelebung des obligatorischen Charakters der Institutionen des dualen Systems leisten. Der sich in sinkenden kollektivvertraglichen Deckungsgraden, der Fragmentierung der Tarifstandards und der Re-Kommodifizierung der Arbeit ausdrückende Bedeutungswandel der Tarifautonomie und der Mitbestimmung für die gesellschaftliche Regulierung der Arbeit und der Arbeitsbeziehungen ist keinesfalls zwangsläufig. Der Umstand, dass immer mehr arbeitsbezogene Konflikte gar nicht erst den Weg in eine der beiden Arenen des dualen Systems finden, ist Ausdruck einer gewandelten Verankerung der Institutionen in den Praktiken der Akteure. Gelingt es hingegen, neue Wirtschaftszweige wie die »Callcenter-Branche« in das duale System zu integrieren, ist eine Wiederbelebung des für den organisierten Kapitalismus der Nachkriegszeit so charakteristischen obligatorischen Charakters der Tarifautonomie und der Mitbestimmung möglich.

Abkürzungsverzeichnis

ACD	Automatic Call Distribution
AVE	Allgemeinverbindlichkeitserklärung
BetrVG	Betriebsverfassungsgesetz
BPO	Business Process Outsourcing
BSV	Bank für Spareinlagen und Vermögensbildung
CTI	Computer Telephony Integration
DAG	Deutsche Angestellten-Gewerkschaft
DPG	Deutsche Postgewerkschaft
DTKS	Deutsche Telekom Kundenservice
HBV	Gewerkschaft Handel, Banken und Versicherungen
JAZ	Jahresarbeitszeitkonto
KONTES	Projekt »Kundenorientierte Neugestaltung der Teilnehmerdienste durch den Einsatz von Datenverarbeitungssystemen«
NGG	Gewerkschaft Nahrung-Genuss-Gaststätten
ÖTV	Gewerkschaft Öffentlicher Dienst, Transport und Verkehr
PLA	Platzansteuerungstechnik
PZT	Projekt »Private Zustell- und Telekommunikationsbetriebe« (DPG)
RTV	Rahmentarifvertrag
TIM	Branchenprojekt »Telekommunikation, Informationstechnologie und Medien« (DAG, DPG, HBV, IG Medien und ÖTV)
TVG	Tarifvertragsgesetz
TV Ratio	Tarifvertrag Rationalisierungsschutz
TzBfG	Teilzeit- und Befristungsgesetz
VCS	Vivento Customer Services
ver.di	Vereinte Dienstleistungsgewerkschaft

Literatur

Abel, Jörg/Bleses, Peter, 2005: Eine Variante unter vielen? Zur Gegenwart der dualen Struktur der Interessenvertretung, in: *WSI-Mitteilungen* 58(5), S. 259–264.

Adams, Roy J., 1995: *Industrial Relations under Liberal Democracy*. Columbia: University of South Carolina Press.

Alferoff, Catrina/Knights, David, 2002: Quality Time and the »beautiful Call«, in: Holtgrewe, Ursula/Kerst, Christian/Shire, Karin (Hg.): *Re-Organising Service Work: Call centres in Germany and Britain*. Aldershot: Ashgate, S. 183–203.

Altmann, Norbert/Binkelmann, Peter/Düll, Klaus/Stück, Heiner, 1982: *Grenzen neuer Arbeitsformen: Betriebliche Arbeitsstrukturierung, Einschätzung durch Industriearbeiter, Beteiligung der Betriebsräte*. Frankfurt a.M.: Campus.

Argyris, Chris/Schön, Donald A., 1978: *Organizational Learning: A Theory of Action Perspective*. Reading: Addison-Wesley.

Armistead, Colin/Kiely, Julia/Hole, Linda/Prescott, Jean, 2002: An Exploration of Managerial Issues in Call Centres, in: *Managing Service Quality* 12(2), S. 246–256.

Artus, Ingrid, 2001: *Krise des deutschen Tarifsystems: Die Erosion des Flächentarifvertrags in Ost und West*. Wiesbaden: Westdeutscher Verlag.

— 2008: Prekäre Vergemeinschaftung und verrückte Kämpfe. Repressive Integration als Herrschaftsmodus im prekären Dienstleistungsbereich, in: *PROKLA. Zeitschrift für kritische Sozialwissenschaft* 38(1), S. 27–48.

Artus, Ingrid/Bosch, Aida, 2001: *Zur politischen Kultur der Austauschbeziehungen zwischen Management und Betriebsrat in der ostdeutschen Industrie*. Opladen: Leske + Budrich.

Artus, Ingrid/Böhm, Sabine/Lücking, Stzefan/Trinczek, Rainer, 2006: *Betriebe ohne Betriebsrat: Informelle Interessenvertretung in Unternehmen*. Frankfurt a.M.: Campus.

Aust, Andreas/Holst, Hajo, 2006: Gewerkschaften und prekär Beschäftigte. Von der Ignoranz zur Organisierung? Gewerkschaftliche Strategien im Umgang mit atypisch Beschäftigten, in: *Industrielle Beziehungen* 13(4), S. 291–313.

Bacharach, Samuel B./Bamberger, Peter A./Sonnenstuhl, William J., 2001: *Mutual Aid and Union Renewal. Cycles of Logic of Action*. Cornell: University Press.

Baethge, Martin/Oberbeck, Herbert, 1986: *Zukunft der Angestellten: Neue Technologien und berufliche Perspektiven in Büro und Verwaltung*. Frankfurt a.M.: Campus.

Baethge, Martin/Wolf, Harald, 1995: Continuity and Change in the »German Model« of Industrial Relations, in: Locke, Richard/Kochan, Thomas/Piore,

Michael (Hg.): *Employment Relations in a Changing World Economy*. Cambridge: MIT-Press, S. 231–261.

Bahnmüller, Reinhard/Bispinck, Reinhard/Weiler, Anni, 1999: *Tarifpolitik und Lohnbildung in Deutschland am Beispiel ausgewählter Wirtschaftszweige*. WSI-Diskussionspapier Nr. 79. Düsseldorf: WSI.

Bain, Peter/Watson, Aileen/Mulvey, Gareth/Taylor, Phil/Gall, Gregor, 2002: Taylorism, Targets and the Pursuit of Quantity and Quality by Call Centre Management, in: *New Technology, Work and Employment* 17(3), S. 170–185.

Batt, Rosemary, 2000: Strategic Segmentation in Frontline Services: Matching Customers, Employees and Human Resource Systems, in: *International Journal of Resource Management* 11(3), S. 540–561.

Batt, Rosemary/Moynihan, Lisa M., 2002: The Viability of Alternative Call Centre Production Models, in: *Human Resource Management Journal* 12(4), S. 14–34.

Baumeister, Helga, 2001: Call *Center in Bremen – Strukturen, Qualifikationsanforderungen und Entwicklungstendenzen*. Bremen: Arbeiterkammer.

Bean, Ron, 1985: *Comparative Industrial Relations: An Introduction to Cross-National Perspectives*. London: Croom Helm.

Bechtle, Günter, 1980: *Betrieb als Strategie: Theoretische Vorarbeiten zu einem industriesoziologischen Konzept*. Frankfurt a.M.: Campus.

Beckert, Jens, 1995: What is Sociological about Economic Sociology? Uncertainty and the Embeddedness of Economic Action, in: *Theory and Society* 25(6), S. 803–840.

Beckert, Jens/Diaz-Bone, Rainer/Ganßmann, Heiner, 2007: *Märkte als soziale Strukturen*. Frankfurt a.M.: Campus.

Behrens, Martin/Jacoby, Wade, 2004: The Rise of Experimentalism in German Collective Bargaining, in: *British Journal of Industrial Relations* 42(1), S. 95–123.

Beirne, Martin/Riach, Kathleen/Wilson, Foina, 2004: Controlling business? Agency and Constraint in Call Centre Working, in: *New Technology, Work and Employment* 19(2), S. 96–109.

Belt, Vicki/Richardson, Ronald/Webster, Juliet, 2002: Women, Social Skill and Interactive Service Work in Telephone Call Centres, in: *New Technology, Work and Employment* 17(1), S. 20–34.

Benkhoff, Birgit/Hermet, Vicky, 2008: Zur Verbreitung und Ausgestaltung geringfügiger Beschäftigung im Einzelhandel. Eine explorative Studie aus der Perspektive von Management und Beschäftigten, in: *Industrielle Beziehungen* 15(1), S. 5–31.

Berger, Ulrike/Offe, Claus, 1981: Das Rationalisierungsdilemma der Angestelltenarbeit, in: Kocka, Jürgen (Hg.): *Angestellte im europäischen Vergleich*. Göttingen: Vandenhoeck & Rupprecht, S. 39–58.

Berliner Morgenpost, 5.3.2001: *Angst vor Sturmtruppen. Callcenter-Beschäftigte wollen mitbestimmen – Manager tun sich schwer.*

Bieber, Daniel, 1992: Systemische Rationalisierung und Produktionsnetzwerke, in: Altmann, Norbert/Köhler, Christoph/Meil, Pamela (Hg.): *Technology and Work in German Industry*. London: Routledge, S. 271–294.

Biehler, Hermann/Vogl, Gerlinde, 1999: Call Center: »Zusatzleistungen sind nicht üblich«, in: *WSI-Mitteilungen* 52(4), S. 261–267.

Bispinck, Reinhard, 1991: 35-Stunden-Woche und kräftiger Lohnanstieg – Tarifbewegungen in der alten Bundesrepublik im Jahr 1990, in: *WSI-Mitteilungen* 44(3), S. 129–145.

— 1993: Die Tarifbewegungen in den alten Bundesländern im 1. Halbjahr 1993, in: *WSI-Mitteilungen* 46(8), S. 512–519.

— 1994: Tarifpolitik in der Rezession. Realeinkommen unter Druck. Eine Bilanz der Tarifpolitik in Westdeutschland im Jahr 1993, in: *WSI-Mitteilungen* 47(3), S. 141–154.

Bispinck, Reinhard/Schulten, Thorsten, 2003: Verbetrieblichung der Tarifpolitik? – Aktuelle Tendenzen und Einschätzungen, in: *WSI-Mitteilungen* 56(3), S. 157–167.

Bittner, Susanne, 1999: Call Center – Neue Taylorisierung oder innovative Dienstleistungsorganisation? In: IAT (Hg.): *IAT-Jahrbuch 1999/2000*. Gelsenkirchen: IAT, S. 46–60.

Bittner, Susanne/Schietinger, Marc/Schroth, Jochen/Weinkopf, Claudia, 2002: *Call Center – Entwicklungsstand und Perspektiven: Eine Literaturanalyse*. IAT-Report 2000-01. Gelsenkirchen: IAT.

Blutner, Doris/Holtgrewe, Ursula/Wagner, Gabriele/Zenker, Claudia, 2000: Zwischen Beamtentum und Börse: Positionierungen der Telekom, in: Brose, Hanns-Georg (Hg.): *Die Reorganisation der Arbeitswelt*. Frankfurt a.M.: Campus, S. 57–84.

Bode, Ingo/Brose, Hanns-Georg/Voswinkel, Stephan, 1994: *Die Regulierung der Deregulierung: Zeitarbeit und Verbändestrategien in Frankreich und Deutschland*. Opladen: Leske + Budrich.

Böhm, Sabine/Lücking, Stefan, 2006: Orientierungsmuster des Managements in betriebsratslosen Betrieben – zwischen Willkürherrschaft und Human Resource Management, in: Artus, Ingrid/Böhm, Sabine/Lücking, Stefan/Trinczek, Rainer (Hg.): *Betriebe ohne Betriebsrat: Informelle Interessenvertretung in Unternehmen*. Frankfurt a.M.: Campus, S. 107–140.

Boes, Andreas, 2006: Die wundersame Neubelebung eines vermeintlichen Auslaufmodells: IT-Beschäftigte und Mitbestimmung nach dem Ende des New-Economy-Hype, in: Artus, Ingrid/Böhm, Sabine/Lücking, Stefan/Trinczek, Rainer (Hg.): *Betriebe ohne Betriebsrat: Informelle Interessenvertretung in Unternehmen*. Frankfurt a.M.: Campus, S. 223–262.

Boes, Andreas/Baukrowitz, Andrea, 2002: *Arbeitsbeziehungen in der IT-Industrie: Erosion oder Innovation der Mitbestimmung?* Berlin: Edition sigma.

Bohnsack, Ralf, 2007: *Rekonstruktive Sozialforschung: Einführung in qualitative Methoden*. Opladen: Budrich.

Bolton, Sharon C./Houlihan, Maeve, 2005: The (Mis-)Representation of Customer Service, in: *Work, Employment and Society* 19(4), S. 685–703.

Bormann, Sarah/Deckwirth, Christina/Teepe, Saskia, 2005: *Grenzenlos billig? Globalisierung und Discountierung im Einzelhandel.* Berlin: ver.di und weed.

Bosch, Aida/Ellguth, Peter/Schmidt, Rudi/Trinczek, Rainer, 1999: *Betriebliches Interessenhandeln Band 1. Zur politischen Kultur der Austauschbeziehungen zwischen Management und Betriebsrat in der westdeutschen Industrie.* Opladen: Leske + Budrich.

Bosch, Gerhard, 2001: Germany: A »Service Gap«? In: Dølvik, Jon Erik (Hg.): *At your Service? Comparative Perspectives on Employment and Labour Relations in the European Private Sector Services.* Frankfurt a.M: Peter Lang, S. 53–101.

Bosch, Gerhard/Haipeter, Thomas/Lehndorff, Steffen/Voss-Dahm, Dorothea/Wagner, Alexandra, 2001: *Beschäftigungswandel in Dienstleistungen: Befunde aus fünf Branchen und zehn Ländern.* Brüssel: EGI.

Bourdieu, Pierre, 1975: The Specificity of the Scientific Field and the Social Conditions of the Progress of Reason, in: *Social Science Information* 14(6), S. 19–47.

— 1993: *Sociology in Question.* London: Sage.

— 1997a: *Das Elend der Welt. Zeugnisse und Diagnosen alltäglichen Leidens an der Gesellschaft.* Konstanz: UVK.

— 1997b: *Der Tote packt den Lebenden.* Schriften zu Politik & Kultur 2. Hamburg: VSA.

— 1998: *Vom Gebrauch der Wissenschaft. Für eine klinische Soziologie des wissenschaftlichen Feldes.* Konstanz: UVK.

— 1999: *Sozialer Sinn. Kritik der theoretischen Vernunft.* Frankfurt a.M.: Suhrkamp.

— 2001: *Das politische Feld. Zur Kritik der politischen Vernunft.* Konstanz: UVK.

— 2005: Principles of Economic Anthropology, in: Smelser, Neil J./Swedberg, Richard (Hg.): *The Handbook of Economic Sociology.* Princeton: Princeton University Press, S. 75–89.

— 2006: *Die feinen Unterschiede. Kritik der gesellschaftlichen Urteilskraft.* Frankfurt a.M.: Suhrkamp.

Boxall, Peter F./Purcell, John, 2002: *Strategy and Human Resource Management.* London: MacMillan.

Boyer, Robert, 1986: *La flexibilité du travail en Europe.* Paris: La Découverte.

— 1996: The Convergence Hypothesis Revisited: Globalization but Still the Century of Nation? In: Berger, Suzanne/Dore, Ronald (Hg.): *National Diversity and Global Capitalism.* Ithaca: Cornell University Press, S. 29–59.

Boyer, Robert/Freyssenet, Michel, 2003: *Produktionsmodelle: Eine Typologie am Beispiel der Automobilindustrie.* Berlin: Edition sigma.

Braczyk, Hans-Joachim/Niebur, Joachim/Weißbach, Hans-Jürgen, 1984: *Arbeitsorganisation und Lohnsystem in der Bekleidungsindustrie.* Bielefeld: ASIF.

Brandt, Andrea/Fröhlingsdorf, Michael/Hülsen, Isabel/Ludwig, Udo/Röbel, Sven/Rosenbach, Marcel, 2008: Datenschutz – Koalition des Schweigens, in: *Der Spiegel* 62(35), S. 36.

Brandt, Torsten/Schulten, Thorsten, 2008a: Auswirkungen von Privatisierung und Liberalisierung auf die Tarifpolitik in Deutschland, in: Brandt, Torsten/Schulten, Thorsten/Sterkel, Gabriele/Wiedemuth, Jörg (Hg.): *Europa im Ausverkauf. Liberalisierung und Privatisierung öffentlicher Dienstleistungen und ihre Folgen für die Tarifpolitik*. Hamburg: VSA, S. 68–91.

Brandt, Torsten/Schulten, Thorsten, 2008b: Liberalisierung und Privatisierung öffentlicher Dienstleistungen und die Erosion des Flächentarifvertrags, in: *WSI-Mitteilungen* 61(10), S. 570–576.

Brandt, Torsten/Drews, Kathrin/Schulten, Thorsten, 2007: Liberalisierung des deutschen Postsektors: Auswirkungen auf Beschäftigung und Tarifpolitik, in: *WSI-Mitteilungen* 60(5), S. 266–273.

Brannan, Matthew J./Hawkins, Beverly, 2007: London Calling: Selection as preemptive Strategy for Cultural Control, in: *Employee Relations* 29(2), S. 178–191.

Breit, Ernst, 1989: Die Situation der Beschäftigten bei der Bundespost – heute und in der Zukunft, in: *Gewerkschaftliche Monatshefte* 30(10), S. 651–656.

Brinkmann, Ulrich, 2003: Die Verschiebung von Marktgrenzen und die kalte Entmachtung der WissensarbeiterInnen, in: Schönberger, Klaus/Springer, Susanne (Hg.): *Subjektivierte Arbeit: Mensch, Organisation und Technik in einer entgrenzten Arbeitswelt*. Frankfurt a.M.: Campus, S. 63–94.

Brinkmann, Ulrich/Dörre, Klaus/Röbenack, Silke/Kraemer, Klaus/Speidel, Frederic, 2006: *Prekäre Arbeit: Ursachen, Ausmaß, soziale Folgen und subjektive Verarbeitungsformen unsicherer Beschäftigungsverhältnisse*. Bonn: Friedrich-Ebert-Stiftung.

Brinkmann, Ulrich/Choi, Hae-Lin/Detje, Richard/Dörre, Klaus/Holst, Hajo/Karakayali, Serhat/Schmalstieg, Catharina, 2008: *Strategic Unionism: Aus der Krise zur Erneuerung? Umrisse eines Forschungsprogramms*. Wiesbaden: VS-Verlag.

Brodesser, Ralf, 2001: Spätkapitalistische Ansprüche – frühkapitalistische Realität. Tarifvertrag für Call-Center, in: *Sozialismus* 28(12), S. 20–22.

Brötz, Rainer/Dorsch-Schweizer, Marlies/Haipeter, Thomas, 2006: *Berufsausbildung in der Bankbranche vor neuen Herausforderungen*. Bielefeld: Bertelsmann.

Brose, Hanns-Georg, 2000: Einleitung: Die Reorganisation der Arbeitsgesellschaft, in: Brose, Hanns-Georg (Hg.): *Die Reorganisation der Arbeitsgesellschaft*. Frankfurt a.M.: Campus, S. 9–28.

Brunner, Detlev, 1992: *Bürokratie und Politik des Allgemeinen Deutschen Gewerkschaftsbundes 1918/19 bis 1933*. Frankfurt: Otto-Brenner Stiftung.

Bsirske, Frank, 2001: *Grundsatzrede auf dem ver.di Gründungskongress*. Berlin: Internes Protokoll.

Büllingen, Franz/Stamm, Peter, 2001: *Entwicklungstrends im Telekommunikationssektor bis 2010*. Studie im Auftrag des Bundesministeriums für Wirtschaft und Technologie. Bad Honnef: WK.

Burawoy, Michael, 2009: *The Extended Case Method. Four Countries, Four Decades, Four Great Transformations, and One Theoretical Transformation*. Berkely: University of California Press.

Burt, Richard S., 2004: From Structural Holes: The Social Structure of Competition, in: Dobbin, Frank (Hg.): *The New Economic Sociology*. Princeton: University Press, S. 324–348.

Callaghan, George/Thompson, Paul, 2001: Edwards Revisited: Technical Control and Call Centres, in: *Economic and Industrial Democracy* 22(13), S. 13–37.

Castel, Robert, 2000: *Die Metamorphosen der sozialen Frage: Eine Chronik der Lohnarbeit.* Konstanz: UVK.

CCF, 2008: *Karriere im Call Center.* Fürth: Hirschenverlag.

Child, John/Loveridge, Ray/Warner, Malcom, 1973: Towards an Organizational Study of Trade Unions, in: *Sociology* 7(2), S. 71–91.

Clegg, Hugh Armstrong, 1976: *Trade Unionism under Collective Bargaining: A Theory based on Comparisons of Six Countries.* Oxford: Blackwell.

Crouch, Colin, 2005: The Role of Governance in Diversity and Change within Contemporary Capitalism, in: Miller, Max (Hg.): *Worlds of Capitalism, Institutions, Governance and Economic Change in the Era of Globalization.* New York: Routledge, S. 71–92.

Crozier, Michel/Friedberg, Erhard, 1979: *Macht und Organisation: Die Zwänge kollektiven Handelns.* Königstein: Athenäum.

DAG/DPG/GEW/HBV/IG Medien/ÖTV, 1998: *Politische Plattform.* Entwurf vom 24.2.1998. Hamburg: DAG.

DAG/DPG/HBV/IG Medien/ÖTV, 1999: *Auf dem Weg in eine neue Gewerkschaft.* Programmatisches Positionspapier. Mai 1999. Ohne Angaben.

D'Alessio, Nestor/Oberbeck, Herbert, 1994: »Lean Banking«: Klassische Rationalisierung mit anderem Vorzeichen oder Metapher für eine neue Marktorientierung der Finanzdienstleister? In: *SOFI-Mitteilungen* 15(21), S. 53–64.

— 1998: Vor dem Aufbruch in eine neue Dienstleistungswelt, in: IfS/INIFES/ISF/SOFI (Hg.): *Jahrbuch sozialwissenschaftliche Technikberichterstattung 1997 – Moderne Dienstleistungswelten.* Berlin: Edition sigma, S. 13–62.

— 1999: »Call-Center« als organisatorischer Kristallisationspunkt von neuen Arbeitsbeziehungen, Beschäftigungsverhältnissen und einer neuen Dienstleistungskultur, in: IfS/INIFES/ISF/SOFI (Hg.): *Jahrbuch Sozialwissenschaftliche Technikberichterstattung.* Berlin: Edition sigma, S. 157–180.

Daniels, Arne, 1995: Die Nerven liegen bloß, in: *Die Zeit* 50(4), S. 21.

DDV, 2005: *Call Center Jahrbuch 2005.* Wiesbaden: DDV.

— 2005: *Wirtschaftszahlen im Bereich Direktmarketing/Telefonmarketing.* Wiesbaden: Deutscher Direktmarketing Verband.

— 2006: *Wirtschaftszahlen im Bereich Direktmarketing/Telefonmarketing.* Wiesbaden: Deutscher Direktmarketing Verband.

Deiß, Manfred, 1989: Entwicklung der Arbeitsbedingungen in den Zulieferbetrieben der Möbelindustrie, in: Altmann, Norbert/Sauer, Dieter (Hg.): *Systemische Rationalisierung und Zulieferindustrie: Sozialwissenschaftliche Aspekte zwischenbetrieblicher Arbeitsteilung.* Frankfurt a.M.: Campus, S. 53–88.

Deiß, Manfred/Döhl, Volker, 1992: *Vernetzte Produktion: Automobilzulieferer zwischen Kontrolle und Autonomie*. Frankfurt a.M.: Campus.

Deppe, Frank/Fülberth, Georg/Harrer, Jürgen, 1979: *Geschichte der deutschen Gewerkschaftsbewegung*. Köln: Pahl-Rugenstein.

Deutsche Telekom, 2007: *Marktübliche Gehälter im Vergleich*. Pressemitteilung vom 13.4.2007. Bonn: Deutsche Telekom.

Deutschmann, Christoph, 2002: *Postindustrielle Industriesoziologie. Theoretische Grundlagen, Arbeitsverhältnisse und soziale Identitäten*. Weinheim: Juventa.

Dewenter, Ralf/Haucap, Justus, 2004: *Die Liberalisierung der Telekommunikationsbranche in Deutschland*. Diskussionspapier 27. Fächergruppe Volkswirtschaftslehre. Hamburg: Universität der Bundeswehr Hamburg.

Dewey, John, 2001: *Die Suche nach Gewißheit*. Frankfurt a.M.: Suhrkamp.

DGB, 1999: *Einblick* 3(10). Düsseldorf: DGB.

Dieckhoff, Klaus/Freigang-Bauer, Ingra/Schröter, Wolfgang/Viereck, Karsten, 2001: *Branchenbild Call Center*. Hamburg: RKW.

Die Welt, 18.8.2007: *Die Treppe wird von oben nach unten geputzt*.

Die Welt, 13.2.2008: *Billiger geht nicht – Quelle behält Callcenter*.

Dobbin, Frank, 2004: *The New Economic Sociology*. Princeton: University Press.

Döhl, Volker, 1989: Rationalisierungsstrategien von Abnehmerbetrieben und Anforderungen an die Zulieferer – Das Beispiel Möbelindustrie, in: Altmann, Norbert/Sauer, Dieter (Hg.): *Systemische Rationalisierung und Zulieferindustrie: Sozialwissenschaftliche Aspekte zwischenbetrieblicher Arbeitsteilung*. Frankfurt a.M.: Campus, S. 29–52.

Doellgast, Virginia, 2009: Still a Coordinated Model? Market Liberalization and the Transformation of Employment Relations in the German Telecommunications Industry, in: *Industrial and Labor Relations Review*, 63(1), S. 3–23.

Doellgast, Virginia/Greer, Ian, 2007: Vertical Disintegration and the Disorganization of German Industrial Relations, in: *British Journal of Industrial Relations* 45(1), S. 55–76.

Doeringer, Peter B./Piore, Michael J., 1971: *Internal Labor Markets and Manpower Analysis*. Lexington: Heath.

Dörre, Klaus, 2002: *Kampf um Beteiligung: Arbeit, Partizipation und industrielle Beziehungen im flexiblen Kapitalismus*. Wiesbaden: Westdeutscher Verlag.

— 2003: Das flexibel-marktzentrierte Produktionsmodell – Gravitationszentrum eines neuen Kapitalismus? In: Dörre, Klaus/Röttger, Bernd, 2003: *Das neue Marktregime: Konturen eines nachfordistischen Produktionsmodells*. Hamburg: VSA, S. 7–34.

— 2008. Die »strategische Wahl« der Gewerkschaften. Erneuerung durch Organizing? In: *WSI Mitteilungen* 61(1), S. 3–10.

— 2009: Prekarität im Finanzmarkt-Kapitalismus, in: Castel, Robert/Dörre, Klaus (Hg.): *Prekarität, Abstieg, Ausgrenzung – Die soziale Frage am Beginn des 21. Jahrhunderts*. Frankfurt/M.: Campus, S. 35–64.

— 2010: Gesellschaftliche Regulierung von Arbeitsbeziehungen. Organisierte Interessen und ihre soziologische Deutung, in: Böhle, Fritz/Voß, Günter G./ Wachtler, Günther (Hg.) *Handbuch Arbeitssoziologie.* Wiesbaden: VS-Verlag, S. 873–912.

Dörre, Klaus/Brinkmann, Ulrich, 2005: Finanzmarkt-Kapitalismus: Triebkraft eines flexiblen Produktionsmodells? In: Windolf, Paul (Hg.): *Finanzmarkt-Kapitalismus: Analysen zum Wandel von Produktionsregimen.* Wiesbaden: VS-Verlag, S. 85–116.

Dörre, Klaus/Röttger, Bernd, 2003: *Das neue Marktregime: Konturen eines nachfordistischen Produktionsmodells.* Hamburg: VSA.

Dörre, Klaus/Neubert, Jürgen/Wolf, Harald, 1993: »New Deal« im Betrieb? Unternehmerische Beteiligungskonzepte und ihre Wirkung auf die Austauschbeziehungen zwischen Management, Belegschaften und Interessenvertretungen, in: *SOFI-Mitteilungen* (14)20, S. 15–35.

Dörre, Klaus/Riexinger, Bernd/Wendl, Michael/Wild, Werner, 1999: Eine neue Gewerkschaft? Zur Fusion von HBV, IG Medien, DPG, ÖTV und DAG, in: *Sozialismus* 26(11), Supplement.

Dörre, Klaus/Kraemer, Klaus/Speidel, Frederic, 2004: Prekäre Arbeit, in: *Das Argument* 40(245), S. 378–397.

Dörrenbacher, Christoph/Dohle, Marion, 2001: E-Commerce und Erlebnisshopping: Revolution an der Kundenschnittstelle oder Business as Usual im europäischen Einzelhandel? In: Rudolph, Hedwig (Hg.): *Aldi oder Arkaden? Unternehmen und Arbeit im europäischen Einzelhandel.* Berlin: Edition sigma, S. 177–194.

Doleschal, Reinhard, 1989: Just-in-time-Strategien und betriebliche Interessenvertretung in Automobil-Zulieferbetrieben, in: Altmann, Norbert/Sauer, Dieter (Hg.): *Systemische Rationalisierung und Zulieferindustrie: Sozialwissenschaftliche Aspekte zwischenbetrieblicher Arbeitsteilung.* Frankfurt a.M.: Campus, S. 155–205.

Dormann, Christian/Zapf, Dieter/Isic, Amela, 2002: Emotionale Arbeitsanforderungen und ihre Konsequenzen bei Call Center-Arbeitsplätzen, in: *Zeitschrift für Arbeits- und Organisationspsychologie* 46(4), S. 201–215.

DPG, 1994: Beschlußlage nach dem 17. DPG-Kongress 1993, in: *Gewerkschaftliche Praxis* 39(1), Beilage.

DPG, 1998: Gewerkschaft braucht Wandel, in: *Gewerkschaftliche Praxis* 43(5–6), S. 4–6.

DPG, 1999: Arbeiten im Call-Center. Handlungshilfe für Betriebs- und Personalräte, in: *Gewerkschaftliche Praxis* 44(1–2), S. 18–22.

Dribbusch, Heiner, 2007: Industrial Action in a Low-Strike Country. Strikes in Germany 1968 – 2005, in: van der Velden, Sjaak/Dribbusch, Heiner/Lyddon, Dave/Vandaele, Kurt (Hg.): *Strikes Around the World 1968–2005. Case studies of 15 countries.* Amsterdam: Aksant, S. 267–296.

Droege, Heinrich, 1989: FA Gießen. Bespitzelt und überwacht, in: *Deutsche Post* 41(18), S. 22–23.

Dürotin, Otmar, 1999: Call Center in der Telekommunikationsbranche. Arbeitsbedingungen im Schraubstock, in: *Gewerkschaftliche Praxis* 44(1/2), S. 13–14.

— 2003: Deutsche Telekom: Ratio Schutz, in: *KOMM. Mitgliederzeitschrift des ver.di Fachbereichs Telekommunikation, Informationstechnologie* 2(4), S. 6.

Ebbinghaus, Bernhard, 2003: Die Mitgliederentwicklung deutscher Gewerkschaften im historischen und internationalen Vergleich, in: Schröder, Wolfgang/Wessels, Bernhard (Hg.): *Die Gewerkschaften in Politik und Gesellschaft der Bundesrepublik Deutschland: Ein Handbuch.* Wiesbaden: Westdeutscher Verlag, S. 174–203.

ECMC, 1998: *Ergebnisse der GfK-Marktstudie zur Entwicklung der Call Center-Branche in Deutschland.* Marl: Europäisches Zentrum für Medienkompetenz.

Edwards, Richard, 1981: *Herrschaft im modernen Produktionsprozeß.* Frankfurt a.M.: Campus.

Ehni, Carmen/Fink, Simon/Jäger, Alexander/Thiem, Jana, 2004: Privatisierungsverläufe in drei Infrastruktursektoren im internationalen Vergleich, in: Schneider, Volker/Tenbrücken, Marc (Hg.): *Der Staat auf dem Rückzug. Die Privatisierung öffentlicher Infrastrukturen.* Frankfurt a.M.: Campus, S. 115–153.

Eichmann, Hubert/Hofbauer, Ines/Schönauer, Annika, 2006: *Arbeit und Partizipation in kleinbetrieblichen Strukturen ohne Betriebsrat. Eigenverantwortung und Fremdbestimmung in Software-/IT-Dienstleistungsfirmen und Callcentern.* FORBA-Forschungsbericht 01/2006. Wien: FORBA.

Eick, Karl-Gerhard, 2005: Eva setzt den Maßstab für Wertsteigerung, in: *Handelsblatt*, 20.5.2005, S. 14.

Ellguth, Peter, 2006: Betriebe ohne Betriebsrat – Verbreitung, Entwicklung und Charakteristika – Unter Berücksichtigung betriebsspezifischer Formen der Mitarbeitervertretung, in: Artus, Ingrid/Böhm, Sabine/Lücking, Stefan/Trinczek, Rainer (Hg.): *Betriebe ohne Betriebsrat: Informelle Interessenvertretung in Unternehmen.* Frankfurt a.M.: Campus, S. 43–80.

Ellguth, Peter/Promberger, Markus/Trinczek, Rainer, 1995: Neue Branchen und Unternehmensstrukturen. Eine Herausforderung an die gewerkschaftliche Tarifpolitik, in: Bispinck, Reinhard (Hg.): *Tarifpolitik der Zukunft. Was wird aus dem Flächentarifvertrag?* Hamburg: VSA, S. 173–193.

Elzinga, Aant, 1984: Research, Bureaucracy and the Drift of Epistemic Criteria, in: Wittrock, Björn/Elzinga, Aant (Hg.): *The University Research System.* Stockholm: Almquist & Wicksell, S. 191–220.

Elzinga, Aant, 1997: The Science-Society Contract in Historical Transformation: with special reference to »epistemic drift«, in: *Social Science Information* 36(3), S. 411–445.

Falbisoner, Josef/Scheuerer, Hermann/Linsmayer, Eleonore, 1985: »Hier die Auskunft…«. Die Situation der Beschäftigten in der Fernsprechauskunft beim Fernmeldeamt München 1, in: Möhlmann, Achim/Ziegler, Jürgen, 1985: *»… und ab geht die Post«? Arbeitsalltag in einem öffentlichen Dienstleistungsbetrieb.* Hamburg: VSA, S. 168–177.

Ferner, Anthony/Hyman, Richard, 1998: *Changing Industrial Relations in Europe.* Oxford: Blackwell.

Fernie, Sue, 2004: Call Centre HRM and Performance Outcomes: Does Workplace Governance Matter? In: Deery, Stephen/Kinnie, Nicholas (Hg.): *Call Centres and Human Resource Management: A Cross-National Perspective.* Basingstoke: Palgrave Macmillan, S. 54–74.

Fernie, Sue/Metcalf, David, 1997: *(Not) Hanging on the Telephone. Payment Systems in the New Sweatshops? Centre for Economic Performance.* London: CEP-Discussion Paper 390.

Finanznachrichten, 24.1.2006: *T-Mobile will Kosten für Callcenter senken.*

Flecker, Jörg/Schulten, Thorsten, 1999: The End of Institutional Stability: What Future for the »German Model«? In: *Economic and Industrial Democracy* 20(1), S. 81–115.

Fligstein, Neil, 1996: Markets as Politics: A Political-Cultural Approach to Market Institutions, in: *American Sociological Review* 61(4), S. 656–673.

Fligstein, Neil, 2001: *The Architecture of Markets: An economic sociology of twenty-first century capitalist societies.* Princeton: Princeton University Press.

Fojut, Simone, 2000: Direktbanken im Kreuzverhör, in: *Call Center profi* 4(5), S. 13–17.

Foss, Nicolai J., 2005: *Strategy, Economic Organization, and the Knowledge Economy: The coordination of firms and resources.* Oxford: University Press.

Foucault, Michel, 1994: *Überwachen und Strafen. Die Geburt des Gefängnisses.* Frankfurt a.M.: Suhrkamp.

Freitag, Dirk P., 1994: Deutsch, direkt und allgemein. Direktbank: Die Auseinandersetzung um die Namensgebung wurde beigelegt, in: *HBV-Ausblick* 45(12), S. 10.

Frenkel, Stephen J., 2006: Service Workers in Search of Decent Work, in: Ackroyd, Stephen/Batt, Rosemary/Thompson, Paul/Tolbert, Pamela S. (Hg.): *The Oxford Handbook of Work and Organization.* Oxford: University Press, S. 356–375.

Frenkel, Stephen/Korczynski, Marek/Shire, Karen/Tam, May, 1999: *On the Frontline: Organization of Work in the Information Economy.* Cornell: ILR Press.

Fröhlich, Nils/Huffschmid, Jörg, 2004: Der *Finanzdienstleistungssektor in Deutschland: Entwicklung, Politik, Strategien.* Düsseldorf: Hans-Böckler-Stiftung.

Fürstenberg, Friedrich, 1958: Der Betriebsrat – Strukturanalyse einer Grenzinstitution, in: *Kölner Zeitschrift für Soziologie und Sozialpsychologie* 10(3), S. 418–429.

Geiling, Heiko/Meise, Stephan/Eversberg, Dennis, 2008: *Gewerkschaft und soziale Milieus.* Forschungsbericht. Düsseldorf: Hans Böckler Stiftung.

George, Roman, 2007: Starke Mobilisierung – umstrittenes Ergebnis: Der Telekom-Streik, in: Z – *Zeitschrift für Marxistische Erneuerung* 18(4), S. 151–159.

Gergs, Hanjo/Schmidt, Rudi/Trinczek, Rainer, 1992: Die Claims der Einzelgewerkschaften sind umstritten – Zu den Abgrenzungsschwierigkeiten der Organisationsbereiche im DGB. Eine Problemskizze, in: *WSI-Mitteilungen* 45(2), S. 149–157.

Giddens, Anthony, 1979: *Central Problems in Social Theory. Action, structure and contradiction in social analysis*. London: MacMillan.

— 1981: *A Contemporary Critique of Historical Materialism. Power, property and the state.* Berkely: University Press.

— 1997: *Die Konstitution der Gesellschaft.* Frankfurt a.M.: Campus.

Glaubitz, Jürgen, 1996: Strukturwandel und Arbeitsbedingungen im Einzelhandel, in: *WSI Mitteilungen* 49(1), S. 26–35.

Glaubitz, Jürgen/Wiedemuth, Jürgen/Zöller, Horst, 1992: Zukunftsprogramm Einzelhandel der HBV, in: *WSI-Mitteilungen* 45(10), S. 652–659.

Golden, Miriam, 1997: *Heroic Defeats. The Politics of Job Loss.* Cambridge: University Press.

Golden, Miriam/Pontusson, Jonas, 1992: *Bargaining for Change: Union Politics in North America and Europe.* Ithaca: Cornell University Press.

Gollan, Paul J., 2003: All Talk But No Voice: Employee Voice at the Eurotunnel Call Centre, in: *Economic and Industrial Democracy* 24(4), S. 509–541.

Grimshaw, Damian/Rubery, Jill, 2005: Inter-Capital Relations and the Network Organisation: Redefining the Work and Employment Nexus, in: *Cambridge Journal of Economics* 29(6), S. 1027–1051.

Grimshaw, Damian/Cooke, Fang-Lee/Grugulis, Irena/Vincent, Lee, 2002: New Technology and Changing Organisational Forms: Implications for Managerial Control and Skills, in: *New Technology, Work and Employment* 17(3), S. 168–203.

Gundtoft, Lars/Holtgrewe, Ursula, 2000: Call-Center – Rationalisierung im Dilemma, in: Brose, Hanns-Georg (Hg.): *Die Reorganisation der Arbeitsgesellschaft.* Frankfurt a.M.: Campus, S. 173–203.

Haipeter, Thomas, 2006: Bankkaufleute in der Reorganisation. Zur Lage der Erstausbildung im Bankgewerbe, in: *Zeitschrift für Soziologie* 35(1), S. 57–76.

Haipeter, Thomas/Banyuls, Josef, 2007: Arbeit in der Defensive? Globalisierung und die Beziehungen zwischen Arbeit und Kapital in der Automobilindustrie, in: *Leviathan* 35(3), S. 373–400.

Haipeter, Thomas/Pernod-Lemattre, Martine, 2005: Lean Banking: Retail and Direct Banking in France and Germany, in: Bosch, Gerhard/Lehndorff, Steffen (Hg.): *Working in the Service Sector: A tale from Different Worlds.* London: Routledge, S. 237–258.

Hall, Peter A./Soskice, David, 2002: *Varieties of Capitalism: The Institutional Foundations of Comparative Advantage.* Oxford: Oxford University Press.

Hall, Richard H., 1982: *Organizations. Structure and Process.* London: Prentice-Hill.

Hamann, Andreas, 1998: König Kunde oder »Lächeln am Telefon«, in: *HBV-Ausblick* 50(4), S. 4–6.

Hanckè, Bob, 1993: Trade Union Membership in Europe 1960–1990: Rediscovering Local Unions, in: *British Journal of Industrial Relations* 31(4), S. 593–613.

Handelsblatt, 2.8.2002: *Beschäftigungsagentur der Telekom startet mit 7000 Mitarbeitern.*

Hassel, Anke/Rehder, Britta., 2001: *Institutional Change in the German Wage Bargaining System: The Role of Big Companies*. Working Paper 01/09 Max-Planck-Institut für Gesellschaftsforschung. Köln: MPIfG.

Haunschild, Axel/Koch, Constanze, 1999: Call Center – Make or Buy? In: *zfo – Zeitschrift Führung + Organisation* 68(4), S. 214–220.

Hauser-Ditz, Axel/Hertwig, Markus/Pries, Ludger, 2006: Betriebsräte und andere Vertretungsorgane im Vergleich: Strukturen, Arbeitsweisen und Beteiligungsmöglichkeiten, in: *WSI-Mitteilungen* 59(9), S. 500–506.

HBV, 1993: Sonderausgabe, in: *HBV-Ausblick* 45(4–5).

— 1997: Verbundvertrag der Gewerkschaften Deutsche Postgewerkschaft, Gewerkschaft Handel, Banken und Versicherungen und der Industriegewerkschaft Medien, in: *HBV-Forum*, Sonderausgabe November 1997.

Hedberg, Bo, 1981: How Organizations Learn and Unlearn, in: Nystrom, Paul C./Starbuck, William H. (Hg.): *Handbook of Organizational Design*. Oxford: Oxford University Press, S. 3–27.

Helper, Susan/MacDuffie, John Paul/Sabel, Charles, 2000: Pragmatic Collaborations: Advancing Knowledge While Controlling Opportunism, in: *Industrial and Corporate Change* 9(3), S. 443–488.

Hermes, Vera, 2005: »Wir brauchen neue Ideen!«, in: *Call Center Profi* 7(1), S. 14–18.

Herrigel, Gary/Wittke, Volker, 2005: Varieties of Vertical Disintegration: The Global Trend Toward Heterogeneous Supply Relations and the Reproduction of Difference in US and German Manufacturing, in: Morgan, Glenn/Whitley, Richard/Moen, Eli (Hg.): *Changing Capitalisms? Internationalization, Institutional Change, and Systems of Economic Organization*. Oxford: Oxford University Press, S. 312–351.

Hirsch-Kreinsen, Hartmut, 2005: *Wirtschafts- und Industriesoziologie: Grundlagen, Fragestellungen, Themenbereiche. Grundlagentexte Soziologie*. Weinheim: Juventa.

Hochschild, Arlie R., 1983: *The Managed Heart. Commercialization of Human Feeling*. Berkeley: University of California Press.

Hoffmann, Jürgen, 2001: Die Arbeitsbeziehungen und die Gewerkschaften unter Modernisierungs- und Globalisierungsdruck, in: Waddington, Jeremy/Hoffmann, Reiner (Hg.): *Zwischen Kontinuität und Modernisierung: Gewerkschaftliche Herausforderungen in Europa*. Münster: Westfälisches Dampfboot, S. 173–192.

Holman, David, 2002: Phoning Sick? An Overview of Employee Stress in Call Centres, in: *Leadership & Organization* 24(3), S. 123–130.

Holst, Hajo, 2008: The Political Economy of Trade Union Strategies in Austria and Germany, in: *European Journal of Industrial Relations* 14(1), S. 27–47.

Holst, Hajo/Mayer, Kurt/Feigl-Heihs, Monika, 2007: Gewerkschaften und atypische Beschäftigung in externen Call Centern – Segmentierte Organisationsarbeit und Überforderung der Betriebsräte, in: Pernicka, Susanne/Aust, Andreas (Hg.): *Die Unorganisierten gewinnen: gewerkschaftliche Rekrutierung und Interessenvertretung atypisch Beschäftigter – ein deutsch-österreichischer Vergleich*. München: Edition sigma, S. 153–230.

Holtgrewe, Ursula, 2002: Anerkennung und Arbeit in der Dienst-Leistungs-Gesellschaft, in: Moldaschl, Manfred/Voß, Günter G. (Hg.): *Subjektivierung von Arbeit.* München: Hampp, S. 212–234.

— 2003: Informatisierte Arbeit und flexible Organisationen: Unterwerfung, Distanzierung, Anerkennungskämpfe? In: Schönberger, Klaus/Springer, Susanne (Hg.): *Subjektivierte Arbeit: Mensch, Organisation und Technik in einer entgrenzten Arbeitswelt.* Frankfurt a.M.: Campus: S. 21–43.

— 2003b: Call-Center-Forschung: Ergebnisse und Theorien, in: Schönberger, Klaus/Springer, Susanne (Hg.): *Subjektivierte Arbeit: Mensch, Organisation und Technik in einer entgrenzten Arbeitswelt.* Frankfurt a.M.: Campus, S. 49–61.

— 2005a: *Call Centres in Germany – Preliminary Findings from the Global Call Centre Project-Germany.* Duisburg: Universität Duisburg Essen.

— 2005b: Kunden und Dienstleistungsorganisationen – ein Blick in die organisationssoziologische Werkzeugkiste, in: Jacobsen, Heike/Voswinkel, Stephan (Hg.): *Der Kunde in der Dienstleistung.* Wiesbaden: VS-Verlag, S. 37–56.

Holtgrewe, Ursula/Kerst, Christian, 2002a: Call Center: Die Institutionalisierung von Flexibilität, in: *Industrielle Beziehungen* 9(2), S. 186–208.

— 2002b: Zwischen Kundenorientierung und organisatorischer Effizienz – Callcenter als Grenzstellen, in: *Soziale Welt* 53(2), S. 179–198.

Holtgrewe, Ursula/Voswinkel, Stephan, 2002: Kundenorientierung zwischen Mythos, Organisationsrationalität und Eigensinn der Beschäftigten, in: Sauer, Dieter (Hg.): *Dienst-Leistung(s)-Arbeit: Kundenorientierung und Leistung in tertiären Organisationen.* München: ISF, S. 99–118.

Holtgrewe, Ursula/Kerst, Christian/Shire, Karin, 2002: *Re-Organising Service Work: Call centres in Germany and Britain.* Aldershot: Ashgate.

Holtgrewe, Ursula/Scholten, Jessica, 2005: *Call Centres in a Co-ordinated Economy: Flexible Skill, Skilled Flexibility.* Den Haag: NWO/SISWO.

Horkheimer, Max, 1935: Bemerkungen zur philosophischen Anthropologie, in: *Zeitschrift für Sozialforschung* 4(1), S. 1–25.

Houlihan, Maeve, 2002: Tensions and Variations in Call Centre Management Strategies, in: *Human Resource Management Journal* 12 (4), S. 67–85.

Huzzard, Tony/Gregory, Denis/Scott, Regan, 2004: *Strategic Unionism and Partnership. Boxing or Dancing?* Basingstoke: Palgrave Macmillan.

Hyman, Richard, 1994: Theory and Industrial Relations, in: *British Journal of Industrial Relations* 32(2), S. 165–180.

ING DiBa, 2006: *Rede des Vorstandsvorsitzenden Benn Tellings.* Pressekonferenz 24.3.2006. Frankfurt a.M.: ING DiBa.

Iversen, Torben/Pontusson, Jonas, 2000: Comparative Political Economy: A Northern Perspective, in: Iversen, Torben/Pontusson, Jonas/Soskice, David (Hg.): *Unions, Employers, and Central Banks. Macroeconomic Coordination and Institutional Change in Social Market Economies.* Cambridge: University Press, S. 1–37.

Iversen, Torben/Pontusson, Jonas/Soskice, David, 2000: *Unions, Employers, and Central Banks: Macroeconomic Coordination and Institutional Change in Social Market Economies*. Cambridge: University Press.

Jackson, Gregory, 2005. Contested Boundaries: Ambiguity and Creativity in the Evolution of German Codetermination, in: Streeck, Wolfgang/Thelen, Kathleen (Hg.): *Beyond Continuity: Institutional Change in Advanced Political Economies*. Oxford: Oxford University Press, S. 229–254.

Jacobi, Otto/Keller, Berndt/Müller-Jentsch, Walther, 1998. Germany. Facing New Challenges, in: Ferner, Anthony/Hyman, Richard (Hg): *Changing industrial relations in Europe*. London: Blackwell, S. 190–238.

Jacobsen, Heike, 2005: Produktion und Konsum von Dienstleistungen: Konsumenten zwischen Innovation und Rationalisierung, in: Jacobsen, Heike/Voswinkel, Stephan (Hg.): *Der Kunde in der Dienstleistungsbeziehung*. Wiesbaden: VS-Verlag, S. 15–35.

Jacobsen, Heike/Voswinkel, Stephan, 2005: *Der Kunde in der Dienstleistungsbeziehung*. Wiesbaden: VS-Verlag.

Jahnke, Jennifer/Spielhagen, Edith, 2001: *Der Call Center-Markt in Deutschland*. Marl: ECMC.

Jürgens, Ulrich, 1984: Die Entwicklung von Macht, Herrschaft und Kontrolle im Betrieb als politischer Prozeß – eine Problemskizze zur Arbeitspolitik, in: Jürgens, Ulrich/Naschold, Frieder (Hg.): *Arbeitspolitik: Materialien zum Zusammenhang von politischer Macht, Kontrolle und betrieblicher Organisation der Arbeit*. Opladen: Westdeutscher Verlag, S. 58–91.

Jürgens, Ulrich/Reutter, Werner, 1989: Verringerung der Fertigungstiefe und betriebliche Interessenvertretung in der deutschen Automobilindustrie, in: Altmann, Norbert/Sauer, Dieter (Hg.): *Systemische Rationalisierung und Zulieferindustrie: sozialwissenschaftliche Aspekte zwischenbetrieblicher Arbeitsteilung*. Frankfurt a.M.: Campus, S. 199–143.

Jürgens, Ulrich/Krzywdzinski, Martin/Teipen, Christina, 2006: *Changing Work and Employment Relations in German Industries – Breaking Away from the German Model?* WZB Discussion Paper III 2006–302. Berlin: WZB.

Juraschek, Simon, 2007: »Einige schwarze Schafe gibt es…« Problemfall Call Center: Günter Wallraffs Undercover-Einsatz hat das Fass zum Überlaufen gebracht, in: *medienhandbuch.de*, 2.8.2007.

Kaapke, Andreas/Schmitz, Marco W., 2000: Part II: Staffing, Health & Safety Conditions, in: Büchel, Daniela/Kaapke, Andreas/Brkljacic, Andrija /Schmitz, Marco W. (Hg.): *Country Report Germany*. Brüssel: FEDMA.

Katz, Harry C., 1997: *Telecommunications: Restructuring Work and Employment Relations Worldwide*. Ithaca: Cornell University Press.

Keller, Berndt, 2001: *Ver.di: Triumphmarsch oder Gefangenenchor? Neustrukturierung der Interessenvertretung im Dienstleistungssektor*. Hamburg: VSA.

— 2004: *Multibranchengewerkschaft als Erfolgsmodell? Zusammenschlüsse als organisatorisches Novum*. Hamburg: VSA.

Kelly, John, 1985: Management's Redesign of Work: Labour Process, Labour Markets and Product Markets, in: Knights, David (Hg.): *Job Redesign: Critical Perspectives on the Labour Process*. Aldershot: Gower, S. 30–51.

Kerst, Christian/Holtgrewe, Ursula, 2003: Interne oder externe Flexibilität? Call Center als kundenorientierte Organisationen, in: Kleemann, Frank/Matuschek, Ingo (Hg.): *Immer Anschluss unter dieser Nummer. Rationalisierte Dienstleistung und subjektivierte Arbeit in Call Centern*. Berlin: Edition sigma, S. 85–108.

Kersting, Verena, 2004: Marktentwicklung. Das Call Center-Jahr 2003. Rückblick und Ausblick, in: *Branchenindex*. Beilage zum Call Center profi 6(1), S. 6–9.

Kinnie, Nicholas/Parsons, John, 2004: Managing Client, Employee and Customer Relations: Constrained Strategic Choice in the Management of Human Resources in a Commercial Call Centre, in: Deery, Stephen/Kinnie, Nicholas (Hg.): Call *Centres and Human Resource Management: A Cross-National Perspective*. Basingstoke: Palgrave Macmillan, S. 102–126.

Kirsch, Johannes, 2003: Die Allgemeinverbindlichkeitserklärung von Tarifverträgen – ein Instrument in der Krise, in: WSI-*Mitteilungen* 56(7), S. 405–412.

Kitschelt, Herbert, 1991: Industrial Governance Structures, Innovation Strategies, and the Case of Japan: Sectoral or Cross-National Comparative Analysis? In: *International Organization* 45(4), S. 453–493.

Kleemann, Frank/Matuschek, Ingo, 2003a: *Immer Anschluss unter dieser Nummer. Rationalisierte Dienstleistung und subjektivierte Arbeit in Call Centern*. Berlin: Edition sigma.

— 2003b: Subjektivierung in informatisierter Kommunikationsarbeit: Manufacturing Consent in High Quality Call Centern, in: Schönberger, Klaus/Springer, Susanne (Hg.): *Subjektivierte Arbeit: Mensch, Organisation und Technik in einer entgrenzten Arbeitswelt*. Frankfurt a.M.: Campus, S. 117–142.

Kleemann, Frank/Matuschek, Ingo/Voß, Günter G., 2002: Subjektivierung von Arbeit. Ein Überblick über zum Stand der soziologischen Diskussion, in: Moldaschl, Manfred/Voß, Günter G. (Hg.): *Subjektivierung von Arbeit*. München: Hampp, S. 53–100.

Klein, Peter G., 2005: The Make-or-Buy Decision: Lessons from Empirical Studies, in: Ménard, Claude/Shirley, Mary M. (Hg.): *Handbook of New Institutional Economics*. Dordrecht: Springer, S. 435–464.

Klinkhammer, Heinz, 2002: Telekom goes T.I.M.E.S.: Neuausrichtung der Konzern-Personalstrategie, in: Ders. (Hg.): *Personalstrategie. Personalmanagement als Business-Partner*. Neuwied: Luchterhand, S. 1–29.

— 2005: Offensein für Kompromisse, in: *Magazin Mitbestimmung* 24(7), S. 28–31.

Knieps, Günter/Müller, Jürgen/Heuermann, Arnulf, 2007: Managing Complexity: The Case of Deutsche Telekom, in: Eliassen, Kjell/From, Johan (Hg.): *The Privatisation of European Telecommunications*. Aldershot: Ashgate, S. 147–171.

Knight, Frank H., 1971: *Risk, Uncertainty and Profit*. Chicago: University Press.

Kochan, Thomas/McKersie, Robert B./Capelli, Peter, 1984: Strategic Choice and Industrial Relations Theory, in: *Industrial Relations* 23(1), S. 16–39.

Kock, Klaus, 2002: Call Center – Modell für Arbeitsplätze der Zukunft? In: Kock, Klaus/Kurth, Markus (Hg.): *Arbeiten in der New Economy*. Beiträge aus der Forschung Band 128. Dortmund: SFS, S. 34–44.

Körs, Anna/Lüde, Rolf von/Nerlich, Mark R., 2002: *Call-Center-Markt Deutschland: Das Fallbeispiel Hamburg*. Münster: LIT.

Korczynski, Marek, 2002: Call Centre Consumption and the Enchanting Myth of Customer Sovereignty, in: Holtgrewe, Ursula/Kerst, Christian/Shire, Karin (Hg.): *Re-Organising Service Work: Call Centres in Germany and Britain*. Aldershot: Ashgate, S. 163–182.

— 2003: Communities of Coping: Collective Emotional Labour in Service Work, in: *Organization* 10(1), S. 55–79.

Kotthoff, Hermann, 1981: *Betriebsräte und betriebliche Herrschaft: Eine Typologie von Partizipationsmustern im Industriebetrieb*. Frankfurt a.M.: Campus.

Kotthoff, Hermann, 1985: Zum Verhältnis von Betriebsrat und Gewerkschaft. Ergebnisse einer empirischen Untersuchung, in: Bergmann, Joachim (Hg.): *Beiträge zur Soziologie der Gewerkschaften*. Frankfurt a.M.: Suhrkamp, S. 198–225.

— 1994: *Betriebsräte und Bürgerstatus: Wandel und Kontinuität betrieblicher Mitbestimmung*. München: Hampp.

— 1998: Mitbestimmung in Zeiten interessenpolitischer Rückschritte. Betriebsräte zwischen Beteiligungsofferten und »gnadenlosem Kostensenkungsdiktat«, in: *Industrielle Beziehungen* 5(1), S. 76–100.

Kraemer, Klaus/Speidel, Frederic, 2004: Prekäre Leiharbeit. Zur Integrationsproblematik einer atypischen Beschäftigungsform, in: Vogel, Berthold (Hg.): *Leiharbeit: Neue sozialwissenschaftliche Befunde zu einer prekären Beschäftigungsform*. Hamburg: VSA, S. 119–153.

Kratzer, Nick, 2003: *Arbeitskraft in Entgrenzung: Grenzenlose Anforderungen, erweiterte Spielräume, begrenzte Ressourcen*. Berlin: Edition sigma.

Kratzer, Nick/Sauer, Dieter, 2003: Entgrenzung von Arbeit – Konzept, Thesen, Befunde, in: Gottschall, Karin/Voss, G. Günter (Hrsg.): *Entgrenzung von Arbeit und Leben – Zum Wandel der Beziehungen von Erwerbstätigkeit und Privatsphäre im Alltag*. München: Mering, S. 87–123.

Kühl, Stefan, 1998: *Wenn die Affen den Zoo regieren: Die Tücken der flachen Hierarchien*. Frankfurt a.M.: Campus.

Kuntz, Bernhard, 1998: Servicementalität wichtiger als Produktkenntnis, in: *Call Center Profi* 2(5), S. 50–53.

Kutzner, Edelgard/Pantel, Paul, 1993: *Arbeitszeit bei der Bundespost. Ein Beispiel geschlechtsspezifischer Beschäftigungspolitik*. Köln: Bund-Verlag.

Kutzner, Edelgard/Kock, Klaus, 2003: Zur Strukturierung von Arbeitsbeziehungen in Call Centern, in: Kleeman, Frank/Matuschek, Ingo (Hg.): *Immer Anschluss unter dieser Nummer. Rationalisierte Dienstleistung und subjektivierte Arbeit in Call Centern*. Berlin: Edition sigma, S. 163–182.

Larner, Wendy, 2002: Globalization, Governmentability and Expertise: Creating a Call Centre Labour Force, in: *Review of International Political Economy* 9(4), S. 650–674.

Lehmbruch, Gerhard/Schmitter, Philippe C., 1982: *Patterns of Corporatist Policy-Making*. London: Sage.

Leisink, Peter/Van Leemput, Jim/Vilrokx, Jacques, 1996: *The Challenges to Trade Unions in Europe: Innovation or adaption*. Cheltenham: Elgar.

Littek, Wolfgang, 1991: Was ist Dienstleistungsarbeit? in: Littek, Wolfgang/Heisig, Ulrich/Gondek, Hans-Dieter (Hg.): *Dienstleistungsarbeit: Strukturveränderungen, Beschäftigungsbedingungen und Interessenlagen*. Berlin: Edition sigma, S. 265–282.

Locke, Richard/Kochan, Thomas, 1995: Conclusions: The Transformations of Industrial Relations? A Cross-National Review of Evidence, in: Locke, Richard/Kochan, Thomas/Piore, Michael (Hg.): *Employment Relations in a Changing World*. Cambridge: MIT-Press, S. 359–384.

Locke, Richard/Kochan, Thomas/Piore, Michael, 1995: *Employment Relations in a Changing World*. Cambridge: MIT-Press.

Locke, Richard M./Thelen, Kathleen, 1995: Apples and Oranges Revisited: Contextualized Comparisons and the Study of Comparative Labor Politics, in: *Politics & Society* 23(3), S. 337–367.

Lütz, Susanne, 2003: *Governance in der politischen Ökonomie*. Discussion Paper 03/05 Max-Planck-Institut für Gesellschaftsforschung. Köln: MPIfG.

Luhmann, Niklas, 1978: *Organisation und Entscheidung*. Opladen: Westdeutscher Verlag.

Luhmann, Niklas, 1988: Organisation, in: Küpper, Willi/Ortmann, Günther (Hg.): *Mikropolitik. Rationalität, Macht und Spiele in Organisationen*. Opladen: Westdeutscher Verlag, S. 165–185.

Lynch, John, 1995: Computer-Telephony Integration, in: *Work Study* 44(7), S. 8–9.

Malsch, Thomas, 1987: Die Informatisierung des betrieblichen Erfahrungswissens und der Imperialismus der instrumentellen Vernunft, in: *Zeitschrift für Soziologie* 16(2), S. 77–91.

March, James G./Olsen, Johan P., 1994: *Rediscovering Institutions. The organizational basis of politics*. New York: Free Press.

— 2005: *Elaborating the »New Institutionalism«*. ARENA-Working Paper 05/11. Oslo: ARENA.

Markovits, Andrei S., 1981: Introduction: Model Germany – A Cursory Overview of a Complex Construct, in: Markovits, Andrei S. (Hg.): *The Political Economy of West Germany. Modell Deutschland*. New York: Praeger, S. 1–11.

Markovits, Andrei S., 1986: *The Politics of the West German Trade Unions. Strategies of Class and Interest Representation in Growth and Crisis*. Cambridge: University Press.

Marrs, Kira, 2008: *Arbeit unter Marktdruck. Die Logik der ökonomischen Steuerung der Dienstleistungsarbeit*. Berlin: Edition sigma.

Martin, Andrew/Ross, George, 1999: *The Brave New World of European Labor: European Trade Unions at the Millennium*. New York: Berghahn Books.

Martinussen, Willy, 1973: *Fjerndemokratiet. Sosial ulikhet, politiske ressurser og politisk medvirkning i Norge.* Oslo: Gyldendal.

Massa-Wirth, Heiko/Seifert, Hartmut, 2004: Betriebliche Bündnisse für Arbeit nur mit begrenzter Reichweite? In: *WSI-Mitteilungen* 57(5), S. 246–254.

Matuschek, Ingo/Arnold, Katrin/Voß, Günter G., 2007: *Subjektivierte Taylorisierung: Organisation und Praxis medienvermittelter Dienstleistungsarbeit.* München: Hampp.

Mayer, Franz, 2007: Telekom – Bluten für die Aktionäre trotz Milliardengewinne: Die Festnetzsparte soll zerschlagen werden, in: *Sozialistische Zeitung* 22(5), S. 12.

Mayntz, Renate, 2003: *Mechanisms in the Analysis of Macro-Social Phenomena.* Working Paper 03/3 Max-Planck-Institut für Gesellschaftsforschung. Köln: MPIfG.

Meier, Christine, 1999: Zwischen Kundenwunsch und Rationalisierung. Call Center im Handel, bei Banken und Versicherungen, in: *Gewerkschaftliche Praxis* 44(1–2), S. 17–18.

Menzler-Trott, Eckhart, 2002: Von Telefon bis Call Center: Eine kurze Telefongeschichte, in: Menzler-Trott, Eckhart/Hahnel, Markus (Hg.): *Call-Center-Evolution: Standards für effiziente Kunden- und Mitarbeiterbeziehungen.* München: Vahlen, S. 361–380.

Michels, Robert, 1925: *Zur Soziologie des Parteiwesens in der modernen Demokratie. Untersuchungen über die oligarchischen Tendenzen des Gruppenlebens.* Stuttgart: Alfred Kröner Verlag.

Mickler, Ottfried, 1999: Neoliberale Organisation und flexibilisierte Arbeitsverhältnisse – die deregulierte Telekommunikationsindustrie als Leitmodell der Zukunft? In: Lenk, Wolfgang/Rumpf, Mechthild/Hieber, Lutz (Hg.): *Kritische Theorie und politischer Eingriff.* Hannover: Offizin-Verlag, S. 414–425.

Mindermann, André/Schubert, Christine/Prümm, Karl-Heinz, 1999: *CTI und Call Center: Unternehmen im Wandel der Kommunikation.* München: Addison-Wesley.

Minssen, Heiner, 2006: *Arbeits- und Industriesoziologie: Eine Einführung.* Frankfurt a.M.: Campus.

Mintzberg, Henry, 1979: *The Structuring of Organizations: A Synthesis of the Research.* Englewood Cliffs: Prentice-Hall.

Möhlmann, Achim, 1985: Auswirkungen der neuen Informations- und Kommunikationstechnologien, in: Möhlmann, Achim/Ziegler, Jürgen (Hg.): *»… und ab geht die Post«? Arbeitsalltag in einem öffentlichen Dienstleistungsbetrieb.* Hamburg: VSA, S. 207–219.

Möhlmann, Achim/Ziegler, Jürgen, 1985: *»… und ab geht die Post«? Arbeitsalltag in einem öffentlichen Dienstleistungsbetrieb.* Hamburg: VSA.

Moldaschl, Manfred/Sauer, Dieter, 2000: Internalisierung des Marktes – Zur neuen Dialektik von Kooperation und Herrschaft, in: Minssen, Heiner (Hg.): *Begrenzte Entgrenzungen.* Berlin: Edition sigma, S. 205–224.

Moldaschl, Manfred/Voß, Günter G., 2002: *Subjektivierung von Arbeit.* München: Hampp.

Mönig Raane, Margret, 1994: Interview, in: *HBV-Ausblick* 46(1), S. 5

Mückenberger, Ulrich, 1985: Die Krise des Normalarbeitsverhältnisses. Hat das Arbeitsrecht noch Zukunft? In: *Zeitschrift für Sozialreform* 31(7), S. 415–434 und 31(8), S. 457–475.

Müller-Jentsch, Walther, 1997: *Soziologie der industriellen Beziehungen: Eine Einführung.* Frankfurt a.M.: Campus.

— 2003: *Organisationssoziologie. Eine Einführung.* Frankfurt a.M.: Campus.

— 2007: *Strukturwandel der industriellen Beziehungen: »Industrial Citizenship« zwischen Markt und Regulierung.* Wiesbaden: VS-Verlag.

Müller-Jentsch, Walther/Seitz, Beate, 1998: Betriebsräte gewinnen Konturen. Ergebnisse einer Betriebsräte-Befragung im Maschinenbau, in: *Industrielle Beziehungen* 5(4), S. 361–386.

Münch, Richard, 2005: Der Markt in der Organisation. Von der Hegemonie der Fachspezialisten zur Hegemonie des Finanzmanagements, in: Windolf, Paul (Hg.): *Finanzmarkt-Kapitalismus: Analysen zum Wandel von Produktionsregimen.* Wiesbaden: VS-Verlag, S. 394–417.

Mulholland, Kate, 2004: Workplace Resistance in an Irish Call Centre: Slammin', Scrammin' Smokin' and Leavin', in: *Work, Employment and Society* 18(4), S. 709–724.

Neue Ruhr Zeitung, 15.1.2008: *Quelle schließt Call-Center.*

OECD, 2005: *Employment Outlook.* Paris: OECD.

Panitch, Leo, 1977: Profits and Politics: Labour and the crisis of British capitalism, in: *Politics & Society* 7(4), S. 477–507.

Paul, Jane/Huws, Urusla, 2002: *How can we help? Good practice in Call-Centre Employment.* Brüssel: ETUC.

Paulsen, Rüdiger, 1985: 1171 Fernsprechentstörungsstelle, in: Möhlmann, Achim/Ziegler, Jürgen (Hg.): *»… und ab geht die Post«? Arbeitsalltag in einem öffentlichen Dienstleistungsbetrieb.* Hamburg: VSA, S. 182–194.

Pfeffer, Jeffrey/Salancik, Gerald R., 1978: *The External Control of Organizations: A resource dependence perspective.* New York: Harper and Row.

Piore, Michael J./Sabel, Charles F., 1984: *The Second Industrial Divide: Possibilities for prosperity.* New York: Basic Books.

Pohlmann, Markus/Apelt, Maja/Martens, Henning, 1992: Autonomie und Abhängigkeit – Die Voraussetzungen der Kooperation an der Schnittstelle Beschaffung-Zulieferung, in: Deiß, Manfred/Döhl, Volker (Hg.): *Vernetzte Produktion: Automobilzulieferer zwischen Kontrolle und Autonomie.* Frankfurt a.M.: Campus, S. 188–208.

Pongratz, Hans J./Voß, Günter G., 2004: *Arbeitskraftunternehmer: Erwerbsorientierungen in entgrenzten Arbeitsformen.* Berlin: Edition sigma.

Porter, Michael E., 1992: *Wettbewerbsstrategie. Methoden zur Analyse von Branchen und Konkurrenten.* Frankfurt a.M.: Campus.

Potter, Garry, 2000: For Bourdieu, Against Alexander: Reality and Reduction, in: *Journal for Theory of Social Behaviour* 30(2), S. 229–246.

Reepen, Uwe, 1992: Verblüffender Protest. Bochum: In der Citifinanzberatung etabliert sich ein ungewöhnlicher Betriebsrat, in: *HBV-Ausblick* 43(2), S. 8.

Rehder, Britta, 2003: Konversion durch Überlagerung. Der Beitrag betrieblicher Bündnisse zum Wandel der Arbeitsbeziehungen, in: Beyer, Jürgen (Hg.): *Vom Zukunfts- zum Auslaufmodell?* Wiesbaden: Westdeutscher Verlag, S. 61–77.

— 2006: Legitimitätsdefizite des Co-Managements. Betriebliche Bündnisse für Arbeit als Konfliktfeld zwischen Arbeitnehmern und betrieblicher Interessenvertretung, in: *Zeitschrift für Soziologie* 35(3), S. 227–242.

Reindl, Josef, 2000: Scheinselbständigkeit. Ein deutsches Phänomen und ein verkorkster Diskurs, in: *Leviathan* 30(4), S. 413–433.

Richter, Jürgen, 2004: Beschäftigungssicherung steht. Die 34–Stunden-Woche kommt, in: *KOMM. Mitgliederzeitschrift des ver.di Fachbereichs Telekommunikation, Informationstechnologie* 3(3), S. 4–6.

Riexinger, Bernd, 2000: Tarifrunde Banken: Fehler sind dazu da, ständig wiederholt zu werden, in: *Sozialismus* 27(4), S. 20–22.

RKW, 2000: *Eine Zukunft für den Handel. Chancen nutzen, Arbeit schaffen, Mittelstand stärken.* RKW-Memorandum. Eschborn: RKW.

Rubery, Jill/Carroll, Marilyn/Cooke, Fang Lee/Grugulis, Irena/Earnshaw, Jill, 2004: Human Resource Management and the Permeable Organization: The Case of the Multi-Client Call Centre, in: *Journal of Management Studies* 41(7), S. 1199–1222.

Sako, Mari/Jackson, Gregory, 2006: Strategy Meets Institutions: The Transformation of Management-Labor Relations at Deutsche Telekom and NTT, in: *Industrial & Labor Relations Review* 59(3), S. 347–366.

Sass, Jürgen/Sengenberger, Werner/Weltz, Friedrich (1974): *Weiterbildung und betriebliche Arbeitskräftepolitik: Eine industriesoziologische Analyse.* Köln: EVA.

Sauer, Dieter, 1992: Auf dem Weg in die flexible Massenproduktion, in: Deiß, Manfred/Döhl, Volker (Hg.): *Vernetzte Produktion: Automobilzulieferer zwischen Kontrolle und Autonomie.* Frankfurt a.M.: Campus, S. 49–80.

— 2005: *Arbeit im Übergang: Zeitdiagnosen.* Hamburg: VSA

Sauer, Dieter/Altmann, Norbert, 1989: Zwischenbetriebliche Arbeitsteilung als Thema der Industriesoziologie, in: Altmann, Norbert/Sauer, Dieter (Hg.): *Systemische Rationalisierung und Zulieferindustrie: Sozialwissenschaftliche Aspekte zwischenbetrieblicher Arbeitsteilung.* Frankfurt a.M.: Campus, S. 5–28.

Sauerland, Frank/Lorenz, Frank/Wilbert, Gregor, 2004: Privatisierung und Liberalisierung am Beispiel der Deutschen Telekom AG. Konsequenzen für Beschäftigte und Interessenvertretungen, in: Lorenz, Frank/Schneider, Günter (Hg.): *Wenn öffentliche Dienste privatisiert werden. Herausforderungen für Betriebs- und Personalräte.* Hamburg: VSA, S. 65–75.

Schietinger, Marc/Schroth, Jochen, 2001: *Qualifikation und Qualifizierung von Call Center Agents: Erste Ergebnisse aus der Basiserhebung.* FREQUENZ Arbeitspapier 2001–01. Gelsenkirchen: IAT.

Schmidt, Rudi/Röbenack, Silke/Hinke, Robert, 2003: Prekarisierung des kollektiven Tarifsystems am Beispiel der ostdeutschen Metallindustrie, in: *Industrielle Beziehungen* 10(2), S. 220–249.

Schmitter, Philippe C./Lehmbruch, Gerhard, 1979: *Trends Toward Corporatist Intermediation*. London: Sage.

Schneider, Michael, 2000: *Kleine Geschichte der Gewerkschaften. Ihre Entwicklung in Deutschland von den Anfängen bis heute*. Berlin: Dietz.

Schönhoven, Klaus, 1980: *Expansion und Konzentration. Studien zur Entwicklung der Freien Gewerkschaften im Wilhelminischen Deutschland 1890 bis 1914*. Stuttgart: Klett-Cotta.

— 1987: *Die Geschichte der deutschen Gewerkschaften*. Frankfurt a.M.: Suhrkamp.

Scholten, Jessica/Holtgrewe, Ursula, 2006: *The Global Call Centre Project – Deutschland: Erste Ergebnisse der Telefonumfrage für Deutschland. Duisburger Beiträge zur Soziologischen Forschung*. Duisburg: Universität Duisburg-Essen.

Schommer, Martin, 2001: *Musterschüler und Sorgenkind? Die Deutsche Postgewerkschaft und die Gewerkschaft Öffentliche Dienste, Transport und Verkehr auf dem Weg in die Vereinte Dienstleistungsgewerkschaft ver.di*. Diplomarbeit. Konstanz: Politik- und Verwaltungswissenschaften.

Schrayhussen, Thomas, 1992: Flexibel durch Module – Die Bewältigung neuer Flexibilitätsanforderungen in unternehmensübergreifender Perspektive, in: Deiß, Manfred/Döhl, Volker (Hg.): *Vernetzte Produktion: Automobilzulieferer zwischen Kontrolle und Autonomie*. Frankfurt a.M.: Campus, S. 107–140.

Schröder, Lothar, 2007: Der Tarifkonflikt bei der Deutschen Telekom AG, in: *WSI-Mitteilungen* 60(7), S. 515–518.

Schulze, Rüdiger, 2002: Unternehmensmitbestimmung: Arbeitnehmerinteressen im globalen Telekom-Konzern, in: Klinkhammer, Heinz (Hg.): *Personalstrategie. Personalmanagement als Business-Partner*. Neuwied: Luchterhand, S. 320–336.

Schumann, Harald, 1997: »Wie arm sollen die Leute werden?« In: *Der Spiegel* 51(39), S. 96–106.

Schwegler, Lorenz, 1989: »Manche warten darauf, daß der Damm bricht«. HBV-Chef Lorenz Schwegler über den Widerstand der Gewerkschaft gegen neue Ladenschlußzeiten, in: *Der Spiegel* 43(22), S. 126–127.

Schwemmle, Michael, 2005: *Von der staatlichen Fernmeldebehörde zum globalen Konzern. Die Transformation der Deutschen Telekom*. Manuskript.

— 2008: *Der Telekommunikationsmarkt im Jahr 2008 – fünf Thesen*. Vortrag. Betriebsrätekonferenz Metropolregion Rhein-Neckar am 27.6.2008. Stuttgart: input consulting.

Schwemmle, Michael/Sattler, Hans-Jürgen, 1995: Steuerung durch Regulierung? Post- und Telekommunikationspolitik nach der Privatisierung der Deutschen Bundespost, in: *WSI-Mitteilungen* 48(3), S. 189–196.

Seifert, Hartmut/Massa-Wirth, Heiko, 2005: Pacts for Employment and Competitiveness in Germany, in: *Industrial Relations Journal* 36(3), S. 217–240.

Sengenberger, Werner, 1987: *Struktur und Funktionsweise von Arbeitsmärkten: Die Bundesrepublik Deutschland im internationalen Vergleich*. Frankfurt a.M.: Campus.

Sennett, Richard, 2006: *Der flexible Mensch*. Berlin: BTV.

— 2008: *Die Kultur des neuen Kapitalismus*. Berlin: BTV.

Shire, Karin/Holtgrewe, Ursula/Kerst, Christian, 2002: Re-Organising Customer Service Work: An Introduction, in: Holtgrewe, Ursula/Kerst, Christian/Shire, Karin (Hg.): *Re-Organising Service Work: Call Centres in Germany and Britain*. Aldershot: Ashgate, S. 1–18.

Silver, Beverly J., 2003: *Forces of Labor: Workers' Movements and Globalization Since 1870*. Cambridge: Cambridge University Press.

Sørensen, Aage B., 1983: Process of Allocation to Open and Closed Positions in Social Structure, in: *Zeitschrift für Soziologie* 12(3), S. 203–224.

Sommer, Michael, 1995: Neue Antworten finden, in: *Gewerkschaftliche Praxis* 40(3), S. 3.

— 2001: Zur Einführung, in: Sommer, Michael/Schröder, Lothar/Schwemmle, Michael (Hg.): *Neu denken – Neu handeln*. Hamburg: VSA, S. 9–14.

Sorge, Arndt/Streeck, Wolfgang, 1988: Industrial Relations and Technical Change: The Case for an Extended Perspective, in: Hyman, Richard/Streeck, Wolfgang (Hg.): *New Technology and Industrial Relations*. Oxford: Blackwell, S. 19–47.

Steinhoff, Jürgen, 2005: »Guten Tag! Hier ist die Deutsche Telekom. Was darf ich für Sie tun?« In: *Stern* 58(40), S. 64–74.

Stockmann, Manfred, 2005: Call-Center-Branchen-Überblick, in: *DPVKOM Magazin* 9(7/8), S. 4–6.

— 2007: »Jetzt erst recht!« Interview mit Manfred Stockmann, in: acquisa (Hg.): *Messekatalog Callcenterworld 2007*. Würzburg: Haufe-Mediengruppe, S. 8–11.

Streeck, Wolfgang, 1979: Gewerkschaftsorganisation und industrielle Beziehungen. Einige Stabilitätsprobleme industriegewerkschaftlicher Interessenvertretung und ihre Lösung im westdeutschen System der industriellen Beziehungen, in: *Politische Vierteljahresschrift* PVS 20(3), S. 241–257.

— 1988: The Uncertainties of Management in the Management of Uncertainty: Employers, Labor Relations and Industrial Adjustment in the 1980s, in: *Österreichische Zeitschrift für Soziologie* 13(4), S. 44–65.

— 1991: On the Institutional Conditions of Diversified Quality Production, in: Matzner, Egon/Streeck, Wolfgang (Hg.): *Beyond Keynesianism. The Socio-Economics of Production and Employment*. London: Edward Elgar, S. 21–61.

— 1993: Klasse, Beruf, Unternehmen, Distrikt: Organisationsgrundlagen industrieller Beziehungen im europäischen Binnenmarkt, in: Strümpel, Burkhard/Dierkes, Meinolf (Hg.): *Innovation und Beharrung in der Arbeitspolitik*. Stuttgart: Schaffer-Poeschel, S. 39–68.

— 2005: *Nach dem Korporatismus: Neue Eliten, neue Konflikte*. Working Paper 04/05. Köln: MPIfG.

Streeck, Wolfgang/Thelen, Kathleen, 2005: Beyond continuity: Institutional change in advanced political economies. Oxford: Oxford University Press.

Stützel, Wieland, 1992: Der Bankenstreik 1992. Probleme und Chancen der Mobilisierung von Angestellten, in: *WSI-Mitteilungen* 45(10), S. 660–666.

Sturdy, Andrew/Fineman, Stephen, 2001: Struggles for the Control of Affect: Resistance as Politics and Emotion, in: Sturdy, Andrew/Grugulis, Irina/Willmott, Hugh (Hg.): *Customer Service: Empowerment and Entrapment*. Basingstoke: Palgrave, S. 135–156.

Sturgeon, Timomthy J., 2002: Modular Production Networks: A New American model of Industrial Organization, in: *Industrial and Corporate Change* 11(3), S. 451–496.

Swenson, Peter, 1991: Bringing Capital Back in, Or Social Democracy Reconsidered. Employer Power, Cross-Class alliances, and Centralization of Industrial relations in Denmark and Sweden, in: *World Politics* 43(3), S. 513–544.

Swenson. Peter/Pontusson, Jonas, 2000: The Swedish Employer Offensive against Centralized Bargaining, in: Iversen, Torben/Pontusson, Jonas/Soskice, David (Hg.): *Unions, Employers, and Central Banks. Macroeconomic Coordination and Institutional Change in Social Market Economies*. Cambridge: University Press, S. 77–106.

Swoboda, Uwe, 2000a: Die historische Entwicklung der Direktbanken und die zukünftigen Entwicklungsmöglichkeiten, in: Swoboda, Uwe (Hg.): *Direct Banking. Wie virtuelle Institute das Bankgeschäft revolutionieren*. Wiesbaden: Gabler, S. 81–90.

— 2000b: Typologie der Direktbanken, in: Swoboda, Uwe (Hg.*): Direct Banking. Wie virtuelle Institute das Bankgeschäft revolutionieren*. Wiesbaden: Gabler, S. 13–40.

Tacke, Veronika, 1997: Systemrationalisierung an ihren Grenzen – Organisationsgrenzen und Funktionen von Grenzstellen in Wirtschaftsorganisationen, in: Schreyögg, Gregor/Sydow, Jörg (Hg.): *Managementforschung 7 – Gestaltung von Organisationsgrenzen*. Berlin: de Gruyter, S. 1–44.

Taylor, Phil/Bain, Peter, 1999: »An Assembly Line in the Head«: Work and Employee Relations in the Call Centre, in: *Industrial Relations Journal* 30(2), S. 101–117.

— 2005: »India Calling to the Far Away Towns«: The Call Centre Labour Process and Globalization, in: *Work, Employment and Society* 19(2), S. 261–282.

Taylor, Phil/Hyman, Jeff/Mulvey, Gareth/Bain, Peter, 2002: Work Organization, Control and the Experience of Work in Call Centres, in: *Work, Employment and Society* 16(1), S. 133–150.

Taylor, Phil/Gall, Gregor/Bain, Peter/Baldry, Chris, 2005: »Striving under Chaos«: The Effects of Market Turbulence and Organisational Flux on Call Centre Work, in: Stewart, Paul (Hg.): *Employment, Trade Union Renewal and the Future of Work: The Experience of Work and Organisational Change*. Basingstoke: Macmillan, S. 20–40.

Thelen, Kathleen, 1992: The Politics of Flexibility in the German Metalworking Industry, in: Golden, Miriam/Pontusson, Jonas (Hg.): *Bargaining for Change. Union Politics in North America and Europe*. Ithaca: Cornell University Press, S. 215–246.

— 1993: West European Labor in Transition. Sweden and Germany Compared, in: *World Politics* 46(1), S. 23–49.

— 2000: Why German Employers cannot bring Themselves to Dismantle the German Model, in: Iversen, Torben/Pontusson, Jonas/Soskice, David (Hg.): *Unions, Employers, and Central Banks. Macroeconomic Coordination and Institutional Change in Social Market Economies.* Cambridge: University Press, S. 138–169.

— 2004: *How Institutions Evolve: the Political Economy of Skills in Germany, Britain, the United States, and Japan.* Cambridge: University Press.

Thieme, Kurt H./Steffen, Wolfgang, 1999: *Call Center: Der professionelle Dialog mit dem Kunden.* Landsberg: Verlag Moderne Industrie.

Thompson, James D., 1967: *Organizations in Action. Social Science Bases of Administrative Theory.* New York: McGraw-Hill.

Traxler, Franz, 2001: Metamorphosen des Korporatismus. Vom klassischen zum schlanken Muster, in: *Politische Vierteljahresschrift* 42(4), S. 590–623.

Treml, Franz, 2004: Das Beschäftigungsbündnis steht, in: *KOMM. Mitgliederzeitschrift des ver.di Fachbereichs Telekommunikation, Informationstechnologie* 3(3), S. 3.

Turner, Lowell, 1991: *Democracy at Work: Changing World Markets and the Future of Labor Unions.* Ithaca: Cornell University Press.

Turner, Lowell/Katz, Harry/Hurd, Richard W., 2001: *Rekindling the Movement: Labor's Quest for Relevance in the Twenty-First Century.* Ithaca: ILR Press.

Van Haaren, Kurt, 1993: Zukunft statt Ausverkauf, in: *Gewerkschaftliche Praxis* 38(1), S. 13–17.

ver.di, 2001: *ver.di startet Kampagne bei Direktbanken. »FiDi.direct« hat »weiße Flecken« in Call Centern im Blick.* Pressemitteilung 16.5.2001. Berlin: ver.di.

— 2002: *ver.di-Projekt Call Center Niedersachsen/Bremen: Das mitarbeiterInnen-/kundInnen- und betriebsräte-orientierte Projekt Call Center stellt sich vor.* Bremen: ver.di.

— 2003: *ver.di report 1/2003.* Berlin: ver.di.

— 2006a: *Call-Center Kahlschlag. Personalabbau bei der Telekom.* Beschäftigteninfo Nr. 26. Berlin: ver.di-tk-it.

— 2006b: *Beschäftigungsabbau. Personalabbau bei der Telekom.* Beschäftigteninfo Nr. 28. Berlin: ver.di-tk-it.

— 2006c: *Tarifinfo 18 (Sonderinfo-Nr.5 zum Abschluss).* Berlin: Fachbereich Telekommunikation Informationstechnologie.

— 2006d: *Überleittarifvertrag abgeschlossen. Sicherung wesentlicher Einkommens- und Arbeitsbedingungen vereinbart.* VCS/WCC Mitgliederinfo 2. Berlin: Fachbereich Telekommunikation Informationstechnologie.

— 2008a: *Warnstreikaktionen hatten Erfolg!! Konzerngeschäftsführung legt Entwurf vor – Verhandlungstermine vereinbart. Walter – zahl mehr!* 24.11.2008. Berlin: Fachbereich Besondere Dienstleistungen.

— 2008b: *Tarifverhandlungen bei walter services. Walter – zahl mehr!* 17.12.2008. Berlin: Fachbereich Besondere Dienstleistungen.

— 2009: *Walter zahlt mehr! Entgelttarifvertrag ausgehandelt. Walter – zahl mehr!* 3.7.2009. Berlin: Fachbereich Besondere Dienstleistungen.

Visser, Jelle, 1994: European Trade Unions: The Transition Years, in: Hyman, Richard/Ferner, Anthony (Hg.): *New Frontiers in European Industrial Relations.* Oxford: Blackwell, S. 80–107.

Vitols, Karin, 2003: *Entwicklungen des Qualifikationsbedarfs in der Bankenbranche.* Discussion Paper. SP 1 2003 - 107. Berlin: WZB.

Voelzkow, Helmut, 2000: Neokorporatismus, in: Andersen, Uwe/Woyke, Wichard (Hg.): *Handwörterbuch des politischen Systems der Bundesrepublik Deutschland.* Opladen: Leske + Budrich, S. 404–406.

Vogel, Berthold, 2009: *Wohlstandskonflikte. Soziale Fragen, die aus der Mitte kommen.* Hamburg: Hamburger Edition.

von Becker, Peter, 2006: Dienstleistungsgesellschaft – In der Endlosschleife, in: *Die Zeit* 61(3), 19.1.2006.

Voss-Dahm, Dorothea, 2007: Der Branche treu trotz Niedriglohn – Beschäftigte im Einzelhandel, in: Bosch/Weinkopf, Claudia (Hg.): *Arbeiten für wenig Geld. Niedriglohnbeschäftigung in Deutschland.* Frankfurt a.M: Campus, S. 249–285.

— 2009: Warum Simone auch zukünftig weniger verdient als Simon. Ursachen geschlechtsspezifischer Ungleichheit im Einzelhandel, in: Lehndorff, Steffen (Hg.): *Abriss, Umbau, Renovierung? Studien zum Wandel des deutschen Kapitalismusmodells.* Hamburg: VSA, S. 81–109.

Voswinkel, Stephan, 2002: Bewunderung ohne Würdigung? Paradoxien der Anerkennung doppelt subjektivierter Arbeit, in: Honneth, Axel (Hg.): *Befreiung aus der Mündigkeit: Paradoxien des gegenwärtigen Kapitalismus.* Frankfurt a.M.: Campus, S. 65–92.

— 2005a: Der funktionale und der personale Kunde, in: Jacobsen, Heike/Voswinkel, Stephan (Hg.): *Der Kunde in der Dienstleistungsbeziehung.* Wiesbaden: VS-Verlag, S. 81–100.

— 2005b: *Welche Kundenorientierung? Anerkennung in der Dienstleistungsarbeit.* München: Hampp.

Voswinkel, Stephan/Lücking, Stefan/Bode, Ingo, 1996: *Im Schatten des Fordismus: Industrielle Beziehungen in der Bauwirtschaft und im Gastgewerbe Deutschlands und Frankreichs.* München: Hampp.

Wagner, Peter, 1990: *Sozialwissenschaften und Staat. Frankreich, Italien, Deutschland 1870–1980.* Frankfurt a.M.: Campus.

— 2001: *Theorizing Modernity: Inescapability and Attainability in Social Theory.* London: Sage.

Wagner, Peter/Wittrock, Björn, 1991: Analyzing Social Science: On the possibility of a Sociology of the Social Sciences, in: Wagner, Peter/Wittrock, Björn/Whitley, Richard (Hg.): *Discourses on Society. The Shaping of the Social Science Disciplines.* Dordrecht: Kluwer, S. 3–22.

Wallraff, Günter, 2007: Callcenter – Moderne Sklavenhalter, in: *Die Zeit Online* 21.9.2007.

Weber, Max, 1967: *Wissenschaft als Beruf.* Berlin: Duncker & Humblot.

— 1980: *Wirtschaft und Gesellschaft.* Tübingen: Mohr Siebeck.

— 1988: *Gesammelte Aufsätze zur Wissenschaftslehre.* Tübingen: Mohr Siebeck.

Wegner, Wilhelm, 2002: Betriebliche Mitbestimmung. Sozialpartnerschaft in der Deutschen Telekom AG, in: Klinkhammer, Heinz (Hg.): *Personalstrategie. Personalmanagement als Business-Partner.* Neuwied: Luchterhand, S. 307–319.

Wehner, Ewald, 2005: *Von der Bundespost zu den Global Players Post AG + Telekom AG. Profiteure und Verlierer der Privatisierung.* München: ISW.

Weinkopf, Claudia, 2002a: *Fließbandarbeit am Telefon. Call Center oft besser als ihr Ruf.* IAT-Report 2002–8. Gelsenkirchen: IAT.

Weißbach, Hans-Jürgen, 2003: Call-Center-Arbeit im Prozess der Restrukturierung komplexer Finanzdienstleistungen, in: Kleemann, Frank/Matuschek, Ingo (Hg.): *Immer Anschluss unter dieser Nummer. Rationalisierte Dienstleistung und subjektivierte Arbeit in Call Centern.* Berlin: Edition sigma, S. 127–140.

Welskopp, Thomas, 2001: Die Dualität von Struktur und Handeln. Anthony Giddens' Strukturierungstheorie als »praxeologischer« Ansatz in der Geschichtswissenschaft, in: Suter, Andreas/Hettling, Manfred (Hg.): *Struktur und Ereignis, Geschichte und Gesellschaft.* Göttingen: Vandenhoeck & Ruprecht, S. 99–119.

White, Harrison C., 1981: Where do Markets Come From? In: *American Journal of Sociology* 87(3), S. 517–547.

Wickham, James/Collins, Grainne, 2004: The Call Centre: A Nursery for New Forms of Work Organisation? In: *The Service Industries Journal* 24(1), S. 1–18.

Wiencke, Wolfgang/Koke, Dorothee, 1999: *Call Center Praxis: Den telefonischen Kundenservice erfolgreich organisieren.* Stuttgart: Schaffer-Poeschel.

Williamson, Oliver E., 1975: *Markets and Hierarchies: Analysis and Antitrust Implications.* New York: Free Press.

Windeler, Arnold, 2001: *Unternehmensnetzwerke. Konstitution und Strukturation.* Opladen: Westdeutscher Verlag.

Windolf, Paul, 2005a: *Finanzmarkt-Kapitalismus: Analysen zum Wandel von Produktionsregimen.* Wiesbaden: VS-Verlag.

— 2005b: Die neuen Eigentümer, in: Ders. (Hg.): *Finanzmarkt-Kapitalismus: Analysen zum Wandel von Produktionsregimen.* Wiesbaden: VS-Verlag, S. 8–20.

Wirth, Carsten, 1994: Modularer Einzelhandel und industrielle Beziehungen. Ergebnisse einer qualitativen Längsschnittuntersuchung, in: *Industrielle Beziehungen* 1(4), S. 347–373.

Wittrock, Björn, 1992: Discourse and Discipline: Political Science as Project and Profession, in: Dierkes, Meinolf/Bietert, Bernd (Hg.): *European Social Science in Transition. Assessment and Outlook.* Frankfurt a.M.: Campus, S. 268–288.

Witzel, Andreas, 1982: *Verfahren der qualitativen Sozialforschung. Überblick und Alternativen.* Frankfurt a.M.: Campus.

Wright, Erik Olin, 2000: Working-Class Power, Capitalist-Class Interests, and Class Compromise, in: *American Journal of Sociology* 105(4), S. 957–1002.